红墙医生

我亲历的中南海往事

王凡 东平/著

中国青年出版社

（京）新登字083号

图书在版编目（CIP）数据

红墙医生：我亲历的中南海往事/王凡，东平著.
—北京：中国青年出版社，2011.1
ISBN 978-7-5006-9757-2

Ⅰ.①红... Ⅱ.①王... ②东... Ⅲ.①党和国家领导人-生平
事迹-中国②保健-基本知识 Ⅳ.①K827=7②R161

中国版本图书馆CIP数据核字（2010）第244847号

中国青年出版社 出版 发行

社址：北京东四12条21号
邮政编码：100708
网址：www.cyp.com.cn
编辑部电话 （010）57350504
门市部电话 （010）57350370
中青印刷厂印刷
新华书店经销

700×1000 1/16 23印张 2插页 300千字
2011年7月北京第1版
2011年7月北京第1次印刷
印数：1-10000册
定价：35.00元

本图书如有印装质量问题，请凭购书发票与质检部联系调换
联系电话：（010）57350337

目　录

第二章　从孤儿到中南海保健工作负责人

第三章 "我在的时候,总理还年富力强。"
　　——记新中国周恩来的第一位保健大夫周尚珏 / 83

第四章　从弓弦胡同 2 号到中南海

第五章　在党和国家领导人身边的难忘往事
——记曾任董必武等保健大夫的王遹／204

第六章　五进中南海的医疗保健总管

第七章　红墙内的护士长

作为领袖和伟人，与大众不同的是他们要为民族的命运和世界的走向高瞻远瞩、殚精竭虑，要面对险恶政治军事风云和国计民生要务筹谋决断、日理万机；而与大众相同的则是他们也要面对寻常的生活问题，也会受到健康和疾病等问题的烦扰甚至折磨。负责领袖们的健康和疾病治疗的保健大夫们，恰恰因为他们特殊的工作对象和环境，更多地观察到伟人们在这些大众同样要面对的问题来临时表现出的态度和所言所为，领袖们积极向上的人生态度，战胜疾病痛苦的意志和革命的乐观主义精神，又恰恰从另一个侧面反映出一代伟人们的人格魅力和高尚情操。

保健大夫和护士长们，是在领袖和伟人身边工作的普通人，但他们让常人看在眼里心生羡慕的是荣耀和幸运、"通天"的便利，因而人们也对他们的经历充满好奇。殊不知"高处不胜寒"，特殊的职业和环境，实际上使他们舍弃了许多常人不愿和不能舍弃的对人生来说尤为珍贵的东西，数十载默默奉献，支撑他们的是常人难以企及的高尚情操和境界。伟人的高尚，以不朽的勋业美誉为回馈；而普通人的高尚，则通常是更多的付出和牺牲。因此，我们愿以自己的辛劳记录下这些保健大夫和护士长们不寻常的经历。

本书所记述的这几位保健大夫和护士长，经历了共和国领袖保健制度从创建到完善的全过程，是这一领域内威望很高、口碑很好的佼佼者。也许是受到领袖们的影响和感染，他们忠诚于党的事业，任劳任怨，为人正直，襟怀坦荡。这些保健大夫们审慎而翔实的回溯，告诉了人们保健大夫们的工作职责，他们和领袖们的真实关系；这些保健大夫们对那些恶意污蔑和不负责任杜撰的批驳，还有力地澄清了一些所谓回忆传播的流言和谬说，也有助于消释由此导致的社会误解。

时代发展了，科学进步了，当年领袖们采取的一些健康保健措施，生活饮食方面的一些规范和讲究，是今天的广大群众都可以达到的。因此书中的一些叙述，也可以使如今日益重视身体和精神健康的人们从中找到有益的借鉴。

第一章
他心中有个不可磨灭的形象
——记新中国第一位毛泽东的保健大夫王鹤滨

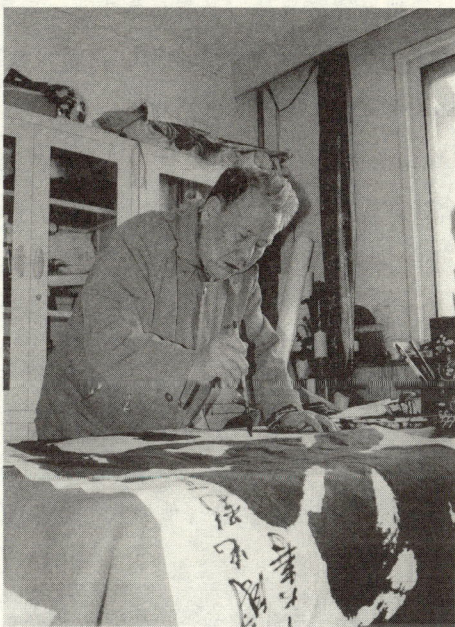

如今已经对书法颇有
心得的王鹤滨。

在新中国成立前夕担任毛泽东保健大夫的王鹤滨，是笔者接触的所有在新中国第一代领袖身边工作过的老保健中很有特色的一位。他的家中悬挂着许多看上去颇具底蕴和功力的大幅书画作品，但并不是社会上那些耳熟能详的书画大家所赠，而都是出自他自家的手笔。

当笔者第三次登门与他攀谈时，一进他的家便闻到一股浓浓的墨香，只见到处搭着、堆放着斗大的寿字。他告诉笔者，他的一本新著即将出版，但出版社有个要求，请他写一万幅寿字，他正在完成这一艰巨的任务。

从 1949 年 8 月进中南海，到 1954 年秋季离开，王鹤滨在毛泽东身边工作了五年多。他与翰墨结下如此难解的情缘，是否与他在毛泽东身边，受到这位在书法上有着极高造诣的伟人的熏陶有关呢？通过和他的几次交往，笔者感觉二者之间是有着密切关系的。

一次，笔者无意中言及毛泽东的书法，不想竟引来他一发难收的阔论，他对毛泽东书法的渊源汲取、发展分段、艺术风格和欣赏解读，都有着独到的见解。他认为最能体现毛泽东书法艺术成就的，是毛泽东的行草。它疏荡淡远，前无古人，是中国书法史上一颗璀璨的明珠。他告诉笔者，他就此撰写了一部《惊世书圣》。显然，他对此的研究已得精髓，笔者期盼能尽早读到这部专著。

后来，笔者就此向王鹤滨询问，他说他对书画的兴趣自青少年时就萌发了，在毛泽东身边，则受到潜移默化的影响，而开始从事书画创作，则是在他离休之后。爱屋及乌，由于对书画的喜爱，他又收藏起了与中国书画难以分离的砚台。笔者在他那里欣赏到数款从天然质地、雕琢造型到年代出处都极有讲究、极具价值的砚台，笔者跟着这位已是收藏家协会会员的前辈，又长了几分见识。

但是，笔者更希望了解的，还是他在毛泽东身边的经历。因为他是新政权建立初期，毛泽东的第一位专职保健大夫，经历了领袖保健工作从不甚规范到制度健全的过程。特别是，王鹤滨在此期间还兼任毛泽东的生活秘书，就住在丰泽园内毛泽东寓所菊香书屋的对面，可谓和毛泽东朝夕相处。不像在他之后的保健大夫，当毛泽东在北京时，整天守在丰泽园院墙外的办公室值班，无事警卫不叫，连毛泽东的面都见不到，许多有关毛泽东的情况，要从他的秘书、卫士和护士那里打听二手材料。

而且，王鹤滨在当时的革命队伍中，也算是个革命队伍内自己培养出的知识分子了，与其他长期生活在毛泽东身边的工农出身又经历过战阵的机要秘书和卫士们相比，在对毛泽东的言行、举止、思维的感知上，还是有些差异的。除了家人，和毛泽东几乎朝夕相处的人员，就是值班秘书、警卫和王鹤滨所在那段时间的保健大夫。在这些人员中，受过高等教育的屈指可数，也就是建国初期的王鹤滨、1954年到"文化大革命"前夕的林克……因此他们的回忆，颇值得关注。

大概是因为都有中南海里的经历的缘故，笔者和他的孩子又是朋友，因此得到他格外的垂青，对于所有的询问，他都尽其所知地娓娓道来、悉心讲解，使笔者收获甚丰。

1 经历了约三个月的"长征"，王鹤滨来到陕北的延安／他坐在第一排，与毛泽东隔一张当做讲台的桌子／王鹤滨心理上承受不了这样的刺激，憬然瘫倒在地／他是中央卫生机构中唯一的眼科医生／

王鹤滨是河北人，1924 年 4 月 5 日出生在安新县白洋淀东南的北冯村。他家很穷，只有两间半低矮昏暗的土坯房。父亲做长工，母亲每天编织苇席。尽管度日艰辛，父亲还是决心让王鹤滨读书。在绝大多数传统的中国农民眼里，总习惯把自己吃苦受累遭人欺凌归结为吃了没读书的亏，王鹤滨的父亲也未能跳出这一思路。

抗日战争爆发后，八路军 120 师所属的部队在王鹤滨家乡一带打日本，当地民众积极响应。王鹤滨参加了儿童团，还当上了副团长。从那个时候起，领导人民抗日的中国共产党领袖毛泽东这个名字，渐渐在他的心里埋下了根。

1938 年 8 月，王鹤滨高小毕业，参加了抗日政府的工作，当了安新县秘书室的书记员。1940 年 10 月他考入华北联合大学，第二年转入白求恩卫生学校，经考试编入高二期（相当于大专班）学习。

刚刚度过极为严酷的华北反"扫荡"斗争，晋察冀军医白求恩卫生学校的大部分同学和部分教师，自 1943 年春季始一直处于流动状态，后来经历了约三个月的辗转"长征"，西渡黄河来到陕北。王鹤滨和部分同学经过两次考试，进入延安的中国医科大学学习。

中国医科大学由原来的红军卫生学校发展改编而成，学校在距延安城东约 15 华里的柳树店，与白求恩国际和平医院隔延河相望。中国医科大学是延安医学的最高学府，学制五年，没有假期，对学生的文化水平要求也高。

这个时期延安的医科大学，有着这个时期和延安的特色，除了学医学，学生还受到浓浓的战争感染与政治熏陶。就是在这里，王鹤滨第一次见到了他景仰已久的中国共产党领袖毛泽东，并当面聆听了毛泽东的精彩讲话。那一天，王鹤滨就坐在第一排，与毛泽东就隔一张当做讲台的桌子。他记得毛泽东讲话的主要内容，是中国共产党如何经过血的教训，才认识到掌握枪杆子的重要意义。

1944 年，王鹤滨以各方面的优异表现，被选为全校的模范学生。第二年夏季，日本宣布投降。因工作需要，王鹤滨的课程尚未学完，就因学业优异，提前被调到医科大学的附属医院当住院实习大夫。

在住院实习期间，王鹤滨有了一次终生难忘的经历。那天，医科大学的王斌校长为一名妇女做股骨脱臼整扶手术，王鹤滨作为实习大夫在一边观摩。当病人的股骨头上方被划开一尺多长的弧形切口，两侧翻起厚厚的皮和皮下组织的时候，王鹤滨心理上承受不了这样的刺激，惺然瘫倒在地，失去了知觉。

这种精神休克的情况也就发生了一次，自此以后，即使做断肢手术，场面更加鲜血淋漓，他也能经受得起，再也没有休克和眩晕过。可见，医生也不是天生的，而是需要经受某些特殊历练的。

王鹤滨所在的那一期学生都在预定学制之前毕业，他们都拿到了毕业证书，上面印着八个字的校训："紧张、朴素、仁慈、谨慎"。笔者在王鹤滨家中，看到了他那本还印有毛泽东"救死扶伤，实行革命的人道主义"题词的证书。

正式毕业后，王鹤滨被调到中共中央军委卫生部医政科工作，同时兼任中央门诊部的眼科医生。在这两者中，王鹤滨更感兴趣的是做眼科医生的工作。他是中央卫生机构中唯一的眼科医生，"山中无老虎，猴子成大王"。

延安的环境很艰苦，因此许多医疗器具得自己动手制作。他用大木质箩圈的边框，做了一个周边视野计；用木黑板做了一个盲点检测器；在煤油泡子灯（有玻璃罩的）外面用木箱套上，留下个直径 5 厘米的圆孔，放在暗室做检查眼底的光源，这还是他从陈应谦老师那里学来的。他还翻译了一位日本学者的专著《沙眼》作参考资料，给护士定期讲课。

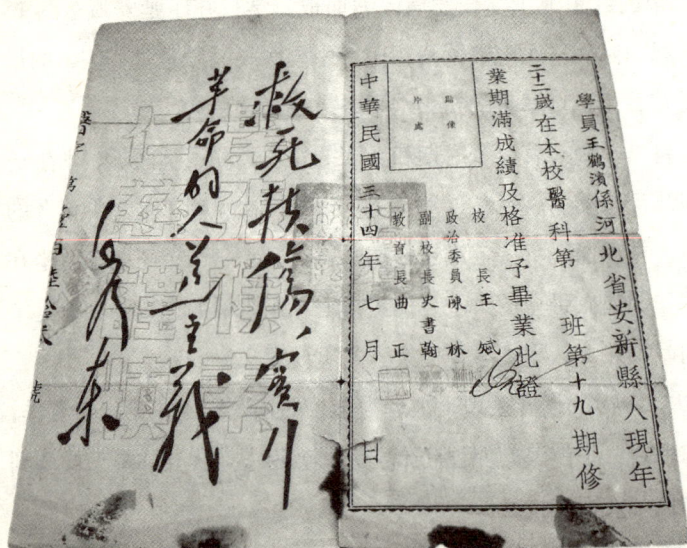

印有毛泽东"救死扶伤，实行革命的人道主义"题词的延安医科大学毕业证书。

2 傅连暲带着王鹤滨，给毛泽东做验光检测／江青到中国医科大学附属医院来检查身体／王鹤滨觉得这东西缀在党的主席夫人脚上，有些不太得体／傅连暲接过话说："主席，是咱们自己培养的。"／他也知道毛泽东并不那么欢迎这次突然的检查／

王鹤滨第二次见毛泽东，是在 1946 年的初夏。

那年年初，中国共产党和国民党签订了停战协定，在北平组建了军事调处执行部，从此有由美国政府提供的飞机往返于北平延安之间，接送调处人员。当时在延安的许多党的领导人，都到了配老花镜的年纪。没有老花镜，他们阅读和写东西颇不方便，直接影响工作。

有了往返于北平延安的飞机，在延安验光检测后，就可以让军调处的中共代表在北平购买老花镜。因此，那一阵子王鹤滨给许多领导人验光检测，颇为忙碌。他为领导人服务的历史，也就是从这里开了先河。

一天下午，中央军委卫生部副部长傅连暲来找王鹤滨，让王鹤滨带上验光配镜的器具，跟他去坐落在清凉山麓的王家坪，说是去给毛泽东做验光检测。

他们行走了三里多路，过了延河。傅连暲指着村西头路南侧的一处窑洞说："到了，那就是毛主席居住和办公的房子。"

在毛泽东住的院子门外，王鹤滨看到了毛泽东的夫人江青，她正在院子里漫步。这是他第二次近距离地看到江青。第一次是在 1945 年的春夏之交，她到在柳树店的中国医科大学附属医院来检查身体。为她做检查的，是当时医科大学副校长、日本留学生、医学博士史书翰。

在做 X 射线透视前，江青脱去外衣和薄毛衣后，笑着并用带点俏皮的口吻说："外衣都剥光了，留下内衣可以吧？""可以，避开扣子就行了。"史书翰回答。然后，他亲自操作 X 光机，为江青做了透视检查。

透视后，史书翰告诉江青，她过去患过肺结核，遗留下了一点点小的钙化点，可以说是痊愈了。检查完毕，江青向史书翰道了谢，并握手告别。对周围的其他医生们，她也点点头示意再见。王鹤滨觉得当时大家对江青没有什么不好的印象，她是毛泽东的夫人，医生们对她也都比较尊敬。

此刻在院子里的江青，身着灰色的旧军装，腰间系着皮带，显得干净利索。她没有戴军帽，一头齐肩的短发，发质很好。她脚上穿着一双白布条打成的新布草

5

鞋，在布草鞋的尖端，各缀着一个粉红色的绒线球。王鹤滨觉得这粉红绒球缀在党的主席夫人脚上，似乎有些不太得体。

傅连暲进院门后，先向江青打了招呼，说明来意，他一向很注重礼节。然后他用手指了一下王鹤滨，对江青说："那位是王医生。"江青看了王鹤滨一眼，又转向傅连暲说："主席在，你们去吧。"

毛泽东正在窑洞内伏案办公，见客人到来，便放下了手中的笔，站起身来。王鹤滨见毛泽东仍旧穿着褪了色的灰色军装，可面容比1943年到中国医科大学给他们讲话时要显得疲倦。

当傅连暲向毛主席说明来意时，王鹤滨才知道，他原来事先并没有跟毛泽东打招呼说要来给他检查眼睛，更未得到他的同意，而是采取了"突然袭击"的方式。好在毛泽东并没有表示不同意见。接着，傅连暲向毛泽东介绍了王鹤滨的情况，毛泽东微笑着向王鹤滨伸出了手，王鹤滨说他当时"双手握着他那只又大又厚的右手，竟忘记了向毛主席问好"。

"多大岁数了？"毛泽东看着年轻的王鹤滨问。"22岁。"王鹤滨答道。"在什么地方学的医呀？"毛泽东又问。"延安中国医科大学。"傅连暲接过话说："主席，是咱们自己培养的。"

毛泽东赞许了一声"好"，继而问道："怎么个检查法呀？"于是，王鹤滨马上布置好视力表，为毛泽东检查了远距离视力，又测定了近距离视力，然后又为毛泽东选配镜片。毛泽东坐在检镜盒前，接受着王鹤滨的摆弄。

刚过了一会儿，毛泽东问道："还这么复杂呀！"看来，他觉得时间长了。从红军时期就给毛泽东做过诊治的傅连暲，显然熟悉毛泽东的性格，他也知道毛泽东并不那么欢迎这次突然的检查，心里还惦记着摊在桌子上的工作。

"很快就要完啦。"傅连暲说。据王鹤滨自己的觉察，他们的到来打断了毛泽东的工作，他虽然接受了检查验光，但内心并不认为这有什么必要。王鹤滨检查完，赶紧告诉毛泽东："主席，你的眼睛有轻度近视，要配眼镜吗？"

"看东西不碍事，不要配眼镜了。"毛泽东和蔼地说。见毛泽东急于投入工作的样子，傅连暲和王鹤滨随即向他告辞。毛泽东把他们送到了门口。

3 与中央前委称"昆仑纵队"一样，中央后委也组成为一个纵队／前委在进驻米脂杨家沟后，就改称为"亚洲部"／他感到毛泽东比在延安王家坪的时候更显得消瘦了／王鹤滨接到通知，到中共中央所在的香山门诊部上班／

1946 年下半年，蒋介石发动全面内战。1947 年春，中共中央机关全部撤出延安。王鹤滨所在的中央军委卫生部医政科，科长戴正华先期离开延安，去了晋察冀军区任职，副科长鲍敬桓则在转移到瓦窑堡后，去了河北建屏（今平山）县中央工委工作。

王鹤滨随中央机关到达瓦窑堡后，就完全成为了中央门诊部的医务人员。瓦窑堡是中国工农红军到达陕北后的重要据点，在这里曾召开过在新的国际局势下调整党的方针政策的"瓦窑堡会议"。此刻，中共中央的几位书记在这里会聚，开会议定成立中共中央的前方委员会、工作委员会和后方委员会，领导此后的解放战争。

中央后委由叶剑英、杨尚昆担任正副书记，李维汉、邓颖超等也担任后委领导工作。在叶剑英、杨尚昆的带领下，中央后委机关于 3 月底东渡黄河，进驻山西临县境内。与中央前委称"昆仑纵队"一样，中央后委也组成为一个纵队，司令员杨尚昆兼政委，副司令员邓洁，参谋长李涛。

原中央门诊部的人员随中央后委来到临县的三交镇，由部分人员组成了三交门诊部。门诊部由中央军委卫生部副部长傅连暲直接领导，隶属于后委纵队。王鹤滨是门诊部的医生，同时被指定为门诊部的指导员。

这一年年底，毛泽东及前委来到了陕北米脂县的杨家沟，在这里指挥全国战场。后来周恩来形容说，"毛主席是在世界上最小的司令部里，指挥了最大的人民解放战争"。由于前一段与国民党军周旋和指挥全国战场分外艰苦和紧张，而此刻战局已趋于平稳，傅连暲于 1948 年 3 月，带着原延安中央医院的老大夫金茂岳、李得奇和年轻的王鹤滨，以及几位男护士，携医疗器械和药品，又西渡黄河返回陕北，为毛泽东和前委其他领导人检查身体和看病。

前委在进驻米脂杨家沟后，就改称为"亚洲部"。王鹤滨他们到这里后，改名郑位的陆定一招待他们吃了饭。饭后，"亚洲部"卫生处处长黄树则，带着傅连暲、金茂岳、李得奇和王鹤滨去看毛泽东，并为他检查身体。

一行人到毛泽东住所时，毛泽东正站在窑洞门口迎候着客人。王鹤滨第三次走近毛泽东，他感到毛泽东比在延安王家坪的时候更显得消瘦了，而且面带憔悴

7

之色。

傅连暲请毛泽东回到窑洞内去检查身体。江青见人比较多，就说："房间太小，进去的人是否能少点？"王鹤滨走在诸位医生的后面，听到江青的话，加上他是眼科大夫，此次也不给毛泽东做眼科检查，就自动驻足窑洞之外。

王鹤滨在无人的小院里彳亍漫步，他看见院内的大石桌上，翻卷摆放着一本字帖。他被字帖吸引了过去，一看是本草书字帖。因为是翻卷着的，估计在他们到来之前，毛泽东正在这里浏览。

对书法也有些兴趣的王鹤滨，小心翼翼地将字帖的封面翻了过来，原来是国民党元老于右任著的《标准草书》。其中包括两个部分，即《草圣千字文》和《标准草书释例》。于右任著草书标准，在汉字规范史上是件很有意义的事情。王鹤滨翻看了几页，又按此前翻卷的样子放回了原处。

这时，检查结束了，毛泽东把大夫们送到了门口。王鹤滨站在大夫们之中，第二次与毛泽东握手。

1948年入夏以后，王鹤滨和中央后委机关一起，从山西临县前往河北建屏县的西柏坡一带。三交门诊部的大部分医务人员，被分配去了朱豪医院，也就是中央医院。王鹤滨的妻子叶阿莉被安排在朱豪医院做化验员，在这期间，她生下了他们的第一个儿子，取名王子冀，内含子年生在河北省的意思。

王鹤滨的工作还没有安顿，就跟随长于妇科和外科的金茂岳大夫去了解放不久的石家庄市，为任弼时夫人陈琮英做妇科手术。但因国民党飞机轰炸，安全难以保障，他们未能做成手术而返回建屏。回来后，王鹤滨被分配到东柏坡医务所，这里的负责人是魏一泽。

中央前委、中央工委先后也都来到了建屏，毛泽东等中央领导人住在西柏坡，与东柏坡只有一坡之隔。西柏坡这边有一个诊所，负责人是延安时期就担负过中共领导人保健工作的任玉洪。

王鹤滨曾到西柏坡这边，为中央机关的人员检查身体。不久，他又被派到夹峪村建起一个医务所，并由他领导。在夹峪村，有中央秘书处、中央军委的总后勤部、青年团机关报等单位。机关的总支部书记是曾三，王鹤滨被推选为总支委员。

1949年3月23日，毛泽东、刘少奇、朱德、周恩来、任弼时、林伯渠、陆定一、胡乔木等从建屏出发赴北平。几天以后，王鹤滨他们也乘上了前往古都北平的汽车。

到北平后约莫有十来天的样子，王鹤滨接到通知，让他到中共中央所在的香山门诊部上班。当时香山门诊部的主任是王晖，她毕业于燕京大学，是新到中央机关医务部门来的。她是此后不久任华东局统战部秘书长的周而复的妻子（后离婚）。门诊部的副主任是邓子华，是位江西籍的老红军。

王鹤滨到香山门诊部后，邓子华就调去了江西，任省卫生厅的厅长。王鹤滨接过了原本由邓子华担任的门诊部党支部书记和副主任的职务。

4 "上级决定派你到中南海去做毛主席的保健医生。" ／他的回答就不像以往接受任务时那么坚决／傅连暲交代，除了毛主席的保健外，还要兼管其他几位书记／傅连暲的女儿、女婿未能躲过被自己人错杀之劫／王鹤滨至今也想不出，傅连暲为什么会采取这样的方式让他自己和毛泽东见面／

1949 年 8 月，毛泽东及中共中央的部分机关搬离香山，进入市区中心的中南海。此后不久的一天，中共中央办公厅行政处副处长罗道让把王鹤滨叫到他的办

王鹤滨与毛泽东的孩子等在双清别墅。

9

公室。他对王鹤滨说:"鹤滨同志,上级决定派你到中南海去做毛主席的保健医生,叫我跟你谈谈,看你有什么意见?"

王鹤滨听到这一安排,感到非常突然,毫无思想准备的他内心不免忐忑。他很清楚,做毛主席的保健医生,是责任重大的政治任务。组织上能把这样的重任交予自己,是一种莫大的信任,也是一种莫大的光荣。

自从参加革命以来,凡是上级的决定,王鹤滨向来都是接受下来,努力完成,还不曾顾虑重重或推托过。但此次不同,党的最高领袖的安康,与党的命运直接相系,自己学的专业是眼科,毕业以后做的也是眼科和一些外科的临床工作。从保健医生的工作内容和要求来看,如果这几年自己做的是内科临床工作的话,那面对今天这样的安排,心里也会踏实一些,而不会这样犹豫。因此,他的回答就不像以往接受任务时那么坚决:"我去,但我有点担心,怕做不好。"

"就去吧!在毛主席身边工作是个极好的学习机会,只要踏踏实实、兢兢业业地工作,就一定会把这一重要的任务完成得很好的。"罗道让使劲地鼓励道。他们又交谈了一会儿,最后,罗道让说:"你今天就进城去找傅连暲同志,他会具体地向你交代任务。"

当天午饭后,王鹤滨便进城去找傅连暲。他办公、居住的地方在东城的弓弦胡同2号,清王朝时期这里是一家王府。日本投降后,又做过杜聿明的官邸。此时的傅连暲,除了原来担任的中央军委后勤部卫生部副部长的职务外,还主持着新成立的中央军委保健委员会和中央保健委员会的日常工作。但王鹤滨和其他与傅连暲长期共事的人,一直都称他为傅部长,他们觉得这个"傅"字和"副"字谐音,一语双关。

弓弦胡同2号是个大院子套小院子的院落,王鹤滨找到傅连暲办公和居住的院子,见到了傅连暲。在解放战争期间,傅连暲曾两次带着王鹤滨为毛泽东检查身体,彼此熟悉,无需多寒暄,他开门见山地说:"鹤滨同志,派你去给毛主席做保健医生,责任重大,出不得半点差错,工作中不能粗枝大叶,遇到问题要多和我联系、商量。"

傅连暲还告诉王鹤滨:"目前,担任中央首长医疗保健工作的同志还很少,你不但要负责毛主席的保健工作,还要兼管其他几位书记的保健工作,配齐人员还要有些时候。"

工作上的事情交代得差不多了,傅连暲似乎想到了什么,颇怀感慨地说了一句："鹤滨同志，你是我派到毛主席身边担任保健医疗工作的第三位医生了。"关于毛泽东以前的保健大夫，王鹤滨从来没有听说过，他很想知道："那么，第一位和第二位医生是谁？他们现在何处工作呢？"

王鹤滨没有想到，这竟然是个勾起傅连暲深埋在内心的隐痛的问题，他神色凄然地说道："我给毛主席派去的第一位医生，是我的女婿，他和我的女儿在反 AB 团时，被当做 AB 团分子杀掉了！"

学过中国革命史和中共党史的人都知道，反 AB 团的事情，发生在土地革命时期的赣西南苏区，但直到长征期间，还有人因被当做 AB 团分子而遇害。"AB"是反布尔什维克这两个英文单词（Anti-Bolshevik）的第一个字母，AB 团是在蒋介石的授意下，于 1926 年 11 月在南昌成立的，骨干有段锡鹏、洪轨等。

AB 团在组成后大肆残害共产党人，著名的工人运动领袖陈赞贤，就是 AB 团分子勾结反动军队谋害的。AB 团的猖獗反共活动，遭到中国共产党的有力回击。1927 年 4 月 2 日中国共产党策动了南昌暴动，AB 团遭到毁灭性打击，从此解体。

然而到了 1930 年，中共中央又发出关于清除混进革命队伍内部的地主、富农和 AB 团分子的指示，中共赣西南地方领导和红一方面军总前委在执行这一指示的过程中，犯了肃反扩大化的错误。由于大搞逼供，许多自己的同志被当做 AB 团分子错杀。傅连暲本人也曾被当做 AB 团成员而险遭不测，而他的女儿、女婿却未能躲过被自己人错杀之劫。

"第二位医生名叫周毅胜，他现在是一个旅的卫生部长。"傅连暲说的周毅胜，是参加过红军长征的老同志。在红四方面军的时候，他曾和傅连暲一起为张国焘治过病；延安中央医院成立后，他曾担任过外科的主治大夫。

对王鹤滨的两位前任，傅连暲并没有作太多的介绍，他接着对王鹤滨说："今天咱们就去看毛主席，把你介绍给他做保健医生。"可奇怪的是，傅连暲说毕，并不是带着王鹤滨往外走，而

傅连暲在写信。

是坐下来研墨写信。

王鹤滨耐心地等待着，看见傅连暲在信封上写下"呈毛主席"四个字。王鹤滨感到不解："你既然带我去见毛主席，当面介绍，干吗还要写信呢？"傅连暲似乎看出了王鹤滨内心的疑惑，说："我们去见毛主席，他可能没有空，正在开会；也可能尚未起床，不一定能见得到。有了这封信，你也就可以自己去了。"他将有关王鹤滨的情况写在了信中。

去中南海的行车路线，大概是傅连暲有意安排的。他是要让王鹤滨熟悉一下去中南海的"门路"。卧车从新华门进中南海后，沿着南海西岸边上的柏油马路北行，王鹤滨想，这是傅连暲第三次带他去见毛泽东了。

轿车在丰泽园的大门前停下了，傅连暲带着王鹤滨进了院子。可刚走到颐年堂前，傅连暲就不再向东走了，而是掏出了他在办公室里写的那封信，对王鹤滨说："王医生，你自己去吧。毛主席就在前面的那个院子里，我去看看朱老总。"朱德当时住在颐年堂后面的含合堂。

傅连暲的这一手大出王鹤滨的意外，他拿着那封信发起呆来。他这才明白傅连暲写这封信是早有考虑的。但傅连暲为什么采用这样的方式向毛泽东介绍他，而不是像以往那样，亲自带他到毛泽东的面前作面对面的介绍，王鹤滨如今也只能作几种推断，而难以有一个确定的解释。

5 王鹤滨被安排在直对着菊香书屋大门的西房居住／毛泽东就说了这么一句话，便不再做声／他很意外无比崇高的领袖，也会说出如此民间的语言／王振海急匆匆地说："主席来了。"／毛泽东说："你搞试验研究，可不要把这些房子都烧了啊。"／"王医生，你读过康德关于天体形成的学说吗？"／

他看着傅连暲向前走了十来步，又停下，回过头来，朝毛泽东住的院落指了一下，示意他自己前去，王鹤滨只好踟蹰着向菊香书屋走去。在菊香书屋门前值勤的卫士王振海，见一个陌生面孔向毛泽东的住所走来，刚要上前询问，正好毛泽东和几位中共领导人从菊香书屋有说有笑地走出来。

王鹤滨鼓起勇气，走到毛泽东跟前，把傅连暲写的信呈递了过去。毛泽东很快地浏览了一下，对王鹤滨说："好，王医生，欢迎你到我这里来工作。我现在要去开会，以后我有事就找你。"说罢把手伸过来，与王鹤滨握手。这是王鹤滨第三

毛泽东居住的中南海菊香书屋院子。

次握住这只扭转乾坤的大手。

这次见面发生在 1949 年 8 月。根据有关记载，毛泽东是在 1949 年 8 月正式住进中南海的。王鹤滨回忆说他在毛泽东身边工作的经历是从中南海里开始的，之后曾陪毛泽东到香山的双清别墅小住过，但当时毛泽东已经以中南海里的菊香书屋为家。

刚进中南海的时候，王鹤滨住在勤政殿边上的西八所（后来，真正了解情况的管理人员告诉笔者，最正规的叫法是西六所），继而又在菊香书屋后面小夹道里的房子住过。后来，为了工作上的便利，有关领导把王鹤滨安排在直对着菊香书屋大门的一套西房居住。

这栋房子一共有三间，中央办公厅主任杨尚昆刚进中南海时，就曾居住在这里。后来西楼建筑群竣工了，刘少奇从他原先居住的卐字廊，搬进了西楼甲楼，杨尚昆就住到了匚字廊，空出了这栋可以看到毛泽东寓所院门的房子。

当时王鹤滨也没多想，领导让住就住了这三间房子。许多年后，他细一琢磨，这标准大大超过了他当时应享受的待遇。因此，他猜想这大概是毛泽东点了头，否则中央办公厅行政处大概不会这样安排。

就在王鹤滨和毛泽东在丰泽园见面后不久的一天下午，卫士王振海通知王鹤滨，说："毛主席叫你到他那里去。"

王鹤滨跟着王振海，第一次走进菊香书屋的院子。入院后，王振海把王鹤滨领到了东边那排房子里，这是毛泽东的起居室。毛泽东身穿毛巾布做的旧睡衣，手持翻卷着的线装书。见他们进来，便将手中的书放在了一边。

由于上次见面时有其他人在场，毛泽东又急于去参加一个会议，所以这次才是王鹤滨被任命为毛泽东的保健大夫后，他们的第一次正式见面。

"王医生，目前我这里的事情不多，有时间你还要多照顾一下其他几位书记。"毛泽东语调和蔼，但就说了这么一句话，便不再做声。

在此之前，王鹤滨听过毛泽东精彩的演讲，读过一些毛泽东有关中国革命的精辟论述，并亲身感受了毛泽东用兵如神，指挥着八路军对日作战、指挥解放战争取得伟大胜利，他的心中充满对毛泽东的无限景仰。但是，他对毛泽东的性格、行事作风、兴趣习惯等，却一无所知。也没有人告诉他，做毛泽东的保健大夫，应该如何与毛泽东相处，毛泽东可能会需要些什么，他每天要为毛泽东做些什么，毛泽东以前的保健大夫都有些怎样的经验，他们服务期间的工作细节又是怎样的……

因此，王鹤滨预期在第一次正式和毛泽东见面时，毛泽东可能会就此说点什么，起码聊上几句，使他能从中联想出点什么，悟出点什么。孰料，毛泽东只简简单单地说了这么一句话，便止住了。那么，他是该站在这里等着毛泽东可能还会说几句，等着毛泽东吩咐他做点什么，还是应该告退离开？

就在王鹤滨内心紧张琢磨之际，毛泽东突然又开口了："王医生，在我这里工作不要拘束，有话就说，有屁就放——啊？"他长长地拖出"啊"字后，自己禁不住咯咯地笑了起来。

王鹤滨对自己心目中形象无比崇高的领袖口里竟然也会说出如此民间的语言，一时感到出乎意外。可他随即就想到，毛泽东用这样的口吻，大概是为了冲淡他的拘谨，调节此刻屋内的气氛，便跟着毛泽东笑了起来。许多许多年以后，他才进一步理解到：不拘牵于任何常规常理，勇于突破创新，融会万物、信手拈来为我所用，正是毛泽东的性格特征之一。

住在菊香书屋院门对面时的王鹤滨非常难忘的一幕，是毛泽东亲临他的住所来看望他。

那天上午，王鹤滨正坐在屋里看《希氏内科学》，卫士王振海突然推开他的房门，急匆匆地说："主席来了。"王鹤滨马上合上书本，站了起来，想出门迎接，可毛泽东已经迈进了他的门槛。

"王医生，怎么样，这房子还可以吧？"毛泽东环视了一下屋内，关切地问道。"很好！"王鹤滨回答。"你还过着单身生活啊！你爱人呢？"毛泽东显然注意到了，屋子里的床铺、被褥都是单人的。

"她正在上海读医科大学的预备班，补习文化。"王鹤滨说。"那好哇，你爱人学习回来，就比你强啦。"毛泽东又诙谐地添了一句，"王医生，你要努力呀，不然就要落在你爱人的后面了。"

坐着聊了一会儿，毛泽东又瞟了一眼放在桌子上的《希氏内科学》，说："好，王医生，你继续学习吧，我走了。"说完起身向外走去。王鹤滨没有继续看书，而是立即跟在毛泽东后面，走出自己的房间。

王振海告诉王鹤滨："主席刚刚从办公室出来，说到院子里走走，散散步。一出院子就问：'对面现在住着谁呀？'我告诉主席说是你住这儿，他马上说：'好！咱们就看看王医生。'我就赶紧去通知你，不想主席后脚就到了。"

毛泽东看到王鹤滨和王振海一左一右地跟在他的身后，便侧过身来跟王鹤滨闲聊起医学方面的话题。他说："弄些老鼠、兔子，搞些烧杯、试管，做点科学试验工作吧。"随后，又笑着说："你搞试验研究，可不要把这些房子都烧了啊。"一边说着，一边指着周围的古建筑划了个大圈。

走了一会儿，毛泽东又转了话题："王医生，你读过康德关于天体形成的学说吗？""我没有看过。"王鹤滨诚实地回答。"在青年时代，我读过康德有关星云的学说，他科学地描述了天体的形成，对我有很大的启发，你应该找来看看。"

提到康德的"星云学说"，勾起了毛泽东对往事的回忆，他一直追溯到了五四运动之前："我年轻时曾经在北京大学图书馆工作过，那是件很有意思的工作，有很多书可以看，马克思主义就是在那里认识的。"

从自己个人的经历，从读书对他成长的益处，毛泽东又将话题转到了图书馆：

"王医生，你搞个自然科学图书馆吧。从我的稿费中出钱，你把它办起来。"

王鹤滨从毛泽东的这一番话中，感觉到了作为政治家的毛泽东，对自然科学研究和理论也是十分关注的。他第二天就跑到北京王府井的中国书店，买了一些相关书籍，其中包括毛泽东嘱咐他要看的康德的著作。

6 处长汪东兴、副处长李福坤把王鹤滨拉到一边／王鹤滨对完成这临时加身的任务感到无能为力／周恩来以为什么关节出了差错，面色骤然凝重严峻起来／周恩来进来说："主席，游行群众站在那里不走了，要见主席。"／

转眼间，王鹤滨进中南海一个月了。就在这期间的 9 月 21 日，第一届新政协全体会议在中南海内的怀仁堂开幕。这以后，大会套小会，会议相衔；与此同时，宴会也穿插不断。

开会的时候，王鹤滨要到场，以便在毛泽东或其他中共中央书记突然出现身体不适的情况下，能及时施以救治。他告诉笔者有一张毛泽东在第一届全国政协会议上当选为国家主席的照片，就把站在后面的他也拍了进去。

举办宴会的时候，王鹤滨担着的责任更不轻，他得监督检查菜肴是否卫生、无毒，保障宴会出席者餐饮的安全。而有时候，还会有预想不到的任务突然降临。

根据王鹤滨的记忆，在开国大典前一天晚上，怀仁堂里举行了一次盛大的宴会。临开宴前，中央办公厅警卫处处长汪东兴、副处长李福坤把王鹤滨拉到一边。李福坤悄声对他说："鹤滨同志，不能让中央领导同志饮酒过多，无论如何不能醉倒一个。你要想想办法！"

他们突然向王鹤滨提出这一要求，是为了确保参加宴会的中共中央四位书记不能因喝酒影响第二天上天安门参加开国盛典（中共中央五大书记之一的任弼时，当时因患严重的高血压症，正在玉泉山治疗休养，无法出席开国大典）。但王鹤滨心里非常清楚，就是搜遍中西医药方药典，也不可能找到预防和解救醉酒的灵丹妙药。

但李福坤作了如此交代，万一哪位领袖因参加这个宴会而引起身体不适，第二天真上不了天安门的话，责任就将由王鹤滨担待。这么重的责任，顷刻之间加于一身，而且从医学角度上来说是绝对的无能为力，这让王鹤滨内心感到重压和焦灼，以致有点难以承受。

他的大脑急剧地运转起来，情急之中，他猛然由宴会想到了茶水，想到了喝茶有点解酒的作用；又由喝茶想到了茶水的颜色，进而想到以茶水替代红葡萄酒，继而由此及彼联想到用白开水偷换茅台酒。不喝酒，是不醉酒的最有效良方。

他把自己的想法向汪东兴、李福坤一说，他俩又赶紧去找中央办公厅主任杨尚昆商量。经杨尚昆认可后，他们马上向几位书记的卫士长布置了特殊任务，让他们都当招待员"照顾"好各自的首长。

因为这一临时措施没有来得及通报四位中共中央书记，所以几位书记对变味的酒反应各异。刘少奇大概是几位书记中酒量最小的了，他显然欢迎这样的"照顾"，毫无怨言。周恩来是能喝几杯的，当他喝到"特制茅台"后，以为是什么关节出了差错，面色骤然凝重严峻起来。他的警卫秘书何谦走到他身旁，悄悄耳语了几句，他才知道其中的把戏，面色由阴转晴。毛泽东喝下"特制茅台"后，一脸的波澜不惊，说不定哪位消息灵通人士早给他通风报信了。王鹤滨距离朱老总太远，没有看到老总的反应。

在10月1日前，王鹤滨就接到中央办公厅警卫处的通知，开国大典举行的时候，他要上天安门城楼担负保健工作。

这天下午2时许，毛泽东醒来起床后，王鹤滨随即到菊香书屋内，了解了一下毛泽东的健康状况。之后，汪东兴来告诉王鹤滨：去天安门的时候，毛泽东要与其他的国家领导人同行，让他先随警卫处的车到天安门等候。

将近下午3时，等候在天安门内侧的王鹤滨他们，看到毛泽东和其他国家领导人乘坐的轿车开来。他们下车后，就顺着阶梯向天安门城楼上走去。王鹤滨和其他随行工作人员，与毛泽东等党和国家领导人拉开了一定的距离，尾随而进。

开国大典进行的时间很长，王鹤滨记得在此期间，毛泽东曾到天安门城楼上的大殿里小憩。但他刚喝了几口茶，吃了两口点心，周恩来就进来说："主席，游行群众站在那里不走了，要见主席。"毛泽东听后赶紧喝了一口茶，把正咀嚼着的点心咽下，就和周恩来走回天安门上的检阅台。

游行长时间地持续着，警卫处的工作人员尹莘笙，感觉毛泽东站得太久了，就从大殿里搬出来一把椅子，送到毛主席的背后，请他坐下来观看游行队伍。毛泽东朝她微微一笑，又轻轻摆了一下手势，既感谢小尹的好意，又表明他不能坐在这里。因为毛泽东不能让受阅、游行的部队和群众走着，而他自己坐着。

7 要是毛泽东不戴口罩的话，其他人也不会戴／毛泽东看了一眼，明白了王鹤滨的用意／傅连暲从提包里拿出一沓宣纸，交给了王鹤滨／周泽昭见到毛泽东的题字，喜出望外／

在后来的日子里，王鹤滨又多次感受到，当毛泽东与民众在一起的时候，是绝不允许在他和民众间设置隔阂，或采取某种有可能使他和民众拉开距离的做法的。

新中国成立初期，王鹤滨曾跟随毛泽东视察长江，陪同毛泽东视察的还有李先念、罗瑞卿、杨尚昆等领导。在湖北省的时候，他们参观了黄石钢铁厂。在钢铁厂的高炉车间里，温度很高，矿物粉尘弥漫。根据呛人的硫磺味，王鹤滨断定这里的粉尘气溶胶也很高。

当时，在王鹤滨的提包里，放有二十多个口罩，足够跟着毛泽东的一行人每人一个的。虽说这种普通的医用口罩对防护气溶胶无能为力，也挡不住硫磺的气味，但总可以阻隔部分粉尘颗粒。

王鹤滨心里很清楚，要是毛泽东不戴口罩的话，其他人也不会戴。于是，王鹤滨从手提包里抽出一个口罩，悄悄递给毛泽东。当口罩触到毛泽东的手时，毛泽东看了一眼，明白了王鹤滨的用意。

毛泽东稍稍抬起右臂，随后做了一个有力的下劈动作，同时用严厉的目光扫了王鹤滨一眼。王鹤滨顿时明白，这是毛泽东无言的拒绝，他意识到自己错了，赶紧

毛泽东非常喜欢到人民群众中去，这是 1952 年毛泽东在河南黄泛区与农民交谈。右一为王鹤滨。

把口罩塞进衣服口袋里。

事后王鹤滨想，当时那么多工人都在车间里操作，而且长年累月如此，在粉尘纷扬的高炉旁，忍受着粉尘和有毒气体的侵害。毛泽东参观的时间相对而言是短暂的，他当然知道戴上这一方口罩，可以阻隔一些粉尘和有害气体对自身的侵害，但他更意识到这同时也将把他与周围工人隔离开来……但让王鹤滨不安的是，他觉得车间里的环境太恶劣了，有关领导应该尽快对之加以改善。

在开国大典之后，毛泽东去了苏联，那是毛泽东第一次离开祖国的土地，同当时社会主义阵营的领袖斯大林会面，这是当代中国史上很值得关注的领袖异国之旅。

笔者问王鹤滨作为保健大夫，是否也跟随而去。王鹤滨说："在毛主席出行前，曾去了一趟山东，筹办出国的部分礼品。那是新中国成立后毛主席第一次离开北京，我跟着他一起去。但毛主席去苏联的时候，我没有去。"

"那么，是不是另有医生随行呢？"笔者问。"没有一位医生随行。""居然一位医生也没有带，为什么不带医生呢，难道是苏联为他安排了保健大夫吗？"笔者又问。

"我没听说苏联方面为毛主席安排了专门的保健大夫。"王鹤滨说，"我分析有两个原因，第一，当时许多领袖都还没有配保健大夫，我去毛主席那里时，他就嘱咐我还要照顾中央的其他几位书记。因此，他大概考虑到如果我跟他走了，就不能照顾留在国内的其他领导人了，所以不要我跟着。第二，苏联当时的医生水平比我们高，医疗条件比我们好，万一在那边出现什么病变，是可以得到及时而有效的救治的，就用不着这边再跟去个医生了。"

新中国成立前，北平有四所历史比较悠久且有一定规模的医院，称为"四大医院"。其中三所是外国人办的，分别是由德国人、美国人、法国人办的德国医院、协和医院和法国医院（即如今人民医院的前身），一所是中国人办的，就是同仁医院。

德国医院创建于1905年，抗日战争胜利后更名为北平医院，北平和平解放后，这所医院与协和医院都被中央军委卫生部接收了。新中国成立后，北平医院又改名为北京医院。

到了1950年2月，医院旧建筑的修葺和新门诊楼的兴建竣工。中央军委卫生部副部长傅连暲把王鹤滨找了去，对他说："鹤滨同志，劳你去请主席给北京医院题个字、写个匾吧。"他显然事先做了准备，说罢就从自己带的提包里拿出一沓宣纸，交给了王鹤滨。

　　王鹤滨回到中南海，径直走进菊香书屋，当他得知毛泽东没有休息，正在办公室工作，就兴冲冲地进了毛泽东的办公室。毛泽东看见王鹤滨匆匆而来，就放下手中的工作问："王医生，有什么事情吗？"王鹤滨马上回答说："北京医院想请主席给他们题字。"

　　"题什么字？"毛泽东问。"请您给北京医院写个'北京医院'的匾额，他们新盖成了门诊部。""好。"毛泽东很干脆地答应了。在延安的时候，他就为医务工作者题写过"救死扶伤，实行革命的人道主义"。造福民众的事，他总是乐为且毫不迟疑的。

　　说罢，毛泽东把案头的文件推到一边，将王鹤滨拿来的宣纸裁成了三等份，铺在桌面上。王鹤滨则替他打开了铜墨盒的盖子。毛泽东提笔在每张宣纸上都写了"北京医院"四个字。写完，比照了一下，从中挑出两张，对王鹤滨说："就拿这两张去吧，由他们选一张用。"

　　拿着毛泽东的题字，王鹤滨就去了北京医院。此时北京医院的工作已经由周泽昭主持，他还是医院的外科主任。王鹤滨和他是老相识了，从在山西临县三交镇中央门诊部到去河北建屏，他们就在一起。抗战期间，周泽昭曾做过国民党桂系将领白崇禧的保健大夫，还为八路军驻桂林办事处人员治过病，为李克农做过阑尾炎手术。日本投降后，他到了延安，在中国医科大学教过学，后到中央医院担任外科主任，是延安的外科权威。在王鹤滨到苏联留学不在毛泽东身边时，周泽昭曾接手给毛泽东做了一段时间的保健大夫。

　　王鹤滨找到了周泽昭，拿出毛泽东的题字，说："主席讲，这两张题字由你们选一张用。"周泽昭见到毛泽东的题字，喜出望外地说："谢谢你，王医生。这是毛主席对我们北京医院全体员工的鼓舞，请你转达我们对毛主席的敬意和感谢。我们马上就把匾做好。"

8 毛泽东的小工作班子称一组／毛泽东的理发师王惠是 1938 年就参加革命的老同志／毛泽东提出他外出不需要那么多部长陪同／刘亚楼偶尔有军务在身走不开时，就让空军副司令员何廷一"一陪到底"／

　　在毛泽东身边的时间长了，王鹤滨与毛泽东身边的工作人员也都熟悉了。毛泽东等中共中央的领袖们，各自身边的工作人员都组成了一个个的小工作班子，这些小工作班子都称为"组"。按领袖们的顺序，毛泽东的小工作班子称一组，刘少奇的称二组，周恩来的称三组，朱德的称四组，任弼时去世后，陈云那里称五组……

据王鹤滨回忆，他在毛泽东身边的时候，一组的人员包括几个部分：

卫士。分内外勤两部分，内勤有副卫士长李银桥，卫士张宝金、赵鹤桐、马武义、李家骥、张仙明、李连城等；外勤有副卫士长孙勇，卫士王振海。他们都隶属于中央办公厅警卫处的警卫科。

医务人员。是编制在中央办公厅行政处保健科的医务工作人员，有毛泽东的保健大夫兼保健科副科长王鹤滨，有新中国成立后最早给毛泽东当护士的朱宝贵，他和王鹤滨在河北建屏夹峪医务所的时候就共过事。他当时是王鹤滨的助手，但他跟随毛泽东做护理工作，守在毛泽东身边的时间比王鹤滨还多。1953年给江青派去的医务人员也在一组，有保健大夫徐涛、护士高云清。

服务人员。他们也隶属于中央办公厅行政处。有管理员安克兴，厨师廖炳福、侯贵友，理发师王惠，他是一位1938年就参加革命的老同志。

摄影人员。他们是中央办公厅警卫处摄影科的科长侯波、摄影师吕厚民。

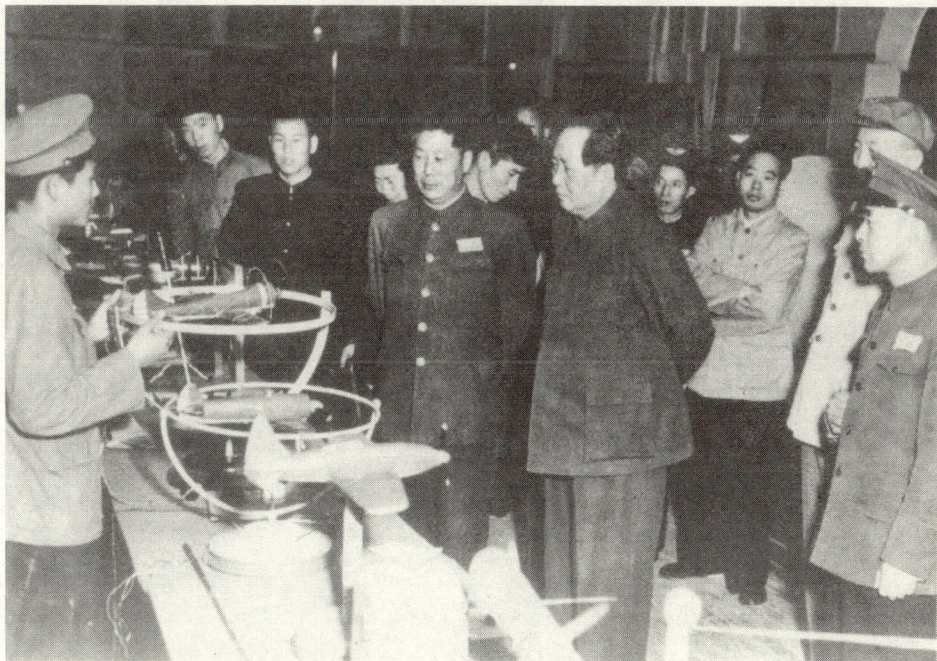

在这张毛泽东视察空军航空学校的照片上，建国初期经常跟随毛泽东外出的领导和工作人员，除了杨尚昆外几乎都在画面中。从右至左：滕代远、罗瑞卿、汪东兴、何廷一、毛泽东、孙勇、航空学校校长常乾坤、罗光禄、王鹤滨。

司机。中央办公厅警卫处交通科的科长周西林，他是红军时期就参加革命的老同志。在延安时期，他就给毛泽东开车。1949年3月，毛泽东等中共中央领袖从西柏坡动身前往北平，也是他为毛泽东开的车。此时，他仍是毛泽东的专职司机。

后来，王鹤滨又被公安部任命兼任公安部九局检验室的主任。检验室主要负责食品饮料的卫生监测工作，尤其是大型宴会的食品卫生和安全工作，当时的工作人员有任允铎、房国胜、纪德胜。

毛泽东身边的一组组成后，王鹤滨担任组长，还兼任毛泽东的生活秘书，因而他对毛泽东行止随员的情况十分清楚。毛泽东在菊香书屋院内活动时，周围就只有内勤卫士；如果出了菊香书屋，在中南海内活动，一般有内、外勤卫士跟随；如果毛泽东在北京范围内活动，只是走走看看时，就由叶子龙、汪东兴安排并跟随；如果毛泽东到外地视察，或到大的单位、部队视察，中央办公厅主任杨尚昆、公安部部长罗瑞卿就要随行陪同。而且出行要是乘坐火车的话，铁道部部长滕代远也要陪同。王鹤滨讲的，都是他在毛泽东身边时的情况。后来，毛泽东提出他外出不需要

在中南海内的活动中，王鹤滨经常"紧随"毛泽东。

那么多部长陪同，杨尚昆、罗瑞卿、滕代远等就不再每行必随了。

另外，因为中央有决定，为了确保毛泽东的安全，不让他乘坐飞机出行，所以 1956 年以前，毛泽东一直没有乘飞机出行过。但 1956 年以后，在毛泽东的一再坚持下，曾几度乘飞机到外地。在这种时候，空军司令员刘亚楼就和毛泽东同机随行。偶尔刘亚楼军务繁忙脱不开身时，就让空军副司令员何廷一"一陪到底"。

作为保健大夫、一组组长，王鹤滨一般情况下总是跟在毛泽东身边的。那个时候的政治局会议经常在菊香书屋西边的颐年堂召开。毛泽东参加这种会议，除了卫士什么人也不跟随。王鹤滨一般也不跟着，只是作为一组组长偶尔去过。

在中南海怀仁堂举行会议，只要毛泽东出席，王鹤滨就一定会跟去，而且他所在的位置要尽可能离毛泽东近些，且要便于行动。毛泽东到菊香书屋东边的勤政殿召开小型会议，或在那里接受外国大使呈递国书时，王鹤滨他们也都会在场，只要不妨碍会议或仪式的进行即可。一旦会场中有人不适或晕厥，王鹤滨就立即上前实施救治。

毛泽东外出乘坐轿车时，车内的坐法也有讲究。毛泽东坐的是斯大林送的防弹"吉斯"，俗称"七人房"，可以隔成驾驶和乘坐两部分。一般情况下，汪东兴坐在司机周西林的右侧，叶子龙和王鹤滨坐在毛泽东的前面可折叠的弹簧靠背椅上。如果车内再坐进来一个人时，王鹤滨就"升级"坐在毛泽东的右侧。这种坐法，完全是根据工作任务安排的。

9 "如果发生在首长身上，那损失就更大了。" / 不久，保健科就又调来了数名男女护士 / 田畴是就毛泽东住所的布置来征求保健大夫意见的 / 江青责备道："王医生，你怎么选择这样的片子给主席看呀！" / "你才跟主席转了几天，就支持不住了，是不是？" /

负责领袖们的保健工作，不仅要跟随领袖，在他们出现病情的时候及时处置或安排会诊，也要对领袖的居住生活环境时时留意，在中南海里，就要把中南海的整个环境卫生都管起来。

王鹤滨刚进中南海不久，中央办公厅行政处招待科一位名叫乔海深的年轻同志，因患流行性脑炎去世了。毛泽东闻讯非常难过，亲自指示：要对中南海进行清污治理。根据毛泽东的这一指示，中南海搞起了环境大清理。

中央办公厅行政处处长伍云甫找来了王鹤滨，要他担负起防疫灭蚊的任务。伍云甫对王鹤滨说："传染性大脑炎不能再发生了，如果发生在首长身上，那损失就更大了。带病菌的蚊虫，谁知道它会咬哪一位呢？所以不管首长、战士、职工，都不能发生这种病。"

中南海长约一公里，宽约半公里，里面庭院花园错落，又长年疏于管理，上级把在这么大范围内清除蚊虫的任务交给王鹤滨，让他感觉压力很大。但此事是毛泽东都关心，并作了指示的，伍云甫又把这项工作同全体中南海内工作人员的健康联系了起来，他不能推脱这个责任。

"伍处长，调些人来吧。"王鹤滨建议说。伍云甫也清楚这么浩大的工程，不是王鹤滨所能独立完成的，他会意地朝王鹤滨点了点头。不久，保健科就又调来了数名男女护士，有李义、孔荣、许金鸾、刘永明、王顺英、曾宪文等，他们的主要工作就是搞防疫。香山门诊部的女大夫刘健，也调到中南海门诊部来了，增强了中南海内工作人员的医疗力量。

细致地算起来，保健工作包括了方方面面，甚至包括房间内的布置。记得有一次，王鹤滨陪毛泽东到玉泉山小住。当时中央办公厅行政处办公室主任田畴找来了，他是就毛泽东住所的布置来征求保健大夫意见的，他问道："鹤滨同志，主席的卧室里需要放一张地毯，你看用什么颜色好？"

王鹤滨知道光线、色彩对人的视觉卫生和精神卫生来说，都是有影响的。他个人觉得：红的颜色刺眼，给人以兴奋、激烈、热的色彩感觉，对性格急躁、易怒的人来说，最好不用红色地毯。绿色对视觉有益，给人以欣欣向荣、生机勃勃的视觉感，这种颜色，夏天较为适宜，冬天又嫌色调偏冷。从毛泽东的心理和生理看，什么颜色适合于他的视觉卫生呢？王鹤滨想到了延安的黄土地，土地的色彩是人类接触得最多的颜色。

经过这么一番思考，王鹤滨建议说："用土色吧。"说着，他指了指田畴手中拿着的织地毯的毛线样子："就这么定下来吧。"

然而，当地毯织成铺在了毛泽东的办公室后，王鹤滨看着又感觉有些"土"了，他觉得自己应该多做些调查研究再表态，这样可能会有更好更合适的选择。比如，夏天毛泽东在玉泉山住的时间久些，在这里采用绿色就较为适宜。中南海里的地毯，要是在土色的基础上，再加些绿色的花纹也许会更好一些，还有装饰美的感觉。

陪同毛泽东到玉泉山。从左至右：毛远新，毛泽东，李讷，罗瑞卿，汪东兴，王鹤滨。

在毛泽东房间的地毯颜色这一问题上，王鹤滨没有建议田畴去征询江青的意见。因为根据王鹤滨的观察，江青的衣着喜欢蓝色，甚至是黑色。他觉得要是江青作这样的选择的话，是不适合毛泽东的。

江青在一些事情上常有与众不尽相同的见解和感觉。这些见解和感觉有时也不是没有道理，但她的思路和表达方式，一般人对之需要一个适应的过程。

为了让长时间工作后的毛泽东放松大脑、缓解压力，王鹤滨有时就挑一些内容轻松的电影，动员毛泽东去看。20世纪50年代初期，在中国流行美国两位滑稽演员劳莱和哈代的作品。他俩一个又高又大又胖，一个则是又矮又小又瘦，看上去就引人发笑。

有一次，王鹤滨选了一部由他们主演的电影，费了好大的劲，才把毛泽东拉去

陪同毛泽东在中南海内散步，成为王鹤滨（毛泽东左侧后第一人）经常性的工作。这是毛泽东一行散步走过瀛台的钓鱼亭。

看。不料看后江青找到王鹤滨，责备道："王医生，你怎么选择这样的片子给主席看呀！结束时是两个骷髅在那里走路！我看了都觉得紧张……"

王鹤滨事后细想，江青的指责也有道理：一来他事先没有查看这个片子，只是想当然觉得好玩而已；二来的确没从影片可能引起的人的视觉反应的角度考虑此事，忽略了精神学、神经学和心理学上的卫生问题。

因为毛泽东经常长时间工作，而且生活作息不太规律，与常人有着很大的区别。为了更好地完成保健工作，同时对毛泽东的这种作息状态有所感觉，王鹤滨决定让自己适应毛泽东，跟着他的生活工作时间表作息，看看是否能从中找出保健工作的规律来。

为了能在毛泽东工作的间隙里，劝说毛泽东休息一下，缓解脑力劳动的疲劳，王鹤滨给自己规定，在毛泽东工作时，自己不离开毛泽东；等毛泽东休息的时候，自己再去睡觉。可这样做了不到十天，王鹤滨就支持不住了，感到头晕恶心。

一天，毛泽东到澄怀堂西侧的乒乓球室活动，王鹤滨也跟进去了。但他因为身体不适，只能在一旁观战。毛泽东打得很尽兴，数分钟后额头上就渗出了汗珠。这时江青也来了。她看见王鹤滨脸色不好，就提高嗓门问："哎呀，王医生，你怎么了，面色苍白得很哪！"

"我想跟着毛主席的工作和生活时间安排试一试，才几天就不行了，支持不住了！"王鹤滨如实说道。

"哈哈！是吧？你才跟主席转了几天，就支持不住了，是不是？我这样跟着主席转了十多年啦！这下你就有体会了，知道这是什么滋味了吧？"王鹤滨当时感觉，江青的这一番表白，主要是说给毛泽东听的。

这时，毛泽东败下阵来。王鹤滨对走过来的毛泽东说："主席，您这样不分昼夜地工作，怎么支持得了呢？我试了几天就不行啦！"毛泽东知道王鹤滨讲这话，有劝他注意休息的意思，但他并没有作工作多么重要、多么忙一类的解释，而是带着几分诙谐地作了回答："你看！我的规模也比你大呀！"

10

10 王鹤滨等于是中南海里四位中共中央书记的保健大夫／朱老总对突然来了个陌生大夫毫无思想准备／刘少奇没有批评王鹤滨，但他心灵深处的自责却无法排遣／邓颖超不知是通过什么渠道，得到了这一消息／周恩来在讲述时，并没有提到江青，也没讲摔伤的经过／

王鹤滨刚进中南海的时候，党和国家领导人的医疗保健制度尚未建立，医务人员也没有配备齐全，所以王鹤滨到傅连暲那里领受任务时，他就交代说："你不但要负责毛主席的保健工作，还要兼管其他几位书记的保健工作……"毛泽东和王鹤滨第一次正式见面时也说："目前我这里的事情不多，有时间你还要多照顾一下其他几位书记。"

因此，在王鹤滨最初进入中南海的日子里，等于是住在中南海里的中共中央四位书记的保健大夫。在为这几位党的领袖服务的过程中，王鹤滨留下了许多有意思而难忘的记忆。

进中南海不久，王鹤滨就从转任中央军委总参谋部卫生处处长的任玉洪大夫手中，接过了每日给朱德注射胰岛素的工作。朱德患的是老年性糖尿病，那个时期的治疗方法就是注射胰岛素。

第一次为朱德注射，是在接到朱老总卫士长的电话通知后去的。王鹤滨来到朱德办公室外侧的过厅，在这里做好准备，拿着吸入了药剂的注射器进了办公室。

朱德正在批阅文件，看见一个不认识的大夫拿着注射器走来，就说："你是哪个？我不打针！"王鹤滨不觉愣了一下，心想大概是昨天任玉洪给朱德治疗时，没有同朱老总讲他要调离的事情，只是和自己做了工作交接。因此，朱老总对突然来了个陌生大夫毫无思想准备。

这时，朱德夫人康克清走进了办公室。她对朱德说："老总啊！这是新来的王医生，技术蛮好的，打针不痛！"言语中充满亲昵。朱德听了康克清的话，就不再多问，把右臂的衣袖卷了起来，一直卷到了上臂的腋窝高度，并将右手叉在腰间，也不说什么，就又低头看他的文件了。

王鹤滨理解朱德的这个架势，就是示意大夫可以注射了。他麻利地为朱德做了注射，但针头已经拔出来一阵子了，朱德还没有放下衣袖，眼睛依然盯着案上的文件，嘴里还问道："打完了吗？"

"打完啦。"王鹤滨轻轻地回答。"果然不痛！"朱德似乎对王鹤滨有了好感。一回生二回熟，王鹤滨渐渐感知到朱老总待人的温厚。约莫过了一年左右，中共中央的几位书记都配了专职保健大夫，朱德的医疗保健事务，就由翁永庆大夫负责了。

五大书记之一的刘少奇，给王鹤滨的印象是神色和蔼，但很少说话。王鹤滨和他接触过几次，却没有和他说过几句话。然而，有一件和刘少奇相关的事，却对他的一生都产生了重大的影响。

那是在 1950 年，中央办公厅行政处处长伍云甫调离中南海，去担任中国人民救济总署的秘书长。中南海里的医疗保健工作都由行政处管，因此当伍云甫要走的时候，行政处副处长罗道让叫上了办公室主任田畴和王鹤滨，一起吃了顿便饭，为

王鹤滨 1960 年到四川仪陇县，在朱德的故乡留影。

伍云甫饯行。

席间在座的人都很高兴，结果本来不会喝酒的王鹤滨，也乘兴喝了一小盅白酒。几个人正兴高采烈地吃着说着，刘少奇的卫士长石国瑞突然来了，说刘少奇有些不舒服，请王鹤滨赶快去看一下。

王鹤滨急忙回自己的住所，拿了听诊器、血压计和一些急救的药品，跟着石国瑞去了刘少奇的办公室。在给刘少奇查体的过程中，王鹤滨使劲低着头，始终不敢抬一下。他觉得自己的脸烧得通红，也不敢多说话，生怕酒气从口中喷出来，使刘少奇闻到难受。

刘少奇坐在办公室桌旁的靠背椅子上，疲惫地闭着双眼。王鹤滨检查了他的心肺，在量过血压后，认为刘少奇感到头晕不适是工作过于劳累引起的。他别过脸对刘少奇说："您是工作太累了，休息一下就会好的，不用吃药。"

"好！"刘少奇低声同意道。王鹤滨随即退出了刘少奇的办公室，但他的头仍旧不敢抬起来。他的内心异常忐忑，总觉得纵然自己一直低着头，刘少奇大概还是会看出他喝了酒的神态，自己带着酒气出诊，是很不应该的。

虽说刘少奇没有批评他，但王鹤滨心灵深处一种严苛的自责却总也排遣不去。从那以后，王鹤滨在中南海的整个工作期间，再也没敢喝过一口白酒。

除了毛泽东以外，在王鹤滨的保健对象中，就属周恩来给他的印象深了。

王鹤滨第一次为周恩来看病，是刚进入中南海不久。那天，傅连暲带着金茂岳和王鹤滨，三个人一起给周恩来检查身体。周恩来经常流少量鼻血，这虽然不是什么很大很痛苦的毛病，但天长日久，总是一种折磨。他也没有更有效的办法，就用盐水棉棒擦洗的方法，来减轻这种折磨。

经过检查，王鹤滨发现周恩来鼻中隔左侧的黏膜上，有麦粒大小的浅表性溃疡面。王鹤滨把自己检查到的情况，向周恩来、傅连暲、金茂岳讲了，周恩来问："如何治疗呢？""可以用硝酸银轻轻地腐蚀一下，以促进疡面的愈合。"王鹤滨认为处置起来并不难。

周恩来听后，带着微笑表态说："那好啊！就试试看吧！"可金茂岳当即表示反对："不行！不要把鼻中隔腐蚀穿了！"王鹤滨觉得金茂岳是妇科专家，这方面的治疗可能不太熟悉，也没有经验。但他是位老大夫，革命的资历也深，王鹤滨觉得不好与他争论。

傅连暲对此也持谨慎态度，没有表态。这等于是把王鹤滨的治疗方法否定了。许多年后，王鹤滨回想此事时说，如果他那时就达到后来具备的业务水平的话，一剂中药便可以把周恩来的这点小病治好，就不会提出那个让两位医学前辈担心的方法了，也可免除周恩来一生受此小病拖累的烦恼。

那个时候的保健大夫，除了照顾自己的保健对象外，也要连带照顾保健对象的家人。因此，王鹤滨到西花厅不光是探望周恩来，同时也照看处在更年期的邓颖超，落实医疗专家们为她制定的医疗方案。

在与邓颖超往来的过程中，王鹤滨感觉邓颖超对周恩来身边的工作人员非常关心，而且连一些细小的事情都想得很周到，对他也是如此。王鹤滨每次去西花厅，邓颖超见到他总是嘘寒问暖。

一次，邓颖超不知是通过什么渠道，得到了王鹤滨父母来北京看他的消息。当他到西花厅时，邓颖超一见面就说："鹤滨同志，听说你的父母来北京了，这是五十元钱，送给你的父母，也算是我做了点群众工作。"

王鹤滨听了很纳闷，因为自己并未向什么人透露过父母来京的消息啊。邓颖超见王鹤滨愣在那里，就说："收下吧，鹤滨同志，这是国家每个月给我这个人大代表做群众工作的费用。这个月的就给你的父母啦，请代我向老人问好！"邓颖超的恳挚，使王鹤滨感到很温暖，就接过了钱。

王鹤滨与毛泽东身边的几位工作人员（从右至左：王鹤滨，毛泽东的专车司机周西林，警卫人员李银桥、王振海、赵鹤桐）。

1950年3月5日，王鹤滨给邓颖超进行治疗后，正欲离开，邓颖超把他叫住了："鹤滨同志，今天是恩来同志的生日，就在这里吃了饭再走吧。"

王鹤滨留了下来，这是他第一次和周恩来夫妇一起吃饭。那天，王鹤滨被邓颖超安排在了她自己和周恩来的对面，王鹤滨后来才知道，他坐的是主客的位置。王鹤滨的右边是著名的演员金山，左边是周恩来和邓颖超的养女、金山的妻子孙维世。

邓颖超一直忙活到饭菜都齐了，才来到餐桌前。她带头举起酒杯，祝周恩来健康长寿，王鹤滨等也站起来，举杯祝贺周恩来生日。那天周恩来很高兴，谈笑风生。但王鹤滨感觉，金山在餐桌旁更是个活跃健谈的人物。

大概是因为王鹤滨在场的缘故，在漫谈了一阵后，周恩来把话题转到医疗上来。"对专家要相信，但是不能迷信。"周恩来说道，继而以他自己的亲身经历为例："1939 年，在延安时，因骑马，我跌伤了右臂，去延安中央医院诊治。一位年轻的外科医生，也是位 X 射线技师，他认为是骨折，应该按骨折处理。而另外一名知名的专家，则认为不是骨折，是软组织损伤，按一般方法进行治疗即可。结果，我当时听了专家的意见，遗留下了残疾。"

由于错误的治疗，使周恩来深受臂伤痛苦，后来不得不专门赴苏联诊治。经仔细检查才发现，延安的那位外国专家的诊断是错误的，周恩来的臂伤不是软组织损伤，而是骨折。

"如果此刻再按骨折治疗，则需要做较复杂的手术才行。我自己觉得留下的残疾不算太严重，所以没有考虑在苏联做手术，就回来了。"周恩来说到这里，用左手托了托伤残的右臂。

后来，王鹤滨又从中央办公厅机要室主任叶子龙那里，比较详细地了解到周恩来摔伤手臂的情景。那是 1939 年 7 月 10 日，周恩来去延河对岸的中央党校作报告，江青也骑马同行。江青骑的是贺龙送给毛泽东的马，比周恩来的马高大。过河时，周恩来骑马走在前面，跟在后面的江青突然打了一下马，她的马一跳跃，溅起水花，周恩来的坐骑受到惊吓，高高扬起前蹄，狂奔起来，使周恩来重重地摔在满是石头的河滩上，右臂当时就不能动了……但周恩来在讲述自己的伤臂时，并没有提到江青的名字，也没讲摔伤的经过。

11

汪东兴提醒他不要只顾自己"埋头苦干" / 毛泽东见了孩子，先打趣起孩子的爸爸 / 那么好看的东西，爸爸为什么就是不让吃 / 江青说："她吃得连裤腰带都要绷断了……" /

说到在周恩来家吃饭，不由得让笔者想到在王鹤滨以往撰写的回忆中，几次写过他和毛泽东吃饭的情形。其中关于毛泽东给王鹤滨的儿子吃辣椒一事，同许多人津津乐道的毛泽东论辣椒别有意趣，给笔者的印象极深。

王鹤滨进中南海不久，就奉命陪毛泽东吃过饭。他最初对此比较拘谨，虽然毛泽东总是主动地说一些比较轻松的话题，但王鹤滨总是低着头，吃自己的"门前菜"，结果弄得常常是毛泽东为他搛菜。

汪东兴了解到这一情况后，开玩笑地提醒他说："王大夫，你陪毛主席吃饭时，不要只顾自己埋头苦干呀。"说完自己止不住哈哈大笑起来，可王鹤滨猛一听不明白他说的是什么意思。汪东兴见王鹤滨并没有领会，就解释说："你不能只管自己吃，老让毛主席照顾你呀。"

这以后，王鹤滨便注意给毛泽东搛菜添饭了。渐渐地，他和毛泽东在一起吃饭也比较自然了，他们一起吃饭也成为比较经常的事情了。有时候，毛泽东请其他领导人来谈工作，到吃饭时间，就请来人一起吃饭，也会叫上王鹤滨陪同。久而久之，他的儿子王子冀也"沾了光"，还留下了一段佳话。

那是一个周末，王鹤滨从幼儿园接回了儿子，又赶上毛泽东邀他一起进餐，王鹤滨就带着儿子一起去了。毛泽东见了孩子，先打趣起孩子的爸爸："王医生，很好嘛，你也当起妈妈来啦，身兼二职哟！"

然后，毛泽东把脸转向孩子："小娃娃，几岁啦？"王子冀怯生生地伸出四个手指头。"你妈妈呢？""妈妈上学去了。"王子冀开了口。"想妈妈吗？"毛泽东一边问话，一边给孩子搛菜。"想，想妈妈。"王子冀的陌生感已经消失了。

王鹤滨与妻子、孩子及亲属们在中南海南海蜈蚣桥边。

当毛泽东发现王子冀的眼睛总是瞟向那一小碟鲜亮的、红绿相间的炒辣椒时，来了兴趣："啊，小家伙，你想吃炒辣子啦？这东西可好吃啦。"说着，就撮起一截红色的辣椒，在孩子的眼前晃了晃。

王子冀刚要把嘴凑上去吃，就被王鹤滨拉开了："主席，不要给他吃！"他觉得这辣椒大人都会辣出汗，孩子哪受得了，被辣得哇哇一闹，这顿饭就搅了。毛泽东见王鹤滨阻拦，就把辣椒放进自己嘴里，还装出很好吃的样子嚼出响声，把王子冀的口水都快逗下来了。

于是，毛泽东又撮了一截辣椒，送到孩子面前："吃吧，可好吃啦，不要听爸爸的。"王鹤滨再次阻拦了毛泽东。年幼的儿子很奇怪：伯伯说好吃，又那么好看的东西，爸爸为什么就是不让吃？

辣椒还是让毛泽东自己吃了，但他带着批评的口吻对王鹤滨说："你让他吃嘛。怕什么？让他上上当。不要把孩子教育成那样，使他以为大人都是好人，大人也有坏人嘛！"

关于吃辣椒，许多人都喜欢重复那段"革命性"的格言，甚至用辣椒和绍兴老酒，来比喻毛泽东和周恩来的性情。然而在孩子面前，辣椒，使毛泽东想到了培养孩子逆向思维的意识，以及认知世界的复杂性的问题。毛泽东是真正地吃透了辣椒。

王鹤滨多次同毛泽东一起吃饭，要不就是毛泽东和他两人，要不就是毛泽东拉他一起陪客人，但凡是王鹤滨去的时候，从来没有江青在场。这一方面是因为毛泽东和江青的作息时间不太一样，吃饭经常不在同一时间。另外当毛泽东夫妇或一家人在一起吃饭的时候，一般就不叫外人了。

但有一次，王鹤滨遇到了毛泽东、江青和他一起吃饭的机会，这是一次例外。

那一次是江青刚从苏联疗养回来，她以自己和毛泽东的名义，请陪她回国的苏联女大夫到家中吃饭，这位女大夫是在克里姆林宫从事医疗保健工作的。由于毛泽东通常吃饭的过厅有些狭窄，于是就把毛泽东的寝室腾了出来，把圆的餐桌放在寝室中央。

因为请的客人是从事医疗保健的，所以就又把也是当大夫的王鹤滨叫来作陪。王鹤滨记得那天在座的还有俄语女翻译张国男。

席间，苏联女医生去了一趟厕所。江青在她离席时，笑着对张国男和王鹤滨说："看，她吃得连裤腰带都要绷断了……"江青这样说，是为了夸耀她请的这餐饭菜水平高，使陪她回国的苏联女医生吃得胃口大开，但言语似乎有点对人不够尊重。

12 "王医生，你代表我去看看林彪同志。"／走进林彪的卧室，他被眼前的情景惊呆了／林彪两眼死死盯着从屋顶上垂下来的纸条／强烈的视觉印象，使他推断林彪有精神上的症状／林彪曾亲自为染病的指战员开处方／

在毛泽东身边的日子里，王鹤滨曾受毛泽东之托，去看望过三个人：胡乔木、饶漱石、林彪。可以说这三次看望，都给他留下了很深的印象。其中对林彪的看望，给王鹤滨留下的不单单是难忘，而是大大出乎意外。

那是 20 世纪 50 年代初的一天，毛泽东在临睡前，把王鹤滨叫到他的起居室。他对王鹤滨交代说："王医生，你代表我去看看林彪同志。他长期身体不好，在家中养病，你代表我去问候他一下，让他安心养病。"

此前，毛泽东还没有委托王鹤滨代他去看望过什么人，林彪是毛泽东让王鹤滨代表他去看望的头一个病人。

王鹤滨不知道林彪的寓所在哪里，得到嘱托后，他就先乘车来到了弓弦胡同 2 号找傅连暲，请傅连暲带着他一起去林彪那里。

在傅连暲的指点下，轿车来到了林彪的住所。按下门铃后，一个警卫战士走出来。傅连暲向战士说明了来意。不一会儿，林彪夫人叶群迎了出来。傅连暲向她介绍说："这是王秘书，毛主席叫他来看望林彪同志的。"叶群把他们引到一个过厅似的房间，推开双叶门时，王鹤滨才发现门的内侧还挂着一堵厚而重的棉门帘。当王鹤滨走进林彪的卧室时，他更被眼前的情景惊呆了。他曾用如下文字，对他在林彪卧室所见到的一切进行了描述：

"只见林彪卧室近床铺的顶棚上贴满了向下垂吊着的白色纸条，约二三尺长，寸许宽，在卧室的东墙和南墙之间的夹角内，放着一张南北向的双人床，床头靠近南墙窗户的东侧，这样床头就避开了直对窗口，又能得到充足的自然光线，再加上房屋北墙上有个大窗户，虽然在冬季，室内的光线也较充足。林彪头朝北蜷卧在床上，半侧着上身，眼睛斜视着上方的屋顶，神态紧张地紧锁着浓黑的眉头，两只眼睛射出灰色的目光，死死盯着从屋顶上垂下来的纸条下端……"

叶群先到了林彪的床前，介绍说："这是毛主席的王秘书，主席让他代表主席

1952年王鹤滨（左一）跟随毛泽东到徐州（左五毛泽东，左四董必武，右五罗瑞卿，右三滕代远，右二杨尚昆，右一许世友）。

来看望你。"王鹤滨压低声音说："毛主席叫我代表他来看望您，并叫我转达他对您的问候，主席希望您安心养病。"

王鹤滨说，林彪在听了他的话后，眼中瞬间闪过一丝不易察觉的明快，但他的言语依然是那样的有气无力："谢谢主席。"他说完后，"把视线又凝固在从屋顶垂下来的纸条上，就好像他的性命维系在那垂下的纸条上一样。"

在傅连暲和王鹤滨来之前，朱德的保健医生翁永庆已经到了林彪的卧室，正在准备为林彪进行治疗的药物。当他从林彪卧室的东北角走出来时，王鹤滨才发现他。他也这才发现林彪的卧室，是呈"刀把"形的，所以翁永庆在东北侧的房拐角里准备药物时，根本看不到他。

问候过林彪以后，傅连暲和王鹤滨便告退出来，翁永庆也尾随他们走了出来。王鹤滨根据他在林彪卧室里所见到的情景，怀疑林彪患有精神分裂症，就问翁永庆："老翁，林彪同志患的是什么病？"

"慢性胆囊炎。"翁永庆的回答又叫王鹤滨出乎意料，因为刚才强烈的视觉印象，使他无法不将林彪的病往精神上的症状联系，胆囊炎怎么会有这样的精神状态呢？"屋顶上粘满那么多纸条是干什么用的？他怎么老是看着那些纸条？"王鹤滨依然难解疑惑。

"那纸条的用处可大了嘞，纸条是监测室内有无气流吹动的标志，室内不能有一点儿风，如果他感到有风，马上就会觉得发冷、打喷嚏、发起烧来。当他看到纸条一有飘动，就知道风吹了进来，从纸条飘动的方向，可以判断风从什么方向吹来，他便立即命令人们去堵住风口。"翁永庆作了详细的解说。

"怎么治疗？"王鹤滨想了解相关的情况，万一毛泽东问起来，他也好答复。

翁永庆说："现在正服中药，首长饮用中药是这样的：中医专家会诊后，各开一个处方，每个专家的处方都经他一一审看，把众方化裁加减后，他重新写一个处方，这个处方已不再是哪个专家的处方了，而是他所化裁的中医处方，最后按照他的处方取药煎服。"

听翁永庆这么一说，等于是林彪参考专家的处方后，自己为自己开处方，这不是一般的人所能做到的。于是王鹤滨又追问："他懂得中医？"

王鹤滨回忆翁永庆当时回答说，林彪"看过不少中医和中药的书籍，懂得不少"。笔者后来看到一篇专门讲述林彪与中医的文章，文中说林彪原本就对中医有些兴趣，在抗日战争期间，有一次林彪的部队攻克了一个大豪绅的土围子，里面藏有大量的中医书籍，林彪将书籍留下研读，记住了许多药方。后来，他的部队发生过多人染病的情况，林彪曾亲自为这些染病的指战员开处方，竟把这种病治好了，于是他对中医的兴趣更浓了。

从林彪那里回到中南海后，毛泽东并没有多询问林彪的情况，王鹤滨也就没有将他了解到的细节向毛泽东汇报。

13 "王医生，你马上回来，李讷病了！" / 汪东兴在电话中说的李讷，是毛泽东的代称 / "主席一再问你怎么还不来，只好把我先招呼来顶替你。" / 卧位看书有一定科学依据，合乎生理卫生要求 / 王鹤滨策动了一场促使毛泽东戒烟的"运动" /

虽然保健工作有纪律，保健大夫之间不能互相串，不能互相谈论自己保健对象的情况。但在中南海里的保健大夫们，因为年龄相近，总有工作间的接触，有时还有相互替班的情况，又属于同一个小单位，开会讨论问题，言谈见解也很投契，所以大家相处得十分融洽。许多年后，他们还能追忆起一些互相关照的故事。

有一次，王鹤滨陪同毛泽东住到了城西万寿路的新六所。到那里的第二天，王鹤滨见毛泽东尚未起床，就抽空回中南海办点事。谁知人刚到中南海，就接到汪东兴的电话："王医生，你马上回来，李讷病了！"

王鹤滨放下电话，急忙向交通科要了车回新六所。轿车驶出了中南海的新华门后，年轻的司机邸运田问王鹤滨："事情急不急？我想路过西单商场时买点东西。"

"要去快点去，不要耽搁，毛主席的女儿李讷病了！"王鹤滨觉得不应该，但还是有点勉强地同意了。司机把车开到西单商场门口，就下车买东西去了。王鹤滨坐在车里，不知不觉睡着了，时间究竟耽搁了多久也不知道……

等司机回来，开车赶到新六所，停在毛泽东住的那栋楼前时，王鹤滨看到汪东兴正焦急地站在那里。见王鹤滨下车，汪东兴忙不迭地对他说："快点。怎么搞的，汽车开了这么久？打电话给交通科问，说是车子早就开走了。快进去！主席发烧了！"

王鹤滨这才知道，汪东兴在电话中说的李讷，是毛泽东的代称。可这在事前没有约定过，王鹤滨并不知道这个"代称"，要是知道的话，他是绝不会答应司机在中途办事的要求的。

1952年毛泽东到天津视察时随行的工作人员们在一起合影（左一王鹤滨，左二王振海，左三张晓熹，左四邱兰标，右三汪东兴，右二周西林，右一吕厚民）。

王鹤滨也顾不上说什么，快步进入楼里，看到了朱德的保健大夫翁永庆。翁永庆已经把抗生素吸进了针管里，正准备去毛泽东的卧室。他一见王鹤滨来了，就立即把针管递过去，说："鹤滨，快去，等你很久了。主席一再问你怎么还不来，只好把我先招呼来顶替你。"

此时，王鹤滨已来不及到盥洗室去洗手了，迅速拿碘酒和酒精棉球擦了两遍手，接过注射器向毛泽东的卧室走，也没有同翁永庆说一句道谢的话。

毛泽东此刻正躺在卧室里，他见王鹤滨走进来，露出快慰的面容："哎呀呀！王医生，快点来吧！不得了啦，烧得很厉害！"毛泽东的脸因发烧而涨得通红，音调稍带些颤抖。王鹤滨听毛泽东这么一说，内心更加愧疚，眼泪也差点掉下来。他急忙给毛泽东注射了抗生素药剂。

因为患的不是什么了不得的大病，经过及时治疗，毛泽东几天后病就痊愈了。

毛泽东喜欢卧位看书，这在有些人眼里被视为一种不良习惯。但王鹤滨根据自己的分析思辨，认为这恰恰是有一定科学依据，合乎生理卫生要求的。这样有益于增加读书持续力，还有助于增加记忆力。对毛泽东而言，又是他强迫自己挤出时间，增强思维活动，增强大脑能力的一种方法。

卧位看书或许是有益的，但吸烟无论从哪个方面看，对人体都是有害的。毛泽东多年来养成了吸烟的嗜好，王鹤滨总想通过自己的努力，使毛泽东把这个不良嗜好戒除掉。

王鹤滨告诉笔者，烟草中的尼古丁可使毛细血管收缩，使血压升高，也使脑压升高。在这个过程中，大脑的活动处于一种亢奋的状态，产生一时的才思敏捷，思维活跃，创造力提高。但为了保持这种效果，不断吸烟甚至增加吸烟量，形成恶性循环，终将导致脑、心、肺的毛细血管提早出现硬化。而且，吸烟还是患肺癌的主要元凶。

王鹤滨在担任毛泽东的保健医生期间，策动了一场促使毛泽东戒烟的"运动"。他鼓动全体卫士、毛泽东的女儿以及毛泽东身边工作人员的孩子，在毛泽东吸烟的时候，采取劝说或直接没收的方式（只有女孩子们敢于采取），阻止毛泽东吸烟。

在医务人员的解说下，毛泽东本人也知道了吸烟的危害。他也曾配合，同意工作人员在他的口袋里放一些瓜子、水果糖，在烟瘾上来的时候，以此来替代。但最终毛泽东还是感觉不可行。

毛泽东对王鹤滨说："烟，我吸进去的并不多，大半是在手中燃烧掉的。没有香烟在手上，或吸上几口，在思考问题时，总觉得缺少点什么。有了香烟在手，就好像补充了这个不足。糖和瓜子，起不到这个作用。"

王鹤滨感到这是毛泽东的肺腑之言。他觉得作为一个保健大夫，是要通过自己的工作，让自己的保健对象身心健康愉悦，而不该是在你做工作后，使他们感到痛苦和不适。因此，他最后不得不决定结束这场戒烟运动。

14 李讷学生表上的家长一栏，曾填过王鹤滨的名字／毛泽东的脸上流露出几缕难得一见的郁悒／"我本来不愿意为孩子的病去麻烦苏联政府。"／病中的毛岸青依然想念着父亲／

虽说作为毛泽东的保健大夫，王鹤滨的主要工作是确保毛泽东的身体健康，及时发现病症，及时组织治疗。但毛泽东家人的健康和病症的治疗，他也都要照顾。毛泽东的几个孩子，不论是男孩子还是女孩子，都得到过王鹤滨的悉心照料。在毛泽东女儿李讷的学生表上的家长一栏里，就曾填过王鹤滨的名字。

有一次，王鹤滨在对毛泽东进行健康探视后，刚想要离开。毛泽东拿出一个装得鼓鼓囊囊的大信封，递给了王鹤滨。王鹤滨看到毛泽东的脸上流露出几缕难得一见的郁悒，他用低缓的语调说："王医生，你拿去研究分析吧。"

王鹤滨把大信封拿回宿舍，抽出来一看，是一叠毛岸青写给父亲毛泽东的信札。信中详细叙述了他的思想意识，信的内容明显地反映出毛岸青此刻的精神处于病态。

毛岸青的病仍在继续恶化。一天，毛泽东问王鹤滨："王医生，岸青的病情怎么样？""他的病情越来越严重了。""那怎么办？"毛泽东的言语含着担忧。"需要住院治疗。"王鹤滨说。

"岸青需要住院治疗。去哪里好呢？"毛泽东像是在自己问自己："我本来不愿意为孩子的病去麻烦苏联政府。"但后来实在别无良策，毛泽东还是决定送毛岸青去苏联就医。

1954 年 11 月，王鹤滨去苏联留学。他到达莫斯科后，还有几天空闲时间，就请一位大使馆的同志，带他去医院看望毛岸青。

值班医生简明地向王鹤滨介绍了岸青的病情后，带他去了毛岸青的病室。医生向毛岸青说："郭良（毛岸青在苏联时的名字），你的中国朋友来看你了。"接着又对王鹤滨说，"你们谈谈吧，他近来的病情还算稳定……"

在王鹤滨到来前，毛岸青正在凳子上用彩色铅笔画画。王鹤滨走到他面前，问："岸青同志你好！还认识我吗？""啊，认识，你是王医生。"

"我来苏联学习，特意来看看你，你感觉怎么样？""好些，可总有个小家伙在我脑子里捣乱，躲也躲不开，甩也甩不掉，没有它又觉得很寂寞。"显然，他比病得最严重的时候好些了，但并未完全恢复。

"你在做什么？"王鹤滨又问。"我在学习画画，将来回国后给我的父亲布置房间用。"病中的毛岸青依然想念着父亲。该告别了，王鹤滨对他说："岸青同志，把你画的画寄给你爸爸好吗？你也给你爸爸写一封信吧，把你的情况告诉他。"

毛岸青在画的是一幅有许多小花朵的图画，他画完了，交给王鹤滨，请他转交给他的父亲。但是他没有写信，看来他还没有恢复到能写信的程度。回到中国驻苏联大使馆，王鹤滨给毛泽东写了一封信，叙述了他看望毛岸青的情景以及毛岸青的病情。

15 战争年代，江青留给王鹤滨的印象并不坏／给江青注射"安慰剂"／江青的保健"待遇"甚至高过了毛泽东／江青对徐涛医生"挥之即去，招之即来"／毛泽东以"我需要你在我这里工作"为由两次否决了王鹤滨的请求／

王鹤滨是在 1954 年离开毛泽东赴苏联留学的。这其中当然与他本人渴望深造的意愿有关，但主要是与江青难以相处的因素所致。

早在延安时期，王鹤滨就和江青打过交道，对她的印象并不坏。在解放战争时期，他跟傅连暲西渡黄河给毛泽东等检查身体，也为江青做过检查。当时江青在回答傅连暲的询问时，言谈随和，笑语风生，衣着朴实，给王鹤滨的印象比在延安还好。

1949 年 8 月王鹤滨担任毛泽东的保健大夫后，和江青的接触自然更多了起来，他常遵照专家会诊作出的医疗方案，为江青做治疗。当时他为江青做得比较多的是静脉注射，江青对他的注射也相当满意，称他为"神枪手"。

但是，王鹤滨认为，此时为江青做的这些治疗，精神安抚的意义，远远大于真正的医疗意义。注射的都是维生素、葡萄糖之类的药剂，王鹤滨谓之为"安慰剂"。他认为江青的肌体实际上并不缺乏这些，而是缺乏正常的工作。

王鹤滨（右二）等在观看毛泽东打扑克（左一李讷，左二李银桥，右一毛泽东大儿媳刘思齐）。

那个时候，王鹤滨和江青相处，关系还是比较融洽的。他曾经受江青之托，到医院看望过彼时的著名导演史东生；把礼品转交给驾机送江青回国的苏联飞行员；也曾陪着江青到北京医院看望过体质比较弱的毛泽东的侄女毛远志……

但是，渐渐地，由于江青长期不工作，养尊处优，当然还包括她政治方面的诉求难以实现等原因，她的脾气越来越乖戾，有时甚至是骄横，在如今看来可以说是有几分病态。她与周围的许多工作人员发生摩擦，而工作人员都出于对毛泽东的敬爱，一再对她迁就忍让。

当时的江青也确实患有一些病症，因而曾到苏联进行治疗，做过手术，但这些病症经过专家的精心治疗，很快就痊愈了。当时主管党和国家领导人医疗保健工作的傅连暲，为了让毛泽东少分心、少牵挂，对江青的健康格外关照。他为江青专门安排了老护士高云清，1953 年又派来了保健大夫徐涛，以至江青的保健"待遇"甚至高过了毛泽东。

可就是在这样的照顾下，江青的性情也并没有好转，她与周围工作人员关系的紧张程度，似乎与日俱增。王鹤滨说江青"对徐涛医生可以是不随心就'赶'走，想到没有合适的人选时就又'拾'回来，真可谓'挥之即去，招之即来'，徐涛医生也只好忍气吞声耐之再三"。

王鹤滨与江青出现最激烈的"冲突"，是在全国生产节约运动的背景下，由中南海里中共中央的领导人们自觉提倡节约生活开支引起的。为此，毛泽东专门找王鹤滨谈话，要他下决心，把生活开支往下压。王鹤滨感觉已经无法再压了，但毛泽东还是要他想办法。他只好把以往敞开供应的水果，改为定时定量供应。

这一改变引起了江青的不满，不论王鹤滨怎么解释，江青都不满意，甚至指责卫士们随便吃水果。这让王鹤滨感到她难以理喻。后来还是中央办公厅主任杨尚昆出面，才平息了此事。但因为他们总有接触，难免会因工作或其他缘故再度引起碰撞。于是，王鹤滨生出了"三十六计，走为上"的念头。

数十年后，王鹤滨检讨说，与江青的这次争吵，也说明自己当年在处理事情上不够老练，只想到是毛泽东交给的任务，没想到这毕竟是毛泽东家的内部事务，而江青毕竟是一家的主妇，在涉及家务的事情上，还是应该先和主妇商量一下，再作规定的。这样的话，也不至于和江青那样尖锐对峙。

他向毛泽东提出深造的请求，但毛泽东以"我需要你在我这里工作"为由，两次否决了他的请求。但王鹤滨认为毛泽东的身体情况还好，自己也年轻，应该抓住时机，掌握更高的医术再为毛泽东服务，就又提出了第三次请求，毛泽东终于松口同意了。

王鹤滨随即进了俄语专科学校的留苏预备班学习。当学习结束，王鹤滨和其他学员收拾行装，准备出国的一天，毛泽东派人把王鹤滨叫到了中南海。

见面时，毛泽东首先问道："王医生，要出国学习啦，去多久啊？""我想把基础打得扎实一些，从头学起，用上六年时间，从大学一年级学起。"王鹤滨毫无顾忌地说出了他的最初打算。

"时间太长了。"毛泽东沉思有顷，这样说道。王鹤滨想到毛泽东曾两次说过"我需要你在我这里工作"的话，自己学六年的打算的确长了些，就改变了主意：

1953 年 2 月，毛泽东在南京参观天文台。右一为王鹤滨。

"主席，那我就去报考研究生，时间短些，学三年。"

毛泽东仍旧沉闷着，慢慢地吸着烟，没有再说什么。此事就算这样定下来了，王鹤滨后来就报考了研究生。

那天临别时，毛泽东想起一件事："王医生，你去留苏预备班找一个同学。我接到她的一封信，她要求见见我，她是一个革命烈士的后代，你找到她后，把她领来见我。"

回到专科学校后，王鹤滨按照写信人的姓名、班次找到了叫陈文新的女同学。王鹤滨后来得知，陈文新的父亲陈昌（字章甫），是在湖南省立第一师范学校学习时，与毛泽东相识并成为好友的。以后，他们又一起在长沙从事革命活动。1930年，陈昌被国民党当局逮捕，继而遭杀害。

第二天，王鹤滨就带陈文新去了毛泽东暂住的万寿路新六所。由于陈文新是学农的，因此毛泽东与她交谈时，一直围绕着农业生产方面的话题。他向陈文新询问

毛泽东与陈新文照相时，对准备躲闪的王鹤滨说："王医生，你也来呀！"于是有了这张三人合影。

了土壤的结构、肥力、土壤的矿物质、植物营养吸收以及中国中南地区的土壤改良等问题。

临分别时，毛泽东主动招呼说："来，合个影吧。"第一次见到毛泽东的陈文新非常高兴，马上站在了毛泽东的身边。王鹤滨想走开，毛泽东说："王医生，你也来呀！"摄影师侯波为他们拍照后，毛泽东微笑着与他们握手告别，他鼓励他们说："祝你们学习胜利！"

1954年底，王鹤滨前往苏联，开始了留学生活。1958年，他获得了苏联医学副博士的学位。他回国后，最初在担负着党和国家领导人医疗任务的北京医院工作。这期间，他曾陪同朱德回故乡，陪同彭德怀出访东欧九国……

王鹤滨于苏联学习期间在列宁格勒（今圣彼得堡）留影。

后来，他离开了北京医院，到了二机部从事医务工作。他还曾在苏州医学院担任过主持院务工作的第一副院长。1985 年，他在中国核工业部安全防护卫生局局长的岗位上离休。

在苏联的留学，为王鹤滨在医学上的提高做了进一步的铺垫。在此后的医学生涯中，他陆续在国内外发表了三十多篇学术论文，著有《受寒性肌——神经综合症的临床表现与治疗》等九部专著，首创横纹肌病因学说。

时至今日，已是耄耋之龄的王鹤滨，仍然把他的许多时间用在以他过人的医学造诣为大众解除病痛之中。笔者对他的最后一次采访，就是在他上午外出问诊归来，等候下午病人前来就诊之间插空进行的。

第二章
从孤儿到中南海保健工作负责人
——记原中南海保健办公室主任、北京医院副院长马苏高

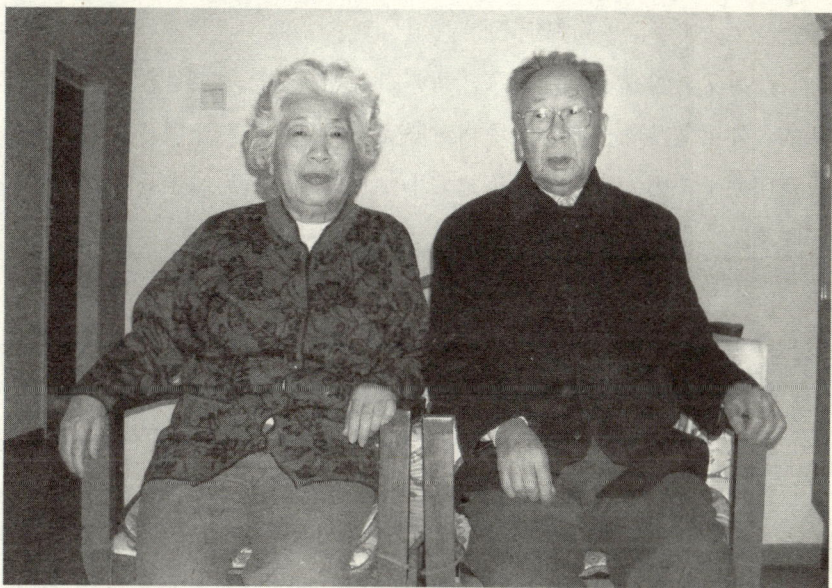

马苏高和夫人徐淑琴。

和马苏高见面，听他回顾自己的保健大夫生涯时，他已经从北京医院副院长的位置上退下来多年了。他人很和蔼，言谈之间，笔者感觉就像面对一位慈祥的老大夫。

谈着谈着，笔者发现我们还有些特殊的缘分，因为马苏高刚到北京开始从事保健工作不久，还曾兼任过中南海幼儿园的前身——香山幼儿园的医生和副园长。他的夫人徐淑琴后来也当过中南海幼儿园的检验技师。而笔者幼年就曾在这两个幼儿园生活过，也许生过什么小毛小病，就经过他们之手得到过治疗呢。

1

当年念的那些经文，如今一句都记不得了／父亲把他们寄养在一位姓曹的民主人士家／"七七事变"后，就再也没了父亲的音讯／他知道青年抗敌决死队是打日本鬼子的／

马苏高出生在山西省运城，但他们家并不是土生土长的运城人，祖上是宁夏回族自治区的，他们是回族。对自己家族的来历和源头，他是很久以后通过他的一个表弟才查清楚的。因为他在年纪很小的时候，就离开家参加了革命。也正是由于这个缘故，他对许多回族的传统风俗习惯不是很了解，受的影响也不是很深。但人生最初的一些礼仪，他还是知道一些并履行过的，例如到清真寺洗澡、念经、做礼拜。参加革命后，他经历了战争，经历了后来紧张的工作，就都中断了，当年念的那些经文，如今也一句都记不得了。

因为父亲的家境比较贫寒，马苏高8岁以前，一直是在自己的外祖父家里生活的。外祖父姓陈，他的家境相对殷实一些，但他究竟以什么为业，马苏高早就没有印象了，因为当时他的年纪太小，而且后来因为母亲病故就彻底与外祖父断了联系。

当年一起住在外祖父家的，还有马苏高的母亲和妹妹。马苏高到了读书的年龄，外祖父就送他在运城上了小学。8岁的时候，马苏高的母亲因患盲肠炎病故了，他父亲就带着他和妹妹离开了外祖父的家。

父亲把马苏高他们带走后，寄养在他认识的一位姓曹的民主人士家里。马苏高记得这位姓曹的民主人士当年的家在运城小谢家巷7号。

后来，马苏高的父亲又结了婚，马苏高和他的妹妹被父亲从小谢家巷接出来，送到了临汾农村的继母家中。马苏高说："这是我的第二个外祖父，他姓袁。他们家有几亩地，种的是麦子，我到这里后，农忙时节就帮着干些农活。"

在继母的家里住了有一年多，父亲在太原找到了新的工作，就又带着马苏高他们离开了临汾，到了太原。马苏高记得他们当时的家当少得可怜，全部行李用两辆自行车就都驮上了。

父亲的新工作，是在太原铁路局做铁路乘警，但他跑的并不是从太原到某处的路段，而是从石家庄到北平这一段路。每次父亲回家，总给马苏高兄妹带一些在农村甚至在北方普通城市也很少见的水果，像香蕉、橘子等等。孩子对好吃的东西往往容易留下比较深的印象，所以都还记得。

"七七事变"前，父亲又去了呼和浩特谋生。开始还有联系，但"七七事变"后，华北渐渐处于战乱状态，马苏高他们就再也没了父亲的音讯。从这以后，继母为了养活马苏高兄妹，就到太原的一家卷烟厂当女工。由于做工的收入菲薄，继母不得不把原来城里的房子退掉，搬到了城外郊区，租了一间平房。一家三口相依为命，艰难度日。

日军在"七七事变"后，占领了北平、天津，华北地区的抗日呼声日益高涨，马苏高亲眼看到了爱国学生们的游行请愿活动。虽然此时的马苏高还属少年，但也朦胧地产生了爱国和抗日的意识。就在这时，同院的一位叔叔对马苏高说："小马，跟我走吧？"

"上哪儿去呀？"马苏高问。那位叔叔说："参军去，到山西青年抗敌决死队去。"马苏高说："我这么小，人还没有枪高，到军队里能干什么呀？"那叔叔说："先去了再说，看看能干什么就干什么。"

马苏高知道山西青年抗敌决死队是打日本鬼子的，就跟着这位邻家的叔叔到太原城里，报名参加了山西青年抗敌决死队。马苏高人小，在部队里当不了战士，只能当勤务兵，给连长、指导员打扫房间、端个洗脸水什么的。

在部队里过了一个多月，马苏高拿到了第一笔津贴。当时恰逢中秋节就要来临，马苏高就用这笔津贴买了几块月饼，请假回了趟家，和继母、妹妹吃着月饼，团聚了一次。

2 一炮打出去，就听前面喊："打着自己人了！" / 司令员说："小鬼，你站在这儿，不怕死吗？" / 发表了一通演讲，题目叫《打倒汪精卫的徒子徒孙》 / 进山采药，迷路掉到了山沟里 /

1937年10月，侵华日军逼近太原，局势越来越紧张，马苏高所在的部队开始向南转移。转移时部队都是靠两条腿行军，辎重则都是用雇来的骆驼拉。马苏高因为人小，步行跟不上队伍，就坐在骆驼背上。就这样，他跟着队伍到了他继母的老家临汾。

到临汾后，部队重新进行了调整，马苏高被分配到了八连。不久，八连被改编成迫击炮连，马苏高也从勤务兵转为一名炮手。此后，马苏高所在的部队，又转而向晋西北方向进发，渡过了汾河，来到文水、交城、临县、离石一带活动。毛泽东逝世后担任中共中央主席的华国锋的老家就在这里。这一带后来属于晋绥军区第四军分区。

马苏高记得当时他们所属的是晋西北军区的第四军分区，军分区司令是雷任民，解放后当了外贸部的副部长。政治部主任是王力生，他后来是山西省军区的政治部主任，他的爱人叫王繁，是新四军的一位老大夫。

连队刚改编为迫击炮连不久，就在一次部队行军中与敌人遭遇。走在最前面的三营，立即与敌人交上了火。马苏高他们连得知前面交火了，赶紧支好了迫击炮，向前面射击。但因为刚配备上迫击炮，还没怎么训练，一点儿实战经验都没有，匆匆忙忙地一炮打出去，就听前面喊："打着自己人了！打着自己人了！"

于是，马苏高他们又赶紧重调发射角度，可调整好后，炮弹放进炮筒却打不出来了。他们只好把炮筒反过来，把炮弹倒出来，其实这样做是很危险的，但当时也不懂，好在也没出什么事。战后，人家给他们迫击炮连编了个顺口溜，叫做："迫击炮，瞎胡闹，打不出去往外倒……"

当时，马苏高年纪还小，也不知道什么叫害怕，打炮的时候，他就直立在一边看。这时，他们的司令员来到马苏高身边，说："小鬼，你站在这儿，不怕死吗？"听司令员这么说，他这才知道要隐蔽。在那场遭遇战中，马苏高所在连的一位排长牺牲了。马苏高说："他不是单身汉，他还有老婆和孩子。"马苏高感觉到了战争的残酷，一个家庭就这样一下子残缺了。

1942年9月，晋西北军区改称晋绥军区。在这期间，马苏高印象比较深的一件事，是在山西青年抗敌决死队建军第四或第五周年的时候，部队在临县举行了一次纪念大会。

为了把纪念大会搞得热烈一点，所有的连队都要准备表演节目。马苏高因为在太原时读了几年公立的第一实验小学，就算是有点文化的士兵了，加上他平时也比较爱学习，所以被连队推选出来，要他在纪念会上演讲。

为了给连队争光，马苏高对演讲做了充分准备，他写了一篇演讲稿，题目叫《打倒汪精卫的徒子徒孙》。结果，他的演讲还在纪念大会上被评为第一，得到了一些奖品，有两条肥皂、几条毛巾。马苏高把奖品带回连队，与大伙儿一起分享了。

在这之后，马苏高被送到120师医训队学习。当时医训队的所在地，就在距黄河不远的赵家川口。医训队里有两个班，一个是医生班，一个是药剂班。马苏高被分在药剂班，学司药。

那个时候，抗日根据地的条件很艰苦，由于经常流动作战，部队自己没法生产粮食，全靠从敌占区购买。敌人对根据地的封锁很严密，购买好的粮食运不进根据地，只能由部队利用夜幕掩护，进入敌占区去把粮食背回来。

背粮食没有专门盛粮食的口袋，他们就用裤子把两个裤脚扎起来，装满了粮食搭在肩上扛。马苏高年纪小，扛不了多少，而且来回要行走一百多里，他跟上队伍很吃力，因此只扛过一次，就不要他再去了。当时扛回来的粮食有大麦、小米，但更多的是黑豆。

部队的伙食，主要就是用黑豆磨豆腐剩下的豆腐渣，掺和大麦做的粥，有时是掺和小米。没有什么菜，更很少油水。笔者原来采访过一个抗战期间也是在晋西北根据地的老八路，也听说那个时期的晋西北，除了战斗的残酷，就是生活的艰难。

冬天，部队的被服都很单薄，要靠烧炭火取暖。部队的驻地也没有炭，要到一百二十多里以外的地方去背。因为路太远，开始背上的炭，渐渐地就背不动了。沿途一点一点地丢，回到部队的驻地，往往丢掉了大半。马苏高也参加了一次背炭行动，真正尝到了筋疲力尽的滋味。

那时的马苏高刚十五六岁，正在调皮的年纪。一天，战友们都背炭去了，只有他留守在医训队。他在村子里转悠，看见枣树上结的枣子熟了，就爬到树上摘枣子吃。

教导员知道了此事，就批评马苏高，说他违反了群众纪律，并在大会上点名批评他。这给马苏高留下了极为深刻的印象，从此他牢牢记住了，无论如何也不能违反群众纪律。当年那位教导员，就是后来成为卫生部办公厅副主任的卢长林。新中国成立后，马苏高调到北京，因为工作他们又走到了一起，见面时忆及当年，又都想起了这件往事。

医训队的学习结束以后，马苏高先是到军分区的后方医院，在药房当司药。后来他到了十九团，下到连队当卫生员、消毒员、看护员，基层部队医务方面的工作，他全都干过了，所以很熟悉。

从事医务工作，特别是在药房工作后，马苏高才了解到根据地的医药非常缺乏，主要靠武工队到敌占区去买，或通过别的渠道设法弄一些来。部队的钱财有限，靠部队的经费买来的药，根本不够用。这就要靠医务人员自己上山采集一些中草药，以补充不足。

军分区医院驻地不远就有座山，马苏高还记得他们采过一种叫麻黄的草药。把这种草药挖回来后，熬制成膏状。当遇到感冒、发烧的病人，就让病号吃点麻黄膏。还有一种草药叫远志，可以用来止咳、去痰。

有一次，马苏高自己牵着一匹马进山采药。马背上挎着筐，采到的药就放在里面。他一面走一面采，走着走着就进了大山的深处，结果迷了路。他钻了半天，也辨不清回家的路，只好就认准了一个方向一直往前走。

天渐渐暗了下来，又加之心里着急，马苏高一不小心掉到了山沟里。他说他那匹马真好，见他掉下去了，在没人赶的情况下也下到沟里。马苏高就继续拉着马往前走，最后竟然转到了一条比较宽的山路上，顺着山路，走回了十九团的后方医院。

3 杨主任从延安来时带来了许多医学方面的书／无所顾忌地给两个孩子做了诊断治疗／经总政治部副主任傅钟安排，马苏高去了朱豪医院／黄树则、郑学文带着马苏高做尸体解剖／搭乘常乾坤的车到了石家庄／

后来，马苏高被调到了晋绥军区的第六军分区，这个军区辖下有岢岚、忻县、五寨等地。到了第六军分区以后，马苏高基本上就离开了前线，在后方医院工作。他开始在第六军分区司令部的卫生处，后来到军分区的后方医院，在那里做看护员。

军分区后方医院的医务主任姓杨，他是延安医科大学毕业的。他有时会给马苏高他们上上课，讲讲医学知识。因为他从延安来时带来了许多书，马苏高那时对学习已经有了很高的兴趣，就经常向杨主任借医学方面的书看，自己学习。他在战争年代的医学知识，主要就是这样通过读书自学并结合实践中的摸索，逐渐积累和提高的。

1946 年 6 月，胡宗南进攻延安时，时任中央军委总政治部副主任的傅钟、总政治部秘书长魏传统，来到晋绥军区的第六军分区暂住。在此期间，傅钟的孩子晓钟、魏传统的孩子兰兰都患

解放战争时期的马苏高。

了感冒，到军分区医院来治疗。

医院的医务主任老杨见是首长的孩子，就担心诊断出差错，迟迟没有对症下药。马苏高当时年轻气盛，无所顾忌，心想医务工作者的使命就是治病救人，有什么好犹豫的，就凭自己掌握的相关知识，对两个孩子进行了治疗。在治疗过程中，他遇到问题就记下来，赶紧翻书查阅，采取相应的措施，终于使两个孩子痊愈了。

傅钟的爱人刘小甫、魏传统的夫人刘超，见马苏高工作态度认真，责任心也比较强，也肯钻研业务，就想让马苏高跟随着他们。当傅钟、魏传统一行离开第六军分区的时候，他们询问马苏高：愿不愿意跟他们一起到解放军总政治部去，马苏高表示愿意。

就这样，马苏高跟着傅钟、魏传统他们，从山西到了河北的建屏县（即后来的平山县）。当时的中央军委总政治部在夹峪村，在这里的还有中共中央秘书处等单位，距离中共中央的所在地西柏坡约五里远。

1947年，经总政治部副主任傅钟安排，马苏高去了朱豪医院。朱豪是一个村子的名字，医院因建在这个村子里而得名，是在傅连暲的领导下组建起来的。医院的医务人员，主要来自原来延安的中央医院和中央门诊部。

能到朱豪医院工作，马苏高很高兴，觉得到这里可以学到更多的东西。马苏高到朱豪医院后，被安排在内科，一面学习，一面工作。他记得当时的内科共有四位大夫。其中三位女大夫，一个是郑学文，一个是姓唐的大姐，一个是李慎；男大夫只有任玉洪一人，马苏高和他住一个房间。

任玉洪是个参加过长征的老同志，在延安时期，曾负责过毛泽东等中共最高领袖的保健工作，还曾经给朱德总司令当过保健大夫，新中国成立后任中国人民解放军总参谋部管理局副局长。

当时朱豪医院的院长是谢华，新中国成立后担任过中国人民解放军总后勤部卫生部部长。副院长是黄树则，他还兼着医院的内科主任。新中国成立后，他曾任中央军委卫生部教育处处长、中央保健局副局长、中华人民共和国卫生部副部长等职。

马苏高在朱豪医院一面学习，一面兼当院医。在此期间给他留下很深印象的，是黄树则、郑学文带着他做尸体解剖。因为当时医院的各方面条件都比较差，有一个伤寒病人没治好死了，要做尸体解剖。伤寒病变主要在肠子的淋巴集团，在解剖的过程中，黄树则给马苏高讲解了一些有关知识，还告诉他淋巴集团的英文是

"Peeyeis"，并指给他看伤寒病的主病灶。马苏高说，那是他第一次看人体解剖。

马苏高的学习有了一定提高后，中共中央马列学院成立了，他被派往马列学院当大夫。马列学院在建屏县的米家沟口，从西柏坡往沟深里走一二十里路就到了。当时的院长是刘少奇，主要负责人和授课教员有当时中共党内的理论权威陈伯达、杨献珍，学员则是来自全国各地的县级以上干部。许多在这里学习毕业的学员，马苏高在后来的工作中还遇见过，例如陈伯达的妻子刘叔晏，还有后来国防科委的副主任张震寰等。

1948年石家庄解放后，在那里建立了白求恩医科大学。副院长黄树则建议马苏高去那里进行更系统的学习，马苏高对此求之不得。傅钟听说了此事，也觉得是件好事。于是，马苏高就去了白求恩医科大学学习。

马苏高准备从建屏县动身的时候，正好原中央军委总参谋部的常乾坤被调往东北，去担任我军第一所培养飞行员的东北联军航空学校的校长，马苏高就搭乘他的车到了石家庄。

那时白求恩医科大学的大部分学员来自两个方面：一是从部队中挑选的、从事医务工作的人员；一是从大中学校刚毕业的学生。对从部队挑选来的人的考试很简单：给你一张报纸，能够顺利地读下来一段就算合格了。就这样，马苏高通过了考试，成为白求恩医科大学的学生，又开始了久违的学生生活。

4 没能当选学生会主席，他倒觉得很高兴／1月28日，志愿军首次在朝鲜北部发现美军撒布的带细菌的媒介物／朝鲜安州郡一个600人的村子，50人患了鼠疫／毛泽东也发出号召："粉碎敌人的细菌战争！"／中国人民保卫世界和平委员会举办"美国政府细菌战罪行展览会"／

白求恩医科大学创建于石家庄，但却没有一直在这里办下去。1949年1月，天津解放了，白求恩医科大学随后就搬到了天津。到天津后，学校更名为中国人民解放军第一军医大学。马苏高的医学后半段课程，是在到天津后的第一军医大学完成的。

第一军医大学的校址，就在天津原来的陆军医院。在学习期间，每个学期都要在学生中选期长，负责年级的学习生活等事务。马苏高因为学习成绩比较好，曾被选为副期长、期长，主要是管学习。

后来，同学们还推选马苏高当学生会主席，但他一个劲地推托说自己的身体不好，不能胜任。他说他当时有点私心：觉得好不容易得来的学习机会，不应被其他的事情耽误了。最后他没能当选，但他倒觉得很高兴，认为能把精力都放在学习上面了。

也是在大学读书期间，抗美援朝战争爆发了。1952 年 1 月，美国在朝鲜战场处于战势不利的情况下，为配合"绞杀战"，秘密地在中国和朝鲜部分地区实施了细菌战，企图在中朝军队毫无防备的情况下，制造疫区，杀害中朝军队的有生力量，挽救其军事上的败局。

当时美军施放的细菌附寄媒介物有苍蝇、蚊子、跳蚤、蜘蛛、甲虫、老鼠、兔子、青蛙、鱼、鸟、糖、饼干、蛋糕、肉食、树叶、棉花、鸡毛、传单、慰问袋等等。经检验发现，这些细菌包括鼠疫杆菌、霍乱弧菌、伤寒杆菌、痢疾杆菌、脑膜炎双球菌以及植物炭疽菌、大豆紫斑菌等十余种，以鼠疫杆菌和伤寒杆菌为最多。此外，美军还投放了包括糜烂性、窒息性、神经性、刺激性等十多种化学毒剂。

1952 年 1 月 28 日，中国人民志愿军首次在朝鲜北部发现侵朝美军撒布的带细菌的媒介物。2 月 20 日至 3 月 9 日，朝鲜北方的居民中，发现 13 人被细菌传染患了霍乱，其中 9 人死亡。2 月 25 日至 3 月 11 日，朝鲜安州郡一个 600 人的村子，就有 50 人被细菌传染患了鼠疫，其中 36 人死亡。3 月份，在中国人民志愿军中，发现 16 人患鼠疫、44 人患脑炎与脑膜炎、43 人患其他急性病症，其中 36 人死亡。

中共中央和中央军委得到来自志愿军的报告后，很快断定这是美军在进行大规模细菌战。2 月 19 日，毛泽东和周恩来在接到志愿军第一次报告的当天，就采取紧急措施，研究对策，进行防疫部署。接着，中共中央及中央军委不断发出紧急防疫指示和命令。

2 月 21 日，中共中央军委致电志愿军："据许多征候看来，敌人最近在朝鲜所散放的各种昆虫显系进行细菌战的行动，应引起我们各级领导同志的高度注意。……现在的重要问题是必须抓紧每一分每一秒钟的时间，进行细菌散布区的清毒和隔离，克服麻痹大意和侥幸心理，但在部队中则亦应特别注意不要造成惊慌和恐怖。"

当美军把细菌战扩大到中国领土的时候，中共中央号召全国人民采取广泛的防疫措施，进行杀虫灭毒，并在全国范围内掀起爱国防疫卫生运动。同时还教育广大人民群众，对敌人进行的细菌战，既不要麻痹，也不要恐惧，要树立必胜信心。

　　3月13日，中央人民政府政务院、军事委员会为了加强对防疫工作的领导，决定将原来的中央防疫委员会进行改组，由周恩来、陈云、郭沫若、李德全、贺诚、苏井观、彭真、罗瑞卿、滕代远、章伯钧、陆定一、谢觉哉、李书城、章汉夫、聂荣臻、粟裕、刘澜涛、萧华等18人组成防疫委员会。周恩来亲自担任主任委员，郭沫若、聂荣臻为副主任委员。并以周恩来的名义，对美军实施细菌战发表严正声明和抗议。毛泽东也发出号召："动员起来，讲究卫生，减少疾病，提高健康水平，粉碎敌人的细菌战争！"

　　在中央防疫委员会的领导下，各有关部门迅速展开了反细菌战的研究和宣传工作。当时负责中央保健工作的中央军委卫生部副部长傅连暲，也参与了此项工作的领导。他从全国各地抽调了一批优秀的细菌、昆虫、植物、病理、临床、流行病学专家，前往疫区考察。一方面以科学的证据揭露细菌战罪行，一方面对反细

马苏高担任香山疗养所所长时与所内其他医务人员合影。

菌战进行防疫指导。当时全国共组织了 129 个防疫大队，共计两万余人，投入了防疫工作。

与此同时，由奥地利、意大利、英国、法国、中国、比利时、巴西、波兰等八国著名法学家组成的"国际民主法律工作者协会调查团"，由国际科学委员会世界知名科学家组成的"调查在朝鲜和中国的细菌战事实国际科学委员会"，也前往朝鲜、中国东北地区进行调查。各调查团通过现场调查，收集了美军进行细菌战的大量证据，并根据这些证据分别公布了调查报告。这些调查报告以无可辩驳的事实，揭露了美军进行细菌战的行径。

当这些调查团来到中国时，傅连暲指派中国的有关人员协助调查团工作，为他们提供了大量确凿的证据。在收集到大量证据和相关资料后，由中国人民保卫世界和平委员会牵头，在北京、沈阳、柏林和维也纳等地，举办了"美国政府细菌战罪行展览会"。展览会用确凿的事实和科学的结论，向全世界人民证明了美军实施细菌战的行径。

在北京的展览会期间，有关方面从北京和北京周边的医科大学中，调集了一批大学生，参加展览的讲解工作。在天津的中国人民解放军第一军医大学，也派学生到北京参加了这方面的工作。马苏高当时在学校担任 24 期学员的期长，学校领导让他带了十多位学员前往北京。

马苏高说："那是我第一次到北京。北京的'美国政府细菌战罪行展览会'就办在天安门城楼上。我和同学们看了有关的材料，每天就在天安门城楼给来参观的人进行解说。"

5 中央办公厅两个长途电话把他调到北京／一进中南海门诊部，接待他的是老熟人郑学文大夫／郑学文给马苏高安排了几位特别照顾的对象／紧急时刻，采用了特殊的人血疗法／

其实在举办"美国政府细菌战罪行展览会"期间，马苏高就已经在实习。他毕业后就留在了第一军医大学。他很喜欢留在学校工作，因为在学校能够继续学习，更深入地研究。

一天，马苏高在学校的医院参加一个手术，在手术中担任第三助手。手术进行过程中，有人来叫他，说是北京来的长途电话，中央办公厅要调他去工作。马苏高说他当时不想离开学校，就没有去接电话，继续做手术。

谁知过了一会儿，又有人来叫他，说还是中央办公厅打来的电话，一定要他过去工作。学校方面也认为这是组织上的安排，他应该服从。马苏高想：自己是共产党员，参加革命那么多年了，就是个人再有什么想法，也必须服从上级的决定。

就这样，马苏高来到了北京。他自己分析，把他调到北京，大概是两个人起了作用：一个是黄树则，他当时任中央军委卫生部教育处的处长。他和马苏高有师生之谊，在朱豪医院的时候，马苏高跟着他学到了很多东西。到医科大学深造，最初也是黄树则的建议，他对马苏高也比较了解。这有一个就是朱豪医院的内科大夫任玉洪。他此刻任中央军委总参谋部卫生处处长。马苏高在朱豪医院的时候和他共事了较长时间，马苏高在那里做实习医生，内科就他们两个男医生，相互也比较了解。马苏高估计，是他们两个人商量后，觉得调他到中央机关搞医务工作比较合适，就把他要来了。

马苏高来北京后，先去任玉洪那里报了到。两天后，他被安排在中南海门诊部上班。马苏高说，那天他进了中南海，来到在南海流水音附近的中南海门诊部。进门一看，接待他的又是个老熟人——原朱豪医院的内科大夫郑学文。她此时是中南海门诊部主任。

郑学文给马苏高布置了工作，并在门诊部附近为他安排了住处，那时南船坞的宿舍楼还没有盖好。

1950年10月，由于任弼时的逝世，中央对党和国家领导人的健康分外重视起来，在中共中央办公厅行政处下面设立了保健科，由在延安时期就负责中共中央领导人保健工作的徐福静任科长，担负住在中南海及附近的中共中央领袖们的保健医疗工作。

中南海门诊部和行政处的保健科没有什么直接的关系。门诊部当时的医务对象是中南海内除了首长以外的所有干部和工作人员，主要是中共中央办公厅在中南海内几个单位的干部和工作人员。那几个单位是中央办公厅第一办公室、政治秘书室、机要室、警卫处、行政处等。

马苏高刚到中南海门诊部的时候，门诊部除了郑学文以外，还有两个医生，一个是李志绥，一个是刘健，加上马苏高一共是四位。后来刘健到国务院机关事务管理局去工作了。

郑学文在给马苏高布置工作时，除了要他做好门诊工作以外，还给他安排了几位特别照顾的对象：一位是已去世的中共中央书记处书记任弼时的夫人陈琮英；一位是中共中央宣传部副部长、毛泽东的秘书陈伯达；一位是中共中央宣传部副部长张际春。

在中南海门诊部工作了一段时间后，马苏高知道了当时在中南海做医务工作的还有保健科、供应站、防治科等单位。1954 年，中共中央办公厅的警卫处与行政处合并，改称警卫局，保健科改为保健处，总管中南海里的医务工作，处里有三个科：保健科、门诊部、食品检验站。

时任中国人民解放军总政治部副主任的傅钟，听说马苏高调到北京来了，就让他到自己家里做客。马苏高与他熟悉，还是因为自己当年给他的孩子治过病。他利用休息时间，去了住在万寿路一带的傅钟家。傅钟和他见了面，鼓励他努力工作，还送给他一支金星钢笔。

也是在中南海门诊部工作期间，他又被安排与何志泉大夫一起，交替到在香山的中央办公厅幼儿园，做过一段时间的医生，同时兼幼儿园的副园长。就是在幼儿园，马苏高认识了在这里工作的徐淑琴，她曾两度当选为"三八红旗手"，后来他们结为夫妻。

马苏高还记得，有一次，幼儿园的大部分孩子感染上了麻疹。因缺乏急救药，他们就采用了一种土办法：把孩子的父母找来抽些血，再打到孩子的体内，以此来进行治疗。

6 "我到陈琮英家看望她的时候，就叫她'陈妈妈'。" ／丈夫的突然去世，使陈琮英陷入深深哀思／陈琮英并不知道药已经被做了"手术"／让她的精力往这些赏心悦目的事物上转移／

在由马苏高特别照顾的陈伯达、张际春、陈琮英三位保健对象中，与马苏高打交道最多，也让马苏高留下比较深刻印象的是陈琮英。她当时住在怀仁堂南边、西楼东边的锡福堂。她院子北边的永福堂，是个户主变换了几次的院子。开始住的是朱德朱老总，继而是彭德怀彭老总，再后来是毛泽东的秘书田家英。

马苏高回忆说："我刚接受照顾陈琮英的工作时，正在二十多岁的年纪，而陈琮英已经五十出头了。因此我到陈琮英家看望她的时候，就叫她'陈妈妈'。"在和陈琮英接触的过程中，他了解到陈琮英的革命经历，知道她是走完了二万五千里长征的几十位女红军之一，不由地对这位女首长肃然起敬。他还听说陈琮英年轻时在部队很活跃，因此得了个"小麻雀"的外号。

在任弼时刚刚去世的那些日子里，陈琮英的情绪显然十分沉郁。陈琮英与任弼时是"娃娃亲"，为了能让任弼时完成学业，陈琮英14岁就到一家小袜厂做织袜女工，以自己的收入资助任弼时读书。他们正式结婚不久，就逢第一次大革命失败，他们处于"宁可错杀三千，不可放过一人"的白色恐怖下的上海。任弼时两度被捕，陈琮英都竭力营救。后来他们一同到了中央苏区，一起参加二万五千里长征，陈琮英还在长征途中生下了女儿"远征"。他们相识近40年，结婚25年，夫妻间的感情是无比深厚的。丈夫的突然去世，不能不使她陷入深深的哀思。

虽然任弼时于40年代初就成为中共五位中央书记之一，他们夫妻都是于革命有着卓越贡献的老资格，但他们却始终过着清廉简朴的生活，没有丝毫个人的积蓄。任弼时去世时，他们夫妻的四个孩子中，最大的远志才19岁，最小的远远才9岁。陈琮英独立养育他们，生活的负担也相当沉重。

党中央对陈琮英及其子女十分关怀，把他们家从环境比较嘈杂的景山后街搬到了中南海，和许多早年一起革命的战友成为邻居，又安排中南海门诊部的大夫，兼顾陈琮英的医疗保健。

当马苏高到中南海门诊部工作后，这照顾陈琮英的任务就落到了他身上。他接手这个任务时，陈琮英由于过分的悲痛和忧虑，患上了神经官能症，她的大孩子也受影响，有些轻微的征候。因此，马苏高要经常地到陈琮英家，为她们做治疗。

那个时候，神经官能症没有什么有效的治疗方法。马苏高说，当时的所谓治疗，主要就是陪陈琮英说话聊天，使她精神得到安慰，分散注意力，逐渐淡化由丈夫的去世及几个孩子要抚养的困难带来的精神上的悲伤和忧虑。

陈琮英那一段睡眠很不好，每天都要服用安眠药。马苏高兼顾她的保健工作后，觉得这样长时间地吃药对陈琮英的身体有害，得尽快设法改变这种状况。

经过思考，马苏高认为可以通过暗示的方法对陈琮英进行治疗。当时陈琮英吃的安眠药是Luminal，是一种用胶囊装着的粉状药。马苏高依然给她开这种药，但他对司药焦纪壬说："你把胶囊里的药倒出来，换上葡萄糖，把这种换了芯的Luminal给陈琮英服用。"

因为这种胶囊药是连囊整个吞服的，所以陈琮英并不知道她用的药是已经被做过"手术"的。就这样服用了一个时期后，陈琮英渐渐地脱离了对安眠药的依赖。

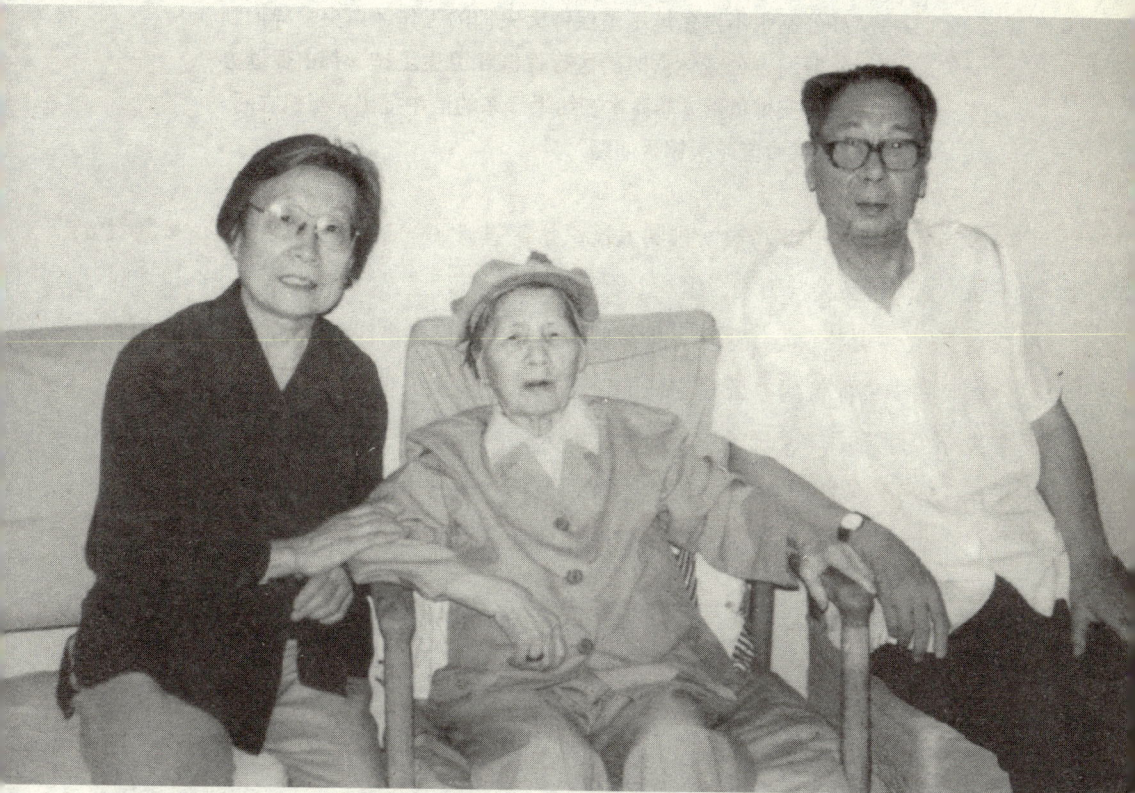

1998年6月，陈琮英在北京医院住院治疗期间，马苏高与曾任刘少奇、宋庆龄保健大夫的顾承敏（左）一起去看望她。

除了治病、聊天，马苏高还劝陈琮英在自己的庭院中种种花、种种草，让她的精力往这些赏心悦目的事物上转移。经过这样的治疗和调剂，陈琮英的神经官能症大有好转。

在笔者采访马苏高的时候，陈琮英已经进入她人生的第102个年头了。马苏高说到这里，露出欣慰的神色。这其间也有他的一份心血啊，是他在陈琮英心境最不好的日子里，给了她肌体和精神上的悉心照料。

也是在照顾"陈妈妈"的日子里，马苏高和"陈妈妈"之间建立了非同一般的感情。有一年，马苏高因病做了一个小手术，住了几天的院。陈琮英得知后，就从自己家拿了一些糖，叫人给马苏高送去。糖，在五六十年代的中国，就算是营养品了。

7 办公室也不过多地干预保健大夫们的工作／中央领导们到北戴河办公或休假时的医疗保健和卫生工作，都由保健办公室安排负责／胡乔木在给毛泽东的信中提出"当机立断，尽快解决公共食堂吃大锅饭问题"／

1958 年 2 月，马苏高被安排到大连医学院进修了一年。进修回来时，正赶上第一届全国"群英会"召开，组织上委派他担任会议卫生处负责人，主管会议期间的饮食卫生。"群英会"结束后，他被留在中央保健局，出任办公室主任。

然而在中央保健局办公室主任的位子上没坐多久，他又回到了中南海，担任由中央办公厅警卫局管理的中南海保健办公室主任，副主任有当时毛泽东的保健大夫李志绥、周恩来的保健大夫卞志强。他第一次进中南海时的领导郑学文，此刻担任中央保健局保健处长。中南海保健办公室的保健大夫所负责的保健对象

陪同中央领导在天安门城楼上参加庆典活动的马苏高（左一）和其他保健工作人员，碰到了时任卫生部部长的李德全（右二）。

马苏高（右一）在北戴河工作期间与其他工作人员在海边留影。

是中共中央的正、副主席，国务院正、副总理，政治局委员以上且住在中南海里的领导人。

当时在中南海内为领袖服务的保健大夫，业务上归属中南海保健办公室领导，但他们平时都在领袖身边工作，办公室也不过多地干预保健大夫们的工作。作为中南海保健办公室主任的马苏高，并不具体负责某位领袖的保健工作，但如果赶上什么活动，某位领导人的专职保健大夫临时有事、生病请假或轮流替班等情况，他就要到某位领导人身边做替补。

马苏高说："在中南海保健办公室，更多的是做统筹管理工作。每年夏天，中央领导们要到北戴河办公或休假，此时北戴河别墅区内的医疗保健和卫生工作，都由我们安排负责。每年'五一''十一'的庆祝活动，招待会、国宴的饮食卫生和急救工作等，在此期间天安门城楼上的医疗保健值班，也都是由我们办公室负责。"

第一次进中南海在门诊部的时候，马苏高主要还是为中南海内的大多数干部和工作人员服务。而此时，他主要是和中南海里的党和国家领导人打交道了。工作的对象虽然少了，但责任却更重了，纪律约束也更严格了，但他为自己能够肩负这个既光荣又艰巨的担子而高兴，一心想着如何把它干好。

在这一段时间里，马苏高印象比较深的，是陪同胡乔木等领导同志去湖南做调

1961 年，马苏高（右三）随胡乔木到湖南调查研究期间，与党内学者于光远（左二）、胡乔木秘书商恺（右四）及湖南当地干部，在湘潭毛泽东故居前合影。

查。那是 1961 年春季，为草拟《农村人民公社工作条例（草案）》，毛泽东提出让他的三个大秘书陈伯达、胡乔木、田家英各带一个调查组，到南方农村搞调研。陈伯达去了广东，田家英去了浙江，胡乔木就去了湖南——毛泽东、刘少奇的故乡一带的农村。

马苏高说，当时他们一行人中有中共中央联络部副部长王力，有党内的经济学者于光远，有胡乔木的秘书商恺，还有人民日报的一位副总编辑。后来胡乔木的女儿胡胜利也去了，她的身体不太好，马苏高还陪她到医院做了一些检查。

在湖南，马苏高和几位同行人员到湘潭参观了毛泽东的故居。在他的印象中，作为党内大秀才的胡乔木，很喜欢逛书店。

一次，在书店里看书，胡乔木指着书架子上的《红楼梦》问："这部书你看过没有？"马苏高回答说："没有。"胡乔木又指着旁边的《三国演义》问："这部书看过没有？""没有。"马苏高回答。"那这一部呢？"胡乔木的手又指向了《水浒传》，马苏高有点惭愧了，虽然自己是学医学的，似乎也不该与祖国的经典文学如此隔膜，但他依然老实地回答说："我没有看过。"胡乔木微微摆了一下头说："作为中国人，这三本书还是应该读一读的。"然后，胡乔木买了一套《红楼梦》，送给了马苏高。许多年过去了，马苏高仍忘不掉胡乔木对自己的这种特殊关怀。

当时正逢三年困难时期，粮食不够吃，到地方上就更没什么油水，老有饥饿的感觉。胡乔木本来就体弱有病，胃也因穿孔做过手术，在这样艰苦的环境下，身体状态更是每况愈下，有时不得不卧床休息。但他却依然忘我地工作，身体稍好就深入乡村调查，走不动时就约人到他的住处谈话。

在调查研究的过程中，胡乔木了解到办公共食堂、吃大锅饭的实际情况，并发现湖南也发生了饿死人的情况，他很焦虑，心情非常沉重。这期间胡乔木曾亲自到湘乡县的一个大队调查饿死人的情况，对县里领导的敷衍态度提出了极为严厉的批评。他要求县领导尽快设法，遏止这种情况。

那天回到韶山招待所已经是深夜11点了，可当胡乔木得知毛泽东也到湖南视察的消息后，他立即伏案给毛泽东写了一封长信："……湘乡原被认为是一类县，从我们所看到听到的问题说来，其严重不下于湘潭，而在去年年底大量死人这一点上还有过之……"并提出了"当机立断，尽快解决公共食堂吃大锅饭问题"的意见。

1963年，马苏高（二排右一）等陪董必武去西北，经河北省石家庄市时，与当地领导合影。

1963 年, 马苏高 (后左六) 陪董必武去西北, 经河北省石家庄市时, 与当地领导合影。

  毛泽东看了胡乔木的信, 翌日就将信批转湖南省委书记张平化, 让他阅后将信及相关附文"印发给我们的三级干部会议各同志, 予以讨论"。毛泽东还在当天下午, 听了湖南省档案局局长毛华初关于农村真实情况的汇报, 肯定了韶山公社可先行试点解散食堂。在胡乔木还未离开湖南时, 韶山公社的食堂几乎全部解散。

  然而胡乔木的身体状况却越来越差, 甚至后来中共中央召开工作会议, 讨论修改他参与制定的《农村人民公社工作条例(草案)》时, 他都因为神经衰弱症状加剧而没能参加完会议。这年 8 月, 他给毛泽东写了一封信, 提出长期养病的请求。

  毛泽东随即复信给胡乔木, 同意他的请求: "你须长期休养, 不计时日, 以愈为度。曹操诗云: 盈缩之期, 不独在天。养怡之福, 可以永年。此诗宜读。你似以迁地疗养为宜, 随气候转移, 从事游山玩水, 专看闲书, 不看正书, 也不管时事, 如此可能好得快些。作一、二、三年休养打算, 不要只作数月打算……"

  除了那次陪同胡乔木在湖南住了较长时间外, 马苏高说他还曾多次陪同董必武外出, 相继去过河北、内蒙古、宁夏和东北三省。他担任中南海保健办公室主任那

马苏高（站立者右二）陪同董必武到河北时，与河北省委领导同志一起合影。

1963年，马苏高（左四）陪董必武去东北视察并进行调查研究时，在黑龙江镜泊湖边留影。

一时期，董必武的身体不太好，到哪里都必须有保健大夫跟随，马苏高临时在他身边做了一段保健工作。

8 邓颖超怕马苏高夫妇推托，就叮嘱了几遍／马苏高听了邓颖超的话一愣，此前他真的没考虑过这些问题／老中医到了北戴河后，有好几天都没有洗上澡／陈毅听了颇遗憾："既然是这样，那我们就只好放弃了。"／

在中南海保健办公室工作期间，给马苏高留下深刻印象的领导人，是周恩来的夫人邓颖超。"不论是在工作方面，还是在为人方面，邓大姐都给了我许多有益的指教。我们是做保健工作的，是照顾首长的，但却得到了来自首长的许多关怀。"马苏高这样说道。

有一年，陆定一的夫人严慰冰送给了马苏高两张话剧票。演出的地点在东单的青年剧场，演的剧目是《沙恭达拉》。《沙恭达拉》是印度古代伟大诗人迦利陀娑最杰出的作品，这部诗剧中描写了国王豆扇陀和净修林女郎沙恭达拉的爱情故事。第一个把这部作品从梵文翻译成中文的，是中国的著名学者季羡林。

那天晚上，马苏高和妻子徐淑琴一起去看演出。到了剧场入座后，他们发现坐在他们夫妇前面的，是周恩来的夫人邓颖超和她的护士王星明。邓颖超回头时也看见了他们，说："哟，马主任也来了。"

演出中间休息时，邓颖超去休息厅，一定要请马苏高夫妇跟她一起去。马苏高想那是首长休息的地方，就说："我们在这里休息就行了。"没有随邓颖超去。休息

新婚时的马苏高、徐淑琴夫妇。

回来，邓颖超对马苏高夫妇说："剧演完了，你们不要走，坐我的车一起回去。"她怕马苏高夫妇推托，就叮嘱了几遍。

剧演完了，马苏高和妻子随邓颖超一起来到轿车前。邓颖超对马苏高说："你是男同志，坐前边吧，我们三个女同志坐后边。"车子顺着长安街，开到中南海东南小门前时，邓颖超叫停车，对马苏高说："夜深了，不值班的警卫们都睡了，车子要是从这里开过去，会影响他们休息。我就不能把你们送到家门口了，你们还得自己走一段，对不起。"

从东南门去马苏高他们住的南船坞，要从警卫团的营房穿过，所以邓颖超怕轿车行走的声音惊动警卫们。马苏高夫妇下车后，轿车继续从中南海外面绕道回西花厅。马苏高夫妇下了车，一边走一边想，邓颖超在这些小事上都为他人考虑得这么细致，实在令人感动。

马苏高二进中南海的时候，正赶上了"三年困难时期"。为了度过这段困难的时期，中南海的干部们都减少了自己的粮食定量，蔬菜也很少，肉就更难得一见了。这期间，有人送给身体不太好的邓颖超一些螃蟹，邓颖超自己舍不得吃，就把黄树则、郑学文和马苏高请到西花厅家里来一起分享。

吃螃蟹那天，周恩来因为接见外宾要晚过来一会儿。邓颖超就向卫生部主管保健工作的黄树则询问了有关情况，又让郑学文、马苏高谈了谈他们的个人经历和近期中南海保健工作的情况。

大家正谈着，周恩来回来了，他和大家寒暄了几句，就开始吃螃蟹。吃了一阵，邓颖超发现马苏高不怎么动。一问才知道马苏高不会吃螃蟹。他是山西人，从小没吃过螃蟹，所以不会吃。担任保健工作后，每年夏季都到北戴河，食堂有时会做螃蟹给大家吃，可看着硬邦邦的壳，带齿的钳子，马苏高就又畏难，从来不沾螃蟹的边。

邓颖超了解到这一情况，就耐心地给马苏高讲解螃蟹怎么吃，什么地方可以吃，如盖里的黄、壳里的肉；什么不能吃，如蟹盖与内壳间一层扇状的东西。一边说一边示范给马苏高看。马苏高说："就是那次在西花厅，邓大姐教会了我吃螃蟹。"

1962 年，邓颖超曾在北京协和医院做了一个手术，马苏高作为中南海保健办公室的负责人，参与了手术的组织等事宜。邓颖超出院后不久，就提出由他们夫妇掏钱，在中南海紫光阁设宴，招待参与手术的专家、护理人员以及卫生部的部分领导。

1962年，邓颖超手术后，邀请参与手术的医疗专家们以及卫生部、北京医院、协和医院的部分领导到家中吃饭。饭后，周恩来、邓颖超与他们在紫光阁合影。

那时，"三年困难时期"刚结束，紫光阁的午宴精美而不奢侈。那天被邀请的名单是周恩来、邓颖超亲自定的，共有六十余人，包括蒲辅周、赵炳南、张孝骞、林巧稚、虞颂庭、方圻、黄宛、邓家栋、罗宗贤、徐荫祥、曹松年、严仁英、俞霭峰等著名中西医专家。卫生部的领导有崔义田、徐运北、黄树则等，还有北京医院的领导齐涛、计苏华等。

周恩来入座后，就问道："郑淑芸来了没有？"郑淑芸连忙回答说来了，她在新中国成立后不久，就到周恩来、邓颖超身边担任护士工作。周恩来随即提议让她为大家唱个歌，她唱了首周恩来最喜欢的《洪湖水浪打浪》。郑淑芸唱罢，邓颖超作了个极为简短的致辞，感谢到场的医务工作者。

吃罢饭，邓颖超又提议大家一起合影。合影之后，马苏高觉得至此该没有什么事情了，就请大家离开了。当他自己也准备离开的时候，邓颖超叫身边的工作人员把他叫了去。

邓颖超见到马苏高时说："你是否了解专家们的情况？他们有什么困难没有？我们可以在哪些方面给他们一些帮助？"马苏高听了一愣，因为此前他真的没考虑过这些问题。

见马苏高愣在那里，邓颖超又说道："刚才吃饭，本来是个不错的机会。当大家聚在一起的时候，应该顺便让他们把各自的情况和问题聊一聊。以后，对这些老专家和医务工作者们，你们要多给予关心呀。"

这次当面听了邓颖超的嘱咐，马苏高的心久久不能平静。周总理和邓大姐有那么多的重要事情要思考，但当他们和医务工作者在一起的时候，就立即想到要了解医务工作者们会有些什么问题和困难，尽自己的所能帮助他们改善。而自己身在医务工作之中，却没有想到这一点。从这件事上，马苏高学到了如何关心周围的人，如何热心地帮助他人排忧解难。

马苏高还向笔者讲述了一件他先挨邓颖超批评，后又受到邓颖超表扬的事情。那是有一年的夏季，中央的领导同志们到北戴河办公休假，中南海保健办公室组成医务组去服务。为了对几位领导人进行按摩治疗，医务组里带去了一位做按摩非常有经验的老中医。

随医务组去北戴河的这位老中医姓祝，当时已经七十多岁了。这样的年纪在20世纪五六十年代就属于高龄了，他的一些生活上的事，也需要有人照顾，马苏高就为他也安排了一位护士。

让马苏高没有想到的是，这位老中医到了北戴河以后，有好几天都没有洗上澡。此事被邓颖超知道了，就把医务组带队的马苏高叫了去。在讲了老中医没能洗澡的事情后，她批评马苏高对医务组的同来人员照顾不够周到。

听了邓颖超的批评，马苏高这才意识到，负责照顾这位老中医的护士是位女同志，别的事情能照顾，但洗澡的事她就帮不上什么忙了。于是，当天晚上马苏高就到了老中医的住处，亲自帮老中医洗澡，还为他搓背。

第二天，邓颖超就知道了马苏高给老中医洗澡的事，她又找来马苏高，对他说："你办了件好事啊。"马苏高说："这是应该的，我本来应该在事先就想到做好这件事。现在由您提了出来，我怎能不尽快去做呢。"邓颖超说："这件事你办得好，对上了年纪的人的照顾，我们要多考虑，尽量满足他们的需求。"

回忆起在中南海当保健办公室主任的那段日子，马苏高还说起了几位住在庆云堂的党和国家领导人。

住在庆云堂一号院的，是国务院副总理李富春。他家的院子里有一株很大的葡萄藤，结满一串串的葡萄。每当葡萄熟了的季节，李富春的夫人蔡畅都要身边的工作人员摘一筐，给中南海保健办公室送去，说是给大夫和护士们尝尝。马苏高说："我在的时候年年如此，一次也没有间断过。他们的关怀，使我们更加热爱和倾心于我们的工作。"

国务院副总理兼外交部长陈毅，住在庆云堂的四号院。后来成为我国著名心血管科专家的钱贻简大夫，曾经随陈毅出访，担任他的保健大夫。钱贻简大夫的英文好，朝鲜战争期间在板门店进行朝鲜北南方停战谈判时，他曾担任过翻译工作。

陈毅和钱大夫接触后，从有关材料上了解到了这一情况，就想把钱贻简要到外交部去当外交官。同时，陈毅还得知护士长项文芳的外语也不错，就找到马苏高，说他想把钱贻简和项文芳都调到他那里去工作。

马苏高听了很为难，因为钱贻简和项文芳都是中南海保健办公室里的骨干，再说人员的调动问题，他也做不了主。他就对陈毅说此事需要向上级请示。马苏高把此事向中央保健局领导作了请示，结果是不同意。马苏高遂将领导的决定转告给陈毅，陈毅听了，遗憾地说："既然是这样，那我们就只好放弃了。"

9 "人家因此称我们是'特殊的群体'。"／中央办公厅警卫局要求几位丈夫曾留苏的医务人员把家搬出中南海／警卫局的领导认为必须把这位工作人员调离中南海／杨尚昆让马苏高转告北京医院领导，不要处分那位工作人员／陆定一说："不能把他们当白旗拔掉。"／

马苏高说他第二次进中南海以后，有一个比较明显的感觉，就是各方面的要求更严格了，连进出中南海，都不如以前那么随意了。他印象比较深的是在这期间，有几位保健办公室的人员被调出了中南海。

本来，中南海保健办公室的医生和护理人员，都是从全国各地调来的，都是原单位里各方面最优秀的人员，大部分人很年轻，有学历、有知识，尽管缺少一些临床实际工作的经验。那时阶级斗争的观念很强，每位调来的医务人员，都要经过多层审查，几乎"千里挑一"。马苏高说："人家因此称我们是'特殊的群体'。"

但就是经过这样反复筛选的人，还是会因这样那样的问题，不能继续留在中南海工作，有的原先家在中南海里的人，不得不搬到中南海外面去住。

例如，中南海保健办公室有几位工作人员的爱人曾经出国留过学，像当过刘少奇保健大夫的顾承敏的爱人、护士韩景昌的爱人等。20世纪60年代初，中苏关系恶化已经表面化的时候，管理保健办公室的中央办公厅警卫局的领导，就要马苏高通知她们把家搬出中南海，因为她们的丈夫都是留苏的。

她们都担负着重要的保健工作，又是多年的老保健了，马苏高感到很难跟她们开口说这件事，即便开口，也不便一下说得那么决绝。因此，搬家的事就拖了一阵，可警卫局的领导一次一次地催办。

中南海保健办公室在组织上归中央办公厅警卫局领导，马苏高说他也没有办法，必须按照警卫局的指示执行。这些医务人员对此有些不理解，他只好一次一次地做工作。结果搞得她们对马苏高有了看法，而马苏高当时又不能对她们直言是上面的催促，只能任人埋怨自己。

还有一位曾经担任过老首长保健工作的护理人员，后来调到中南海保健办公室工作。她犯了很小的错误，在保健办公室的范围内对她进行了批评。按照有关规定，这些情况必须向中央办公厅警卫局汇报。然而汇报后，警卫局的领导认为必须把这位工作人员调离中南海。马苏高本来以为批评一下就行了，没想到警卫局的处置这么严厉，而且又是一遍遍地敦促执行，结果就把那位工作人员调到北京医院去当护士了。

那个时代，在中南海里工作的人被调离中南海，又不是委以更重要的工作，一般就会被认为是犯了错误，有些人自己也会觉得在颜面上很不好看。因此，这位工作人员一时想不开，作出了激烈反应。

这件事情传到中央办公厅主任杨尚昆的耳朵里，他把马苏高找了去，让马苏高同北京医院的领导联系一下，讲一讲有关的情况，请医院方面不要处分那位工作人员。

马苏高因此专门去北京医院，找到当时的医院党委书记齐涛，向他转达了杨尚昆的意思，使那位工作人员没有受到进一步追究。从这件事情的处理上，马苏高觉得杨尚昆对在中央办公厅工作过的同志，还是很关心照顾的。

1964年，毛泽东在同他身边的一位保健大夫的谈话中，指出应该撤销专门的保健部门。他的谈话传出后，随即成为正式指示，被立即执行了。中南海保健办公室随即被取消，许多在此工作的医务人员离开了中南海，马苏高也在这个时候离开了中南海。此时，社会主义教育运动已经在全国轰轰烈烈地展开了，他也被安排到北京的协和医院搞"社教"。

带队在协和医院搞"社教"工作的，是卫生部的副部长徐运北。协和医院是历史最久的现代医院之一，从旧社会过来的老知识分子和专家比较多。当时的运动要抓典型，插红旗、拔白旗，有人提出把老专家刘士豪作为"白旗"的典型。

刘士豪教授20世纪20年代就毕业于协和医学院，是杰出的内分泌及代谢病专家、生物化学家，也是中国内分泌专科的开创人之一。徐运北对把他作为"白旗"有些拿不准主意，就让马苏高去中南海，直接向中央主管文教工作的中共中央宣传部部长陆定一请示，因为马苏高此前在中南海里管保健工作，跟中南海里的领导们熟悉。

马苏高将此事向陆定一陈述后，陆定一说："知识分子也是国家的财富，不能

像对待敌人那样。有问题、有错误，指出来，批评教育可以，但不能把他们当白旗
拔掉。这样搞会把医院搞乱的。""社教"工作组根据陆定一意见的精神，比较平稳
地完成了协和医院的"社教"运动。

当协和医院的"社教"运动告一段落后，马苏高就被安排去了北京医院所属的
香山疗养所当所长。香山疗养所在香山的枫林村。马苏高任所长期间，他记得中国
佛教协会的主席赵朴初、曾任农垦部副部长的萧克等，都到这里疗养过。

10 一些造反派跑到医疗处抢党和国家领导人的病历档案／李富春了解情况后，马上派中央办公厅机要室的干部去贴封条／郑淑芸把马苏高被抓走的消息报告了周恩来／材料交了，造反派后来也没再找马苏高闹事／

一年多以后，马苏高又被调到卫生部防疫司卫生处当处长。在这期间，他觉得
有意思的事，是曾跟防疫司司长到农村搞粪便罐发酵。这项工作就是把大粪堆积在
一起，通过高温发酵，提高粪肥的效能，同时也杀灭大粪中的病菌，达到减少疾病
传染的效果。

为了推广粪便罐发酵，马苏高长期在农村跑，当他们再次回到北京的时候，
"文化大革命"已经开始，卫生部里面也已经大乱了。当年中央保健局撤销后，为
了继续进行党和国家领导人的保健工作，就在卫生部内设置了一个医疗处，曾和马
苏高几度共事的郑学文，担任着这个处的领导工作。

"文化大革命"开始后，郑学文受到了冲击，无法正常工作。但国家领导人的
保健工作还必须有保障，于是马苏高就被调去接替郑学文，负责医疗处的工作。

但没过多久，一些卫生部的和社会上的造反派，不知从何种途径得知马苏高曾
在中南海保健办公室工作过，又酝酿抓他，以便从他口里搜集到一些炮打中央的
"走资本主义道路的当权派"的材料。

在最混乱的时候，一些造反派甚至跑到医疗处来抢党和国家领导人的病历档
案。在马苏高的意念里，党和国家领导人的病历档案，属于国家级的机密，任何人
都不许泄露，必须全力加以保护。

当时的情况已经非常紧急，马苏高立即通过"红机子"向中央领导报告，当时

接电话的是李富春副总理。李富春了解情况后，马上派中共中央办公厅机要室的干部徐新城赶去医疗处，把那里保存的病历档案都贴上了封条，及时避免了一次重大机密泄露的事故。马苏高说，当时和他一起保护档案的，有从 50 年代初就做周恩来总理护士的郑淑芸同志，还有张元同志。

据郑淑芸回忆，1966 年 6 月 6 日，周恩来专门找她谈话，一开始就说到了档案的保护问题。周恩来对她说："你们年轻，毕竟没有经历过残酷斗争，所以一定要明白，不该做的事一定不要去做，不管受多大的委屈，都要坚守岗位，哪怕是牺牲了自己。你们系统也很复杂，运动一开始，就有人偷保健对象的病历，然后关起门来传抄，紧接着就对中央、军队的主要领导搞非法调查。可以看出来，他们想干什么……"

周恩来告诉郑淑芸："就这个事我请先念同志去制止，不准再继续开这种会，可已经造成了很坏的影响，传到了香港、澳门、日本等地，有些人对此做了大量的文章。"周恩来还指出在运动来临时，"不肯管工作，撂挑子不干就不是个共产党员。有困难、有风险要冲在前，否则要我们共产党员干什么？"

大概是了解了周恩来的这个态度，马苏高在造反派企图从他这里寻找有关材料时，态度坚决地进行了抵制。

造反派们没有抢到档案，就转而对掌握这些档案的马苏高下手了。有一天，卫生部后门传达室的老师傅通知马苏高去取一封信。他到传达室后，突然来了一帮造反派，抓住马苏高就把他推上了车。车子开到马苏高的家，马苏高坚决不开自家的门。结果造反派就把他家的门锁给撬了，在他家中翻箱倒柜乱搜一气，希望找到他们想要的东西。

但找了半天，造反派们也没有找到他们认为有价值的东西。他们又追问马苏高有什么材料，但他什么也不说。无计可施的造反派们，把马苏高关到北京医科大学宿舍的一间房子里，并派人看管他。失去人身自由的马苏高，以绝食同造反派们抗争，一昼夜水米未进。

这时，周恩来总理的老护士郑淑芸，把马苏高被抓走的消息报告了周恩来。马苏高回忆说："第二天，周总理为了救我，就接见了红团的人。总理带了卫生部的领导、保健事务的负责人、军管会的领导，并指名让我参加，接见了北京医院造反派的头头、北京医大造反派的头头。接见谈话过程中，提到了一些造反派编造的我的所谓罪行，我说这些纯粹是诬陷。"

接见后，周恩来没让造反派们把马苏高带走。有关人员根据周恩来的指示，把他安排在国务院宿舍住下，还派了中央警卫团的战士保护他，让他在那里学习。他后来才意识到，周恩来是以这种方式保护他们，同时也是为了保护党和国家领导人的保健情况不被泄露到社会上去。

笔者从别的保健大夫那里也了解到相关的情况。例如，同样因为周恩来的有关指示，长期从事保健工作并掌握比较多细节情况的力伯畏、何慧德，也以写材料的名义被"隔离"了一段时间，不允许外界和她们接触。虽然这期间她们连上厕所都有人跟随，但这使她们避免了陷于直接受造反派围攻索取相关材料的困境。

当时造反派的人诬陷马苏高是"三反分子"（即反对毛泽东，反对共产党，反

60年代，董必武在东北某厂参观时，为之题字。董必武后右为马苏高。

对社会主义），让他写交待材料。马苏高与他们针锋相对地抗争，这使造反派们十分恼火，所以揪住他不放。

马苏高住在国务院宿舍时，负责他生活的是警卫干部万金昌，他们原来就相识。万金昌安慰他说："我们都了解你，你绝不是'三反分子'。"他让马苏高安心，并劝他不要同造反派尖锐对立，材料还是要写，但要实事求是地写。

听万金昌这么说，马苏高觉得有道理，就按事实简单地写了一些情况，其中说道："我紧着跟党跟主席还跟不上，怎么会反呢？"材料交了，造反派后来也没再找他闹事。大约两星期后，万金昌对马苏高说："你的问题已经解决了，你可以回去工作了，如有人问起，你就说总理让回来的。"

由于有了周恩来的"挡箭牌"，马苏高也不再同那些造反派直接对着干了，造反派也就不再找他的麻烦。后来马苏高还被安排了工作，搞接待，安排外地来北京串联的人员吃、住等事。再后来，卫生部搞中草药展览，又分派他管展览的后勤。

11　李先念说："你们这回搞的是：'计划小小地，开支大大地。'"／第一个住进新北楼的首长是董必武／周恩来语重心长地说："一定要办好北京医院。"／他态度坚决、言语婉转地向组织表示，自己不能胜任这样的安排／

1971 年，老领导谢华成为卫生部的军管会主任，他安排马苏高去北京医院工作，说由于"文化大革命"的冲击，那里急缺干部，让他去担负一定的领导责任。马苏高说他当时并不愿意到北京医院，他认为自己的医疗水平不够，怕担不起这个责任。

马苏高觉得自己虽然做了多年的保健工作，但主要是起个监护的作用。即尽早发现首长有什么征兆，及时汇报和提出建议，真正的治疗还是靠医院的专家。而住进北京医院进行治疗的人，总是病情比较严重了，要组织专家会诊，要做出相应的判断，要提出治疗方案等等，他觉得应该由医疗水平更高的人担任医院的领导工作。

但是组织上已经作出了决定，马苏高抱着先去看看自己能做什么的想法，来到了北京医院。

马苏高刚到北京医院时，这里正计划盖新北楼，原中央保健局的大夫智军在马苏高之前调到北京医院，正主持着此事。在最初的方案中，这座楼只是门诊楼，没有病房，这个方案已经通过立项。马苏高认为这样的方案欠妥，他觉得不能光考虑门诊治疗，还要考虑治疗的对象都是高级干部，他们都年事已高，一般都需要住院治疗，不考虑住的问题不行。

但智军觉得原方案已经立项，要在方案里加入住院部，工程就膨胀了，预算也将大大提高，可能上面不会批准。马苏高说："批准不批准是一回事。但我们做这项工作，要考虑周全，该提出的问题一定要提出来，供组织参考，这是我们的责任。"他们俩的认识统一了。

为了使新的方案能够通过，马苏高去找了中央办公厅主任汪东兴，因为原来中南海里的保健工作也是由汪东兴负责的，他比较了解这方面的情况。汪东兴听了马苏高的陈述，说："你们的想法有道理。你们再写一个报告，病房楼需要盖多少层，多少个床位，大致预算多少。我去找先念同志谈。"

由于汪东兴帮助说话，李先念同意了北京医院北楼的新方案。汪东兴把这个好消息告诉了马苏高，他还说："先念同志说了，你们这回搞的是：'计划小小地，开支大大地。'"周恩来得知此事后，也非常赞同加入病房的方案，说这座楼应该盖。他为新北楼的建设提了六个字："经济、实用、坚固"。

后来在建楼的过程中还遇到了一些问题，例如在楼盖起来后，没有做门窗的木料。马苏高又找到汪东兴，汪东兴让马苏高找当时中央办公厅警卫处的副处长毛维忠。毛维忠正在主持中南海里的一个工程，他很快帮助马苏高解决了木料问题。北京医院的新北楼于1974年竣工，马苏高记忆中第一个住进新北楼的领导人是董必武。

到了北京医院不久，马苏高被任命为医院革委会委员，后来又被任命为北京医院的党委副书记。又过了一段时间，医院被军管会接管，重要的事务都是军管会说了算。直到"文化大革命"结束，医院工作逐渐正常了，马苏高才又担任了北京医院的副院长。

在北京医院工作期间，他进一步了解了北京医院的历史。北京医院始建于

1989 年 10 月 27 日，杨尚昆到北京医院新北楼看病，马苏高（右）和曾担任过杨尚昆保健大夫的中央保健局局长王敏清（左）一起去看望他。

1905 年，因为是德国人创办的，所以当时被称为德国医院。抗日战争胜利后，医院更名为北平医院。1949 年，奉中央军委的命令，一批原来曾在延安中央医院、延安白求恩医院工作过的军队医务工作者们接管了北平医院。新中国成立后，北平医院更名为北京医院。1950 年 2 月，毛泽东亲自为北京医院题写了院名。毛泽东、周恩来都对北京医院很关心，都曾经对北京医院作过相关的指示。特别是周恩来，曾经亲莅北京医院近 200 次，对医院的医疗技术、管理等方面，都给予过许多具体的指点，他曾语重心长地说："一定要办好北京医院。"

马苏高担任北京医院的领导后，常常会想到自己曾经在毛泽东、周恩来的身边工作过，为毛泽东、周恩来关心的医院付出再多的辛劳，自己也是责无旁贷。因此，他不论分管什么，总是任劳任怨、不遗余力。

20 世纪 80 年代初，邓小平出任中央军委主席，他的医疗关系转到了中国人民解放军 301 医院。有关方面认为，新中国成立以来，邓小平的医疗保健工作一直是中南海的保健大夫们负责的，因此原中南海的老保健们对邓小平的情况比较了解，邓小平和这些大夫们也熟，于是就准备调一位原中南海的老保健到 301 医院负责和主持保健方面的工作。

在这期间，马苏高相继被召到邓小平家和中国人民解放军总后勤部副部长贺诚家，谈工作调动之事。马苏高说他当时毫无心理准备，一方面很感谢组织上对他如此信任；一方面他觉得医院担负的是党和国家领导人的疾病救治工作，应该由医术高超且有威望的人来担任领导。

马苏高认为自己多年脱离临床实践，医术上没能得到提高，水平不够，放在那样的位置上不合适，可能会贻误工作，造成无可挽回的损失。作为一个共产党员，一切首先要从党的利益、党的工作出发来思考问题，要正确地认识自己，而绝不能让个人升迁及名利杂念模糊了头脑。因此他态度坚决、言语婉转地向组织表示，自己不能胜任这样的安排。

就这样，马苏高医疗生涯的最后时光，都奉献给了北京医院。年逾六十之后，他继续在副院长的岗位上工作了两年，眼看着北京医院的新领导班子已经把医院管理得越来越好，他觉得自己可以退下来了。1989 年 12 月 31 日，马苏高正式办理了离休手续。

第三章

"我在的时候，总理还年富力强。"

——记新中国周恩来的第一位保健大夫周尚珏

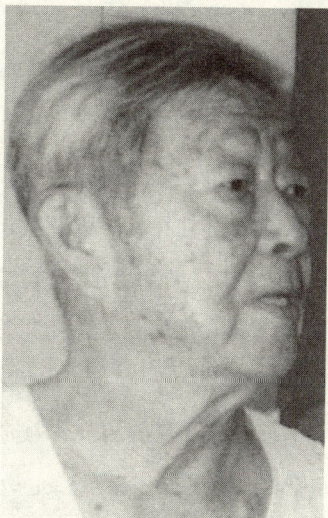

周尚珏近影。

在整个交谈过程中，周尚珏反反复复对笔者说的几句话就是："我在周总理身边的时候，他还年富力强没什么病症，所以我并没有做多少工作。倒是在我之后的卞志强、张佐良大夫，他们到总理身边的时候，总理年纪逐渐大了，特别是后来又逢我们的党和国家处于非常时期，总理的处境异常艰难，一些病痛也在折磨他，他们确实在医疗保健方面为总理做了有益的工作，他们还值得记述一笔，而我的故事，放在医疗保健工作者群体中一带而过即可。"

他越是这么说，笔者倒越是渴望与之交谈。当仁不让、滔滔不绝的人，你倒没有必要去穷追不舍，因为他所说的那些不定已经对多少人说过了，相关的文字也不定被印刷出来多少遍了，没有必要一遍遍地重复。而怀有这等情操的人，你却一定要为他留下一些记载，因为你不刨根问底，一段历史或某个重要细节将永远失之阙如。而且金钟喑咽、瓦釜雷鸣，是一种令人悲哀的、不应有的局面。

在与周尚珏的交谈中，笔者的确颇有收获。我涉入现当代政治人物和事件的纪实写作，已经有十余年了，但他所回溯的一些亲身经历和见闻，对我来说，依然很新鲜。

1 国民党政府让我们做了两次亡国奴／周尚珏的名字被列在国民党报纸刊登的通缉令上／李维汉没看清，掉进院子里的水表井里，摔伤了腿／傅连暲到北大医学院挑人，选中了周尚珏／周尚珏先在董必武那里工作了半年／

周尚珏是在读大学期间加入的中国共产党。他说他刚入党时，谈不上什么觉悟，就是对国民党的腐败和不抵御外侮不满。周尚珏是东北人，老家在吉林。1931年，"九一八事变"，蒋介石下令不抵抗，东北沦丧，周尚珏全家流亡到了北平。

1937年，"七七事变"爆发，北平、天津又相继都处在日寇铁蹄践踏之下，周家人感到无处可逃了。那时，周尚珏初中刚毕业，他已经知道了痛恨。"国民党政府把那么辽阔的国土都让给了日本人，把那么多老百姓都丢弃了，让我两度沦为亡国奴。"周尚珏如是叙说了自己的革命源起。

特别是到了1945年，日本刚投降，国民党来接收，又弄得怨声载道。日寇占领区的老百姓将国民党的接收称为"劫收"，把好房子贴一个大封条，然后接收大员自己就住进去了。当时流行的"五子登科"一词，就是讥讽国民党政府接收大员们的，说他们坐车子、抢房子、搂票子、搜条子（金条）、霸女子。最让学生们愤怒的是，国民党当局对日寇占领区学生进行的甄别审查，说这些学生是"伪学生"。

中国共产党顺应广大学生的心愿，组织了反甄别运动。接着，国民党政府又违逆民心，挑起了内战，进步学生成为国民党统治区反内战的主流。在学生运动中，周尚珏接触了共产党，认识了共产党，并渐渐地向共产党靠拢。他于1946年加入了中国共产党，那一年他该上大学三年级了，当时他所在的北京大学医学院的地下党支部书记是严纯。

说到当年在大学搞学运的往事，周尚珏说王光美的妹妹王光和也积极参与了进步活动，她当时虽然比周尚珏低一年级，但两人在参加活动时联系十分密切。

1948 年 8 月，周尚珏的名字列在了国民党报纸刊登的通缉令上，当局要所有被通缉的人到特刑厅报到，实际上一报到，就将被投入监狱。那是内战发动后当局公开通缉的第一批学生。

周尚珏在北平待不下去了，组织上就安排这些被通缉的学生去了解放区。周尚珏先到了临近山东的泊镇，中共中央华北局的统战部就驻扎在这里，当时的部长是新中国成立后的北京市委副书记刘仁。

后来，为了解放北平，有些从北平撤到解放区的同学又被派回北平，但周尚珏是被公开通缉的，他的身份太暴露了，无法回去，就被分配到建屏县，在中共中央统战部医务室当医生。当医生的同时，他还担负了一点保健工作。他的第一个保健对象，就是中共中央统战部部长李维汉。

那段时间，中国共产党在紧锣密鼓地筹备召开新的政协会议，以建立新生的国家政权。许多民主党派领袖及社会知名人士，都经中国共产党的周密安排，从中国各地被护送到了河北建屏县的西柏坡。他们到来以后，都由中共中央统战部接待。因此他们也成了周尚珏的医疗对象。

1949 年 3 月，中共中央的领袖们及中共中央的核心机关从河北建屏向北平进发，周尚珏跟着中共中央统战部进了北平。在进驻中南海的中共中央机关中，中共中央统战部是最早的，先于毛泽东及中共中央办公厅的部分机关好几个月。作为统战部医务室的医生，周尚珏也进了中南海。他记得医务室当时除了他以外，还有一位姓李的老医生，是医务室主任。但在他离开统战部以后，就再也没有见过这位老医生。

中共中央统战部部长李维汉是最早住进中南海的中共领导人之一，他最初住在丰泽园西北的纯一斋。他们住进去的时候，院子里还在施工，有些乱糟糟的，结果出了一次事故。本来，每晚收工前要整理施工现场，但有一天，施工人员匆忙中没有认真整理，其中一个水表井没有盖盖，也没有设栏作标志。那天夜里，李维汉从住房出来去院子里的厕所时，因路灯不亮看不清楚，人也比较疲劳，就掉进水表井里，摔伤了腿，打了很长时间的石膏。原先他主持的许多筹备第一届新政协的工作，不得不转加到林伯渠的身上。

开国大典举行后，工作的忙碌有所减轻，周尚珏向领导提出到医院临床实习一段，因为他是遭国民党当局通缉离开北平的，上学期间未能实习。组织上同意了他的请求，安排他到北京人民医院外科实习，因为他学的专业就是外科。

一进中南海，周尚珏就来到周恩来办公居住的中南海西花厅，在这里工作了六个年头。

1950 年实习结束时，按他自己的本意，是想留在医院当外科大夫。但恰逢当时中央保健委员会要加强党和国家领导人的保健工作，为中共中央的几位书记配备专职保健大夫，主管这项工作的傅连暲到北大医学院挑人，选中了周尚珏。

周尚珏说他并不愿意当保健大夫，但自己是党员，得服从组织分配，就到了中央保健委员会工作。刚一去，组织上安排他负责董必武的保健工作。在中共领导人中，董必武的年纪是比较大的，身体情况也不太好。周尚珏在董必武那里工作了半年。事后他回想起来，觉得这一段实际上是组织对他进行考查，看他能不能胜任这项工作。到了 1950 年年底，周尚珏就进了中南海，担任周恩来的专职保健大夫。

说到进中南海，周尚珏记起一件非常有意思的事情。当时的中央保健委员会还有一块牌子，即中央军委保健委员会，在这里工作的大夫都是部队的编制，级别都套用部队的级别，周尚珏到中央保健委员会时，组织部门给他定的级别是营级。

周尚珏被调去做周恩来的保健大夫时，关系随之转到了中央办公厅警卫处。中央办公厅警卫处为他填了一份新的履历表，结果填表人在填级别一栏时由于疏忽，把"营级"写错了，写成了"管级"。"从那以后，我就成了'管级'干部。"讲到这里，周尚珏也忍不住呵呵笑了起来。

2 周尚珏对他的"第一次"的追述，让人感到有些轻描淡写／周恩来实际上起着抗美援朝战争军事指挥调度的作用／在这段时间里，周恩来起草审定批发了数百份相关电报／周尚珏每天都要在周恩来临睡前，去给他做一次治疗／

第一次去见周恩来总理，是傅连暲带着周尚珏去的。他们一起进了中南海，到了周恩来办公住宿的西花厅。关于那次见面，周尚珏还能留下的印象就是周恩来的工作特别忙。傅连暲先把周尚珏简单地介绍了一番，周恩来与他随便聊了几句，例如家庭情况什么的，接着周恩来就去忙他的工作去了。

许多人在第一次与地位比较高的人见面时，都难免有些紧张，因而对这"第一次"的印象也比较深刻。而周尚珏对他的"第一次"的追述，却让人感到有些轻描淡写。他说他当时还很年轻，内心没有什么更多的想法，因此即使是见地位很高的首长，心理上也没有什么顾忌。

然而，在周恩来身边工作了一段时间后，周尚珏对一个国家总理之忙碌有了真

第一次带着周尚珏去见周恩来的，是新中国成立后成为中央保健实际工作最高领导的傅连暲。这是傅连暲在既是办公地又是住所的弓弦胡同 2 号。

切的感受。他去的时候，正是新中国成立初期，政权刚刚组建，一切还没有走上正轨，国民经济的恢复还处于起步阶段。除了总理国内事务，周恩来还身兼外交部部长，许多涉外事务也由他亲理。

特别是 1950 年仲秋以后，抗美援朝战事又起，中国人民志愿军入朝作战。虽说有关入朝和战役部署等重大决策都由毛泽东决断，但许多具体指挥部署和准备工作，毛泽东均委托周恩来处理。直至 1952 年 7 月，彭德怀回国接过主持军委日常工作前，周恩来实际上一直盯着抗美援朝战争军事指挥调度的工作。

例如，早在这一年 7 月上旬，周恩来就根据毛泽东的指示，两次主持召开讨论保卫国防问题的会议，并作出中央军委《关于保卫东北边防的决定》，调战略预备队第 13 兵团、第 42 军和三个炮兵师等部，组成东北边防军。为检查东北边防军的准备情况，8 月下旬，周恩来再次主持召开国防会议。东北边防军从 1950 年 7 月上旬组建，到 10 月上旬改为中国人民志愿军，整个的准备工作，包括组织领导机

1946 年，北大医学院中共外围组织"萤火"社成员在一起合影。（前左一江载芳、左二訾维廉、左三曲绵域、左四杨俊；中排左一柴万兴、左二何慧德、左三吴绥先、左四力伯畏；后左一颜纯、左二周尚珏、左三许迪、左四孙衍庆。他们后来都成为共和国医疗战线上的佼佼者。）

构、抽调部队，部队集中时的运输组织、整训工作，武器装备调整和兵员补充、后勤供应等，都是在周恩来及其主持的中央军委的直接指导下进行的。

10月5日，中共中央政治局扩大会议作出了组成中国人民志愿军"抗美援朝，保家卫国"的决策。为贯彻落实这一战略决策，周恩来于6日主持召开党政军高级干部会议，研究部署志愿军入朝作战事宜。

紧接着，周恩来受毛泽东和中共中央委托前往苏联，与苏联领导人商谈中国出兵抗美援朝、争取苏联给予中国武器装备援助及向中国人民志愿军提供空中掩护等问题。

此外，从中国人民志愿军入朝到1951年1月下旬，周恩来在党内外许多重要会议上，多次对中共中央的出兵决策做了宣传、动员、解释工作。这一年2月上旬至4月下旬，毛泽东离京休养，全权指导志愿军在朝作战的重任就落到了周恩来身上。在这一段时间里，中国人民志愿军发起了第四次战役和第五次战役。此后，又是夏秋季防御作战、反"绞杀"战、反细菌战、1952年春夏巩固阵地斗争，周恩来起草审定批发了数百份相关电报，对志愿军作战给予具体指导。

周尚珏告诉笔者，在抗美援朝作战期间，周恩来几乎每天都要工作到凌晨4点，一定要等到朝鲜前线的战报来了，他批完了以后才去休息。

20世纪50年代，一般周恩来在北京工作期间，保健大夫并不需要时时跟在他身边，周尚珏说："白天，总理忙碌得我经常见不到他的身影，但为什么我能这么准确地知道他睡眠的时间呢？那是因为总理患有慢性咽喉炎，我每天都要在总理临睡前，去给他做一次治疗。"

每天凌晨4点左右，周恩来的卫士成元功或者张树迎，就会给已经睡下的周尚珏打电话，叫他起来为总理做治疗。因此，每天的这个时候，他都要和周恩来见一次面。除了由周尚珏治疗咽炎外，多数情况下还要由护士为周恩来做做头部按摩，这主要是为了让他安静下来，尽快入睡。

3 毛泽东亲自作批示，要周恩来休息／在街上走的时候，常看到苏联军人在摆摊卖东西／周恩来自编自创了一套比较简单的操／

周尚珏刚到周恩来身边时，周恩来刚五十出头，他的身体情况还是不错的。但建国初期的内政、外交、经济、军事战线许多重大事务，都由周恩来直接领导

周恩来有自己独特的锻炼方式，每天早晨自己做做操，也打打乒乓球，因为他的右手有残疾，所以打得不太好，时间也不太长。

部署，抗美援朝战争的前方作战、后勤擘画也由他主持调度，长期处于疲劳极限状态，终于使他顶不住了：先是不断感冒发烧，后来转为低热不退，但他仍然没有放弃工作。

后来，还是毛泽东亲自作批示，要周恩来休息。这样周恩来才去了辽宁省旅大市（今大连市），作了短期的疗养。周尚珏记得他陪同周恩来去后，是住在海边一座白颜色的建筑中，那时已经是夏季，可以游泳了。

那时对周恩来进行治疗，并没有组成专门的医疗组，就是临时请几位专家来会诊。当时主管此事的是北京医院的院长周泽昭，由他牵头，带一些专家，还有在华的几位苏联专家参加治疗。

周尚珏陪周恩来去旅大的时候，周恩来的病已经治好了，主要是去休养。当时正赶上抗日战争胜利前夕进驻旅大的苏军开始撤回，所以周尚珏说他清晰地记得在街上走的时候，常看到苏联军人在摆摊卖东西。

当时旅大市的市长是韩光，抗日战争胜利后他就赴东北，曾担任旅大市委书记。韩光打得一手好台球，周恩来疗养期间，有时就受韩光的邀请，跟韩光打一打台球，作为一种锻炼。

周恩来那时也有自己独特的锻炼方式。他和朱德一样，自编自创了一套比较简单的操，每天早晨自己做做操。另外就是打打乒乓球，因为他的右手有残疾，所以打得不太好，每次打的时间也不太长。

此外，周恩来还有一个锻炼项目，那就是跳舞。他常常在星期六的晚上，暂时放下手头的工作，去春耦斋跳舞。毛泽东、刘少奇等中共中央领袖和中央部分机关搬进中南海以后，每星期六在春耦斋举办舞会。有时，有关部门还会在北京饭店举办舞会。如果没有特别紧急的公务要处理，周恩来还是会抽点时间，去跳跳舞放松一下。

周恩来去跳舞的时候，周尚珏都跟随而去。因此，他记得他最初几次见到毛泽东，就是在随周恩来到春耦斋跳舞的时候。后来，国务院这边的紫光阁也举办舞会了，周恩来就不大去春耦斋了，而且常常在跳舞之后，他都还回办公室接着工作。

周尚珏说，周恩来跳舞的时候特别注意礼貌，他的舞姿十分正规。国务院这边举办舞会，都是由国务院机关事务管理局张罗。国务院机关事务管理局局长余心清，是国民党政府的留用人员，他和中国共产党的地下组织一直有联系。许多舞会都是由他亲自张罗的。周尚珏记得有一次，周恩来到北京饭店跳舞，发现舞厅里摆放了许多比较高级的夜宵，便露出了不悦之色，说："准备这么多这么高级的东西，都得由国家花钱，我不吃。"

笔者曾听邓颖超老秘书的孩子说，周恩来对参加跳舞的女同志特别尊重，在小规模的舞会上，会尽可能地同所有到场的女同志都跳一段。如果他要退场了，还有四五位女同志没和他跳过舞，他就会在一首乐曲中同这几位女同志都跳一下。

4 斯乔宾要保健大夫翻翻首长驻地及其周围摆放的花盆里的土，看里面有没有炸弹／周恩来说："周医生，你的卫生是怎么检查的？"／周恩来的床上是否也摆有一些书籍？他有时也会倚在床上看书吗？／

周尚珏说，在北大医学院时，并没有专门学过如何做保健工作。调到中央保健委员会后，在董必武身边工作了半年左右，就到周恩来身边来了，其实还是不太熟悉怎么做保健工作，一直还是摸索着做。

周尚珏（后排左二）在自己大学同学、也是好朋友力伯畏的婚礼上。

当时中国还从苏联请来一些专家，除了一些医术高明的大夫以外，还有一些安全保健方面的专家。例如，在周尚珏进中南海时，中南海里就有一位叫斯乔宾的苏联专家。他把苏联那一套安全保健的方式都带到中国来了，要中国的保健大夫们照着做。

斯乔宾经常强调的是要严格地检查卫生，他所说的检查卫生还包括检查空气，要查看空气里有没有什么有害物质。此外，他还告诫保健大夫们，要检查首长驻地及其周围摆放的花盆，要翻翻土，看里面有没有炸弹。这些，实际上都不是保健医生该干的事。

另外，苏联专家比较注意保健对象们的饮食营养，要求经常对食物进行化验，当然这个化验主要也是为了防止有人在食物中投毒。但这也使保健大夫们增长了一些知识，包括如何注意营养均衡。他们还要跟厨师们商量如何保证饮食营养的问题，协助制定菜谱，搞好调剂搭配，保持食品卫生等等，这些也都不属于临床医疗的范畴。

保健工作要求对各方面的事务都处理得十分细致周密。作为一位未婚的男同志，周尚珏对医务方面的事情很专注，但在生活琐事上往往有些粗疏，因此在有些细小的事情上，就会出现一些小小的纰漏。

周恩来对自己要求非常严格，而且心又特别细，因此他也要求其他人同样严格细致，不论大事小事，都要一丝不苟。有一次，周恩来在刷牙的时候，发现刷牙缸子底下沉淀了一层牙膏印儿，就叫人把周尚珏叫了去。

他见到周尚珏，指着刷牙缸子里的沉淀物说："周医生，你的卫生是怎么检查的？我们小时候，大人说了一件什么事情，我们都要由此及彼、举一反三，相关的事情都会加以注意。你怎么这么不注意？"

周尚珏那时还很年轻，周恩来对他就像长辈对孩子一样。听了周恩来的批评，周尚珏内心好长一段时间都忐忑不安。他感到，作为个人，对自己生活上的细节可以疏忽，但作为保健大夫，对保健对象的生活琐事细节，则绝不可掉以轻心。

几十年后，周尚珏在追忆保健工作时说："对从事保健工作的人来说，预防的观念非常重要。但是我们当年都没有这方面的经验，这都是许多年以后才意识到的。比如老年病，并不是到了老年以后才患上的，在年轻的时候、甚至少年的时候不注意预防，就可能埋下了病根。我是在脱离了保健工作之后，接触了老年病的临床诊断才认识到这一点的。"

周恩来干净整洁的办公桌。

在和周恩来紧密接触的六个年头里，周尚珏发现周恩来非常注重仪表。作为一个有六亿五千万人口的大国的总理，他并没有太多的衣服，外衣一共只有两三套，一双皮鞋，一双皮凉鞋。但他在接见外宾和外出参加公务活动时，总是穿得很干净、整齐。当他看到别人在这方面不够注意时，也总是会及时地指出。

"文化大革命"结束后，中南海有一段时间对外开放，许多参观的人都对毛泽东床边上摊满了书籍记忆尤深。后来又从毛泽东身边工作人员的回忆中得知，毛泽东喜欢倚在床上看书。但大多数人没有机会看到周恩来的卧室，因此，笔者问周尚珏，周恩来的床上是否也摆有一些书籍？他有时也会倚在床上看书吗？因为周尚珏给总理做治疗时，要进入到他的卧室内。

周尚珏说他没有在周恩来的床上看到堆放的书籍，也没有周恩来倚在床上看书的印象，因为周恩来回到自己卧室的时候，已经十分疲劳了，做完必要的治疗，他就马上休息了。

"当然，总理也有睡不着的时候，他也吃安眠药，做头部按摩，以便能进入睡眠状态。但就是在这种情况下，我也没有他在床上看书的记忆。不过，在总理患病养病期间，他在床上办公的情况倒是有的。为此，我们还专门为总理做过一个可以折叠的小木架子，支在床上以便他能伏架批阅文件。"

周恩来在中南海内活动时，比如到毛泽东那里去谈工作，保健大夫一般不需要如影随形。但如果周恩来出中南海的话，周尚珏就必须跟着了，中央保健委员会对此有严格要求。当周恩来外出时，经常紧跟在他身边的人，是秘书何谦、卫士成元功和保健大夫周尚珏。

按照规定，周恩来外出时，除了他乘坐的轿车外，还应该有一辆警卫随车，但是在北京的时候，周恩来都不要随车。

5 "我觉得在总理那儿工作时，我只做了一件比较有意义的事情。"／周恩来私下里常常以"中学生"称呼周尚珏／周恩来一说肚子疼，就引起了周尚珏的高度重视／周泽昭立即带着苏联专家和外科主任一起来到周恩来这里／"鉴于你目前的健康状况，我绝不建议你沿陆路从昆明到畹町。"／

　　周尚珏回忆在周恩来身边的往事时，反反复复说的一句话，就是从1950年到1955年，他虽然做了六年周恩来的保健大夫，但那时周恩来正处在年富力强的年纪，也没得过什么了不起的病，因此他也没发挥多大的作用，不值得一写。

　　经不住笔者一再刨根问底，周尚珏才说道："我觉得在总理那儿工作时，我只做了一件比较有意义的事情。那就是发生于1955年3月中旬，万隆亚非会议前夕紧张准备过程中的一件事情。"

　　1955年4月在印度尼西亚万隆召开的亚非会议，是第二次世界大战后第一次没有西方殖民国家参加、由亚洲和非洲国家自己举行的国际会议。它反映了亚非人民反对殖民主义、反对侵略战争、维护民族独立和世界和平、促进各国友好合作的

为出席亚非会议，周恩来先期到达缅甸仰光。这是周恩来在仰光与缅甸总统巴宇及将要出席亚非会议的印度总理尼赫鲁、埃及总理纳赛尔会面。

共同愿望和要求。

对由印度、印度尼西亚、缅甸、巴基斯坦和锡兰五国发起的亚非会议，中国一直抱积极的支持态度。早在 1954 年 6 月周恩来访问印度时，就曾向尼赫鲁总理表示中国赞同酝酿中的亚非会议。同年 12 月，毛泽东向来华访问的缅甸总理吴努表示，中国将参加亚非会议。1955 年初，中国政府接到正式邀请后，决定由周恩来率中国代表团出席。

中国政府还制定了参加这一会议的方针：争取扩大和平统一战线，促进民族独立运动，为建立和加强中国同若干亚非国家的关系创造条件，力求会议能取得成功。为了力促会议的成功，随即开始了紧张的准备，进入 3 月以后，周恩来除了主持日常的国务工作外，还召开了一系列会议，研究出席亚非会议的相关问题。

在一次会议后，周恩来找到周尚珏，对他说："我的肚子疼，请你给我开一点儿药。"周恩来当时根本没有把自己的肚子疼当做什么了不起的事情。但周尚珏却态度认真地说："肚子疼，那我可得仔细做一下检查。"

周恩来一口就回绝了："不行。我现在要开会，正忙着呢。检查的事以后再说。"有的保健大夫听首长这么一说，就不坚持自己的意见了。但周尚珏那时正年轻，他认为对于病症，医生认为应该怎么做，就一定要表达出来，而不应该因首长的意志而放弃自己的职责使命。

而且跟随周恩来的时间长了，周尚珏和周恩来相处也比较随便了。周恩来总把周尚珏当做晚辈，私下里常常以"中学生"称呼周尚珏。这种融洽的关系，也使得周尚珏敢于坚持自己的意见，他一定要给周恩来做检查。经检查，他分明感觉到周恩来有阑尾炎的症状。周尚珏说："你有可能患了阑尾炎，我必须向领导汇报。"他立即向北京医院院长周泽昭报告了情况，周泽昭立即带着苏联专家和北京医院的外科主任一起来到周恩来这里。在做了一番认真的检查后，他们确诊周恩来患了急性阑尾炎，并决定让周恩来马上就住院动手术。

手术是 3 月 12 日晚上由北京医院的外科主任王励耕大夫做的，周恩来对王大夫很熟悉，也很信任。早在抗战期间，王大夫就曾经在重庆为周恩来做过疝气手术。因为及时发现病症并做了手术，周恩来恢复得很快，3 月 28 日就出院了，没有耽误他率中国代表团出席万隆会议。

周尚珏说他及时发现周恩来患了阑尾炎，并不是因为他的医术如何高明，而纯粹是因为他的专业是外科。在外科看来，肚子疼是急腹症，很多病都能够引起肚子疼，例如肠梗阻、阑尾炎、胆囊炎、急性胰腺炎都属于急腹症，这些病症都不能轻视，一旦耽误了就容易出大问题。所以周恩来一说肚子疼，就引起了周尚珏的高度重视。

"及时发现周恩来的阑尾炎，实际上是一次学以致用，而并非明察秋毫。"周尚珏说。但这也同时说明，做一名称职的保健大夫，打下扎实的医学基础是很重要的。北大医学院的教学十分严谨，周尚珏在那里受教育时基础打得还是比较牢固的。

在医学上分两大系，一个是日德系，一个是英美系。北大医学院原属于日德系。"七七事变"后，北平的协和医院关门了，那里的基础医学和临床医学方面极具学识和经验的专家教授，都到了北大医学院，使得北大医学院的学生得到了两大系名师的指点，受到了比较全面的教育。

联想到中南海里出现的另一件事，周尚珏说他既感到幸运，又确实有些后怕。因为还有一位保健大夫，就是在这种情况下，给了肚子疼的首长一片镇痛药"寇丁"，当时就止住了首长的肚子疼痛，却差一点导致阑尾穿孔。

临出院前，北京医院又给周恩来做了一次会诊。医生们认为周恩来的手术刀口恢复得很好，但因为周恩来即将参加在印度尼西亚万隆召开的亚非会议，而且按预先的计划，在赴万隆前，周恩来还要先在缅甸的首都仰光停留，与缅甸总理吴努和印度总理尼赫鲁会晤，就有关问题交换意见。从中国云南到缅甸首都仰光，周恩来此前是倾向乘坐汽车的。鉴于此，医疗专家们向周恩来提出了如下建议："一、乘坐汽车两三小时后需休息一小时。二、腹部应包腹带。三、注意饮食。四、除有黄树则同志照顾外，另派外科专家王励耕主任送至我国边境。"

4月3日，周恩来会见了缅甸驻华大使吴拉茂。吴拉茂转达了总理吴努的口信，希望周恩来能在15日前两三天到达仰光。周恩来对他说，在这个时间到仰光有困难，因为根据医生的嘱咐，他要在手术后四星期才能乘坐汽车旅行，而从昆明到中缅边境需要五天。因此，他最快也要到4月14日才能进入缅甸境内。

当吴拉茂把周恩来的意思报告给国内后，缅甸政府总理吴努随即给周恩来写了一封信。信中说："我抱憾地从吴拉茂大使那里获悉，你最近因为盲肠炎而动了手术。鉴于你目前的健康状况，我绝不建议你沿陆路从昆明到畹町。1940年我自己曾经走过那条路，因此我知道，在你目前的健康情况下，这一旅程对你将会如何疲惫。所以，我请求你和你的一行人在13日而不是14日直飞仰光，如果这是可能的话。这就会使你在踏上去雅加达的另一段疲劳的旅程之前，在仰光有点时间好好地休息。万隆的会议本身也将是一个很累人的会议……至于边境的会晤，你和我在这里会面时可以把它安排在你完全恢复健康以后的一个方便的时间。"

6 蒋介石的特务机关策划谋害周恩来及代表团成员的行动代号为"一号"／中国政府将此情况通知英国驻华代办处，要求转告港英当局严加防范／敢死暗杀队队员都是逃亡在印尼的国民党中下级军官／周恩来的饮用水放在专门的水缸里，并养了一条鱼／

周恩来此次参加在印度尼西亚万隆召开的亚非会议，可谓险象环生。就在周恩来动身前往缅甸，再由缅甸赴印度尼西亚的前夕，中国公安部门就侦知相关情报：美国和蒋介石的特务机关已获悉代表团的行踪，正策划乘新中国代表团出席亚非会议之机，谋害周恩来及代表团成员，并已分头行动，其行动代号为"一号"。代表团如果出席亚非会议，有可能出现意料不到的情况。

为确保周恩来及代表团成员的安全，中共中央决定加派公安部副部长杨奇清，以代表团顾问的身份，随代表团去印度尼西亚，全权负责会议期间的安全警卫和情报工作；还增派中央办公厅警卫局副局长李福坤参与周恩来的随卫工作。

意料不到的情况果然发生了，当周恩来和陈毅及代表团主要成员到达云南首府昆明，等待前往缅甸首都仰光之际，传来了令人震惊的消息："克什米尔公主号"飞机从香港启德机场起飞近五小时后，在北婆罗洲沙捞月西北海面上空突然爆炸，机务人员企图在海上迫降失败，飞机在撞击水面的瞬间破裂，机上除三名机组人员从断裂空隙中被抛出，其余 15 人皆遇难。

其实，在 4 月 7 日周恩来准备登上从北京到昆明的专机之时，中国有关部门就已获知这样的情报：蒋介石特务机关已高价收买香港启德机场的地勤人员，准备利用"克什米尔公主号"在香港停留加油检修之机，安放定时炸弹，以谋害周恩来和代表团人员。国务院总理办公室副主任罗青长随即将这份情报送到了周恩来手中。

据周恩来的卫士长成元功回忆："对这份重要的情报，周总理非常重视，看后当即指示：请转交给在京的有关领导办理。"4 月 10 日上午，中国政府将这一情况通知英国驻华代办处，要求其转告港英当局，对此严加防范。

港英当局虽然采取了一些相应措施，但却没能有效地阻止台湾特务策划的行动。在"克什米尔公主号"上蒙难的有：参加万隆会议的中国代表团工作人员石志昂、李肇基、钟步云，记者沈建图、黄作梅、杜宏、李平、郝凤格，越南民主共和国代表团工作人员王明芳，波兰记者斯塔列茨，奥地利记者严裴德11人及4名机组人员。

在不幸蒙难的人中间，钟步云是周尚珏非常熟悉的。他是中央办公厅警卫局交通处处长，周恩来的专车司机，红军时期就参加了革命，在延安时期就为中共中央的领袖们开车。周尚珏担任周恩来的保健大夫后，因为外出时必须跟在周恩来身边，所以经常乘钟步云开的车子，和他也成了"老熟人"。钟步云的去世，使周尚珏心里非常难过。

然而"克什米尔公主号"的失事，并不意味着台湾特务谋害周恩来行动的终结，相关新动向的情报还在连绵不断传来：并没有被邀请参加亚非会议的美国，派往印度尼西亚一个由七十多人组成的"记者团"。而这个记者团中有活跃于朝鲜板门店和日内瓦谈判期间的间谍，有从香港、台北等地调来的特务……特别是在1954年被印度尼西亚政府驱逐出境的蒋介石集团的头面人物章勋义、郑义春等人，已经潜入了万隆市，并召集在印度尼西亚的国民党特务骨干开会，进行了破坏会议的活动部署。国民党驻雅加达支部，奉命组成了28人的敢死暗杀队，队员都是逃亡在印度尼西亚的国民党中下级军官，他们每人已经从美国驻印尼使馆领到了无声手枪和20万印尼盾（印度尼西亚货币）。另外，蒋介石集团在印度尼西亚首都雅加达的恐怖组织"铁血团"，也秘密策划派遣行动小组前往万隆。

因此，周尚珏在回忆这段往事时说，代表团在印度尼西亚的一周，是在极度紧张中度过的。他所说的紧张，不仅是指应对会议上出现的形势变幻，以

当年一名暗杀队的成员悔过后，写信给中国驻印度尼西亚大使馆，揭露蒋介石集团组织谋刺参加万隆会议的中国代表团人员的阴谋。

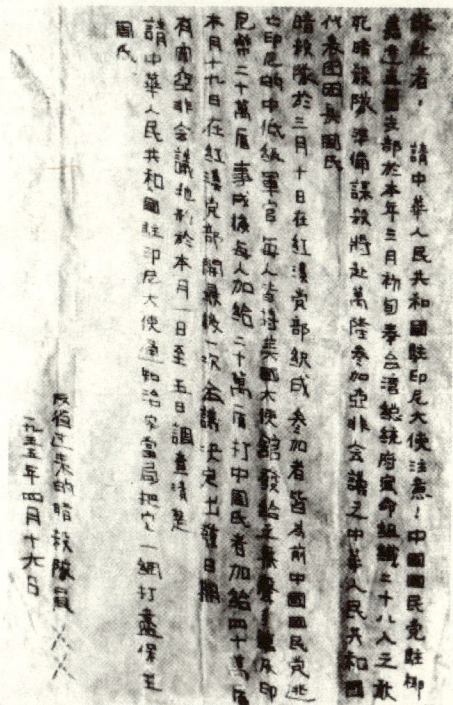

参加亚非会议的中国代表团成员们佩戴的大会胸章。

及代表团同亚非各国领导人的频繁接触会谈；这种极度紧张还包括在刺杀阴谋的觊觎之下，如何确保周恩来及其他代表团成员的人身安全。

"克什米尔公主号"事件表明，蒋介石集团的特务为刺杀周恩来及中国代表团成员，已经到了不择手段的地步。因此，代表团对在万隆会议期间的任何行动和生活上的细节，都必须从防范的角度加以考虑，自始至终保持高度的警惕。

为了预防特务在代表团的食品和饮水中投毒，周尚珏他们把代表团的饮用水放在一个专门的水缸里头，在水里养了一条鱼。只要看到小鱼在水中游动，就说明水是安全的，可以饮用和做饭。

"每一餐的饭菜做好以后，由医生先尝，也就是由我先尝。我吃了以后没有问题，总理他们再吃。要是那次只有我一个大夫去的话，一旦我死了，总理出什么问题，也麻烦，因为没医生救他。好在那次因为总理行前做了阑尾炎手术，所以又加派了中央保健局副局长黄树则去给总理保驾，多了一个大夫。"周尚珏说。

万隆会议期间，中国代表团的警卫和医务工作者们曾采用过这样的方式来确保代表团成员的生命安全，笔者还是第一次听说。周尚珏说，在当时的情况下，也没有别的办法，没有带化验的设备，就只好用这种最简便、最原始的办法。当然，这种办法还是非常有效的。

此外，周尚珏出国时带了足够的急救药品、急救器材，随时准备应对可能出现的各种病变。那次出席亚非会议的中国代表团成员还有陈毅、叶季壮、章汉夫等，他们在会议期间都没出现什么问题，没有人患稍重的病。

中国代表团在此次亚非会议上，为坚持正确的方针，进行了大量卓有成效的活动，同亚非诸多国家广泛接触，为进一步开展中国和亚非各国间的友好合作关系创造了条件。特别是会议彰示了亚非各国人民为维护民族独立、保卫世界和平和促进友好合作而共同努力奋斗的"万隆精神"，成为尔后推动亚非国家和人民团结前进的巨大动力。

万隆亚非会议取得了圆满的成功，这个圆满的成功，还包括中国代表团有效地遏制了蒋介石集团企图在会议期间刺杀新中国领导人的阴谋。

7 中南海里涉及保健的事务，就由汪东兴主抓了／周尚珏当时只知道徐福静是个很好的老同志／几位年轻的保健大夫，都被打成"反党小集团"成员／毛泽东说："他们要是'反党小集团'的话，我就是这个'反党小集团'的总后台。"／

周尚珏到周恩来身边工作的时候，他所归属的单位是中央办公厅行政处保健科。这个科的干部和医务人员办公居住的地方，都在中海和南海交汇处的西六所。在中南海里直接管理这一摊子工作的是中央办公厅行政处处长罗道让。

1954年，中央办公厅的警卫处和行政处合并为中央办公厅警卫局，保健科改称保健处，也就是警卫局的四处。中南海里涉及保健的事务，也就转由局长汪东兴主抓了。

还是保健科时的科长是徐福静，周尚珏当时只知道她是个很好的老同志，但对她的经历并不清楚。的确，在很长的时间里，除了王稼祥的夫人朱仲丽在一本有关江青本人经历的书中，提到过她自己曾和徐福静一起在延安从事过中共领袖的医疗保健工作外，几乎从未见过有关徐福静革命经历的记载。

其实，徐福静投身革命的时间很早。她是山西临汾人，她的哥哥徐亚桑在五四运动期间，就是赴北京声援学潮的山西学生代表。1926年，他已是中国共产党临汾地委组织部部长。受哥哥的影响，徐福静于1931年就加入了中国共产党。她从太原川至医专毕业后，在中共北方局机关当医生，兼搞地下交通，在白色恐怖中曾两度被捕入狱。

1937年，徐福静到了延安，在边区医院当医生，是当时根据地内为数不多受过正规医学专业教育的医务工作者。1940年，她转到丈夫所在的太行山根据地，在八路军卫生学校任教。

徐福静的丈夫张衡宇，是中共山西第六专署主持常务工作的秘书主任、党团书记。他与杨秀峰、岳一峰被誉为"北方局三君子"。1942年，在严酷的反"扫荡"斗争中，已经冲出包围圈的张衡宇，为救护负伤的战友，毅然返回包围圈，却于再次突围时英勇地牺牲了。

冲出包围的徐福静辗转来到延安后，组织上安排她到杨家岭中共中央机关当医生。因为工作认真负责，她几度被评为中直机关的卫生工作甲等模范。新中国成立后，为了加强中共领袖的保健工作，在中南海内组成专门的保健机构保健科，她被任命为保健科的第一任科长。与此同时，她还兼顾了一段新增补的中共中央书记处书记陈云的保健工作。

也就是在中央办公厅行政处保健科的这段日子里，周尚珏和他后来的妻子王力相识了。王力原先在北京医院的理疗科工作。新中国成立后，组织上安排她去做党和国家领导人的保健工作。她先是在任弼时身边，任弼时逝世后，她又担负起朱德、周恩来、罗荣桓等人的保健工作。周尚珏到周恩来身边后，与当时也兼顾周恩来保健的王力时有工作接触。

在周恩来身边工作时，周尚珏不光要负责周恩来的保健工作，还要兼顾邓颖超的保健。当时邓颖超正处在更年期，身体特别不好，一会儿感觉冷，一会儿感觉热，有时也有精神紧张的状况。

从 20 世纪 50 年代中期始，中国的政治运动逐渐多了起来，中南海里的保健大夫们也受到了运动的波及。

这个时候，周尚珏还不过是个二十多岁的年轻人，当时在中南海保健处的多数保健大夫，也都和他年纪差不多。他们思想上没有什么禁忌，有些什么看法往往直接发表出来。例如，他们在一些场合，经常提出保健大夫担负着那么大的责任，业务上应该保证一定的水准，否则难免出纰漏。他们认为做保健大夫应该在有一定的临床经验之后才合适，因为他们必须备一些急救药品在身边，以便出现紧急情况时使用，可是他们没有临床经验，使用时如果出了问题便非同小可。特别是在检查出周恩来患阑尾炎的事情发生后，周尚珏更感觉他们在一起议论的"保健大夫应该有一定临床经验"的观点，是一点儿不错的。

然而，就是因为这些议论，再加上那期间发生了一两桩医疗小事故，如一位保健大夫在为林伯渠拔火罐时，发生了烫伤林老皮肤的意外，于是，除了刘锦奎外，其他几位年轻的保健大夫，都被打成了"反党小集团"成员。其中处分最重的是周尚珏的大学同学、时为朱德保健大夫的翁永庆。也不知道究竟是什么原因，竟然把他定为这个小集团的头头。

所有小集团的成员，都挨了一通批判。批判之后，小集团的成员们都搬出了集体宿舍，被分散安排住到各自的保健对象家里去了，据说是以此防止他们再在一起活动。周尚珏说："后来我们想起此事，都觉得这样的安排有些滑稽。因为如果我们真是'反党小集团'成员的话，把我们弄到首长身边去住，岂不是对革命的更大威胁吗？"

此事的终了也很有意思：有一天，毛泽东的护士吴旭君突然对毛泽东说："主席，我大概不能再在您这儿工作了。"毛泽东问："为什么？"她回答说："我的爱人被定为'反党小集团'成员了。"

吴旭君的丈夫徐涛，也是北大医学院的毕业生，比周尚珏低一年级。他曾于1953年被傅连暲安排担任江青的保健大夫。

毛泽东听了吴旭君的话哈哈大笑，说："他们要是'反党小集团'的话，我就是这个'反党小集团'的总后台。"毛泽东的这句话被传了出去，批判"反党小集团"的事也就不了了之。但是后来，最初被定为"反党小集团"的成员们，还是被陆续调离了中南海。李志绥就是在这之后调到了毛泽东身边。

8 周恩来一生忙忙碌碌，但是没有一点儿是为自己／"总理回来看到了翻修后的房子，大发雷霆。"／把一切能搬走的新置物品搬走后，周恩来才回西花厅／

周尚珏走了以后，调进中南海负责周恩来保健的是卞志强大夫。卞志强之后，是张佐良大夫。

"你要写，还是应该写我走了以后直到周总理去世时的保健大夫。因为后来总理年纪渐渐大了，'文化大革命'期间又处在那样危难的历史环境中，他心脏也不好，又患上了膀胱癌，身体上出现了一系列的问题，事情就比我在的时候多多了。幸亏他们都是有丰富临床经验的大夫，细心负责地照顾了总理。他们在总理最需要的时候做了很多很好的工作，也比我辛苦得多。我做的工作跟他们比起来，是微不足道的。"周尚珏一再这样说。

周尚珏还告诉笔者，新中国初建立的时候，在周恩来身边工作的是一位名叫董丽蒲的护士。她人很好，很诚实，在护理周恩来的同时还做了很多护理邓颖超的工作。周尚珏和她一起工作了很长时间。董丽蒲先于周尚珏离开周恩来那里，接替她工作的是郑淑芸。

在周恩来身边工作了六年，周尚珏亲眼所见、亲身所历而留下极为深刻印象的，是周恩来一生忙忙碌碌，没有一点儿是为自己。忙起来的时候，吃饭都是在乘车路途中，在这个会议和下一个会议之间的短暂空隙里，长年累月地每天只休息四五个小时。

周尚珏说："总理住的西花厅是很老的房子，地都是方砖的，始终没有修过。警卫秘书何谦提出房子太旧了，该维修了。总理同意了，但一再强调只做正常维

周恩来在他眷恋的西花厅。

修。何谦就利用总理到南方视察的时候，指点有关部门进行了翻修。把方砖换了地板，房间做了油漆粉刷，旧地毯也换了新的，卫生间装了澡盆，添了两只沙发。何谦觉得这样的维修并不铺张，谁料总理回来一看就大发雷霆。我们当时都在场，总理脾气发到这样的程度是很少见的。"

那天，周恩来看到翻修后的房子，就把何谦叫来，追问花了多少钱。何谦说不出来。周恩来露出不悦："何秘书，你也是老同志了。我临走是怎么和你交代的？为什么搞得这么铺张？谁叫你添置这些东西的？"

当何谦说是自己做的主张后，周恩来火上来了："你要作检查！"本来，周恩来想用自己的积蓄来支付翻修和添置物件的费用，当听说自己的钱不足以支付后，他越发生气，指着新添置的东西说："把这些东西统统搬走，否则我不进这房间！"他继而真的去了钓鱼台，在他有时办公和接待外宾时休息的楼里住下了。

在随后召开的每周一次的国务院办公会上，周恩来就自己住所的翻修和添置物件作了严肃的自我批评，他说："我最不安的是，我的房子修了，带了头了，这是个很坏的头。此后副总理、部长、副部长的房子修不修？"这还没有完，周恩来又在后来一个又一个的大会小会上，就此作检查，搞得几乎国务院的所有干部都知道周恩来"犯错误"了。

挨了周恩来的批评之后，何谦也多次诚恳地作了口头和书面的检讨。周恩来对何谦说："你跟我这么多年，对我的性格还不了解吗？我身为总理，带一个好头，影响一大片；带一个坏头，也要影响一大片……一旦大家都学着修起房子来，我还

1983年4月，曾经在中南海西花厅工作的人员回到西花厅看望邓颖超。第六排左四为周尚珏。

105

怎么说别人？这个头就是我带的。都修起房子来在群众中会产生什么影响？"在把一切能搬走的新置物品搬走后，周恩来才又回到西花厅。

此事的整个经过，周尚珏都看在眼里，且终生难忘。

9 北京医院内有两个保健办公室／主管这两个保健办公室的是史书翰、黄树则／一个负责除了中南海以外所有"四副两高"领导及元帅大将的保健／护士们都对周尚珏受到的优待有点"嫉妒"／

周尚珏离开周恩来身边后，去了北京的协和医院学习内科。这一学就是四年，到 1959 年学完之后，傅连暲依然惦记着周尚珏，还是把他拉回到保健系统，跟着傅连暲工作。

不久，中央保健局撤销了，由傅连暲带领的这一批人都转到了北京医院，成立了保健办公室。当时北京医院内有两个保健办公室，其中的第一保健办公室，就是由原先跟着傅连暲工作的中央保健局的那一批人组成的。主持日常工作的，就是周尚珏、赵夷年、何慧德。

赵夷年是学内科的，周尚珏说他的医术很好，曾经负责过聂荣臻的保健工作。何慧德则自 1949 年从北大医学院一毕业就跟随傅连暲搞保健，虽然当时傅连暲有一位专职秘书鲜文吟，但何慧德和力伯畏也都被人习惯地称为傅连暲的秘书。

北京医院的第二保健办公室，是由为中南海里的党和国家领导人服务的医务人员组成的，他们实际上并不在北京医院上班。这个办公室的主任是马苏高，副主任有李志绥、卞志强、钱贻简。主管这两个保健办公室的，是在傅连暲离开中央保健系统后任中央保健局局长的史书翰、副局长黄树则。

在协和医院完成学习后，周尚珏就从事内科医疗工作了。当时有关领导几次找到周尚珏，要他担任行政领导工作，但是他不太愿意，坚决要求从事医务工作，他的关系后来就落在了北京医院的内科部。

第一保健办公室，负责的是除了中南海以外的所有"四副两高"（即中央人民政府副主席、国务院副总理、全国人大副委员长、全国政协副主席、最高人民法院院长、最高人民检察院检察长）领导以及军队元帅大将的保健工作。那时候，中国人民解放军 301 医院还没有接受保健任务，所以连部队的高级领导人也是在北京医院进行治疗。周尚珏在这里干了八年。

当时由周尚珏直接负责的保健对象，主要有全国人大常委会的副委员长程潜、何香凝；军队的领导刘伯承元帅、徐海东大将。此外还有一些部长，像王鹤寿等等。负责多位领导人的保健工作很辛苦，要天天骑着自行车，挨家挨户地给保健对象做治疗和探视。除特殊情况外，每个星期都要做好计划：星期一看某某、某某，星期

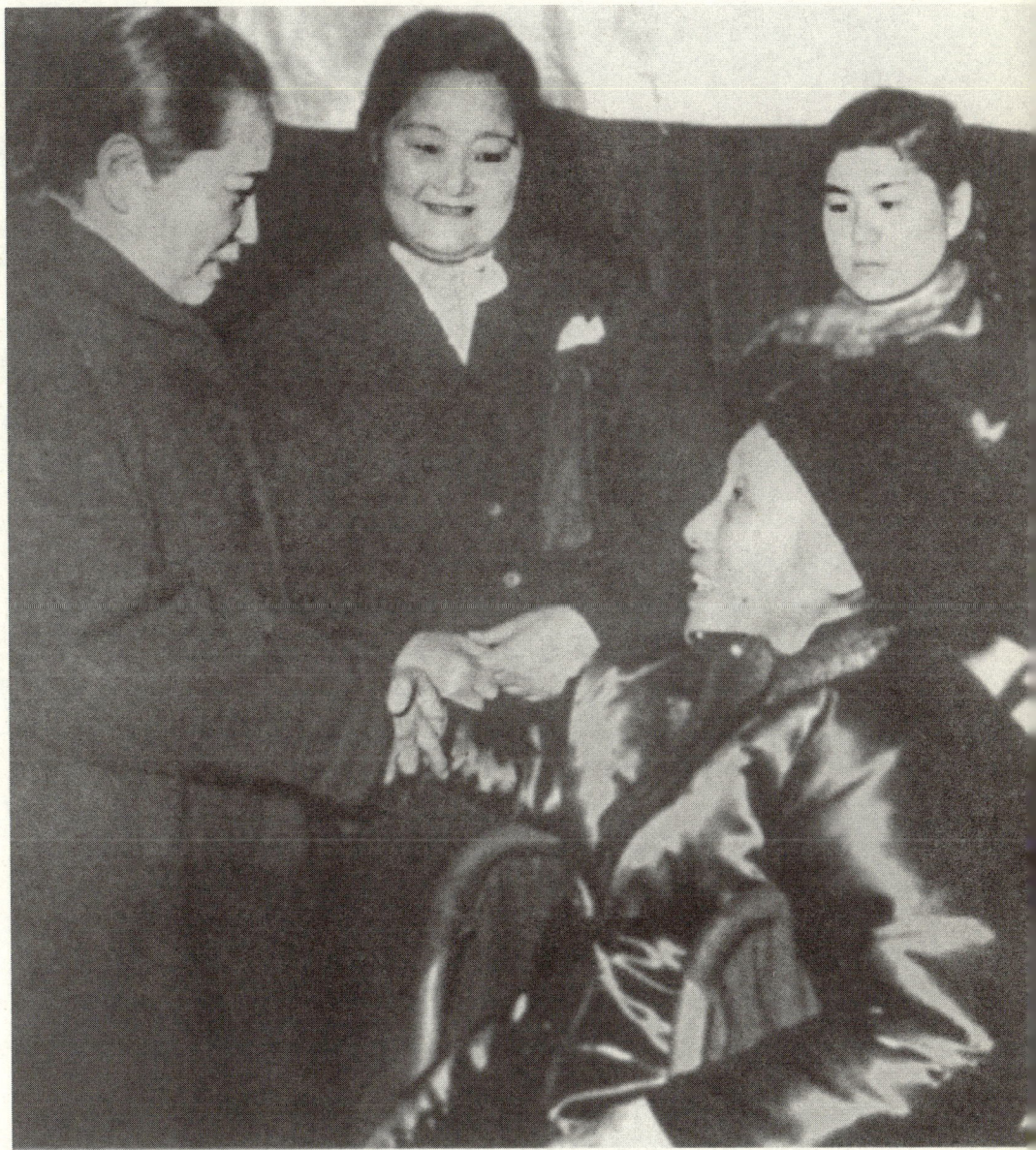

全国人大常委会副委员长何香凝，一度也是周尚珏的保健对象。宋庆龄副主席对这位革命老人也深怀敬意。

二看某某、某某……

几位保健对象中，何香凝的年纪最大。她的身体还不错，但上了岁数的人，总有一些老年病症。何香凝倒没有冠心病、糖尿病等常见的老年病，然而有些高血压。

何香凝对周尚珏非常好，这是因为她非常喜欢男孩子。在她的家里，最受她"宠爱"的是儿子廖承志。每天早晨，她都要给廖承志下一碗挂面，并在里头卧几个鸡蛋。

周尚珏每次去何香凝家的时候，她总要给周尚珏冲一杯咖啡，把港澳朋友送给她的点心拿一点出来给他吃。但是与他同去的女同志就没有这样的待遇，因此护士们都对周尚珏有点"嫉妒"。何香凝几次对周尚珏说，要给他画一幅画。但"文化大革命"一开始，周尚珏就不再担负她的保健工作了，这幅画也就没有画成。

另外几位著名民主人士，对保健大夫的态度也都非常好。例如程潜，他和他的夫人对保健大夫就非常好。程潜后来的那位夫人比他小几十岁，是劳动人民家庭出身。她非常勤劳，家里什么事情都自己干，例如擦地、洗衣服等家务活，即使有保姆也不劳烦。

10　"这个躬鞠得我诚惶诚恐，之后内心久久不能平静。" ／一旦电视中出现战争的场面，刘帅就赶紧把电视关掉／美国记者对刘伯承评价是最高的，总是称他为"帅才"／徐海东大咳血导致供血不足，一下子心电图都没有了／他一个人孤零零地靠在沙发上，陷于大字报的包围之中／那时周尚珏还有处方权，就给徐海东开了一些进口药／

在军队领导人中，刘伯承元帅给周尚珏留下了非常深刻的印象。他说："刘帅这个人非常好，他始终保持着军人作风。我每次去探视他或给他做治疗时，一见面他就会给我敬一个礼，使我非常感动。"

听周尚珏讲到此事，笔者不由想起曾经担任贺龙保健大夫的曾昭耆大夫给笔者讲过的一件类似的事情。曾昭耆说他在做贺龙保健大夫的时候，也曾临时兼顾过其他一些老帅的医疗保健工作，其中就包括刘伯承。

曾昭耆对笔者说，他第一次探视刘伯承准备离开的时候，刘帅一直把他送到自家的门口，在对保健大夫为老同志健康所做的工作表示谢意后，刘伯承向曾昭耆深深地鞠了一躬。"这个躬鞠得我诚惶诚恐，之后内心久久不能平静。我是参加工作后就几次让人家当骄傲自满、个人英雄主义的典型批评的，但我心里一直不服，总觉得自己的工作成绩足以自豪和骄傲。刘帅的这一躬，把我的孤芳自赏彻底摧垮了。我那点成绩，能和这位'谈笑间，樯橹灰飞烟灭'的元帅、共和国的元勋相比吗？微不足道到极点了！可人家是怎样的谦恭，人家是怎样面对我们普通医务工作者的？"

由此可见，刘伯承对人的尊重，对普通人的尊重，是发自内心的，是一贯的。在周尚珏的记忆中，刘伯承的家中十分简朴。刘帅留给周尚珏的另一个特殊记忆，就是他看电视从来不看战争的场面，一旦电视中出现战争的场面，他就赶紧把电视关掉，而且随后脸上会流露出非常难过的表情。

刘伯承后来大概看出了周尚珏对此的不解，就对他说："你不知道，我们是打了一辈子的仗。打仗，总是要死人的。特别是在不是与外国侵略者作战，而是同国民党军队作战时，死伤的双方，都是中国老百姓家里的年轻后生。因此，在每一个大的战役前一两个星期里，我们都是在那里研究如何作战，一方面要研究如何战胜国民党；另一方面还要研究怎样才能把双方死亡的人数降到最低限度。你想想，我们牺牲一位战士，他的一家都要悲伤，那背后是一家哭啊，同时还会给这个家庭的生计带来怎样的损失啊！同样，一个国民党士兵死了，也会殃及整个家庭。他们都是农民的子弟，一场战争要损伤多少家庭啊！所以在战前，我们花很多时间考虑的不仅仅是战胜敌人，还一定要考虑减少伤亡。就是因为这个，每在战前，我们连觉都睡不好。现在战争结束了，就不愿意看、怕看战争的场面。"

当周尚珏向笔者追溯这段往事时，笔者的心也久久难以平静。我们新中国成立后出生的人，没有经历过战争，特别是我们这些男孩子，还曾经以不曾经历战事、永远失掉了驰骋疆场的机会为憾事。如今我们的后辈，也更爱向电影中、游戏中的战争硬汉顶礼膜拜。但真正叱咤风云的军人、战神，他们的内心竟是这样的，这与我们这些非军人的推臆相距何其遥远。

周尚珏说他还记得，当他尚在大学读书的时候，能够看到美国记者写的新闻稿，因为这些新闻稿到处散发，各报登载。其中多有关于中国人民解放军将领的报道和描述，在周尚珏当时的印象里，在诸多军事报道中，美国记者对刘伯承的评价是最高的，总是称他为"帅才"。

也是在与刘伯承的接触中，周尚珏得知，在人民解放军进军西藏的时候，刘伯

在与刘伯承的接触中，周尚珏发现这位享誉军中的"帅才"，更有着超乎常人的"仁心"。

承曾找寻了许多苏联的相关军事著作仔细翻阅，了解在寒冷高原作战的情况和经验，以防止恶劣的自然环境给战士们造成伤害。

　　在周尚珏负责的军队保健对象中，身体最不好的是徐海东，因而彼时周尚珏接触得比较频繁的也是徐海东。徐海东出身六代窑工，从军后经历战阵逾百，身上留下的创伤有13处之多，得"中国夏伯阳"之誉。他性情非常耿直，是周尚珏诸多保健对象中颇具特点的一位，他们之间建立起了超乎一般的信任。

　　徐海东在解放战争期间的一次激战后就病倒了，被送到山东解放区去休养。新中国成立后，他又到大连治疗休养。《徐海东将军传》上说他在大连养病期间，有人来探望他，他必问三个问题："政治上犯错误没有？经济上多吃多占没有？生活上和老婆离婚没有？"夫人周东屏提醒说："多年不见的老战友，怎么好这样问？"他耿直如初："净说好话，算什么老战友？"

周恩来接受毛泽东批示到大连养病的时候，曾几次去看望过徐海东。他患了肺结核，整个肺都钙化了，病情非常严重。周尚珏在那个时候就知道，徐海东每天只能坐很短的时间，其余的时间都得卧床休息，而且离不开氧气。

后来，徐海东又患上了严重的冠心病。在那一段时间负责照顾他的，除了周尚珏以外，还有一位叫宁乐德的护士长，周尚珏记得在徐海东回京居家养病期间，有一天因为肺结核引起大咳血，一下子导致供血不足，加上有冠心病，心电图都没有了，差一点儿就死过去了。

就在那次徐海东生命垂危的时刻，周尚珏他们几天几夜守候在徐海东的旁边，不能睡觉，因而非常疲惫。周尚珏记得有一次会诊，他负责做记录，结果记着记着就睡着了，手里的笔都摔到了地上。

当时情况比较紧急，没法再往医院送了，抢救也是把器材都拉到徐海东的家里进行的。除了周尚珏、宁乐德二十四小时守着徐海东外，北京医院心内科的老主任陶桓乐也每天都去看望。从那次抢救以后，徐海东就特别信任周尚珏。别人建议他用什么药，如何进行治疗，他都说由"周大夫做主"。

周尚珏说，"文化大革命"开始后，不知道什么原因，林彪一伙人整徐海东，而且整得非常厉害。后来笔者从有关书籍上看到一段记载，如果属实的话，或许可推断为林彪整徐海东的缘由。现摘录于下：

"'文革'中林彪红极一时。徐海东将军病中卧床，见一传单言林彪'出身贫农'。将军以掌拍床沿曰：'放屁！''胡说！'周东屏急劝之：'林彪现在是副主席，可不能乱说。'将军继以掌拍床沿，曰：'当了副主席，也不能改变成分。'又拍床沿曰：'红军时期，我打过林彪家的土豪，四五间新瓦房，十几台织布机，怎么会是贫农？'"

到了这个时候，部队领导人的医疗保健工作已经转由中国人民解放军301医院负责，不再归北京医院管了。但是，周尚珏还是悄悄抽出空，到徐海东家去看望。他至今难忘当时看到的情景：只见徐海东的家里，墙上、窗户上都贴满了大字报，房间里又拉了好几根绳子，也挂满了大字报。徐海东一个人孤零零地靠在沙发上，陷于大字报的包围之中。一些在他身边工作的人，也参与了对他的批斗。

徐海东的病越来越严重，但有关方面却不给他有效的药品，甚至不给他必需的氧气瓶。结果他的长子徐文伯没办法，跑到北京医院来找周尚珏。周尚珏就想了些办法，让徐文伯买了几个氧气口袋，周尚珏亲自去灌满了氧气。那时，周尚珏还有处方权，又为徐海东开了一些进口药。

11 有人指责力伯畏作这样的鉴定，是包庇严慰冰／王震被批斗得厉害，到医院来时穿着破军大衣／北京医院组织了医疗组，负责王后的医疗工作／西哈努克家的宫廷御医，也被请到了中国／他跑去高兴地对西哈努克说："你的母亲病情有好转。"／"如果有来世再作选择的话，我还会欣然地以此为职业。"／

在"文化大革命"十分艰难的处境下，利用自己手中尚未被剥夺的一点点权限，尽可能地为以往的保健对象做一些有益于他们身心健康或病症诊治的事情，在周尚珏等老保健工作者这里，还悄然发生过多次。

例如曾在中央保健局工作多年、后任北京医院总值班室负责人的力伯畏，在"文化大革命"初期受到冲击，被指派在北京医院门诊部担任叫号的工作。

周尚珏告诉笔者，造反派给力伯畏定的一个罪名是包庇陆定一的夫人严慰冰。严慰冰写过有损林彪妻子叶群及其家庭的信件。此事被查出后，中央在上海组织了一些医疗专家，为她做了一次会诊，确认她患有精神病症，会诊后的鉴定，是由力伯畏执笔的。结果有人在"文化大革命"中指责她，说她作这样的鉴定，是为了包庇严慰冰，并称那个会诊为假会诊。

尽管当时力伯畏自己的处境也相当不好，但她在叫号的时候，只要看到那些老首长，不管他们此刻是否受到冲击，她都会悄悄地把他们安排到比较好的、首长比较熟悉的、曾经担任过保健工作的大夫那里，因为这些大夫会为他们做更负责任的诊治。

周尚珏说力伯畏就多次把老首长安排到他的诊室里来，例如当时受到冲击的农垦部部长王震、外交部部长陈毅的夫人张茜等。周尚珏还记得那时王震被批斗得很厉害，到医院来的时候穿着一件破旧的军大衣。

当时北京医院内科的十位主任，都受到了不同程度的冲击，经过反复审查，觉得周尚珏的历史比较干净，所以比较早就解脱了，可以从事医务工作。由于有些大夫被剥夺了诊治的权利，治疗的任务就落到少数解脱的大夫身上，因此他们的工作相当繁重。但是这种情况，恰恰给周尚珏提供了更多的临床实践机会，他的医术得到了较大的提高。后来北京医院新的北高干楼建成，医疗事务还是归内科管，周尚珏仍在这里，基本上没有脱离过领导人的保健工作。

哪怕社会上打倒这些老首长的声浪再高，只要他们来到北京医院，周尚珏就依然按照以往的态度和以往的规格为他们诊治。"因为我觉得上级并没有通知我们取消他们的医疗待遇，他们还是在我们这里进行医疗，所以我对他们一切照旧，该使用进口药品的时候就仍然给他们使用进口药品。"周尚珏说道。

此外，在"文化大革命"中，周尚珏在北京医院工作期间，还遇到了一些不寻常的事情。例如，一些重要的外国客人的医疗保健工作，也交由北京医院的大夫担当过。

以往，在中国的外宾的医疗工作一直都是由协和医院负责的，在协和医院，辟有专门的外宾病房。而北京医院并不管外宾的治疗事务，只有极少数几位在华的外国共产党领袖住在这里。这些人同中国共产党有着深厚的情谊，有的人在延安时期就参加了中国共产党的工作。

1970年3月18日，柬埔寨王国的首相朗诺、副首相施里玛达，发动了推翻西哈努克国王的政变。当时西哈努克正在苏联，但苏联政府并没有把消息及时通知西哈努克，而是在他到机场准备前往中国的时候，才告知他的国家发生了政变。

西哈努克到中国后，依然受到了国家元首规格的接待。不久，柬埔寨王国民族团结政府在中国成立，中共中央决定将北京东交民巷15号院改建为西哈努克的元首府。1973年11月，西哈努克亲王的母亲西索瓦·哥沙曼·尼亚里丽王后来到了中国。

早在朗诺、施里玛达发动政变后，哥沙曼王后就一直遭到软禁，政变政府企图以此迫使西哈努克放弃与之抗争。但王后宁愿做人质被软禁，也不屈服于政变政府的要挟。她捎信给西哈努克说："你一定要战斗，否则，我会永远责备你。"后经过多种途径的外交努力，周恩来致信尼克松，要求美国政府施压，政变政府才放她出国。

年近70岁的哥沙曼王后一直患有疾病，她一到中国，中国政府就为她安排了体检、治疗和休养。1974年王后到北京后，中央指示北京医院组织一个医疗组，负责王后的医疗保健工作，医疗组由陶桓乐、周尚珏负责，直至 1975 年 4 月 27 日王后辞世。

说到哥沙曼王后在华的治疗，周尚珏说："在医疗上，不能迷信所谓的权威。" 哥沙曼王后到中国后，中国的医疗组发现她心脏不好，患有冠心病。柬埔寨民族团结政府方面，把西哈努克家原来的宫廷御医也请到了中国，这位御医是个意大利人，他也不时被请去给王后做治疗。

周尚珏记得在王后去世的那一天，他给她做检查，发现她的心率慢了下来，感觉情况非常不妙。而那位意大利医生也发现到这一情形，但他跑去高兴地对西哈努克说："你的母亲病情有好转。你看，她的心率慢下来了。"

听他这样对西哈努克讲，周尚珏马上纠正说："老太后现在的心率，已经不是正常的窦性心率了，而是不受大脑控制的室性自搏心率，恐怕马上就不行了。"果然，没过多久，哥沙曼王后的心脏就停止了跳动。

此外，1972 年 2 月，当时的美国总统尼克松来华，在被他称为"改变世界的一周"的访问过程中，周尚珏也担任了这期间的保健工作。

再有，就是从 1973 年 1 月周恩来出现尿血症状，直至他 1976 年 1 月去世，国

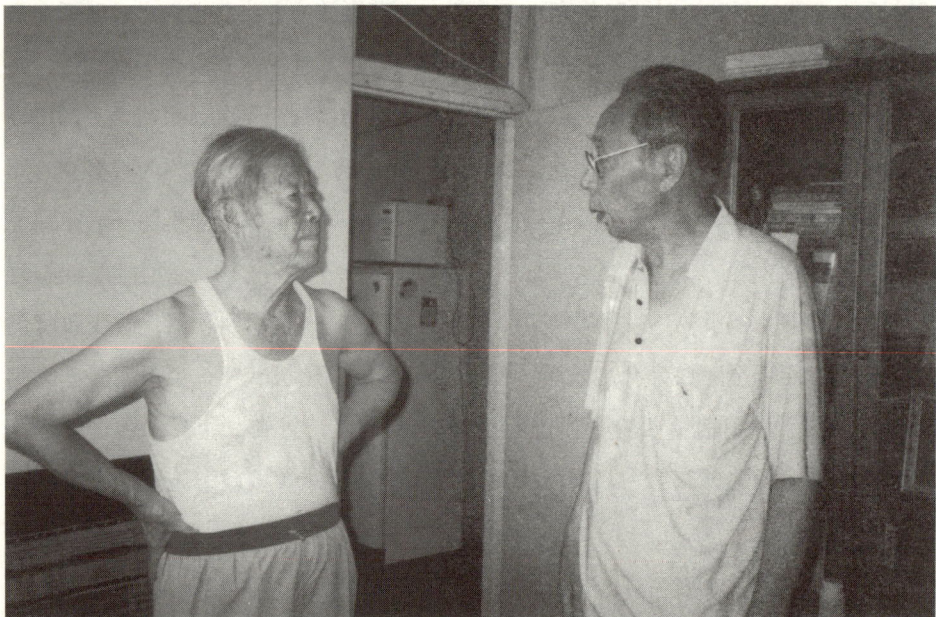

周尚珏和老同事、老朋友、后为北京医院副院长的马苏高（右）在一起。

家曾几次组织各地医疗专家为之会诊，进行手术和治疗。这期间先后组成过几个医疗小组。当为周恩来治疗的第一个医疗小组组成时，周尚珏作为新中国成立后周恩来的第一位保健大夫，随之成为小组的一员。

笔者就周尚珏保健工作生涯而进行的采访，到这里就戛然而止了。已经离休多年的他和夫人王力并没有安享离休后的清闲，依然为医疗方面的事情忙碌着，时常往返于中国和美国之间。因此，此次长谈后，我们不知何时才能再聆听他对往事的追溯。

回首自己几十年走过的道路，早已过了"不逾矩"之龄的周尚珏，有一种曾经沧海后的平静。他最后对笔者说："虽然我们从事这样的工作，奉献了毕生的精力，也经历了许多的坎坷，但我们无怨无悔。如果有来世再作选择的话，我还会欣然地以此为职业。"

第四章
从弓弦胡同2号到中南海
—— 记新中国领袖保健工作见证者力伯畏

力伯畏平静地说："那是组织上交给的工作，我们尽心尽力去完成了，那个时代的共产党人都是如此。"

　　亲历中国共产党和国家领导人专门保健机构初建过程的力伯畏，已经离休多年，她从没想过要把自己亲历的往事加以整理留存。她说："那是组织上交给的工作，我们尽心尽力去完成了，那个时代的共产党人都是如此。我们亲眼看到了年纪如同父辈的首长们，为了党的事业、国家的命运宵衣旰食、殚精竭虑，我们做的那点工作又算得了什么呢？"

　　直到笔者告诉她，许多最初从事这项工作的人或相继老去或身体渐衰，却没有留下一部有关这方面工作历程和制度健全的比较翔实的记载，没有留下一部反映新中国成立以来领袖保健工作者这一特殊群体勤恳敬业的奉献与情怀的信史。特别是，只有他们，最贴近地直观了中国共产党和国家的领导者们以怎样的精神和毅力在疾病和衰老加身的情况下忘我工作，冷静而理智地面对死亡，这些构成高尚人格却又鲜为人知的部分，如果他们这些正直的、真正的知情者不对之加以追溯，将造成历史永远无法弥补的缺失，并使那些心怀叵测、道德卑下者得以虚构歪曲。笔者这些年所致力的就是通过对知情者陈述的记录，留下尽可能真实的历史痕迹，同时也给失真的杜撰设道屏障。而且，如今笔者记录的新中国领袖保健工作群体的追溯，已经得到了许多老保健的支持和认可……她才勉强答应我，谈一些她认为可以说的有关情况。

大概是为了慎重和准确起见，她邀来从中学就相识、并一同从事中国共产党和国家领导人医疗保健工作数十年的王逼大夫，一起和笔者交谈。因为王逼大夫自己也有着十分丰富的工作经历，所以有关她的内容，笔者另撰专文呈献读者。

1 她的保健生涯与党和国家领导的保健专门机构的创始同步／他们在第二天安排有手术时，突然接到撤离北平的通知／一位女同志被国民党兵带走，因为在她身上搜到听诊器／

1949年新中国成立前夕，力伯畏从北京大学医学院正式毕业，被分配到中央军委卫生部傅连暲副部长办公室，开始了她从事党和国家领导人医疗保健工作的生涯。她这一生涯的开端，也恰恰是在新中国成立初期，为中国共产党和新政权领导提供医疗保健服务的专门机构的创始阶段。

在拿到医学学士证书前，力伯畏并没能安稳地度过她为期一年的临床实习期，因为早在1945年，她就积极投身进步学生运动，成为中共北平地下党外围组织成员，继而又入了党。于是，她可能上了国民党特务的黑名单，不得不中途辍学，在组织的安排下投奔解放区。

她至今仍清晰地记得当年匆忙离开北平、前往解放区那有惊无险的经历。

那是在1948年年末。组织上通知力伯畏撤离北平的时候，她尚在北京大学医学院的附属医院进行毕业前的实习。同时接到撤离通知的，还有三位和她同在医院外科实习的同学。走的日子定在星期天傍晚，但他们此前都被安排在星期一的一个手术中担任助理，做手术的是位胃癌病人。

这种比较大的手术是要输血的，那时输血所需的血液，要靠医生的助手帮助联系献血者，配血型。力伯畏他们觉得因为自己的撤离而撂了手术病人不合适，也有

1943年元旦，力伯畏（后排右三）与父亲、母亲（前排右二、右三）、姑姑、姑父、哥哥、嫂子、姐姐、侄儿在家中合影。

损共产党的声誉，于是他们就在星期天找好了献血者，通知他们星期一到医院，绝不耽误手术的如期进行。

那天，力伯畏在实习的医院忙碌完已近黄昏。她回到家里，向母亲说明了为什么要离开北平的原因。当时她的母亲已经年过64岁，她对女儿的所作所为颇能理解，但对女儿的离去有些难过，最后母女挥泪而别。

组织安排他们去的解放区，在河北省与山东省相邻的泊镇。当天夜晚，他们搭乘火车，到了天津。他们先各自在天津的亲戚家落脚，做好继续走的准备。力伯畏找到了在天津工作的哥哥。哥哥给了她一些钱，就是靠着这些钱，同行的每个人都在估衣摊上买了套大众化的衣服，换掉身上很学生气的服装。

因为天津、北平在不久的将来都可能发生战事，兵燹之下什么事情都会发生，兄妹俩还能不能活着再见亦未可测。于是力伯畏与哥哥约定，若能活着回天津，就在报纸上登一则寻人启事。

就在此时，力伯畏他们听说国民党北平当局正借她们在手术前突然消失的事大做文章，说共产党人为自己脱身而不顾病人安危。于是他们赶紧写了一封公开信，寄给自己的学校，说明国民党当局迫害学生，他们是为了免遭逮捕，不得已而离校。对国民党当局的造谣污蔑，予以澄清。

力伯畏他们从天津出发，到达了第二个落脚点沧县。在一座小教堂里，按北平组织的交代，与解放区来的地下交通员接上了头。地下交通员告诉他们怎么去解放区，遇到国民党军的盘问怎么回答。叮嘱他们无论如何也不要说是从北平出来的，要说自己是济南人，并把济南城内的主要标志、名胜告诉他们，要他们背熟，以防在盘问中露馅。

过了沧州，力伯畏他们在杨柳青雇到一辆大车，乘车行进在前往泊镇的路上。和力伯畏同行的是同学柴万兴、许迪、孙衍庆、严仁莲。他们是两对恋人，力伯畏年纪小，个子也小，假扮作许迪的妹妹。他们每个人都从地下交通员那里得到了个假身份证，填的也都是假名字。力伯畏还记得许迪假名是王玉珍，自己假名叫王玉珠。

这组人里最活跃的是孙衍庆，他曾是北医大学生宣传队的，在一个活报剧里演过国民党政府的卫生局长，有意思的是，后来他真当上了北京市的卫生局长。他对大伙说："如果遇到国民党军盘问，我的对策是主动地跟他们瞎胡扯，不给他们仔细盘问我们的机会。"

后来，在一次住店时，还真遇到了国民党的盘查，孙衍庆就主动跟他们东拉西

40年代末，力伯畏（前排左四）在北大医学院读书期间，参加进步学生活动。这是她与同学们在中南海西门墙上"团结就是力量"的大标语前合影留念。

扯，弄得那帮国民党军人都不耐烦了。也是在那次历险时，他们听说另一组一位叫徐彦的女同志被国民党军带走了，因为她带的听诊器被发现了。她的真名叫金英爱，原是朝鲜人，中共地下党员。但很快她就被党组织营救了出来，新中国成立后也从事过保健工作。

在过国统区与根据地间的最后一道关卡时，一个国民党兵把力伯畏藏在柴万兴身上的眼镜搜出来了。当时的国民党兵，常把搜到的东西据为己有，看着国民党兵试戴力伯畏的眼镜，柴万兴直犯嘀咕："糟了，力伯儿（好朋友对她的昵称，同时"力伯儿"也是英文"自由"的谐音）这回成瞎子啦。"还好，那个国民党兵是个远视眼，戴近视镜不合适，又把眼镜还给了柴万兴。

过了那道卡，是一段三不管的地带。力伯畏他们看到好多和他们打扮相似的人，坐着车朝着同一个方向走，一看就知道这些人和他们是"同路人"，有的人的脸还挺熟，好像是在北平一起参加过什么活动。大家都以为已经进入了解放区，便毫无顾忌地唱起了革命歌曲。

2 敌工部长刘仁对她家庭的了解，甚至比她自己还清楚／她感到组织交给的此项任务重大，决意冒险返回北平／回到尚未解放的北平，自家的院子里也驻有国民党军／

到了泊镇，力伯畏看到许多大学里的同学，都因为和他们一样的情况而先于他们到达解放区。不久，力伯畏被后来的北京市委第二书记、当时的中共华北局敌工部部长刘仁招呼去谈了一次话。刘仁的夫人甘英和力伯畏是中学同学，力家许多亲戚同中共北平地下党有联系，所以刘仁对她家庭的了解，甚至比她自己还清楚。

和刘仁谈话后，敌工部的人要力伯畏和所有新到来的同学填表，把自家的各种亲戚关系全填写出来。力伯畏家在北平各方面的亲眷挺多，还有在市政府工作的，例如她一位表哥陈伯沈的岳父徐慨民，就是北平市自来水公司的总工程师。她还有一位堂兄力伯法，在北平地下管道局工作。

当时要力伯畏他们填表，是为了配合中共夺取北平的战略行动。北平是座古都，中共力求以和平方式解放它，但如若谈判不成，以武力夺取的话，就要在作战的同时，尽可能地对市内各种设施进行保护，这就要借助各方面的力量。敌工部得知力伯畏有这么一重关系时，就决定派她立即返回北平，通过表哥做其岳父的工作，以保护北平市的自来水设施。

但是，由于力伯畏他们在天津为澄清国民党当局的谣言写了公开信，使她和同学到解放区的事已公之于众，她再返回北平，必然有极高的危险性。然而她感到组织交给的此项任务重大，决意冒险离开泊镇返回北平。

临走之前，敌工部又找她谈了一次话，告诉她同回北平的还有两位男同志，她可以与其中的一位同行。她因为自己眼睛近视，就选择和不戴眼镜的名叫马寅的男同志一起走。可能是因为要身赴险境吧，力伯畏他们吃了一顿很解馋的告别饭，菜是一大脸盆的猪肉炖粉条。

他们乘火车到天津时，就传来唐山已被解放军占领的消息，火车遂中止在天津，宣布不再往北平开了。因为马寅在天津没有亲戚，力伯畏就把钱都给了他，以解决他的食宿问题，而自己投奔了在天津的表姐家。

此后，力伯畏几次到火车站打听去北平的火车，可平津间的线路始终不通，马寅也不知下落。直到新中国成立后，力伯畏才在北京见到他。他告诉力伯畏，他们分手后他即步行前往北平，一直走到了良乡，才找到大部队，随部队开赴北平，参加了城市接管工作。

因为天津到北平的火车始终不通，滞留天津的力伯畏和组织断了联系，但她没有忘记自己的使命。她得知自己的一个表姐夫董家煜是天津第十橡胶厂的厂长，这位表姐夫推测共产党来了，他这类资本家肯定要倒霉，就想带着家眷迁往南方，甚至离开中国。力伯畏就去做他的工作，讲解共产党的城市政策，劝他留了下来。

在天津被解放军包围期间，因生产停滞，工人工资发不出。表姐夫卖了一些轮胎，给工人发工资，为城市稳定做出了贡献。后来，他把自己的工厂完好无损地移交给了前来接收的解放军，因而当选为天津市的政协委员。

天津解放后，力伯畏想尽办法和组织联系未果，却偶然在街头碰到了上级朱昆。她向朱昆请示自己该何去何从，朱昆说你还是去北平。1949年初，火车可以通到北平郊区的丰台了，力伯畏就乘火车到了丰台。她从丰台换乘汽车进了北平城，城里还在国民党军的控制之下，她家的院子里也驻有国民党军。

回到北平的力伯畏，马上就去找她的表哥，通过表哥做其岳父的工作。与此同时，她还和一起从事进步活动的同学们建立了联系。由于傅作义将军顺应时变，接受改编，北平政权更迭以和平方式实现。

3 这个专门的部门外界不了解，称"傅连暲办公室"便于对外工作／傅连暲和她开玩笑说："力伯畏，你家是两代'御医'呀！"／"我祖父不是宫廷御医，至多只能算个'会诊大夫'。"／把鸡血滴到痰盂里，对皇宫中来人称吐血了，无法出诊／

　　解放军刚一进城，力伯畏就接到同学的电话，说学校里已经来了解放军，她立刻赶到学校，和原来的组织接关系。在后来的一天，刘仁来北医看病，通知力伯畏去见他。力伯畏到他那里，刘仁问她：愿不愿意复学，她说当然愿意。刘仁说："那好，组织上支持你完成学业，新中国也很需要合格的医务人才。"

　　就这样，力伯畏自己去找了医学院的院长，提出复学的请求。院长胡传揆是位开明人士，知道力伯畏是因躲避国民党特务的迫害中辍的学业，随之同意她回医学院，继续在医院实习，直到实习完毕，拿到学位证书。

新中国成立初期的力伯畏。

　　随着对全国政权的逐渐掌握，中国共产党人益发感到知识人才奇缺，十分重视对受过正规系统教育的知识分子的吸收任用，特别是那些热情参与进步民主运动、已加入或积极靠拢共产党或党的外围组织的知识分子。

　　1949年7月力伯畏毕业后，到北平同仁医院眼科上班。不久，上级党组织在北平举办华北地区大学毕业生暑期学习团，号召大学生们参军参干。她便和一些进步学生一道主动报名参军，到了中央军委卫生部。本来，一个医学院的毕业生，如果进大医院当医生，待遇是相当不错的，经过一段时间的临床实践，就可能成为某科的专家。而到政府机关工作，实行的是供给制，连工资都没有。

　　作为一名中共党员，力伯畏从入党宣誓的那一天起，就把自己的一切包括生命

122

都交给党了，什么个人前途呀物质待遇呀，她想都没想。她积极响应党的号召参了军，被分配到中央军委卫生部傅连暲副部长办公室。

当时新中国还没有诞生，后来的中央保健委员会、中央保健局也都还不曾成立，中共高层领导的医疗保健工作，仍旧由过去管这一摊的中央军委卫生部负责，直接主管这方面工作的，是红军时期就担任医务领导工作的军委卫生部副部长傅连暲。

傅连暲办公室当时就在北京城东的弓弦胡同2号，当时的中央军委卫生部也有一部分人在这里办公。和力伯畏同时分配到这个院子里的北医同学有好几位，但在一起负责高层领导医疗保健工作的，就只有她和何慧德两个人。

负责中央保健这一摊的部门和医务人员，与中央军委卫生部的其他单位和人员不发生关系，直接受傅连暲领导。而在力伯畏、何慧德到来前，他身边没有医疗方面的助手。因为社会上的卫生系统对中央保健委员会办公室的工作性质并不了解，这个专门部门对外称"傅连暲办公室"，既有权威性，办事也方便。

此刻的傅连暲，是中央军委卫生部的副部长，他的部下也都算军委卫生部的

当年一起到中央保健委员会工作的10位北医同学。从左至右：第一翁永庆，第二力伯畏，第三田伦，第四韩宗敏，第五何慧德，第六金孜琴，第七周叶纯，第九周增丽，第十邓乃绪。

人，力伯畏、何慧德申请参军后，随即领到了军装。肥大的军装套在个头瘦小、戴着高度近视眼镜的力伯畏身上，怎么看也不像个"军医官"，以致走到哪儿，站岗的士兵都不给她敬礼。甚至到了1955年后，她被授予了大尉军衔，顶着一杠四星，士兵们依然不情愿给她敬礼。

后来力伯畏才知道，被分配到这里工作的人，是经过严格挑选的，除了学习成绩好外，还必须是党员，政治上很可靠才行。她自己也知道，党组织对她的家庭情况相当清楚。最能说明问题的，就是有一天她的直接领导傅连暲和她开起了玩笑："力伯畏，你家是两代'御医'呀！"

傅连暲这样说，是因为力伯畏的祖父力均曾在清朝末期被请进皇宫，为当时的最高统治者医过病；而此刻，她本人又加入了为新中国最高领袖的健康服务的医疗保健队伍。

祖父在清末进皇宫看病的事，力伯畏自幼即有耳闻，但她说到这里时纠正说："不过我的祖父不是宫廷里的'御医'，只是有几次'应诏赴诊'，就如同现今的'专家会诊'，他至多只能算是个'会诊大夫'。"

在笔者的询问下，她讲了一些关于她祖上的情况。

力伯畏的祖籍在福建福州，祖父力均的家境并不富庶，支撑家计除了靠父亲奔波操劳外，为了补足家用，还要靠母亲给人家洗衣服。力均的医学知识全凭自学，即自己读医学方面的书籍，琢磨处方配伍。

起先，他只是给自家人和亲眷看病，继而给近邻问诊，名声渐传渐远，以至当地的官僚也来找他看病。特别是当他为晚清权倾一时的庆亲王奕劻之子医好了病后，深得奕劻的信任。奕劻当时是清廷军机大臣兼署内阁总理衙门，是慈禧太后最亲信的人，经他荐举，力均时被召入内廷问诊。

有一次，执掌晚清大政的慈禧太后有恙，经御医治疗效果不明显，力均遂被召去诊治。他根据自己以往的观察，感到慈禧太后的病是因她总开着窗户看书，受了风，就据此给她开了处方，并告诉她暂不要吃饭，喝点热鸡汤就行了。

当时慈禧太后身边的大臣以及部分御医对力均的诊治不以为然，都说不吃饭怎么行呢。可慈禧太后采纳了力均的意见，停了几顿饭，并按他的处方吃了药，结果她的病很快就好了。为了奖赏力均，慈禧太后传谕赐给他一大碗鸡汤。

按宫中的规矩，御赐的鸡汤，是要全部喝光的。一大碗鸡汤哪里喝得下，力均恳请太监少给盛点，太监也没为难他，就没给盛满。从此以后，宫廷对力均也更为

受祖父的影响，力伯畏的父亲（左二）曾赴日留学，学成后曾在安徽井径煤矿、北平师范大学当医生。前立女孩是力伯畏。

信任，再有病恙，常宣他进宫诊治。

光绪末年，有一次又宣他入宫出诊，他一打听是让他给光绪帝看病，顿时踌躇起来。因为慈禧太后早欲废光绪帝而另立，只是受制于列强干涉难以遂愿，此事社会尽知。倘若治好了光绪的病，恐遭太后嫉恨，而治不好也于声誉有碍，左右不是。力均于无奈之中想到了装病，他把鸡血滴到痰盂里，对宫中来人称自身患了重症，吐血，无法出诊，总算搪塞过去，躲过一难。

因力均在杏坛颇有些声望，其装病避祸之事，难免被少数知情者辗转相传，于是由此演绎出种种有趣的逸闻。有的说慈禧太后必欲去光绪而后快，叫人授意力均借给光绪医病下毒药，力均不愿遵旨行事，装病隐退。还有的记载说：慈禧太后因禁光绪后，为寻机除掉他，便对外称光绪病重，但有些研究认为此说不确。

受祖父的影响，力伯畏的父亲、叔叔都是学医的。她父亲曾赴日留学，学成后曾在安徽井径煤矿、北平师范大学当过医生，后又在北京宣武门外自开诊所，给穷人看病，解放后在 101 中学当校医。叔叔则曾赴法国留学，回国后在北京长安街开了家尚志医院。

笔者问力伯畏选择学医是不是受家庭的影响，她说那倒不尽然："上大学的时候正逢日寇入侵、国土沦丧，凡有民族自尊的人，都不愿与日寇卵翼下的政权有任何瓜葛。学医后可以不仰仗依靠他人，凭自己的一技之长，即可安身立命。当时想的就这么简单。"

4 中央保健委员会的领导是中组部部长安子文、公安部部长罗瑞卿、中央办公厅主任杨尚昆、中央军委总干部部部长赖传珠、中央军委卫生部部长贺诚、卫生部副部长傅连暲／医疗保健对象总共有 93 人，是由刘少奇亲自签署批准的／傅连暲下班没有点，力伯畏每天回到宿舍总在十一二点／看一场《列宁在一九一八》，内心却负疚了好几天／

力伯畏到中央军委卫生部报到后过了一段时间，中央保健委员会就成立了。后来这个机构多了一块牌子，叫中央军委保健委员会。当然，两块牌子一块也没有公开挂出来过。

此时，新中国的中央政府已经成立，除了原来党的系统外，国家政府的各个部委也都健全了。这个一班人马、两块牌子的委员会，即是由党中央和国家政府的五个部门多头管理的。中共中央组织部、公安部、中央军委总干部部、卫生部和中共中央办公厅，五个部门各出一位领导人挂名：组织部是部长安子文、公安部是部长罗瑞卿、中央军委总干部部是部长赖传珠、中央办公厅是主任杨尚昆、卫生部是副部长贺诚、副部长傅连暲，相关的事情都向这些人请示汇报。

有这么一个委员会后，就可以到全国去调人，充实机构了。由组织部和中央军委总干部部发调令，公安部负责政治审查，卫生部提出要求，日常工作的管理由中央办公厅负责。有了保健委员会后，干活的人逐渐多了起来，参军的和从部队调来的属于军队的编制，其他人属于卫生部。中央军委保健委员会、中央保健委员会合署办公，共同过组织生活。

中央保健委员会成立时，负责的医疗保健对象总共有 93 人，这个名单是由傅连暲在一份报告中开列的，包括第七届中共中央全体政治局委员、全体中共中央

委员，其中那些在外地工作的，只要一到北京，就由中央保健委员会管；在第一届
全国人大召开前的"三副两高"（即中央人民政府副主席、全国政协副主席、政务
院副总理，最高人民法院院长、最高人民检察院检察长），此外还有团中央的书记。
报告和名单拟好后，交中共中央审批，由刘少奇亲自签署批准。

　　虽说有中共中央保健委员会、中央军委保健委员会这么两块大大的牌子，但
真正从事中共党政军高层领导医疗保健工作的人，就只有傅连暲亲自带领的那么
几个人。

　　力伯畏回忆说，他们刚到弓弦胡同 2 号的时候，中共领导人的医疗保健工作，
就是傅连暲带着何慧德和她两个人到处奔波。王鹤滨进中南海负责毛主席等少数
中共领袖的医疗保健工作时，已经临近新的全国政治协商会议的筹备会议召开之
际了。

　　傅连暲是最早从事中共领袖医疗保健工作的老资格，1927 年，就是他的及时
治疗，保住了陈赓大将的一条腿；1929
年，他就为毛泽东做过全面体检。力伯畏
说："我们一参加工作，就跟着他。耳濡
目染的，都是他如何把中央领导的健康放
在首位，对党交付的事业全身心地投入。
随着时间的延续，第一代保健工作者们的
嘉言懿行，给了我们更多潜移默化的影
响。我们当时想的也很简单，就是比照他
们那高尚的精神境界和品格，塑造我们自
己的人生。"

　　弓弦胡同 2 号，是个很有气派的旧王
府，有好几进院。力伯畏她们办公就在一
个小院子里，而更里面的一个小院子，是
傅连暲的办公室兼寓所，因此傅连暲的工
作和生活，几乎就在她们的眼皮底下。

　　军委卫生部上班的时间是早晨 8 点，
但傅连暲要求力伯畏她们 8 点前就必须
到。下班的时间是下午 5 点，可傅连暲下

傅连暲是最早从事中共领袖医疗保健工作的老
资格。这是刚刚经历过二万五千里长征后的傅
连暲。

刚到弓弦胡同 2 号时的力伯畏（右）和同学何慧德（中）、周增丽（左）。

班没有点，力伯畏她们只能在他下班的时候才能下班。因此，每天回到她们在弓弦胡同对过崔府夹道的单身宿舍时，总要到夜里十一二点。

工作时间如此之长，力伯畏她们确实感觉疲倦得不行，而那时傅连暲已是 55 岁的年纪，他也是这样，力伯畏这些年轻人就没什么话好说了。她们之所以能长期坚持，也是因为有傅连暲以身作则的榜样激励。

跟着傅连暲工作，不仅时常不分昼夜，而且也没有什么节假日。一来医疗保健工作节假日也不能中断，二来节假日还要专门安排值班。特别是力伯畏她们正处在欢娱、活泼的青春时期，本来有着许多属于她们这个阶段的爱好与向往，属于她们这个阶段的友朋与社交，但她们却跟着傅连暲，把这一切都奉献了。

力伯畏说她最初对此并不适应。譬如，电影院放映一些好电影，身为年轻知识分子的她是喜欢看电影的，但总因为工作或值班看不成。偶尔，她们向傅连暲提出要求，傅连暲回敬她们的，总是一句话："你们这些电影迷，就知道看电影。"说得她们挺委屈，一年几乎看不上一场电影，怎么就成了"电影迷"了？

有一次，西单电影院放映《列宁在一九一八》，电影记述的是革命导师的一段生涯，力伯畏觉得这回有理由提要求了，就找傅连暲说要看。这回傅连暲开了绿灯，可在看电影之中和之后，力伯畏心里却一直惴惴不安。

原来，那段时间傅连暲夫人正处在临产期，傅连暲让力伯畏帮他夫人准备一个产包，以防万一来不及送医院，就由何慧德和力伯畏来接生，所以几天来她一直关注着此事。在看电影时，力伯畏心里还老犯嘀咕。

电影一结束，她赶紧往傅连暲住的院子跑，看有没有生孩子的动静。到那里一看，灯亮着，也没什么动静，就以为没事。可回到宿舍听同学金孜琴告诉她，是她们帮忙把傅连暲夫人送到医院去的，孩子都生出来了。自己惦记了那么多天却没帮上忙，这让力伯畏好一通内疚。

连看一场电影都这么费劲，其他娱乐就更免谈了。当时军队的干部有休假，但力伯畏她们却总处于满负荷的工作状态，最终也没有享受到这一待遇。

傅连暲及家人在自家院子里。夫人陈真仁抱着的就是刚出生不久的孩子。

1955 年，力伯畏（右）和何慧德等都被授予军衔。

5 力伯畏和傅连暲去的第一位首长家，是李克农的家／去陈
云家里探视，多是在他中午吃饭的时候／到早了，就和警
卫员一起在外面房间坐等首长醒来按铃／副部长贺诚说：
"保健办公室的人还是从北京调的好……"／医疗保健工作人员微
薄的津贴，又都还原于公务消费了／

对新来到中央领导医疗保健工作岗位的工作人员，傅连暲都要亲自带一带。因
为从红军时期就从事保健工作，他同每一位中共领导人都很熟悉。力伯畏第一次去
的每一位首长家，都是由傅连暲带领，打招呼作交代。带了一次以后，除了特殊
情况，正常的探视和医疗保健护理，就都是力伯畏她们自己去了。

力伯畏记得她跟傅连暲去的第一位首长家，就是中共中央社会部负责人、新中
国成立后的外交部副部长李克农的家。他家当时也住在弓弦胡同内，中央保健办公
室在 2 号，李家在 7 号，分别在一条胡同的两头。

李克农的心脏不好。一次，力伯畏通过自己同学的关系，带李克农到北大医院
做了心电图检查，从医院回到家时已经到了 12 点半。李克农说："到这会儿了，就
在我家吃饭吧。"力伯畏心想，我们是到首长家工作的，哪能在首长家吃饭呢，再
说此前也从没在首长家吃过饭，结果紧张得要命。

130

但李克农对力伯畏就像对自家的孩子一样，非常和蔼热情，一点架子都没有。他的夫人赵大姐，吃饭时不断给她搛菜。在李克农家吃的那顿饭，让力伯畏得到一种像在党的大家庭里一样温暖的感觉。

当时一些年纪稍大的首长，岁数和力伯畏这些刚从事医疗保健工作的医务人员的父辈相仿。渐渐地，他们感觉为首长服务，就像为自己的长辈服务一样，关系很快就自然和融洽起来。

在力伯畏刚刚到中央保健办公室的时候，中国共产党和新中国的领导人多数处在年富力强的年龄段，身体状况都还不错，除偶尔患个急性病症外，力伯畏他们到首长家，主要是一般性的家访，每周探看一下他们的健康情况。只有少数年纪稍长或患有一些慢性病症的首长，要做经常性的例行化验，定期进行药剂注射，几乎天天都要去一下。

天天都要去的首长家，去的时间都是一定的，要么在早晨首长刚起床还没开始工作的时候，要么在首长吃午饭和午休中间，再有就是在晚上他们工作完毕就寝之前。

早晨去，通常是在首长快要起床的时候，力伯畏他们就和警卫员一起，在外面的房间坐等。首长醒了一按铃，他们就赶紧进去，给首长量血压、采集化验的样本、打针等。

当时的中共中央书记处书记、政务院副总理陈云，是力伯畏负责的保健对象之一。力伯畏第一次到陈云家，也是傅连暲带着去的。当时要给陈云注射，所以在作完一般情况的介绍后，傅连暲还专门对陈云说："她可以打，已经在我的身上试过了，没有问题。"

在中央保健委员会初成立的时候，这里的医务人员没有医生、护士之分，什么工作医生都得去做，像打针本来是护士的事，但在这里，医生也得打。因此力伯畏先得把打针的关给过了。傅连暲为了检验新来的大夫们的打针水平，就让大夫们在他自己的身上练，直到他认为可以了，才让大夫们去给领袖们打针。力伯畏就是通过在他身上练习，被他认为合格了，才去为陈云打针的。

那次以后，力伯畏就自己去陈云家了。根据陈云的习惯，她多是在中午吃饭的时候到他家探视。陈云每天都称体重，并把记录放在磅秤的旁边。力伯畏到陈云家后，就在吃饭的房间门口晃一下。陈云吃饭总是脸对着门口，如果有问题需要大夫检查诊治，看到她来了，就把她招呼进屋；要是身体情况正常，就不打招呼了，她也就不在这里逗留。这样做既了解了情况，也节约了首长的时间。

因为每天都要到多位首长家，所以中央保健办公室的医务工作者要学的一项基本功就是骑自行车。出诊、探视、观察、取药送药、往返奔波，在没有条件配备机动车的情况下，只有自行车是最便捷高效的交通工具。因此，到保健办公室工作的人，不管是医生还是护士，都得学骑自行车。

为了尽快掌握这一本领，有的人身上被摔得青一块紫一块的。好在力伯畏、何慧德等最早从北大医学院毕业的学生，早在读书搞学运期间就骑着自行车满城跑，眼下便少了一番摔打。但她们也因此多了一项新的任务，就是教不会骑车的人学会骑车。

首先，她们扶着车子，教不会骑车的人在院子里练习。待这些人可以不用别人扶着，能自己在院子里骑行后，力伯畏就带他们上街，考察他们骑行在大街上能不能处理紧急情况，会不会躲避车子和行人，过路口是否顺当等等。等到认为他们的骑车技术过关了，才允许他们骑车出诊。

鉴于这一现象，中央军委总后勤部副部长、新中国成立时的卫生部副部长贺诚几次发感慨说："保健办公室的医务人员还是从北京调的好，北京的学生都会骑自行车，路也熟悉。从南方和其他地方调来的就不会骑，还得现学，多了一重麻烦。"

但骑自行车又有许多由此而引出的新问题。当时部队和中央机关的干部都实行

在负责陈云的医疗保健期间，力伯畏曾几次随陈云到北戴河。这是1954年力伯畏到北戴河与陈云的儿子、女儿在海滨浴场。

供给制，许多工作用品由机关配备。但由于制度不够完善健全，许多新遇到的问题，或只涉及少数人的问题，就没有考虑周到，也没有写入规定，而没有写入规定的，有关方面就不好照章办事。例如，因工作需要常常在外奔波的人，像机关的交通员等，单位就会给他们配备一辆自行车。交通员多是男同志，自行车又是统一买的，都是那种30英寸的高自行车。力伯畏个子小，骑不了公家配备的车，而公家又没有规定专门给女同志配矮一些的自行车，结果力伯畏只好骑读书时骑的自家的26英寸矮车。

骑自家的车，给公家省了购车的开销，却给自己引来一系列的问题和负担。自行车每年要上捐上税，公家的自行车，公家管上，外出的存车费，公家也管掏；力伯畏骑的是自家的车，尽管是成天用于工作，捐税得自己上，存车费也得自己掏。车子有了毛病修理，公车可以报销；自家的车有了毛病修理，公家就不管报销了。另外，骑自行车在外奔波，难免碰上雨雪天气。机关的交通员，单位里就给配了雨衣、雨靴。医生绝大多数是在房间里坐诊的，自然不会给他们配备雨衣、雨靴。可力伯畏她们这些保健医生天天出诊，奔波的频繁和持久绝不低于交通员，但她们只能享受普通医生的同等待遇，雨衣是没有的，雨靴也是没有的，要用，就得自己花钱购买。

在实行供给制的情况下，公家除了按规定供给必需的用品外，只发给个人很少一点津贴，力伯畏她们连出诊带药品和注射器材用的包都要自己准备，因此她们这些新中国成立前后即担负党和政府领导人医疗保健工作的医务人员，手里那微薄的津贴，又都还原于公务消费了。

由于笔者的父辈也有着相似的工作环境和经历，所以特别能理解他们那已经与生命融为一体的意识："人都毫无保留地奉献给革命了，更何况组织上发的津贴。"

6 刚进北平初期和新中国刚建立时，还没有以中共领袖们为主要医疗对象的医院／力伯畏她们通过自己的亲属、朋友、老师和同学了解相关医疗专家的情况／中共领导人到医院就诊时，力伯畏她们先到医院等候／有件事让力伯畏深感头疼／在医院就医时，中共领袖们用的是假名，单位填"劳动大学"／周恩来的风趣化解了施今墨的紧张／

力伯畏初做保健工作的时候，她们的主要任务是保障党和国家领导人在健康的状态下工作，随时掌握他们的身体情况，对偶发的一般小毛小病进行诊治，进行常规的保健护理等。一旦发现有什么重症先兆，则要及时报告，协助傅连暲安排有关专家进行诊断或治疗。

早在根据地时期，中共的领袖患病，很难请到国内著名的专家给予诊断治疗。1949 年中共领导机关进入北平后，情况就好多了，可以请到一些在北平的国内知名医疗专家来问诊处治，这使得中共领袖的健康保障和患病后的医治，有了比较好的条件。

但在那个时期，请专家诊断治疗和如今有着很大的不同，因为多数名医和专家都是党外人士，都在各大医院的一线从诊。同时，北平的各个医院还都没有被新的人民政府接管，像北京医院还叫市立北平医院，直到新中国成立后，才由从延安时期就担任中共领袖保健工作的黄树则去接管，改名为北京医院，黄树则也随之成为北京医院的第一任院长。

1950 年 2 月，毛泽东主席为北京医院题写了院名。直到 1953 年 4 月，北京医院才由部队交给中央卫生部，逐渐成为以党和国家领导人为主要医疗对象的高干医院。

然而在这以前，每逢中国共产党的领袖们需要请专家诊治病患，一般都是经过预约，然后领袖们自己到医院去看医生，而不是像后来那样到专门的医院住专门的病房，也不曾组织专家组到领袖住地去诊治。力伯畏说这主要是从领导人的保密和保卫方面来考虑的，因为北平刚解放，对医疗专家们的情况还缺少深层的了解。

当时请专家给党中央领导人看病的大致程序是这样的：军委卫生部认为可行后，力伯畏、何慧德就根据这位领导人的症状，了解相关医疗专家的情况。她们主要是通过自己的亲属、朋友、老师和同学的关系，了解相关医疗专家的医术及个人情况，在哪个医院从医等等。

就了解专家的情况而言，当时很主要的一点，实际就是了解专家的政治立场和态度，是不是有进步倾向，对中国共产党人是不是有敌对情绪等等。为了中共领导人的安全，这方面的工作都进行得非常谨慎。

力伯畏她们找的老师和同学，都是自己在学校期间经过观察认为是有进步倾向的。因为在北平和平解放后的很长时间里，中共党组织和许多党员的身份还是不公开的，有些同学即便是中共党员，但因为没有直接联系，互相也不知道各自的身份。

经过了解，确定可以请某位专家后，力伯畏她们就通过与这位专家比较熟悉的老师或同学介绍，向这位专家打招呼。这种打招呼有时要辗转好几道，先是同学找同学，再是同学找老师，再由老师找专家。最后，力伯畏才能和专家联系上，预约门诊时间。但她并不告知专家被诊人的身份姓名，而且预约的时间，多数是在医院门诊下班之后。

每逢中共领导人到医院就诊，都是由力伯畏她们先到医院等候引导。因为基本上都是在下班之后，所以此刻医院已经关门了。力伯畏她们到医院时，就要在门卫那里填会客证，"如果是我去，我就在会客单上填是去见××大夫，力伯畏等两人。然后就在门卫室等候，领导人来了，我就拿着会客证，带着就诊的领导人去专家的诊室。"

那一段时间里去得比较多的是在王府井帅府园的协和医院。确定就诊时间后，力伯畏总是先行到协和医院门诊大楼前边的台阶那儿等着，远远看见领导人的汽车来了，她就迎过去，带着来人赴诊。如此这般几次以后，医院的门卫都认识了力伯畏，一看见她来了，就知道过一会儿准有坐车的人来看病。

通常预约好后，领导人都能比较准时来赴诊，但偶尔也会碰上领导人突然有

中共第一代领导群体。他们中的许多位都曾在力伯畏的引领下，到医疗权威专家的诊室诊断治疗。

紧急公务需要处理，不能按时到达的情况。碰上这样的情况，力伯畏等候的时间就要拖长。

由于带领导人就诊多数是在下班后，力伯畏站在医院门口等候时，恰逢医生、护士下班回家，一个个从她身边经过，时不时就可能与在此医院从医的同学打个照面，这让力伯畏深感头疼。因为熟人相见，免不了寒暄几句：在哪儿工作？站这儿等谁？来这儿干吗……这些都是不能照实说的，这是铁的纪律，非得编点儿搪塞的说辞应对不可。干这事让力伯畏很为难，但工作需要，又不得不硬着头皮对付。

力伯畏还记得她到中央保健办公室工作不久时，曾陪周恩来到位于西四大红罗厂的北大医院口腔医院就诊。谁都知道，牙齿的病痛非常影响人的正常工作和生活，因而根除牙疾困扰，对政务缠身、日理万机的周恩来来说就尤为急切和重要。力伯畏通过一个在口腔医院当护士的同学，联系上了当时著名的口腔专家、中华医学会口腔科学会的第一任主任朱希涛，预约由他亲自为周恩来进行诊治。随后她陪同周恩来赴诊，医术高超的朱大夫为周恩来解除了牙疾的痛苦。也是通过同学的关系，力伯畏还为李克农安排了心脏方面的检查，给他做了心电图。

50年代初，力伯畏整天就这样背着自己缝制的医药包四处奔波出诊。

这期间中共中央的领袖们到医院问诊治疗，无论是在病历上还是在处方笺上，病人姓名一栏里填写的都是假名。像毛泽东的名字，就沿用的是他在转战陕北时起的假名"李德胜"。而这些领导人的所在单位，则填的是"劳动大学"。

搞中共党史研究的人，都知道"劳动大学"的来历。中共中央领导机关进入北平的初期，驻扎在香山，为了保密起见，这块驻地对外就称"劳动大学"。当时中共领导人在北平的各大医院看病，并不是当时就付医药费，而是以单位计账，一个月结算交付一次。

"结账的事都是我去办理的。"

力伯畏说，"我去了以后，医院方面就拿出一份明细的账单，×××诊治多少多少次，费用多少多少；×××诊治多少多少次，费用多少多少……我核对无误，就把账给结了。"

笔者说："我想领袖们的真实姓名早就印在你们的心里了，这个没有问题；但把他们每个人的假名字都记住，可不是件容易的事。你有没有记不住的时候？例如把某位领导人的假名字忘了，指着账单说怎么把这个人算到我们单位里来啦？"力伯畏笑了，说："哦，这种情况没有发生过。该记住的东西，我们必须记得清清楚楚。"

中国的中医有着悠久的历史，在对一些痼疾顽症的治疗上，往往有独到之处，屡屡收到妙手回春的奇效。故而在力伯畏她们预约为中共领袖们问诊治病的专家中，除了在北平各大医院从医的西医专家外，还包括一些自立门户的著名中医。

当然，这些知名的中医，也是力伯畏她们通过私人的各种关系或渠道联络上的。例如当时蜚声京城的"四大名医"中的肖龙友、施今墨等，另外像知名度很高的针灸大夫叶心清、孙振寰，外科大夫赵炳南，按摩大夫杨青山等，都曾经为中共领袖们切脉问诊开方治疗。这些人在杏林中声望很高，诊治的费用也很高，力伯畏听说"四大名医"在解放前，每位病人的门诊费就要两块大洋。

在这些著名的中医给中共的领袖治疗疾病的过程中，还留下了许多令人感动的佳话：施今墨第一次给周恩来总理看病，已经是新中国成立之后的事了。那时周恩来的形象已经为大众所熟悉，所以请施今墨看病时已没必要隐瞒身份。施今墨知道自己的病人是周恩来，不免有些紧张，号脉开方之后，半天没有说话。周恩来很随和地问："开的什么药？"施今墨对以："保和丸加减。"周恩来听了一笑："原来施老先生的药是要我病好了去保卫和平啊！"周恩来的风趣，一下子就化解了施今墨的紧张情绪，拉近了两人之间的距离。

7

任弼时只能在玉泉山通过收音机来听开国大典的实况转播／专家组中有两位是院士，说明斯大林对中共领袖的健康问题是很重视的／毛泽东提出在敌人未察觉我军情况前，迅速捕捉战机／陈琮英打来电话说任弼时今晨起来后情况不太好／傅连暲遂向毛泽东和中共中央发出任弼时病危通报／

新中国成立初期，在党和国家领导人医疗保健工作过程中发生的一件影响比较大的事，是当时中共中央五大书记之一的任弼时的突然病逝。这件事也给力伯畏留下了比较深的印象。

任弼时的身体状况一直不好，中共中央刚进北平，就于 1949 年 4 月 18 日作出决定：任弼时必须休息。决定当天，他就在主治医生黄树则、保健医生刘佳武陪同下，住进了玉泉山休养所。

5 月，休养中的任弼时病情不仅没有好转，反而趋向恶化，出现了前所未有的昏迷症状。正因为如此，10 月 1 日新中国成立的开国大典，他没能登上天安门城楼，而只好在玉泉山通过收音机来收听隆重盛典的实况转播。

斯大林了解到任弼时的病情后，主动派了一个苏联医疗专家组到中国。在这个医疗专家组中有两位是院士，这说明斯大林对此事是很重视的。其中一位院士很值得一提，他是克里姆林宫医院的内科主任，名叫瓦西林科，后来升任为院长。然而在 1953 年的所谓"反革命医生案"中，他受到牵连被抓了起来，最后不知所终。组员中还有一位神经科大夫叫康诺瓦诺夫。

苏联医疗专家们为任弼时做了认真的检查。在会诊的报告上，苏联医疗专家们写道："……严重的高血压症，脑血管有明显硬化之征，心脏初期机能障碍，肾初期硬化，肝脏肥大，可能引起新陈代谢障碍；并有糖尿病，但尚不严重……"因此，专家们建议任弼时到苏联进行治疗。

在刘佳武等的伴随下，任弼时于 1949 年 12 月初抵达莫斯科，先是在克里姆林宫医院进行了二十多天的治疗，随后转往巴拉维赫疗养院疗养。1950 年春季，任弼时的病情已经恢复得相当不错，原本 240mmHg 的高压降到了 160mmHg，处于基本正常的水平。

新中国成立前后，当别的领导人政务纷繁、旰食宵衣之际，身为中共五大书记之一的任弼时，却始终作为一个病号，成天与医生和药剂打交道，涉足范围不出病房和疗养院，他内心十分苦恼。所以当病情一有所好转，他便急切地要求回到祖国，与战友们一起分担繁忙的政务。

5 月，克里姆林宫医院再次为任弼时做了全面检查，认为他在苏联的医治和疗养已显成效，可以回国适量地参与工作。5 月 28 日，任弼时从苏联回国到北京，他带回了克里姆林宫医院的体检报告。

力伯畏她们的直接领导、中共领袖医疗保健工作的负责人傅连暲，在看了苏方的体检报告后，随即给毛泽东及中共中央拟写了一份有关任弼时病情的报告：

傅连暲在报告中写道："苏联大夫的诊断为：一、高血压，糖尿病。二、心肌营养不全。三、血管硬化。……他们建议：一、自今日起休息两星期（5月29日至6月11日止）。二、每日工作时间总共不得超过四小时。（暗意开始先做二小时）。以后根据病情可以酌量增加。星期日必须休息。三、9月1日仍要到疗养院再休养一月。四、经常要有医生照顾他。弼时仍拟以苏联大夫白祖比克为他的主治医生，我亦同意。"

初回国后的一段时间，任弼时遵照医生建议，每天只是在家"练习工作"，不过二至四小时。然而，眼见新中国诞生初期纷繁的工作头绪，战争、经济、内政、外交……各位领袖都比建国前更为忙碌，特别是6月25日，朝鲜战争爆发，两天后，美国的第七舰队进入台湾海峡，远东局势骤然紧张，任弼时再也无法安于自己置身事外的休养状态，他马上给毛泽东和中共中央写了一封信，要求分担中央的部分工作。

任弼时在信中说："我回抵北京后已近一月，血压尚继续下降中（165左右），身体也觉得坚实一些，因此我觉得还是照医生意见开始每日工作四小时为好……最近几天内，每日看电报、文件及报纸，总共在四小时左右，尚能支持得住，不感觉太疲倦。自然，初期不要过分疲劳，但做点工作如分管组织部和青委我想是可以

任弼时从苏联治病回国，在车站受到家人的迎接。

的。请加考虑。"

毛泽东见任弼时信后，即作批示：同意任弼时意见，试做工作，每日不超过四小时，主管组织部和青委。

恢复工作后的任弼时，根本无法把自己的工作时间限制在四小时内，结果不久就又出现身体不适。9月、10月是原定的休假时间，可当保健大夫们催促他休假时，他却提出等到12月再说。保健大夫们也奈何不得，只好依着他。这一年的10月1日，他还登上了天安门城楼，与其他四位中央书记毛泽东、刘少奇、朱德、周恩来一起，检阅了三军将士及数十万游行群众，这使他未能参加开国大典的遗憾得到了补偿。

朝鲜战争爆发后，美国于7月7日操纵联合国通过紧急决议，组成有十六国参与的"联合国军"，授权"由美国指派司令官"统帅联合国军协助南朝鲜政府军作战。以美军为主的联合国军进入朝鲜，使战局趋于严峻。就在新中国举行国庆典礼的同一天，南朝鲜政府军越过了三八线，朝鲜民主主义共和国首相金日成与朴宪永联名致函毛泽东，请求中国给予军事支援。同日，斯大林也给中共中央发来电报，建议中国出兵朝鲜。

就是否出兵援朝的问题，中共中央接连开会商议相关事宜，有时议题一说开就延续至次日凌晨。任弼时也出席了会议，而且不顾有关部门和保健大夫到睡眠时间就退席的约束，也参与议事拖到午夜。在10月5日的会议上，他发言支持毛泽东出兵朝鲜的主张。这样一来，他的身体再度受到严重伤害，潜伏下病情骤然加剧和突发的危机。

10月8日，中共中央决定组建中国人民志愿军。19日，首批赴朝的中国人民志愿军四个军，分三路进入朝鲜。入朝后的第一仗怎么打、打得如何，事关重大，中共中央为此缜密绸缪。毛泽东提出在敌人未察觉我军情况前，迅速捕捉战机，歼其部分有生力量。彭德怀在一线调度部署，10月25日入朝后的第一次战役打响，至11月5日取得胜利。

就在中国人民志愿军入朝后第一次战役打响的前一天，即10月24日，任弼时白天工作了一天。晚上，他召集有关人员谈论即将召开的全国组织工作会议事宜。入夜以后，他又翻看起秘书拿来的毛泽东有关作战部署的电报，其中有毛泽东亲拟的《关于诱敌深入山地加以围歼》的电文。在转战陕北期间，任弼时曾和毛泽东一起在前委指挥作战，故而对这些关涉入朝第一战的文稿十分重视。

他一边看文稿，一边比对地图，仿佛又回到当年，陷入对战争态势的推演分析思考中……这一夜，他没能休息好，加之近一个时期的过度操劳和费神，使他次日拂晓即感到头疼和不适。因为这种情况以前也发生过，谁都没有预料到这次不适，后来的结局竟会那样严重和不堪。

10月25日早晨五六点钟的时候，正在保健委员会值班的力伯畏突然听到电话铃响。电话是任弼时夫人陈琮英打来的，找傅连暲，说任弼时今晨情况不太好。陈琮英打电话时，任弼时还没出现特别严重的症状，类似早晨起床后感到头疼不适的情况以前也出现过，力伯畏放下电话同傅连暲打了个招呼，就立即骑上自行车，赶往位于景山东街的任弼时家。

"我进屋看见任弼时，他还朝我抬了一下手，我想他是和我打招呼。可是他的手臂刚抬起来，马上就掉下来了，继而话也说不出来了。我知道他的老毛病就是高血压，就赶紧给他量血压，发现他的血压很高。我立即通过电话向傅连暲汇报，傅连暲马上就赶来了。"力伯畏回忆道。

傅连暲发现情况严重，马上请陪任弼时来华的苏联专家过来，同时邀请了几位中国的著名专家前来会诊。苏联专家接到通知后，不久就赶到了；协和医院内科主任张孝骞、内分泌科主任刘士豪，北京医院的心血管专家吴洁也陆续来了；属于中央保健委员会系统的医生则有傅连暲、金茂岳、王鹤滨和力伯畏，他们在任弼时的家中展开了抢救。

随着抢救时间的延续，医生们感觉到任弼时的生命已处于非常危险的状态。傅连暲遂向毛泽东和中共中央发出了任弼时病危的通报。通报说："任弼时同志今早7点发生中风现象，右半身瘫痪（即半身不遂），失语，血压230，脉搏100，大汗，病情严重……"

通报发出后，获悉此讯的一些在北京的中共领导人，来到任弼时家中看望。力伯畏记得来得最早的是北京市委书记彭真，因为有公务在身，他了解了抢救的情况后，又匆匆离去。他走时和力伯畏打了个照面，对她说："有新情况马上告我啊。"

根据那天也在场的时为毛泽东保健大夫的王鹤滨回忆，抢救过程中，中共中央办公厅主任杨尚昆也来了。他听张孝骞综述了专家们的诊断后，悄悄把王鹤滨拉到一边，低声问："鹤滨同志，你看弼时同志的病情怎么样？""病情很严重，脑出血量很大，恐怕不行了。"王鹤滨据实相告。

在任弼时进入深度昏迷之际，卫生部副部长苏井观带着针灸学专家朱琏来了，他们建议对任弼时进行针刺急救。在征得陈琮英同意后，朱琏实施了针刺救治，但未能奏效。事隔 50 年后，王鹤滨分析说，在今天的条件下，如果及时确定出血部位，开颅止血，或许能有一线生机。可在当时的医疗技术和设备条件下，虽然苏联专家和中国的专家们尽了自己的最大努力，但仍难将任弼时从死亡线上拯救回来。他们眼睁睁地看着"患者面部鼓胀的血管陷落了下去，潮红的面部色泽瞬间变成了无血的苍白……"

10 月 27 日中午 12 时 36 分，任弼时与世长辞。他是新中国成立后逝世的第一位党内高级领导人、中共中央书记，所以为他送葬时，毛泽东亲自扶枢，刘少奇、周恩来、朱德等中共最高领袖为之执绋。10 月 30 日，任弼时的追悼大会在北京劳动人民文化宫举行，力伯畏也参加了。

8 傅连暲请苏联专家给中共领导人进行比较全面的体检／苏联的专家们提出，为中共领导人建立病历和健康情况档案／苏联专家为任弼时诊治时，陈琮英把毛岸英叫来当翻译／第二批来华的白祖比克，后来是赫鲁晓夫的保健大夫／为解北京难耐的酷暑，苏联专家们白天就泡在澡盆里看书／

正是为了使任弼时的顽症得到比较好的诊治，苏联的医疗专家组受斯大林委派，在中共中央刚进北平不久就来到了中国。他们都是些医术比较高超的专家，在苏联已是颇具声誉的权威，如前面讲到的第一批专家中就有两位院士。

在第一批来华的医疗专家组中，除克里姆林宫医院的内科主任瓦西林科，神经科大夫康诺瓦诺夫外，还有一位外科大夫玛雅克，一位耳鼻喉科大夫，是位女性，名叫玛尔柯娃，以及一位皮肤科大夫。此外，还有一位女翻译，名叫娜佳。这样，这次来的几位专家涵盖了内科、外科、神经科、耳鼻喉科、皮肤科等多个方面。

有这么多各科专家来到中国，傅连暲觉得这是一个极为难得的医疗机会，应该加以充分利用。这些苏联专家来华后，傅连暲遂安排他们在给任弼时诊断治疗的间歇时间，为中共的其他领导人进行了比较全面的体检，并针对查出的病症提出一些医疗建议。

力伯畏参与了体检的安排工作，她记得当时所有在北平工作的或在此期间来到北平的中共中央委员，都被安排做了体检。在这个体检和诊治过程中，苏联的专家们提出，要为每位接受体检的领导人建立病历和健康情况档案。

　　建立病历和健康档案的工作，主要也是力伯畏做的。她说："当时他们开玩笑，说我的字写得好，就让我'能者多劳'了。"她说虽然她们当时做得更多的是些事务性的工作，但这使她们有了较多的与外国专家接触的机会，同时在医疗保健业务方面也得到了一些有益的指点，增长了见识。

　　第一批来自苏联的专家都不会讲华语，而与他们同来的那位俄文女翻译，又不怎么熟悉医学词汇，不知道在中文中对应的医学词汇是什么。结果他们在给中国领导人看病时，相互沟通起来很不顺畅。

　　为此，力伯畏不得不自学一些俄语，比如一些常用语，特别是一些医学的词汇。她记得苏联专家卡斯明斯基会说英文，在给中共领袖诊治的过程中，如果他们带来的那位俄文翻译不清楚，专家们的见解就常由卡斯明斯基用英语来讲述，使懂英语的中国大夫能明白苏联专家的诊断和意见。第一批来华的苏联医疗专家主要是参加对任弼时的治疗的，但由于翻译的缘故，专家们的意思总有些表达得不够贴切或不太好理解。所以有时苏联专家来为任弼时诊治，他的夫人陈琮英就把毛岸英叫来，请他帮助翻译。

　　毛岸英在苏联生活了九年，他的俄语非常流利，还懂得英语，可以毫无障碍地与苏联专家交流，准确地转达苏联专家的意思。当陈琮英请他时，他就会过来，并

毛泽东的长子毛岸英有时也被任弼时的夫人陈琮英叫来帮助翻译，因为他能比较正确地表达苏联专家的诊断意见。

力伯畏（右）和共事最久的老同学何慧德。

很尽职地为之翻译。

大概是由于新中国建立初期的政务繁忙，党和国家的领袖们夜以继日地工作，精力和体能都处于透支状态，所以苏联医疗专家给中共的领导人们查体后，几乎给每一个人都提出了这样的忠告："注意劳逸结合。"

苏联的医疗专家们还向中央保健委员会提出了一些好的建议，例如要建立党和国家领导人的定期休假制度，在一些自然环境和条件比较好的地方，兴建疗养院。他们这些好的建议，都被中央保健委员会采纳了。后来中央保健局成立时，还专门增设了疗养科，负责中央首长到外地的疗养事宜。

第二批来华的苏联医疗专家有内科大夫白祖比克，他后来担任了赫鲁晓夫的保健大夫。力伯畏记得有一年赫鲁晓夫来中国访问，当时跟随他的保健大夫就是白祖比克。

前两批来华的苏联医疗专家组，都是由卫生部接待的。他们来到北京，最初被安排住在北京医院的七号楼。（后来康生有幻觉幻听，长期在北京医院治疗，住的就是七号楼。）每批医疗专家组来中国的时间长短没有一定，什么时候换班由苏联方面自己决定。

那是新中国成立初期，生活等方面的条件比较差。虽然中央保健委员会对他们做了比较周到的安排，但这些专家在苏联都是知名的权威，比之他们在苏联的生活，在中国的日子就相对要艰苦一些了。

苏联专家们长期生活的莫斯科属于高纬度地区，即使是夏季，气温也高不到哪去。但来到北京过夏天，他们就感到热得受不了。那时连中共领袖们的住所也没有空调设备，苏联专家们的住所也没有降温设备，于是他们就在洗澡盆里灌满凉水，浸在里头降温。白天有时候不出诊，他们就整天泡在澡盆里看书。

笔者记得新中国成立后，中南海里还有一位与医疗保健工作相关的苏联专家，他的名字叫斯乔宾，据说他也是克里姆林宫里的保健医师。他的任务是负责指导中国共产党及共和国领袖们的食品安全卫生工作。

"我听说斯乔宾对他的工作极为尽职尽责，例如他负责中共领袖们的食品安全卫生工作，每有宴会他必提前到现场，戴一副白手套，东摸西摸，发现一点灰尘便不依不饶。在对某些规范的执行上，更到了异常死板的地步。例如，要求所有送给中共领袖们吃的食品都必须化验，不问来源。而当时领袖们的食品供应有专门的生产基地，采取封闭经营的方式，敌特根本没有下毒的机会。因此警卫部门认为可以减少不必要的化验，可斯乔宾不同意，结果时常因此而发生争执。我想知道，斯乔宾是不是属于苏联医疗专家组的成员？如果是，他是随哪批专家们来的？"笔者问。

力伯畏告诉我说，斯乔宾不是中央保健委员会这边的医疗专家组成员。虽然他负责指导中共领袖的食品安全卫生和住所的环境卫生工作，与她们从事的保健工作相关，特别是他还和中央保健委员会的一些工作人员有比较频繁的工作接触，像新中国成立初期担任毛泽东护士的朱宝贵等，对他的做派就深有感触，但他是公安部请来的专家，他也不和中央保健委员会请来的专家住在一起，而是住在公安部里。

第三批苏联医疗专家大约是1955年来的，从这一批开始，就没有什么太有名气的医疗权威了，而且他们是作为北京医院的专家，不再由卫生部和中央保健委员会接待，而是由北京医院接待。力伯畏与他们的关系也不像与第一、第二批那样密切了，还能说得上名字的，有一位内科大夫叫华格拉蒂，还有一位女大夫叫薄柔斯卡娅。

9 每天出诊回来，医务人员都要把出诊情况向傅连暲作汇报／傅连暲向保健大夫们反反复复强调最多的，就是要遵守保密纪律／一看见有人端相机给首长照相，她们就忙不迭地躲闪镜头／首长家的电话、住址，只能记在脑子里，不能写下来／彭德怀说："你着急走什么，我们谈话，你这样的老同志听听有什么关系？"／

中共中央领袖保健工作的制度和规范，是在保健实践的过程中逐渐完善的，必然也会随着时间的推移、情况的变化而有所变化和更改。最初形成的某些规矩，如今可能已经取消了，因而不为人们所知，只有通过那些过来人的追忆，我们才能了解其发展的全过程，了解中共中央领袖保健工作的全貌，并从中得到一些有益的启示。

中央保健委员会的第一任领导傅连暲，对党和国家领导人的医疗保健工作要求很严格，每当有新的医务人员来到中央保健委员会，他都要亲自与之谈话，把特殊纪律和保健工作的基本要求、保健对象的一些基本情况，都交代一遍。

一般出诊回来，医务人员还要把出诊情况向傅连暲作汇报；倘若白天没机会汇报，就在每天晚上向傅连暲作一天出诊情况的汇报。他往往会对汇报加以点评，指出哪件做得对，哪件做得不对。"我们都是在傅连暲的耳提面命下，逐渐熟悉了这种特殊的医疗保健工作的。"

就是通过这种不断的汇报、点评，保健大夫们逐渐积累了中央高层领导保健工作的经验，经整理形成了比较完整的套路。力伯畏把这些整理成文字，继而丰富为健全的制度。再后来，中央保健局成立，力伯畏由中央保健委员会办公室医生组组长，改任中央保健局医疗科副科长。那个向新来的医务人员交代纪律、要求和介绍情况的人，便由傅连暲变成了力伯畏。每当傅连暲抽不出身直接听取汇报时，保健人员就将出诊的情况先向力伯畏反映，再由她转告傅连暲。

保健工作的规矩和纪律，严格而细致，方方面面都涉及到了，有许多是和纯粹的医疗保健专业无涉的。如今在力伯畏的印象里，傅连暲向她们反反复复强调最多的，就是要保守秘密。单是保守秘密这一项，就包括了一系列的不允许。

例如在初始阶段，担任首长医疗保健工作的医务人员，都尽量不写信，更不允许在致亲友的信件中提及自己的工作情况；不允许和与工作无关的人员来往；不允许私自到保健对象家去串门；不允许向保健对象提出解决自己私人问题的请求；原来的保健对象改变后，不允许再私自与之联系等等。因此当力伯畏后来离开保健工作岗位后，从不主动与自己曾经服务过的老首长联系。只是由于彭真、安子文等主动过问了她的情况之后，她才去看望他们。

力伯畏说这样一来，她到保健局后，都不敢和原来的老同学见面了，因为见面时同学难免要问自己目前的情况。原来挺要好的同学，而且是一起搞进步活动的，有的也是共产党员，你支支吾吾，人家以为你故作高深。而力伯畏又生性不会编谎话，可要是实话实说，肯定是犯错误的。这起初曾让她比较难受，因为过去从事进步活动，是要尽可能积极主动地接触更多的人，动员他们一道与国民党当局作斗争，到了中央保健委员会后，要求正好与以前相反。

还有一个不允许，是不允许和首长照相，以免暴露自己的身份。所以跟随首长外出时，一看见有人端相机给首长照相，她们就忙不迭地躲镜头。现在回顾往事，搞纪念活动，组织者常常希望她们提供以前工作时和首长照的照片，她们都难以提供，因为即便有，也是极少极少的几张。不像现在，谁参与哪位首长的医疗保健工作，总有几张和这位首长的合影，参与得多的，更能拿出许多自己与首长的合影来。

对中央保健委员会的医务人员到首长家探视、治疗，傅连暲也作出了一系列的细则要求，首长家的电话、住址，只能记在脑子里，不能写下来；不许问任何与医疗无关的事；在首长家里听到的话，不许对外传播。

在首长家进行探视或治疗时，往往要摊开一些医疗器械，比如采样需要的器皿，比如打针要拿出的注射器、酒精棉、碘酒、药剂等等。摊摆这些物品时，必须离首长的办公桌远远的，不得已要放在首长的办公桌上时，不许看桌上摆放的文稿、文件。力伯畏记得傅连暲就不允许自己的孩子进自己的办公室。

在这方面，傅连暲为中央保健委员会的医务人员作出了很好的表率。一次，他到彭德怀的家中探望。刚谈了一会儿，叶剑英也来到彭德怀家。傅连暲看出，他是来与彭德怀商议军机要务的，就起身告辞。彭德怀说："你着急走什么，我们谈话，你这样的老同志听听有什么关系？"但他还是借故要看别的人，匆忙离开了。

此外，傅连暲还规定中央保健委员会办公室里所有有文字的纸，都不能带出去。有些与工作有关的文字，看完了以后，就要马上烧掉，不能随便扔。每个医务人员自己在办公室用的东西，离开时要锁起来，不得放在外面等等。

连医务人员在首长家的举止、礼貌，傅连暲都注意到了。后来担任刘少奇保健大夫的许佩珉，刚到中央保健委员会时，有一天傅连暲邀他到办公室谈话，傅连暲让他坐下谈，许佩珉一屁股就坐到大沙发里了。

傅连暲见此马上对他说："在我这儿你可以随便坐，但到了首长家，你不能坐大沙发，要坐小沙发。不能仰靠着，要坐直了。"这些看似琐碎的小事情，却关系到保健工作者的修养、礼节和风貌，也会间接地影响到医疗对象的心绪，所以傅连暲总是这样面面俱到，毫不疏漏。

10
接替王鹤滨做毛泽东保健大夫的是曾做过白崇禧的保健医生、曾任延安中央医院外科主任的周泽昭／在当时中共领导层中，夫妻均是中共中央委员的，仅李富春、蔡畅一家／从此，李富春和蔡大姐再见到力伯畏，就管她叫"班长"／

由于中共中央五大书记之一任弼时的英年早逝，引起了中共中央和中央保健委员会对党和国家领导人的健康问题和医疗保健工作的重视，在中共中央办公厅警卫处下新设置了保健科，由延安时期在中央从事医疗保健的徐福静任科长，王鹤滨、王力平任副科长；并为党和国家的最高领袖们每人配备了专门的保健大夫。

中共中央一进北平就被派到毛泽东身边的王鹤滨，继续担任毛泽东的保健大夫，后来他到苏联深造，接替他的是曾做过白崇禧的保健医生、日本投降后到延安任中央医院外科主任的外科专家周泽昭；刘少奇的保健大夫是王力平，继而是顾承敏；周恩来的保健大夫是周尚珏；朱德的保健大夫是翁永庆；保健科长徐福静则兼管陈云的保健工作。此外，给董必武配了王醒大夫；给林伯渠配了李天庆大夫。

为了更好地开展医疗保健业务，除了这些保健医生外，还将周谨、杨全成、朱宝贵、郑淑芸、焦纪壬、张淑明等药务医护人员调到保健科工作。这个保健科设在在中南海内办公的中央办公厅警卫处下，但和警卫处在业务上没有什么关系，而是同中央保健委员会有着更为密切的关系。

为上述几位中共领袖配备的专门的保健大夫，平时追随在领袖身边，日常办公地点仍在中南海内，他们在业务上依然归中央保健委员会领导；而其他党和国家领导人的医疗保健工作，则仍由在弓弦胡同办公的中央保健委员会负责，即由傅连暲领导，由力伯畏、何慧德等人巡诊。

在这期间，力伯畏比较常去的是蔡畅家，当时蔡畅的身体不太好，几乎要天天去为她打针。力伯畏说那个时候，苏联专家在给中国的领袖们检查了身体后，感觉中国的领袖们体质都偏弱，就建议给中国的领导人打葡萄糖，以增加营养，结果保健大夫们就根据苏联专家的建议，老给一些体弱有病的首长进行静脉注射。

蔡畅是中共第七届中央委员会中央书记处副秘书长、第八届中央政治局委员李富春的夫人，她本人则从中共第七届中央委员会始，当选为中共中央委员。在当时的中共领导层中，夫妻均是中共中央委员的，仅此一家。

力伯畏回忆说，当年她们到中央保健委员会，是傅连暲亲自挑选的。后来傅连暲透露，他当时特意多选女毕业生来从事领导人的医疗保健工作，是有他的想法的。一方面担任党和国家领导工作的不光有男同志，还有女同志；一方面许多保健

1961年，力伯畏陪同李富春、蔡畅夫妇到四川。这是那次出行期间蔡畅（坐者左九）在成都接见当地的妇女工作干部。站立者二排右一为力伯畏。

1963年3月力伯畏（前蹲者）随李富春到四川视察工作时在成都留影。

对象的夫人，也是资格很老的干部，兼顾一下她们的医疗保健，对保健对象本人的健康和工作，也是十分有益的。傅连暲长期从事中共领导人的医疗保健工作，对过去担任这项工作的多是男性医务工作者的现状很清楚，然而从医疗保健工作的特点考虑，他觉得女大夫更了解女性的生理特征，她们给女同志看病，能更细微体贴一些，可能会收到更佳的诊治效果。

因此，力伯畏她们来到中央保健委员会后，在为党和国家领导人进行医疗保健的同时，有时也兼顾一下他们夫人的医疗保健。但李富春家与大多数人家不同，他和蔡畅夫妇两人，都是第一批被列入保健对象名单的领导人。

在出诊的过程中，有时有些携带的医疗器具、注射器材等，要在保健对象家中进行现场消毒。当时的消毒手段主要都是高温蒸煮，医生要自带蒸馏水，在专门的消毒盒里煮。

力伯畏说，在蔡畅家通常是用保姆给蔡畅外孙煮奶的电炉蒸煮蒸馏水。进家门时她先打个招呼，进行消毒，消毒完了，晾着，等蔡畅按铃。铃响了，就进卧室趁蔡畅还没起床马上给她打针。

到蔡畅家去的次数多了，力伯畏和李富春、蔡畅就成了熟人。后来有一天，力伯畏去给李富春看病，李富春问她："力大夫，你负责多少人的保健啊？"力伯畏回答说："有十多个人吧。"他说："噢，有一个班的人呐，那你是班长喽。"从那以后，李富春和蔡大姐再见到力伯畏，就管她叫"班长"，弄得搞保健的医务人员都知道力伯畏的这个"别名"了。

在另外一些首长家，消毒医疗器具或注射器材，有时要到厨房的灶上煮。这难免碰上正赶上厨房的大师傅做饭炒菜也要用火的情况，而消毒必须有一定的蒸煮时间，这就容易与首长家的厨师发生矛盾，他们嫌医生占用炉灶的时间长，影响了他们的工作。因此，如何同每位首长身边的工作人员协调好关系，也成为大夫们必备的技能。

11 傅连暲要力伯畏她们先在他的身上练习注射／苏联专家们一再建议给中国的领导人注射葡萄糖／毛泽东常吃的安眠药，傅连暲自己要先吃半瓶，没有问题才把剩下的半瓶给毛泽东吃／王明经常吃一种叫散利痛的进口止疼片／在中央保健委员会小药房取药，有一套严格的程序／

在力伯畏同笔者追忆往事的过程中，有许多让笔者感到非常有意思的细节，虽然说来都很平淡细微琐碎，是在所谓重大历史的回顾中永远都不会被提及的。例如一些在那个岗位工作的保健大夫们都严格恪守、却从未形成文字的规定，一些工作程序，一些自觉的意识……也许正是对这些平淡细微琐碎的执著，才使得新中国成立后党和国家领袖的医疗保健工作过程中，避免了可能发生的所谓重大事件，以至这一段中共及共和国高层的医疗保健史显得有些过于平缓和波澜不惊。

随着时间的推移和社会的发展，许多当年自觉的信条和约束、许多未成文的规

1955年参加"十一"国庆游行前，力伯畏（前右持花者）和中央保健工作委员会的同事们在弓弦胡同2号内整队待发。

范，在渐渐地消逝，有些做法也变得没有必要，不再被提起了。但恰恰是在对待那些细微琐碎的事情上，反映了那一代人的精神面貌、信仰和情操，以及对事业和工作的态度，它们共同构成了那一代共产党人的完整人格。因此笔者觉得很有必要把这些内容都记录下来，否则我们就无法全面地认识那一代人，而对一代人认知的缺失，是不可能也不允许凭空再造和推演的，一旦缺失，那将成为永远无法挽回的历史遗憾。

力伯畏说，在她们初到中央保健委员会当医生的时候，许多事都要医生自己做。譬如打针，在医院里这都是护士的事，可在那时的保健委员会就都是医生的事，外出巡诊不可能带个护士，哪些由自己做，哪些由护士做，分得清清楚楚，这是不可能的。

打针看起来简单，但深究起来，却有静脉注射、皮下注射等诸多技巧和讲究在里面。虽说对一个医生来说，打针并不是什么很难的事情，在医科大学上学和实习时学校也要求学生掌握，但毕竟没有很严格的水准规定，力伯畏当年对此也没有下过太多的工夫。

可是真正到给首长注射时，就不敢马虎而必须精益求精了，所以力伯畏她们到中央保健委员会后，便苦练起打针技术来。为了检查她们的技术是否真正过了关，傅连暲要力伯畏她们在他身上练，直到他认为可以了，才让她们给保健对象注射。这让她们很感动，从傅连暲身上，她们体会到许多从医者应具备的高尚道德，因此她们学起来非常认真投入，技术提高得很快。

力伯畏记得傅连暲认可她的注射技术后，亲自带着她到陈云那里去给陈云打针。他先向陈云作了介绍："力伯畏大夫可以为您打针，我已经亲身领教过了，不错。"

那个时期，力伯畏她们还有一项经常性的注射任务，就是给党和国家领导人注射葡萄糖。因为傅连暲曾请苏联专家组为中共领袖们做过比较全面的体检，发现中共领导人的健康状况普遍不是很好，这是由工作过于紧张、时间超长和营养不良而造成的。故而苏联专家们一再建议给中国的领导人注射葡萄糖，以此来增加他们的营养。结果那一阵子，静脉注射就成为力伯畏她们的惯常工作。

除了打针，在医院由护士做的理疗、护理和保健性按摩等首长保健需要的一些服务项目，力伯畏她们到中央保健委员会后都学了。

学了以后随即就用上了。建国初期，党和国家领导人公务异常繁忙，几乎没有时间为保障体魄的健康做些必要的活动，于是中央保健委员会的医务工作者除了想尽办法动员他们抽出一点时间活动活动外，还决定为他们做保健按摩，以使他们的肌肉、经络得到舒展放松，使血液循环流畅。

这样的按摩一般都是在领导人睡觉前做，但那时的党和国家领导人，从毛泽东起，都在战争中养成了晚睡的习惯，工作到凌晨一两点钟是很正常的情况，时不时就有拖到三四点钟的情况。因此保健工作人员做完按摩后通常要到凌晨两三点钟才能回驻地，碰到特殊的时候，她们就几乎没有什么休息时间了。

即便是完成了每日的保健诊治工作，回到中央保健委员会驻地，许多不属于医生职责范围内的事情，依然也要由医生自己来做。譬如巡诊过程中使用过的医疗器具的消毒，注射器材的消毒，巡诊需要携带的医疗器具、药品的准备等等，都没有专门的人员负责，都得医生自己做。最常用、消耗量比较大的棉花棍，也是医务人员自己捻，然后送到北京医院消毒。

在高温消毒过程中最常用的是蒸馏水，安全卫生的蒸馏水，要到北京医院去灌。因为普通的自来水有水碱等杂质，可能会沉淀在注射器里面。此事并没有规定由谁去做，但工作必需，力伯畏去取了几次以后，就一直由她做下来了。每隔一段时间，她就骑上自行车，驮着个两公升的瓶子，到北京医院灌蒸馏水。既然蒸馏水由她取了，有时候一些消毒的事情，她也就顺便做了。比如用纱布裹上各种医疗器具、注射器材，放在专门的锅里煮。

还有一项早就消失了的工作，是现在的医务和保健工作者根据现今的工作无法想象出来的，那就是尝药。这项工作何时创立，由谁首创，也许已经无可稽考了，但力伯畏她们所知道的最早实践者是傅连暲，她们参与这项工作，也是在傅连暲的带领之下开始的。

早在傅连暲刚进入革命队伍的时候，根据地红军所用的药物，多是傅连暲让他的女儿和女婿到国民党统治区去买的。买回来以后，所有要给中共领导人用的药品，都由负责领导人医疗工作的傅连暲本人先尝一尝，看有没有偏差，是否有人下毒。例如当年毛泽东常吃的安眠药，买回来以后，傅连暲自己要先吃半瓶，看有没有什么副作用，含不含毒。都正常，他才放心把剩下的半瓶给毛泽东吃。

在傅连暲负责中央保健工作时期，他的这种做法被一直保持了下来。力伯畏她们到中央保健委员会的时候，保健对象们用的药，也是到街上的普通药房购买的。那时还没有建立药品检验机构，而且当时街上的药房还都是私人开的，因为还没有公私合营呢。比如，曾经是中共最高领袖的王明，他经常要吃的散利痛（一种进口止疼片），就得到街上的私人药房去给他买。

那是1949年，中国共产党刚刚进北平，而且北平是和平解放的，一些脱离了国民党部队的散兵游勇、国民党的潜伏特务混迹于社会。有关材料记载，据当时中共敌工部门调查统计，在不到100万的北平市人口中，留存有国民党骨干和特工两万余人，平均每80个市民中，就有约两名敌对人员，加之整个社会还未来得及治理，环境非常复杂。在这种背景下，刚刚从街上私人药房里新买回来的药，怎么敢直接给党和国家领导人吃呢。

于是，傅连暲就沿袭自己的老办法，让医务人员先尝药。此时保健的对象多了，用药的量也大了，他一个人尝不过来，就动员部下也参与这项特殊的工作。药片买来了，傅连暲、力伯畏他们先吃；针剂买来了，傅连暲、力伯畏他们先在自己身上注射；许多保健大夫也是如此，自己的保健对象要用的药物，先在自己身上检验，观察几天，确定没有毒，没有问题，再给保健对象们用。小药房的司药们，也参与了这项特殊的工作。

新中国成立前后的一段时间里，中央保健委员会使用的所有药品，都要经过尝药这么一道程序，那时在中央保健委员会工作过的医务工作者，也都因此而有了这么一段不寻常的经历。直到后来北京医院在计苏华院长的领导下建立了药品检验室，他们才不再采用这种比较原始的检验方法了。

中央保健委员会自己建的小药房，就在弓弦胡同力伯畏她们办公的院子里。购买回来的药品，经过检验没有问题后，就存放在这里。所有保健对象的用药，都从这里取。在力伯畏的记忆中，早期在药房工作过的司药，先后有三位，一位是王淑一，另一位是周瑾，她是鲁迅的侄女，后来她调走了，接她班的是朱瑾。再后来，又来了张罩环、郑瑾瑜。

在小药房的工作时间里，必须有两位司药同时在场，如果只有一位司药在，就要再安排一位医生在场。当时对取药的程序有严格的规定。医生给病人开方后，必须先由傅连暲亲自过目检查，他认为没问题，才在药方上签字。大夫或专门的人来取药时，得拿着傅连暲签过字的药方，发药的两位司药要对药方进行互相核对。核对无误，才取出药品，装好用火漆加封，交给取药的人或由大夫带到用药的保健对象家。

小药房要昼夜值班，值班时有一个人就行了。在许多曾经在中央保健委员会值过班的医务工作者印象中，鲁迅的侄女周瑾比较喜欢跳舞，所以夜晚值班比较多的是王淑一。

12 最初几批到中央保健委员会的保健大夫，都是刚毕业的大学生，经过数年实践，才改为从医院调有临床经验的医生／按一声铃是叫力伯畏，按两声是叫何慧德，按三声是叫王通／由于太困倦了，半夜接电话时，她听着听着就睡着了／

力伯畏、何慧德等到中央保健委员会后，每到夏季中专、高校毕业分配的时候，就陆续有新一届毕业生被挑选到中央保健委员会来工作。力伯畏等回忆说，她们那一批，几乎都是从北大医科大学来的，如翁永庆、周尚珏、顾承敏等。此后连

力伯畏与中央保健委员会的领导和同事们。中排：左三卫生部副部长崔义田，左四后任中央保健局局长的史书翰，左五后任中央保健局副局长的黄树则，左六智军；前排：右一曾任中央办公厅警卫局保健处处长的郑学文，右二力伯畏，右三官克。

续两年，医生也都是北大医科大学的毕业生。1953 年，她在大学读书时的同宿舍好友王通，也从北京人民医院调到中央保健委员会，她们又同住在一个屋檐下。

在这以后，调到中央保健委员会的医生，又多来自部队的军医大学，包括第一、第二、第三、第四军医大学，一个大学一个，例如后来成为北京医院副院长的智军和陈曼丽等。

经过一段时间的实践，傅连暲等负责党和国家领袖保健工作的领导们，大概是感到刚毕业的大学生毕竟缺乏临床经验，就不再直接吸收刚刚毕业的医科大学学生了，而是从医院调有临床经验的医生，例如卞志强、钱贻简等，他们来时已经是一些知名医院的医疗骨干了。中央保健委员会的护士，是从各地调的，有上海的、福建的，但以解放军部队的为多。

1954 年中央保健局成立后，具体工作由保健局做，中央保健委员会就悬起来了。新成立的中央保健局设了几个科：有秘书科、行政科、医疗科、疗养科（因苏联专家提出应该有休假制、建立疗养地，故而有此科）、卫生科、会计科。

何慧德被任命为秘书科副科长，力伯畏被任命为医疗科副科长，这两个科都没有科长，她们就是实际负责人。而傅连暲经常直接向她俩派任务，有些事情也直接委托她俩办，所以保健局及相关医务人员，都说她俩是傅连暲的秘书。

人虽然多了起来，但力伯畏她们的工作量却并没见减少。为了保证一旦保健对象出现突发情况时，医务人员能及时得到消息、赶赴现场，中央保健委员会和后来的中央保健局办公室，始终坚持24小时值班。在20世纪50年代，经常在中央保健委员会和后来的中央保健局值班的，就是力伯畏、何慧德、王通三个人。

力伯畏她们的办公室，紧靠在傅连暲办公及其家人居住的内院外面。一般情况下，有关医疗保健事务的电话，都先打到力伯畏她们的办公室，如果是需要傅连暲接的电话，她们就进里院傅连暲办公室的窗户外面叫他接。

傅连暲接电话后，通常都有事向力伯畏她们布置，就按铃招呼她们。在傅连暲的办公桌上，安装了一个电铃，通着力伯畏她们的办公室。傅连暲与她们约定，按一声铃是叫力伯畏，按两声铃是叫何慧德，按三声铃是叫王通。力伯畏说她值班的时候比较多，傅连暲也知道这一情况，所以这个铃响一声的时候居多，这一声铃按起来也省事。

由于经常值班，从方便工作考虑，力伯畏和司药就在办公室侧面、小药房旁边的厢房里支了两张床，以便夜间有人来取药时和司药一起配药。因为中央保健委员会有规定，配药实行两人监配制度。

后来，力伯畏夜里干脆就睡在了办公室里。但睡在办公室里也有在办公室里的麻烦，因为门是从里面锁上的，所以有人来办公室，她们就得起身给来人开门。因为大夫或护士出诊到很晚是经常的事，如果他们有东西要放回办公室，力伯畏她们就得起来开门。

有的大夫或护士夜间被突然叫起来出诊，需要到办公室取一些诊疗用的器械或药物，她们也得起来开门。还有些医务人员是在首长早晨刚起时做治疗，有时会在凌晨五六点钟到办公室取东西，力伯畏她们还得起来开门。这样一折腾，力伯畏她们睡觉的时间就很少很少了，她说她每回忆起那一段时光，印象最深的就是常常感到睡不够、犯困。

傅连暲因长期患有神经衰弱和失眠症，睡觉要靠安眠药。夜晚他吃了安眠药后，再来电话时，如果不是特殊情况，就不转给他，也不叫他了，都是由在办公室值班的人接听。力伯畏说由于太困倦了，她总打瞌睡，有时半夜来电话，她听着听着就睡着了。和她一起住在办公室里的司药王淑一有时醒来发现这种情况，就马上唤醒她说："哎，哎，你那电话怎么接着接着就没声啦？"

力伯畏被叫醒后，已经忘记前边说了些什么了，就赶紧再问一遍，才接着说下去。那一段，夜里来电话是常有的事。这种在工作日 24 小时值班的情况，一直持续了三四年。力伯畏说："当时我们都是单身，也没有男朋友，不谈恋爱，全副精力都投入工作了。"

特别是每逢周末，还是单身的力伯畏更是主动把办公室值班的事情揽了下来，让那些谈恋爱的和已经成立了小家庭的医务人员到对象家会面，或回小家庭与亲人团圆。

随着时间的延续，保健大夫和护士们的年龄都大了，陆续谈恋爱、结婚，有了孩子。但因为这些医务人员的一切都要以首长为轴心，首长外出走到哪儿，他们必须跟到哪儿，而且往往是说走就走了，而且连到哪里、去多久都不知道。所以，中央保健委员会和中央保健局的许多医务工作者的家里都雇了保姆，以便在他们突然离开时，家里有人帮助照应。但走的时候有关自己出行的任何事，都不能和家里讲，也不能写信讲。久而久之，力伯畏她们几乎磨灭了写信的念头。

孩子到了上幼儿园的年龄，赶紧就送去全托，父母每星期只有周末才能和小孩子一起度过。可要是赶上保健大夫们随首长外出了，周末就没人去接孩子了，只好让他们在幼儿园里过星期天。

比如顾承敏在给刘少奇做保健大夫的几年间，因为不能经常和自己的孩子见面，结果孩子不认她，周末别人来接没事，孩子习惯了；而顾承敏自己去接时，孩子就哭闹，不认她。

每遇到这种突然出差的情况，保健工作者们经常会互相帮助，帮助出差或值班的人接孩子或带孩子。比如老护士长王如还是单身的时候，就长年帮助刘少奇的护士宋雅美接孩子，并带她的孩子度周末。

因为说到了宋雅美，力伯畏就讲了一些她的情况："她是一位非常好的同志。本来她已经接到上大学读书的通知了，但当组织上安排她进中南海当护士时，她毫无怨言地接受了组织的安排。后来，查出她有早期风湿病，但她从不休息，一直坚持工作，结果得了心脏病。'文化大革命'以后她仍然带病坚持工作，从未因病影响工作，最后是心脏衰弱去世的。"

13 傅连暲曾被怀疑是奸细，在苏区肃反运动中几乎遭枉杀／过早地束缚自己的青春天性，这实际也是一种很大的付出和牺牲／陈云对力伯畏说："你没来过上海，可以到街上走走……"／傅连暲不以为然，还为此找过周恩来询问／

回忆起几十年前的往事，力伯畏感慨万千，她说她们也不是一下子就适应这项工作的，思想上也经历了一个调整的过程。

力伯畏说她们前几拨都是一毕业就到中央保健委员会工作的，在学校刚学了很多书本知识，正是应该通过多临床，把专业知识用于实践、提高自己的时候。她们的同学进入大医院后，干的都是自己的专业，频繁的临床使他们很快成为所在医院的骨干。

而担任领袖的保健大夫后，更多的是日常保健护理性工作、安排体检等。即使发现病症，也是联系专家来诊治。力伯畏她们几乎就没有通过临床实践提高业务的机会。本来，她们是因为政治可靠、学业拔尖，才被挑选到这里来的，可时间一长，眼看着原来的同学有的都进入了专家的行列，自己的医术却没有什么长足进步，心里难免有点儿不平衡的感觉。

但她们都是党员，入党时就宣誓把自己的一切都交给革命交给党了。既然党把领袖医疗保健的任务交给了她们，她们就逐步把一种意识牢固植根于脑际，这就是：为首长服务就是为人民服务，就是干革命工作，自己的辛劳使首长有更多的时间、更充沛的精力思考大政方针、国计民生，这是有意义的。

在无条件地献身革命事业方面，傅连暲为她们树立了很好的榜样。力伯畏她们刚到中央保健委员会时，傅连暲就曾几次对她们说：干我们这项工作，你们要经得起考验。有些问题弄不清楚，当组织对你怀疑的时候，你要受得起委屈。言外之意是，仅仅对工作不辞劳苦、不计个人得失，那还算不了什么。

力伯畏她们最初对傅连暲的这种告诫并不太理解，认为哪至于那么严重。但后来了解了傅连暲的经历，才知道他的话并没有夸张，那都是他的亲身感受。

傅连暲自 1927 年就开始为中共领导人和红军将领们治病，这其中包括毛泽东、徐特立、陈赓、伍修权等。1928 年，因为他及时地报信，使中共在汀州的地下组织免遭国民党破坏。1933 年，他带着自己的全部家当投奔中央苏区的中心瑞金，创立了中央红色医院，为苏区的救护医疗工作做出了极大的贡献。然而在 1934 年的苏区肃反期间，党内有些人因为傅连暲曾经是基督徒、给国民党将领看过病，将他打成"AB 团"。要不是张闻天直接指示有关人员立即终止整傅连暲，他就可能像他的女儿、女婿以及他带到苏区的几位医生一样，遭到自己人的错杀。这年 10 月，傅连暲毅然抛舍妻子家小，参加了举世闻名的二万五千里长征。但直到 1938 年 9 月，

力伯畏的老领导傅连暲和夫人在自家门前。

他才经毛泽东、陈云证明，获准加入中国共产党。张国焘叛党投蒋后，傅连暲又被怀疑与张国焘有瓜葛，接受审查三个月；而所谓瓜葛，是此前作为边区政府主席的张国焘，曾探视过手术后疗养的傅连暲，傅为此致信张表示感谢。然而，尽管经受了如许冤枉和委屈，傅连暲仍然没有放弃他的追求。

从不适应到逐渐适应，力伯畏还能举出许多亲身经历作例子。譬如，在担任党和国家领导人的医疗保健大夫前，她们都是青年学生，正处在精力充沛、激情荡漾的时期，当年又都是学生运动的积极分子，她们好说、好动，几个人聚在一起，立刻就是一片欢歌笑语。

但她们服务的对象，全都是人过中年，像吴玉章、董必武、林伯渠等，则已在"古来稀"的年纪，是那个时代的老人了。正像力伯畏她们所说，和服务对象在一起，就如同和自己的长辈们在一起。与同龄人在一起时的无拘无束、嘻嘻哈哈、手舞足蹈，都在刻意收敛中消逝了，以致她们的老朋友们都感到，她们有点儿过早地浸染上了几分老气横秋。

过早地束缚自己的青春天性，这实际也是一种很大的付出和牺牲。但比之枪林弹雨中的前赴后继，白色恐怖中的视死如归，这又算得了什么呢？这就是那个时期力伯畏以及她们之前的革命者的思维轨迹。

然而，在回忆以往的时候，力伯畏她们觉得她们是有所失亦有所得。她们得到了第一代领袖们长辈般的关爱，看到了老一代革命家身上的优秀品质以及他们之间的真挚友情。

中南海保健科成立后，住在中南海里的毛泽东、刘少奇、朱德、周恩来四位中共中央书记，都配了专门的保健大夫。住在中南海外面的陈云的保健工作，就交给了力伯畏兼顾。

力伯畏说："陈云待我也像对孩子一样，许多事我没想到，他却很周到地替我着想。例如当他一个人外出的时候，就从不带我去，而总是临时找一位男保健大夫，随他出行。好几次，他带的是许佩珉。后来我明白了，他这是把我当个女孩子来照顾。"

后来有一次，力伯畏听说陈云又要外出，以为他还会带许佩珉走，丝毫没做准备。可突然接到通知说，陈云要她随行。她很纳闷，这回怎么改章程啦？到了陈云那里才知道，原来陈云的夫人于若木这次也和他一起出行。

陈云这次出行是去南方，他知道力伯畏是在北京长大的，就问她："你去过南方吗？"力伯畏说没去过。坐上了南下的火车，当进入南方地界后，每当看到一些北方没有的景物，陈云就立即招呼力伯畏。一会儿说："你看，那是水牛，和北方的黄牛不一样。"一会儿又说："你看，那是南方特有的茅草房子。"——为她指点解说。

那次出行的第一站是上海，陈云在此出生，并在此开始了他的革命生涯，对这里的一切都十分熟悉。刚到住地安顿好，有些闲暇，陈云就对力伯畏说："你没来过上海，可以到街上走走，看看大上海。"

力伯畏约了警卫员走出住地，因为从没到过上海，怕逛街走丢了，就多了个心眼，先认好住所附近的标志。他们记住了住地在霞飞路（现在的淮海路）上，又发现住所附近的一段墙是黑篱笆围的，就把这两点牢牢记住。

这一逛就到了华灯初上，该回去了，他们才发现霞飞路长着呐！而且黑篱笆围墙也是隔一段就有，隔一段就有！这下麻烦了，找不到家了。本来逛街是首长的好意，可这一回不去，又要让首长担心了。他们往返彳亍几趟，最后不敢再耽搁，匆忙雇了一辆车。车夫问了两句后，一会儿就把他们送到了住地。

力伯畏说在领袖及他们的夫人中，对保健大夫关怀到细致入微地步的，是周恩来和邓颖超。每逢中国传统的重要节日，比如中秋节，他们都给医务人员送水果、月饼。当然有些领导人也会送水果点心，但往往是送给那些他们熟悉、为他们服务过或打过交道的医生护士。而邓颖超则还会想到那些从来没有和他们直接接触过的医务工作人员，例如药房的司药等，总是会仔细叮嘱送水果点心时，一定不要落了这些工作人员。

1961年，邓颖超在协和医院做了一次手术，事后为了表示感谢，周恩来夫妇自己出钱，在中南海请参与手术的有关医务人员、卫生部、保健部门和医院领导聚餐。在开列聚餐人员名单时，西花厅的工作人员只列了化验主任的名字，而没有列上化验员的名字。周恩来在审阅时，亲自把化验员的名字加了上去。

在保健对象中，傅连暲与彭德怀的关系特别好，常常到彭德怀家去看望、座谈，彭德怀有时也到弓弦胡同来看傅连暲。他每次来看傅连暲时，都不让汽车直接开到2号院门口，而是停在胡同外边，自己步行进来。

力伯畏第一次见到彭德怀时，还不认识他。那是在冬季，他没有穿高级首长穿的呢子大衣，而是穿着普通布面的军棉袄，但从他走路的样子和气度上，力伯畏觉得他像个首长。当时在门口站岗的警卫战士也不认识他，截住他不让他进。当战士得知这位衣着朴素的长者是彭德怀时，非常内疚和惭愧，但彭老总并没对此表示什么。

后来，力伯畏跟傅连暲去看过彭德怀几次，才逐渐熟悉了这位令全军敬佩的彭老总。力伯畏感觉身为元帅的他和陈云一样，对人态度很和蔼，一点架子也没有。

傅连暲还给力伯畏讲过一些有关彭老总的故事，她至今还记得的是关于彭德怀的帽子的故事。彭老总的脑袋比较大，在第二次国共合作抗日初期，八路军的军装由国民党政府发放。这统一发放的军帽，即使是最大号的，彭德怀依然戴不进去，只好从帽子后面剪条口，他才戴上了。

1959年庐山会议，彭德怀受到批判，回京不久就搬出了中南海，傅连暲依然到吴家花园去看望他。彭德怀怕他受牵连，说："我这里是是非之地，你以后千万不要再来了。"但他不以为然，还为此找过周恩来询问，但周恩来没有正面答复他的询问，只讲了一番抽象的道理。

14 日本共产党领导人德田球一、野坂参三等，也曾经是力伯畏的保健对象／高岗再次自杀，是在他第一次自杀的不同月份的同一天／力伯畏第一反应是不能自己单独前往，而必须再叫上一位压得住阵的医疗专家同行／在翻转高岗的尸体时，发现床上有一颗胶囊／

20世纪50年代初期，中央保健委员会的保健对象数量处于上升的趋势，除了中南海保健科成立后管起了中南海内大部分中共领导人的医疗保健外，不住在中南海的党和国家领导人的医疗保健，就全由中央保健委员会负责。

这些保健对象分属各个系统和部门，有中共中央的，有国家政府的，有军队的，甚至有在华的外宾。开始每位大夫都负责十来个人，工作量普遍比较大，所以那些别的保健大夫管不过来的人，就都由力伯畏负责起来了。

因此，力伯畏曾经负责过的保健对象特别杂，有中共中央的领袖，如陈云；有属于民主党派领袖的国家领导人，如宋庆龄、张澜；有军队的将帅，如林彪、叶剑英、徐向前、聂荣臻等；甚至还有由中共中央联络部接待照顾的外国共产党的领导人，比如当时的日本共产党领导人德田球一、野坂参三等。

中央保健局成立后，力伯畏除了继续负责自己原来的保健对象外，还兼管起对保健大夫的管理工作以及医疗方面的联系。过了一段时间后，才逐渐把一些原来由

宋庆龄赴锡兰访问前与身边的工作人员合影。这是力伯畏（前右一）和她多年的保健对象——中华人民
共和国副主席宋庆龄（前右二）唯一的一次合影。

她负责的保健对象移交给别的保健大夫。

中共中央联络部的保健对象，包括那些外国的共产党领导人，被交给了黄鹏运、邹进、崔文年几位男大夫。军队的几位开国元勋，则由后来任海军后勤部卫生部长的张愈，以及后来成为北京医院副院长的智军、陈曼丽，还有张聚胜等接了过去。力伯畏除了医疗事务联系、保健大夫管理外，主要负责宋庆龄的保健工作。

1954年陈曼丽来时，接管了东交民巷一个大院里的四个楼，住在这四个楼的都是军队领导。他们是罗荣桓、贺龙、陈毅和后来担任最高人民检察院检察长的张鼎丞。再后来，这几位分别有了专任的保健大夫。

由于说到了住在东交民巷的几位开国元勋，不由得让人想起也是住在这条巷子里的另一位曾在中国共产党内风头甚健的人物，他就是1953年趾高气扬进京出任"经济内阁"首辅的高岗。

进京前，高岗身上的头衔还有中华人民共和国中央人民政府副主席、中共中央东北局书记，因为东北的工作由他主持，故而他常住在沈阳，直到1953年才举家搬到了这条巷子里的8号院（这院子曾经是法国驻华使馆）。与高岗前后脚调入北京的，还有邓小平、饶漱石、邓子恢、习仲勋，随之有"五马进京，一马当先"之说。而所谓"一马"，指的就是高岗，可想其受倚重之势。

于是，笔者问力伯畏："高岗来到北京后，他的医疗保健是不是也由你们负责呢？"力伯畏回答说："当然归我们管，我就管过，而且他自杀的时候，我是最早得知消息的医生，也是最早到现场的医生。"

"高岗自杀了两次，第一次他用手枪自杀未遂，第二次是吞安眠药。两次您都到现场了吗？"笔者问。"他第一次用手枪自杀的事，我们当时并不知道，我到现场是他吞食安眠药那次。此前他在党内受到批评的事，我们一点儿都不知道，所以我们对在现场看到的情景，感到很意外。"力伯畏说。

高岗在党内受到批评，源于他个人权力欲望的日趋膨胀，以及由他挑起的党内一系列纷争。随着地位的上升，高岗已经不安于仅仅是中共中央政治局里最年轻的一位委员，而急于拱倒刘少奇、周恩来这两位有着崇高威望的领导人，使自己攀升为中共党内的第二号人物。为此，他在中共地方局书记中秘密游说；在全国财经会议上"批薄（一波）射刘（少奇）"；串通新接任中共中央组织部部长的饶漱石，"新官上任，刚来即斗"；在全国组织工作会议上"讨安（子文）伐刘（少奇）"。高、饶的不正常活动，引起了毛泽东的警惕。他在1953年12月24日的中央政治局会议上指出：北京有两个司令部……这两个司令部，颐年堂门可罗雀，东交民巷8号车水马龙。

1954年2月，在毛泽东的建议下，中共中央召开七届四中全会，对高、饶分裂活动进行了严肃的批判，同时希望他们深刻检讨，幡然悔悟，改正错误。但高岗执迷不悟，于2月17日以自杀抗拒党的批判挽救。由于身边工作人员的警惕和奋力阻止，警卫夺下了高岗手中的枪，其自杀未遂，继而受到党内更深入的揭发批判。

薄一波所著的《若干重大决策与事件的回顾》一书中这样写道："在无可抵赖

的事实面前，高岗仍拒不悔改，自绝于党……"在第一次自杀半年后，高岗再次自杀，此次他服下了偷偷积攒的安眠药，待他身边的工作人员发现时，他实际上已经死亡。这一天是 8 月 17 日，与他第一次自杀是不同月份的同一天。这个日期，是不是高岗的有意选择，只能由人们去猜测了。

力伯畏说 8 月 17 日那一天，她正好在中央保健局的办公室值班，大约 9 点前后，突然接到高岗身边工作人员打来的电话。她并不知道打电话的人究竟是哪一位，她分析可能是高岗的秘书，电话急着要找傅连暲。但当时傅连暲外出了，不在中央保健局，就由力伯畏接听电话。

电话的另一端当时并没有详细讲清楚高岗的情况，只是说高岗出事了，不省人事，可究竟怎么引起的，他们说不清楚，而且他们也确实说不清楚。所以他们请中央保健局的医务人员迅速赶到现场。

力伯畏从电话中感到问题可能比较严重，但她根本无法预料她们曾经的保健对象发生了什么事情。虽然，从高岗受到党内批评、第一次自杀未遂，到这次来电话，已经持续了相当一段时间，但对高、饶的揭发批判，始终是在党内高层进行的，一点也未向广大中共普通党员及中基层干部们透露。

然而，毕竟是为党和国家的高级领导人服务，力伯畏她们还是能先于一般干部和党员耳闻一些比较可靠的消息。得知高、饶可能出了什么问题，但不该问的不问，一直是她们恪守的规范，所以她们对高岗到底为什么受到批评，他的问题有多严重，具体情节，从未深问，也不清楚。而且只要她们没有接到关于把某某人从中央保健局保健对象名单上划掉的通知，就依然要像以往一样，对之提供医疗保健服务。

高、饶在受到批判以后，他们的医疗保健工作还一直是中央保健局负责。力伯畏至今还记得饶漱石的身体好像一直不太好，他到北京以后，基本上没有中断过医治，力伯畏还参加过对他的会诊，他还一度住在颐和园内疗养。

正是基于得悉点滴风闻、又不全然清晰的状态，力伯畏听到来自高岗身边工作人员那里的告急电话，第一反应是不能自己单独前往，而必须再叫上一位压得住阵的医疗专家同赴现场。

她随即拨通了当时北京医院院长计苏华的电话，对他说："高岗那里出事了，要我们去人。我们这边的车一会儿就到，接您一起去高岗家。"也许计苏华也听说了有关的情况，因此他准备了一套洗胃的设备。

第一个赶到高岗自杀现场的医务工作者力伯畏。

给计苏华打完电话，力伯畏又给在京的苏联医疗专家打了电话，请他们也尽快赶到高岗家。按规定，凡是重要领导人身体出了问题，在中央保健局布置抢救的同时，都通知苏联专家到场，以便有问题及时咨询请教。

两个电话打完后，力伯畏要了一辆车，从弓弦胡同出发，先到北京医院接上计苏华，并把洗胃设备搬到车上。随后，就朝东交民巷8号院疾驶而去。

北京医院距离东交民巷并不远，很快就到了。力伯畏和计苏华下车就直奔高岗的卧室。到现场一看，高岗已经死亡，再进行任何抢救都没有意义和必要了，所以尽管力伯畏他们带来了洗胃设备，却没有派上用场。

很快，苏联专家也赶到了，力伯畏说她印象中当时到高岗家的苏联专家是白祖比克。苏联专家到来后，才把高岗的身体翻了过来。在翻转的时候，他们发现床上有一颗胶囊，大概是高岗在吞咽时散落到旁边的。通过这颗胶囊，医生们才得出高岗是吞服了安眠药的判断。

按以往的规定，高岗的秘书随即通过电话向中央办公厅同时也是中央保健委员会的负责人作了有关情况的汇报。在力伯畏的印象中，后来好像当时公安部保卫方面的苏联专家也来到了现场。

据高岗的秘书赵家梁回忆，11 点左右来到高岗家的中央有关部门负责人，有政务院秘书长习仲勋，中共中央组织部副部长马明方，公安部副部长徐子荣。此时，中央保健局的医务人员已经没什么事好做了，便收拾好带来的东西，离开了高岗的家。

高岗虽于 1954 年 8 月 17 日吞服安眠药自杀身亡，但中共中央直到 1955 年 3 月召开全国代表大会时，才由邓小平代表中央作了《关于高岗、饶漱石反党联盟的报告》，并于会上通过了《关于高岗、饶漱石反党联盟决议》，力伯畏也是到了此刻，才比较清楚地知道高岗究竟出了什么问题。

15 林彪的床就在卧室的中间，周围吊着许多白纸条／一见面林彪就问："什么食物是酸性的，什么食物是碱性的？"／力伯畏向林彪家的大师傅交代，每天给林彪熬菜汤喝／叶群突然给傅连暲打电话，说以后不要让力大夫到毛家湾来了／

在力伯畏服务过的保健对象中，军队的将帅也不算少，只是管的时间不太长，就移交给了其他的大夫。例如中国的十位元帅，除了朱德，她都负责过。而且对这些军队保健对象中的林彪，还留下了比较深的印象。力伯畏去林彪家的时候，他家已经住在了西皇城根北边的毛家湾。

笔者曾听中共中央进北平后担任毛泽东保健大夫的王鹤滨说，他有一次受毛泽东委派，去毛家湾看过林彪。他进到林彪的卧室里，发现挂了好多白纸条。后来才得知是因为林彪怕风，挂白纸条是通过看纸条动不动，辨别有风没风及风向的。笔者讲述了这个情况，并问力伯畏去林彪那里时，是不是也看到这样的情景。

"对，他的床就在卧室的中间，周围吊着纸条。给他看病时，他全身都盖着，只把手伸在外面，让医生把脉。这是因为他怕风怕光。"力伯畏还告诉笔者，医生为林彪诊断时，往往和他说不上一句两句话，要更详细地了解林彪的身体情况或病情，都是到叶群的房间，向叶群询问。

当年为林彪做过诊断和治疗的医务人员，都知道一些发生在林彪家中而不为外间了解的古怪现象，诸如林彪和叶群各住自己的房间，有什么事情不怎么当面交流，而是互相递纸条，据说是怕有病互相传染等等。

力伯畏最初几次去林彪家，都是和专家一起去的，后来才单独去。去了一段时间后，她逐渐对林彪有了一些感性认识，甚至还从林彪那里学到了一些自然科学知识。

林彪喜欢读书，而且注重从书本上汲取知识。特别是当他从书中发现一些与他的认识相一致的观点时，更有一种近乎偏执的笃信和恪守。他不知是受什么启示，也不知是怎么得出了这样的结论，就是他的体质只适合吃酸性的食物，而不适合吃碱性的食物，所以他提出自己以后只能吃酸性的食物。

当力伯畏听说这一情况，感到很新奇。心说我学医出身，只知道中医里对食物有热、寒之分，还从没听说有酸、碱之分。因为在自己过去看过的相关书本里没有这方面的阐述，她还真不知道怎么分别酸、碱食物。

有一天，林彪打电话到中央保健委员会，说要力大夫到他家去。因为他点了名，过去总陪力伯畏去林彪家的傅连暲就没有一起去。力伯畏到了毛家湾，林彪一见面就问力伯畏："什么食物是酸性的，什么食物是碱性的？"力伯畏真不知道，就如实相告。

林彪听后，很平和地对力伯畏说："槟子是酸性的，沙果是碱性的。所以我可以吃槟子，不能吃沙果。"他一边说着，还把一本书找出来，翻给力伯畏看。力伯畏说，她看了林彪的这本书后，觉得对保健工作有用，自己也很想买一本。她利用工作之余，几次到书店寻找相关的书籍，可寻觅了许久，也没能买到。

在回忆此事时力伯畏说，要不是林彪，她这辈子也许真长不了这个见识。这两种水果吃起来都有点酸，长相又非常相近，可居然一种是酸性的，一种是碱性的。

林彪读的书不算少，特别是20世纪30年代初，他部下的一个连队因为缺乏中医知识，闹了个喝人参汤流鼻血的大笑话，这勾起了他对中医的浓厚兴趣，他陆续收集了不少中医中药方面的书籍，在作战间隙阅读，并具备了相当高的中医中药水平。据说战争时期和解放初期，林彪曾开中药方治好过自己部队战士中出现的小毛小病，还曾给自己开方医病。

但是，林彪读书也有一些实用主义的倾向，当他脑子里先有了一些意念和想法时，就到书本中去找根据和相关的论述。例如认为自己适于吃酸性食物，不适于碱性食物，以及自己不能吃蔬菜等，而且他一旦形成了某种意念，还特别固执。对此，力伯畏也是深有体会。

自从林彪坚信他不宜吃蔬菜后，就坚拒吃蔬菜。国内和苏联的医学专家了解到这一情况后，都认为这种做法是缺乏科学依据的，长此以往会影响他的健康，因为这样将无法摄取人体必需的营养，所以必须改变这种状况，让林彪吃蔬菜。

当劝说无效后，专家们就让力伯畏向林彪家的大师傅作交代，每天给林彪熬菜汤喝，但并不告诉林彪喝的是菜汤，力伯畏还记得提出这一建议的专家之一是协和医院的张孝骞大夫。

这样做了一段后的一天，力伯畏又去林彪家，当她到厨房了解有关情况时，正赶上大师傅在给林彪熬菜汤。力伯畏看大师傅是把整个菜叶子放在锅里煮，就告诉他说这样煮效果不好，营养不容易煮出来，建议大师傅把菜切一切再煮，大师傅二话没说就照她的话做了。

谁知过了几天，力伯畏突然听说叶群给傅连暲打了电话，告知说首长说了，以后不要让力大夫到毛家湾来了。力伯畏闻此一时摸不着头脑，这究竟是怎么了？

傅连暲最初也不清楚林家为何突然提出这样的要求，后来他不经意中向叶群询问究竟是怎么回事，叶群才把来龙去脉说了出来：原来是有一天大师傅给林彪熬汤，切碎的菜叶子没捞干净，林彪喝汤时看见了碎菜叶子。这下露馅儿了，林彪穷追不舍地诘问是怎么回事，家里隐瞒不过去了，只好说是力大夫吩咐让熬菜汤给他喝。

一般出了这样的问题，起码要算医务人员的工作失误。不过力伯畏还算幸运，因为叶群并没有因此提出追究谁的责任；中央保健委员会的领导也没因此而批评力伯畏。对力伯畏来说，不再担负林彪的保健工作，反而是一种解脱，因为她觉得去林彪家总怀着几分忐忑拘谨，不似去其他大多数领导家那样让人感到亲切自然。

16 保健医务工作者最忙碌的时刻／力伯畏负责来自社会主义阵营的共产党、工人党、劳动党代表团的医疗保健／女医务工作者们被事先提醒要穿漂亮一点／来自资本主义国家的党派领导人都轻车简从，为人平易随和／

每当召开有中国共产党或国家最高领导人参加的全国性的重要会议期间，通常也是中央保健委员会及后来的中央保健局的医务工作者们最忙碌的时刻。他们会前就要组成保健组，进行相关的准备工作；会议期间，每位保健大夫负责的保健对象，要比平时多许多。

给力伯畏留下较多记忆的重大会议之一，是1956年9月在北京举行的中国共产党第八次全国代表大会。在这个为期13天的大会上，来自国内的党员代表达到了1026人。同时，这次会议还邀请了来自世界五十多个国家的共产党、工人党、劳动党及人民革命党的代表列席。此外，列席会议的，还有国内和来自外国的各民主党派、无党派人士。

为了保障上述所有出席和列席会议人士的医疗保健，成立了以中央保健局的医务工作人员为主的会议卫生组。力伯畏任卫生组的组长，组员都是卫生部从全国各地抽调来的。与会的代表分几个部分，力伯畏主要负责来自社会主义阵营的共产党、工人党、劳动党代表团的医疗保健，这些代表团大都住在京西新六所。

力伯畏的老校友、1953年调到中央保健委员会的王通，是来自资本主义国家的共产党、工人党、劳动党及人民革命党代表团医疗保健工作的负责人，这些代表都住在北京饭店，王通等医务人员也就常住这里。而国内代表们的医疗保健工作负责人是李生林大夫，他们和大多数国内代表们都住在城南虎坊桥的前门饭店。

还处在中苏友好蜜月期的苏联共产党，派出了以苏共中央主席团委员、苏联部长会议第一副主席米高扬为团长的代表团。其他友好国家的执政党代表团，也多是由最高层的领导人任团长。

那次会议期间给力伯畏他们这些中国保健大夫留下比较深刻印象的，是西班牙共产党领袖伊巴露丽。她是国际共产主义运动中的老资格，始终保持着旺盛的斗争精力。

由于那次会议邀请了众多来自世界各国的共产党、工人党、劳动党、人民革命党以及各民主党派、无党派人士列席，所以力伯畏她们这些为会议服务的女医务工作者，被事先提醒要穿漂亮一点，必须穿裙子，组织上还发出号召：女同志不要只穿蓝色的衣服，要穿花衣服。

力伯畏说她和王通以往从未穿过色彩鲜艳一些的裙子。为此，她们赶紧上街买布料，做了旗袍和裙子。还有的同事为了按照领导的要求把自己打扮得漂亮一些，找朋友或熟人借了半高跟的皮鞋，结果由于穿着不习惯，走起路来感觉很别扭。

会议期间，举行过几次盛大的宴会，招待出席会议的代表和嘉宾。那时人民大会堂还没有建成，高级别的宴会，都是在北京饭店举行的。

每逢这种宴会开宴前，负责公共卫生的医护人员和负责会议的保健大夫们都会被召到北京饭店，到厨房里先把宴会上的菜尝一遍，以确保领袖和嘉宾们的绝对安全。当然，力伯畏她们对此已经是习以为常了，从新中国成立初始，凡是有领袖出席的、公开场合的大型宴会，她们事先都会被请到场，做同样的工作。

力伯畏难得穿一次色彩稍微鲜艳些的衣着。

　　笔者问起那次会议有没有医疗保健方面的重要或突发事情时，力伯畏说没有，13 天平平安安的就过去了。但要说起当时的感觉，力伯畏说，来自社会主义阵营的执政党代表团都比较大，且走到哪儿都前呼后拥，其领导人都器宇轩昂，大有"天下者我们的天下，国家者我们的国家"的气概；而来自资本主义国家的共产党、工人党的代表团规模则很小，其领导人都是轻车简从，为人也比较平易随和。

　　这种从表面即可看出的差异，大概和这些来自不同国家的党派在其国内的地位处境有关。社会主义阵营内各国的共产党、工人党、劳动党及人民革命党，都是国内的第一大党，又是执政党，是国家的主人；而来自资本主义国家的共产党、工人党、劳动党及人民革命党，在其国内则为在野党或反对党，甚至处于秘密活动的状态，还在为争取平等的生存环境和权利作斗争。

17 外国共产党领导人，最初在中国都处于秘密状态，不公开活动，有的甚至使用的是假名字／缅甸共产党领导人柯生得知力伯畏的祖籍在福建，就对她说："我们是亲戚。"／日本共产党领袖德田球一看比赛回家后突然觉得头疼／越南劳动党中央委员会主席胡志明常到中国广东从化，通过泡温泉疗养腿疾／

因为说到了中共第八次全国代表大会上为外国共产党领导人提供医疗保健服务，我们的话题遂转到了对中央保健委员会和后来的中央保健局的大夫，为外国的党派领袖和友好国家的元首提供医疗保健服务的往事的追溯。

苏联在"十月革命"成功后，曾容留了许多来自世界各地的尚未取得斗争胜利的各国共产党人，中国也一样，新中国成立后，一些外国的、特别是亚洲各国的共产党人，由于受到本国当局者的迫害或追捕，来到中国暂避一时。这种情况，是那个时代国际共产主义运动特定背景下产生的，斗转星移，如今这种情况早已不存在了。

当年这些外国共产党人来到中国后，都由中共中央联络部负责接待，负责他们的衣食住行以及病患的医治。这些人大多数在其本国都是党的高层领导人，与中国共产党也有着比较密切的关系，有的还与中共的一些高层领导人建立起了深厚的情谊。

在中国居住得比较久的外国共产党领导人并不多，他们享受与中国共产党领导人同样的医疗保健待遇，也都由中央保健委员会负责。而根据中央保健委员会内的分工，负责这部分人的医疗保健工作的，最初就是力伯畏。

由于负责这部分外国共产党领导人的医疗保健工作，力伯畏时常与中共中央联络部内具体负责接待他们的外国处打交道。这些与中国共产党有着比较密切关系的外国共产党领导人，最初在中国都处于秘密状态，不公开活动，有的甚至使用的是假名字。

例如有一位缅甸共产党的领导人，他在中国使用的名字叫柯生，因为身体状况不是很好，长期住在中国治疗。力伯畏和他有着较长时间的接触，但始终不知道他的真实姓名。后来他们的关系已经很熟了，但受纪律的约束，力伯畏也从来没有打听过他的真实姓名。

力伯畏说柯生当年的住所就在靠近西皇城根北口的毛家湾，就是后来林彪的寓所，而此刻林彪的家还没迁进北京。力伯畏多次参加了对柯生的治疗，闲聊中他得知力伯畏的祖籍在福建，就对她说："我们是亲戚。"力伯畏听他这么一说感到奇怪，这位外国人怎么和她成了亲戚。柯生接着说："我的祖先也是福建人。"

在中共中央联络部接待的外国共产党领导人中，还有来自日本的共产党领袖德田球一和野坂参三。德田球一的身体状况也不是很好。力伯畏记得，有一次德田球一到体育场看了一场运动会，回到家里后突然觉得头疼，就打电话请力伯畏过去。

力伯畏随即赶到德田球一的住所，因为一直负责德田球一的医疗保健，她知道他有高血压的毛病。她到后就先给他量血压，发现他血压并不太高。力伯畏又让他各肢体动一动，做了神经科方面的检查，发现他的右手不如左手灵。力伯畏遂马上将检查出的症状向傅连暲汇报，认为德田球一有脑出血的可能。德田球一随即被送进北京医院住院治疗，由赵夷年、李生林大夫负责，直到他逝世。

德田球一和野坂参三当年都住在毛家湾，一般他们有什么不适，都是打电话到中央保健委员会，力伯畏就到他们的住所去看；如果在他们的住所诊治不了，就带他们到北京医院住院治疗。

这些外国的共产党领导人常住在北京，但中共中央联络部也会安排他们在北京的郊区或中国的国内走动。每当他们外出时，中央保健委员会就会派医务人员陪伴

1956年，中共"八大"期间，力伯畏（站立前排右三）与负责中央联络部邀请贵宾医疗保健工作小组的成员们，在驻地新六所院内留影。

他们。力伯畏没有陪他们去过外地，但曾陪他们在北京郊外游览散步。

有一次，力伯畏陪德田球一去香山。登到山腰，已可以眺望附近的山丘。当时北京郊外的山丘绿化得不太好，光秃秃的，满眼的石头和裸露的土。德田球一就问力伯畏："你们中国的山怎么尽是荒山啊？"随后又说："应该多植些树。"

力伯畏记得，在20世纪五六十年代，柬埔寨的共产党领袖也曾来到中国做过诊断治疗，例如波尔布特。他当时虽然还很年轻，却患有心脏病。

此外，越南劳动党中央委员会主席胡志明、朝鲜民主主义人民共和国首相金日成等社会主义国家的党政领袖，也曾来中国治病或疗养。他们在华期间的医疗保健工作，也由中央保健委员会或中央保健局管。

到中国治疗疗养次数比较多的有越南劳动党中央委员会主席胡志明。他在20世纪40年代从事革命活动时，曾在中国广西被国民党当局逮捕，在监狱拘押了一年多，结果严重地损害了他的身体健康，特别是他的两条腿，出狱时几近瘫痪，从此他常受腿疾的困扰。

新中国成立后，胡志明曾几度来中国疗养他的腿疾。多数情况下，他是在中国广东的从化疗养，因为那里有温泉，泡温泉对腿疾有一定的疗效。中国方面还曾派中医大夫孙振寰，用艾灸、点穴按摩等方法，为胡志明治疗腿疾。

胡志明在中国广东从化疗养时，在温泉游泳池内游泳。

像胡志明、金日成这些社会主义国家的党政首脑来中国治病疗养，一般都自带医疗保健大夫，但中国方面还会为他们配保健大夫作陪同。依据这些领袖的病症，需要请哪些专家会诊医治，都由中央保健委员会和后来的中央保健局给安排；需要用什么药品，也由他们提供。相应的有关事宜，中国的卫生部部长都亲自过问，中央保健委员会和后来的中央保健局有什么事，也都向卫生部部长汇报。

18 第一个供新中国党政军高层领导人疗养的区域在山东青岛／1954 年前，只有朱德、陈云到过北戴河作短暂休息／力伯畏一个人住一间大厅，睡觉时用沙发将门顶住／从北京去北戴河时，还要带上自己的自行车／绘制别墅区最佳出诊路线图／

陪同党和国家领导人到疗养地疗养，也是中央保健委员会和后来的中央保健局医务人员的一项常规性工作。

现在的人们都知道，最负盛名的中国党和国家领导人的度假疗养地，是在河北省与辽宁省交界处的北戴河。北戴河的开发始于"戊戌变法"那一年，当时在中国北方开矿和传教的外国人，首先看中了这片倚山凭海、凉爽湿润的度假胜地，来此初兴土木。待气候规模渐成，又吸引了中国的达官显宦，形成别墅群落。虽说自 1949 年 3 月，中共中央组织部有关部门就陆续接收了这里的别墅，但将其作为新中国党政高层领导度假疗养地来规划整治建设，则是 1953 年以后才运作。

订立国家党政高层领导人的休假、疗养制度，是来华的苏联专家首先提出来的。他们觉得新中国的党政领导人普遍操劳过度，存在健康隐患，应该效仿苏联的国家领导人的休假、疗养制度，注意劳逸结合。

中方接受了苏联专家的建议，首先选择在山东省的青岛海湾，建立第一个供新中国党政军高层领导人疗养的区域。中央保健委员会副主任傅连暲，指派了北京医院的一位大夫，和刚刚调来的王通，赴青岛开展创建工作。与他们同行的，还有一位苏联专家内科大夫薄柔斯卡娅。

王通他们到青岛后，接管了青岛市区南边濒海的太平角和汇泉角的别墅区，建立起新中国第一个高级干部疗养院。直到疗养院的工作基本走上正轨，青岛市卫生局的孙局长被任命为疗养院院长之后，王通他们才离开。

北戴河中国党政高层领导暑期办公度假疗养地的整治建设，几乎与青岛疗养院的创建同时开始，直到 1954 年夏，毛泽东等较多的新中国的党政领袖，才于暑期前往那里。也是在那一年，中央保健委员会才开始在北戴河设立医疗点并派驻医务人员。在此之前，只有朱德、陈云等极少数中共高层领导人单独到那里作过短暂休息。

力伯畏第一次去北戴河，就是在 1953 年跟随陈云去的。那一年去北戴河的还有朱德，陪同朱德的是他的保健大夫翁永庆。当时那片区域还被称作中共中央直属机关北戴河疗养院，有不少干部夏季到这里疗养，但罕有党和国家的高层领导人。

1954 年前，中共中央直属机关北戴河疗养院的工作人员也不多，各种配套设施也很不完备。力伯畏记得她和陈云去的那次，晚上就她一个人单独住在一间大厅里，门也没有从里面上的锁，睡觉时就把大厅里的沙发挪过去将门顶住。白天吃饭是到疗养院里的工作人员食堂去打饭，那盛饭的大木桶让她至今难忘。

建立医疗点以后，保健大夫们在北戴河就不孤单了，他们随着众多党政军领导人一同来到这里。因为中央保健局的门诊部最初就设在海边，在这里值班的医务人员，经常可以看到党政军领导人在海边散步。

力伯畏说刘少奇和王光美来海边散步比较多，所以常在不经意间就碰上了。但在没有医疗保健服务的情况下，医务人员远远看到领导人走过来，就会主动避开，或从旁边绕行。但许多领导人看见熟悉的医务人员，往往会主动同他们打招呼。于是，力伯畏就会经常听到刘少奇、王光美"力大夫，力大夫"的招呼。

"最常和我们打招呼的是王光美，因为她的妹妹王光中、王光正和我在中学时是同学，她的另一位妹妹王光和，也是我们北大医学院的同学，学的是牙科，比我低两年，和王通是同学。但因为搞学生运动时我们都在一起，所以比较早就认识了。"力伯畏说。

北戴河新中国党和国家高层领导人暑期工作疗养区，主要是由接收的旧私人别墅构成，这些别墅分布在从海滨到联峰山间方圆三平方公里的范围内。医疗点的保健大夫们要为分住在各别墅的领导人服务，免不了四处奔波。为了往返便捷，他们从北京来时，还要带上自行车。

另外，原先私人别墅的分布是无规则的，别墅与别墅之间路径曲回，虽然管理者为之编了号，但初来乍到的人根本摸不清。因此，力伯畏他们到这里的第一件事就是先骑着车去踩点、认路，然后绘制了一张别墅区的地图，标好各家的位置，谁的家在哪个分岔口往哪儿拐，并勾勒出了一条最佳出诊路线。

19 中央保健局安排力伯畏担任林伯渠的保健大夫／力伯畏在中南海新居的突出特点就是窗户共有 48 块玻璃／周恩来亲自参加林伯渠病案讨论会，建议改用中医方法救治／林伯渠又几次说右胸这边疼，这引起了力伯畏的警惕／

据力伯畏回忆，大约是在 1956 年，她听说毛泽东出于对保健工作的不满意，曾在一个批示上提出解散中央保健局。在这个批示里，毛泽东还指出保健局把专科的医生变成了没有专科的医生……此消息不知是否确切，但就在那一年里，许多从事领导保健工作的大夫，陆续被送到大医院学习深造，力伯畏也被安排去了协和医院。

力伯畏从大学一毕业就干保健工作，她觉得这七年有余的经历，已使她掌握了党和国家领导人的常见病症的诊断治疗，一般的病她也都能予以诊断，但由于大量的工作是家访、小伤小病的治疗及重症的早期发现，一旦发现重症后立即送医院，以后的治疗保健大夫基本不参与，因此没有时间也没有条件具备专科专长，有人曾开玩笑说保健大夫是万金油大夫。

因此，力伯畏还是很珍惜这个学习机会的。在协和医院，日常带力伯畏的是大学老师黄宛，他已经是心血管科的专家了，导师是著名的老专家张孝骞。看着当年的同学，经过七年临床实践如今已然成为某科的讲师；而力伯畏她们也勤恳奉献了七年，如今却跟着当年的同学从头当实习大夫。

这对有些人而言，内心可能会难以承受，感觉不平衡，但力伯畏她们没有怨言，为领袖服务，是党交给的任务，她们完成得很出色，没有虚度年华。她们心里很平静，哪怕是跟着当年学业可能还不如自己的同学，她们依然认真地从头学起，像刚毕业的学生一样，提溜着医用的篮子，给带班大夫报病历：白血球多少，红血球多少，规规矩矩，一丝不苟……

这样的学习延续了一年多，力伯畏觉得这对自己医术的提高大有助益，同时她还成为协和医院党支部的组织委员。她自信再有数年的历练，她仍可能追赶上同学进步的步履，有希望成为术有专长的医疗骨干和专家。例如当时和她在一起的住院医生陈在嘉，经黄宛教授同意留在协和医院工作，后来就成为非常有名的中央领导人医疗专家组组长。

然而，到了 1958 年，中央保健局的领导突然找力伯畏去谈话，对她说：中共中央政治局委员、人大常委会副委员长林伯渠年纪大了，而他的保健大夫有了其他的任务，现在组织上决定由你去做他的保健大夫，并担任中南海保健组的副组长。

因为当时林伯渠住在中南海北部的福禄居，故而力伯畏就离开了她工作多年的弓弦胡同，把家搬进了中南海。力伯畏进"海"后的新居，在中南海中部的东八所，她说她清楚地记得新居的窗户共有 48 块玻璃，因此这间房子原来大概是花房。此后，每逢打扫卫生，擦这 48 块玻璃就成为艰巨的任务。

林伯渠出生于 1886 年，早在辛亥革命时期就参加了孙中山领导的同盟会，出任过孙中山大元帅府的参议。1921 年，他由李大钊、陈独秀介绍加入中国共产党，参加过二万五千里长征，是在党内非常受尊敬的"延安五老"之一。

力伯畏被派到他身边的时候，他已是七十多岁的老人，身体状态还可以，但经常咳嗽。力伯畏回忆，在担任林伯渠保健大夫那一年多的时间里，感觉林伯渠特别笃信中医，他有病一般都是请中医来诊治。

笔者得知在 20 世纪 50 年代中期力伯畏任林伯渠保健大夫前，林伯渠曾染重症

力伯畏（左一）和林伯渠夫妇等在十三陵水库。

179

呃逆月余不止，病情十分危重，西医治疗效果不理想。结果周恩来亲自参加了林伯渠病案的讨论会，在会上他建议改用中医方法救治，责成以章次公为首组成抢救小组。章次公用大剂野山人参，并亲自煎煮治疗，使呃逆很快被控制，病情日渐平稳。不知林伯渠笃信中医，是否与此次经历有关。

年逾古稀的林伯渠，工作依然十分投入和忘我，因此一再由于过度操劳而致病。经常被请来为晚年林伯渠问诊治疗的中医，有号称京城"四大名医"之一的施今墨，有1955年从成都调到北京中医研究院广安门医院的著名老中医蒲辅周。蒲辅周长于内科，他为林伯渠诊治的次数更多一些。

有一段时间，林伯渠咳嗽不断，一直是当肺部的炎症来治疗的。一天，他咳嗽加重并感觉胸口疼，力伯畏又请来了蒲辅周。蒲辅周的诊断是：水冲肺，肺咳痰，开了处方。

但此后的几天里林伯渠依然说他的右胸这边疼，力伯畏说一般的心绞痛是左胸疼，因此林伯渠心脏有问题的特征并不明显。医生一直按肺的问题做医治，但是林

力伯畏（右一）和林伯渠夫妇在中南海。

力伯畏（右一）陪同林伯渠夫妇到外地视察工作。

伯渠以往从来没有右胸疼过，这引起了力伯畏的警惕，她怀疑此次不是肺的问题。她偷偷地把心电图仪器带进福禄居，对林伯渠说："今天做一个心电图吧？"

林伯渠同意了，力伯畏给他一检查，果然发现心电图与以往不一样。她就赶紧要了一辆车，跑到北京医院心脏内科专家吴洁的家中，请吴洁看扫描图，她也认为波纹图像不正常。第二天一早，力伯畏就到林伯渠家，说服他赶紧住院治疗。力伯畏说："林老这个人就是这点好，医生说怎样他都听医生的。"

在医院经专家们检查诊断，果然是心脏的毛病。1960年5月29日，林伯渠在北京医院去世，就是因为严重的心肌梗死。

20

力伯畏这一辈子有个很有意思的现象／服务了一段时间以后，力伯畏受到了林伯渠的充分信任／直到后来搬出中南海，也没能让家里人看一眼她在中南海的家／

力伯畏作为林伯渠的保健大夫进中南海时，中南海内有一个保健大夫的管理机构，叫做中南海保健组。这个组的业务受中央保健局领导，但比较直接的管理上级是中央办公厅的警卫局。力伯畏被任命为这个组的副组长兼支部书记。当时的保健组没有组长，内部的管理事宜皆由副组长负责。

力伯畏说她这一辈子有个很有意思的现象，就是她被任命的职务前面始终都带着这个"副"字，而她被安排去的这些部门又都始终没有正职。例如在中央保健局担任医疗科副科长，到中南海保健组任副组长，后来回中央保健局又被任命为局办公室副主任，再往后中央保健局又撤了，她被安排到北京医院值班室，还是当副主任。因为这些部门都没有正职主管，结果"文化大革命"期间她挨整的时候，总是被当做部门的第一把手批斗。

在做林伯渠的保健大夫的同时，力伯畏还负责中南海里另外几位中共中央领导同志的医疗保健。这其中有李富春、蔡畅夫妇，但重点是林伯渠。此刻李富春的家在中南海怀仁堂西边，而从力伯畏的住所去林伯渠家，通常都是经过李富春家院子边上的夹道那么走。从一参加保健工作，力伯畏就负责李富春和蔡畅的保健医疗，和李富春夫妇已经是老熟人了。

在林伯渠身边服务了一段时间以后，力伯畏受到了他的充分信任，结果她的工作便不单单只限于医疗保健了，而是被"赶着鸭子上架"，承担了部分秘书的工作。

因为林老日常事务性的工作并不多，所以他们有更多的时间到全国各地巡视，进行调查研究。原先他们外出，身边总有政治秘书、警卫秘书、保健大夫跟随。但当他对力伯畏熟悉并充分信任后，再外出时他就不大带大秘书了，只带着警卫秘书和保健大夫。他将出行期间的秘书工作，交由保健大夫代理。力伯畏估计他们这样安排，大概是为了尽量轻车简从，同时可以让大秘书留守办公室，处理"家里"的事务。

从保健大夫到"兼职秘书"，力伯畏经历了一个过程。开始是帮助做谈话记录，当林老到地方巡视，地方干部来汇报工作时，他就招呼力伯畏说："力大夫，来，你来记。"

有一年，力伯畏陪林伯渠到武汉，视察武汉的钢铁厂。厂方的负责人汇报时，林伯渠就指定要她记录汇报。但钢铁生产净是成串的专业名词和术语，什么转炉呀、高炉呀，还有各种型号的钢呀、铁呀……力伯畏都不清楚是什么东西，是怎么回事，只好先按音记下来。回到北京整理记录时，她让丈夫到书店帮她买来有关的冶金方面的书，就这样临时抱佛脚地边学习边整理，总算完成了任务。

就是这样的努力和钻研，使林伯渠感到外出时有个力伯畏，也就不必非让秘书跟着了。到后来，除了做记录，当林伯渠临时起草个什么文字东西时，他就口述，让力伯畏执笔。林伯渠爱写诗，跟随他的时间长了，力伯畏的文学修养也颇有增益。

也是在进入中南海为林老做保健大夫期间，力伯畏结婚成家了。家人和亲友们在中华医学会为他们举办了婚礼，可婚礼之后，家里人和亲友们却不能进中南海看新房。因此，他们回到新房是静悄悄的，过了好久，力伯畏的邻居才知道她结婚了。

1958年，中央在湖北武汉召开洪山会议，由力伯畏负责保健的中共几老和几位大姐在一起合影。林伯渠将此照片赠给力伯畏，并称此照片为"老人院"。前排左起：林伯渠、董必武、徐特立、吴玉章、谢觉哉、王维洲；后排左起：陈少敏、蔡畅、帅孟奇、章蕴。

力伯畏说："知道我结婚的人不知道我住哪儿；知道我住哪儿的人不知道我结婚了。"恪守组织纪律的力伯畏直到后来搬出中南海，也没能让家里人看一眼她在中南海的家。

21 进了菊香书屋北面的房屋，才知道拍片对象是毛主席／许多保健大夫不喜欢看京戏，觉得陪首长看戏是个"苦差事"／"结果就这么一个工作以外的愿望，还最终没能实现。"／听到邓小平摔着的消息后，李志绥赶去看时带了一副钢夹板／

从 1958 年到 1961 年，力伯畏在中南海里工作生活了三年，这段日子让力伯畏难忘。

说起在中南海的日子，首先让人想到的就是毛泽东。笔者请力伯畏讲讲她与毛泽东的接触。而让人吃惊的是，力伯畏说她和毛泽东接触得并不多。

力伯畏说："虽然我工作、住宿都在中南海里面，可我除了看病保健，没有干过别的事，和各方面也不怎么打交道。我们的纪律要求我们不串，不与无关者联系，所以如果不是工作必需，我从不在中南海里转悠。因此中南海里其他单位的人，也不太认识我。"

于是，笔者只好问她是否还记得第一次见毛泽东的情景。力伯畏说她还记得，但那是在她还没有进中南海的时候，是新中国成立后第一次给毛泽东拍 X 光片。那次不像给其他党和国家领导人看病或检查身体那样，带他们到外面的医院去进行，而是把 X 光机拉到了中南海里。

去之前，傅连暲跟力伯畏说要带她一起到中南海里给中央首长检查身体，也没说是给谁。由于她此前没去过中南海，她当然想进去看看。但因那是初次进中南海，所以进去后他们究竟到的是哪个位置，怎么走的，力伯畏至今也说不清楚。

"我后来进了中南海，才知道那次去的是丰泽园，车到了以后一些人把机器抬了进去。傅连暲跟我说：'走，咱们也进去吧。'我跟着他过了两道门，进了菊香书屋北面的房屋，一看，毛主席在里面呐，这才知道拍片的对象是毛主席。那是我第一次近距离地看毛主席。"力伯畏说道。

中南海里常有些跳舞、看电影、看戏剧的活动，但中共中央的领导人参加这些活动，一般都是护士们跟着去，大夫们去的少一些，力伯畏就从来没有跟着去过。

这可能跟力伯畏的性格有关，她说当初刚进中央保健委员会的时候，就经常有到中南海跳舞的机会。到了星期六，护士们下班不回家，在办公室等着去中南海跳舞的通知，什么时候叫，什么时候走，不叫就等着。力伯畏当时已经是干部了，有的时候还得负责组织人去跳舞，可她自己却不跳。如果通知去，就有辆大车来拉，但也有最后没来叫的情况。

开第一次政协会议的时候，也老组织在老北京饭店跳舞，舞场设在六层，周恩来、朱德等党和国家领导人都去跳。中央保健委员会的护士们都陪着跳，也是保健大夫去跳的少。所以人们都说大夫不开窍，保守。也由于这个原因，多数保健大夫到现在也不怎么会跳舞。

接着，力伯畏又说出了一句更让笔者吃惊的话："在中南海三年，我都没有进过春耦斋。"笔者曾经听负责过邓小平、杨尚昆、胡乔木、江青的保健医疗、"文革"后的第一任中央保健局局长王敏清说过，党和国家领导人参加娱乐活动时，负责保健的人也是要陪同的。他说许多保健大夫不喜欢看京戏，觉得陪首长看京戏是个"苦差事"，而他对京戏有着特别的痴迷，常常在首长看京戏的时候给别的保健大夫替班。因此笔者对于力伯畏在中南海三年没进过春耦斋感到难以想象。

力伯畏（左四）在陪同林伯渠到外地调查研究时，还被"赶鸭子上架"，承担起一些秘书工作。

力伯畏说，这大概跟林老不怎么喜欢参加娱乐活动有关，她在负责林伯渠医疗保健工作期间，几乎不记得有什么参加娱乐活动的经历，到春耦斋跳舞什么的是绝对不去的。说到此，笔者猛然记起林伯渠的儿子林用三也对笔者讲过："我爸爸不跳舞。"力伯畏只是听说中南海里的领导人中，朱老总是比较喜欢看电影和跳舞的。

临离开中南海的时候，力伯畏心说要走了，去看看春耦斋吧。她就一个人去了春耦斋，可到了院门口，守卫的警卫不认识她，不让她进入。她说："护士们老跟着首长，走到哪儿都畅通无阻，可我不老跟着首长转，所以警卫没怎么见过我，特别是春耦斋，我从来没去过，所以这里的警卫不让我进。结果就这么一个工作以外的愿望，还最终没能实现。"

力伯畏还记得，邓小平因为打台球把腿摔骨折了，因而没能上庐山参加中央政治局的扩大会议这件事，也正好发生在她在中南海的那段时间里。

那天听到邓小平摔着的消息后，是李志绥赶去看邓小平的。李志绥是个在医疗方面非常谨慎的人，有一点小问题，也总是要大费周章一番，所以他去时带了一副钢夹板，如果骨头断了，就可以马上固定腿，结果也没有用上。邓小平随即被送去了北京医院，住进了三楼的 331 病房。

力伯畏在中南海担任保健组副组长期间，"海"里各位中共领导人的保健大夫，都将各自医疗保健对象的病情先向力伯畏汇报，再由她向卫生部汇报，有时还要向中央办公厅警卫局汇报。她刚去的时候，中央办公厅警卫局的负责人是罗道让，1961 年汪东兴从江西省回来后，她就向汪东兴汇报。

罗道让、汪东兴都认识力伯畏，但力伯畏没有工作上的事就不与他们接触，所以她和他们甚至说不上熟悉。因为打了一段交道，力伯畏感觉警卫局的人对从事保健工作的医务人员态度比较生硬，有点居高临下的味道。相比之下，更凸显了中共领导人对医务人员的和蔼、亲切、体贴。

22 她的办公室主任前面加了一个"副"字／朝鲜民主主义人民共和国首相金日成曾到中国做过眼科手术／越南劳动党中央委员会主席胡志明曾因腿疾几次来中国疗养治疗／苏加诺对中国医疗组组长吴阶平说："爱喝你们'中国咖啡'的人还真不少……"／

1961 年，力伯畏的工作和在弓弦胡同中央保健局任办公室主任的马苏高对调，马苏高到中南海当保健组组长，力伯畏到弓弦胡同，但她的办公室主任前面加了一个"副"字。

力伯畏说她这次回到中央保健局当办公室副主任以后，就不怎么管中共中央领导人的保健事务了，而是更多地管国际友人的保健事务。此时的中央保健局局长是史书翰，副局长是新中国成立初期任北京医院院长的黄树则。

在那段时间里，当一些兄弟党的领袖或友好国家的首脑病了并提出希望中国方面给予帮助的时候，中国就会派医疗组赴该国为之治疗。有的时候，中国周边的社会主义国家的党或政府首脑有些疾病或身体不适，也到中国来进行治疗或疗养。例如，朝鲜民主主义人民共和国首相金日成曾一度眼睛有疾，到中国做过眼科手术。

每逢这种情况，多数是由中央保健局来做安排，配备有关的专家和医务人员等等。例如20世纪60年代，越南劳动党中央委员会主席胡志明曾因腿疾几次来到中国的广东、广西疗养治疗，虽然每次他都自己带有医务人员，但中国方面依然为他安排了有关专家和保健大夫。

关于由中央保健局统筹组织中国医疗专家组为友好国家的首脑进行治疗的事，

力伯畏（前右三）和中南海内的医务人员同中央保健工作负责人傅连暲（前右二）、史书翰（前右一）、黄树则（前左一）在一起留影。

力伯畏印象比较深的，是为时任印度尼西亚总统的苏加诺进行的几次治疗。当时组成了以泌尿科权威吴阶平为首的医疗组。而且除了派人以外，中央保健局还为出诊准备了当时很先进的医疗设备、器械，以及中西医结合进行治疗所需要的包括中药在内的药品。

几次给苏加诺的治疗，实际上具有很重要的政治意义。因为苏加诺主张的不结盟政策，与当时美国在亚洲和拉丁美洲的利益相抵触。据有关资料透露，早在1955年，美国中央情报局就开始蓄谋加害苏加诺。当时美国总统艾森豪威尔的顾问认为，苏加诺采取中立和不结盟政策，倾向共产党阵营，挑战美国政策，使美在亚洲的利益受损。从1955年到1958年间，美国中央情报局曾策划过一系列针对苏加诺的暗杀和兵变活动。

亚非会议后不久，印度尼西亚陆军代参谋长朱尔基夫里·卢比斯上校在一些印度尼西亚民军军官的支持下，抵制总统任命班邦·乌脱约少将为陆军参谋长的授职仪式，并拒绝移交代理参谋长职权；继而，积极奉行苏加诺政治主张的总理阿里，也迫于军方的压力和国内政局的动荡而下台。

恰恰在这种不安的时局下，总统苏加诺还备受慢性肾功能病症的困扰。他曾经请过好几位西方国家的名医看过，并采用"内部放炮"的方法治疗过，不仅弄得输尿管流血水，而且始终不见什么疗效。有位奥地利的医生建议动手术，切除右侧的肾，但苏加诺很不情愿让一个外国人在自己身上开刀。他的私人医生胡水良向他力荐，请中国医生用中国的传统医学方法来进行治疗。

在接到印度尼西亚方面的请求后，中国政府很快作出回应，在周恩来、陈毅的亲自督促下，国内随即组成了以吴阶平为组长、方圻为副组长的高级医疗组。医疗组中还有两位著名的中医大夫岳美中和杨甲山。医疗组到达印度尼西亚后，就把"诊所"设在了总统府邸，随中国医疗组同时进入总统府邸的，还有大量的中药和专门给中共中央领袖使用的进口X光机等全套设备。

在中国医疗组为苏加诺诊治期间，印度尼西亚的医疗人员曾提出："中医汤药需要临时煎服，总不能天天在总统房间里煎药呀，而且总统要到外地出巡，煎好的药如何安全送到总统手里？总统曾好几次遇刺，如何保证没有人在汤药里做手脚？"

为此，中国医疗组专门找了苏加诺的大管家，由他负责安排，将煎好的汤药装入特定的容器内，密封加盖印章和日期，并由专车专人负责押送，确保汤药在输送过程中的安全。

1961年，力伯畏和中南海保健组的成员们在一起。后排从左到右：王敏清、马苏高、顾承敏（接替力伯畏任宋庆龄的保健大夫）、王志芸、王凤生、倪华明、魏坚、张林、许佩民，前排从左至右：肖清俊、卞志强、陈藻凤、力伯畏、郭琴英、汤毓琴、宋雅美。

在为苏加诺总统治疗的同时，中国医疗组还为总统亲属的病痛进行了治疗，他们服用中药后都颇见成效，这也增加了苏加诺对中医治疗的信心。他曾对医疗组组长吴阶平说："看来爱喝你们'中国咖啡'（即煎制的中药）的人还真不少，我自己的感觉也不错。"

经过四个月的治疗，苏加诺那曾被诊断为"完全丧失功能"的右侧肾脏，经检查居然有了一些功能。参加检查的印度尼西亚放射专家西瓦贝西立即向苏加诺报告说："右肾有功能了，病情好转了。"苏加诺对此欣慰不已。在这以后，苏加诺又于1963年至1965年之间多次邀请中国派医疗组到印度尼西亚为其治疗不同的病症。

23 最初真正负责宋庆龄保健的，是美籍医生马海德／傅连暲每次派力伯畏去宋庆龄那里，都要先跟力伯畏打招呼／宋庆龄搬入后海北沿的新居后，就不怎么去上海居住了／杨青山是位男大夫，给宋庆龄按摩时总要有位女大夫陪着／

在担任中央保健局办公室副主任期间，力伯畏只有一个专职保健对象，她就是中华人民共和国副主席宋庆龄。

其实，早在 1949 年力伯畏刚到中央保健委员会时，就负责过宋庆龄的保健工作，但那时她的保健对象比较多，不是专职管宋庆龄一个人。那时，宋庆龄北京的住所在火车站对过的方巾巷，可她每年有更多时间是在上海的寓所中度过的。

每当宋庆龄离京居沪期间，力伯畏并不随行。宋庆龄在上海时的医疗保健工作，都由上海华东医院的薛邦祺院长和张惠主任负责。只有当她居住在北京的时候，力伯畏才管她的保健医疗事宜。

力伯畏对宋庆龄最初的感觉是端庄而气质高雅，处事十分谨慎，因此好像不那么容易接近。最早真正负责宋庆龄保健的，是延安时期就随美国记者斯诺进入中共陕北根据地的美籍医生马海德。他们去延安，正是通过宋庆龄安排的。在那之前，他们就与宋庆龄建立了深厚的友谊。马海德既精通内科，也懂皮肤科，宋庆龄对他十分信任。

因此，当宋庆龄感觉身体不适时，通常并不找中央保健局的医务人员，而是自己先去找马海德，马海德再将有关病情通知傅连暲。傅连暲去宋庆龄那里时，总是带上力伯畏。傅连暲为宋庆龄诊治后认为要用什么药，都和马海德商量。开出了处方后，由力伯畏到保健委员会的小药房去取，打上火漆封好，再由她送到宋庆龄的住所。

被安排兼管宋庆龄的医疗保健后，傅连暲就向力伯畏介绍了有关宋庆龄的情况，并反复叮嘱要注意些什么。他告诉力伯畏，宋庆龄喜欢朴素、洁净、整齐的人，很重仪表，守时间。

在最初的那一段时间里，傅连暲每次派力伯畏去宋庆龄那里，都特意先跟力伯畏打招呼说："梳梳头啊，穿上袜子啊，衣服要整洁啊……"因为夏天的时候，力伯畏已经习惯了光着脚穿凉鞋，所以傅连暲要专门提醒她。

然而，力伯畏去了几次宋庆龄家，却始终没有在她家里见过她本人。见得比较多的，倒是当时宋庆龄的大秘书罗叔章大姐。在经历了比较长的时间后，力伯畏才在宋庆龄家里见到她。那次，她仍是和傅连暲一起去的，他和宋庆龄见面时，两人简单地互致了问候。

从那以后，力伯畏就可以单独到宋庆龄那里去了。在接触中，力伯畏渐渐感觉到，宋庆龄虽然好像在表面上对不熟悉的人有意保持着距离，让人感觉不易接触，但她绝不是淡漠他人。

力伯畏说她初与宋庆龄接触时，感觉她"端庄而气质高雅，身材也特别好"。

当年力伯畏她们出诊都是骑自行车，一年四季，风雨无阻，她们也不觉得什么。接过宋庆龄的保健工作后，她每天早晨8点准时到达宋庆龄家的治疗室。那年冬天，她到宋庆龄家出诊时，宋庆龄的秘书送给了她一顶棉帽子，是那种可以护住耳朵的，还有一双厚厚的手套。

秘书对力伯畏说，这是宋庆龄吩咐她买的，因为她在楼上看到医务人员无遮无拦地在冬季里骑车奔波，觉得容易受风寒感冒。

从到中央保健委员会始，力伯畏出诊就一直背着一个自己准备的手提包，装医疗器械和药物等。因为每天骑车都挂在车把上，磨损严重。宋庆龄看见了，让保姆钟兴宝悄悄地把包拿过去，量了量尺寸。

当力伯畏下次来到宋庆龄家时，宋庆龄就将一只与力伯畏出诊包大小相仿的蓝色皮包送给了力伯畏。这只皮包不仅样子美观，里面还有隔层，可以分隔放置药物和医疗器械，很实用。力伯畏提着这只皮包，在保健委员会的院子里留了个影，并一直保留了下来。

经历了这几件事，力伯畏对宋庆龄的了解逐渐加深，她感到宋庆龄的人格魅

宋庆龄送给力伯畏的纱巾，
她到如今还保存着。

力，并不是能立即感觉到的。她那优雅美丽的心灵，她内心深处对人的友善、关爱，是渐渐地浸润你的心田的。

再次担任宋庆龄的保健大夫后，力伯畏与宋庆龄的过往，比建国初期那一段频繁了。但逢宋庆龄到上海居住的时候，力伯畏仍不随她而去，只负责宋庆龄在京期间的医疗保健事宜。直到 1963 年春季，由周恩来亲自选址，由著名建筑学家梁思成设计的宋庆龄新居竣工，宋庆龄搬入这位于后海北沿的新居后，才不怎么去上海而大部分时间住在北京。

从这时起，到因"文化大革命"受冲击而脱离领袖保健岗位，力伯畏几乎每天都是上午先到宋庆龄家去做医疗保健工作，下午才到中央保健局办公室上班，处理机关里的各项事务。

在很长的时间里，宋庆龄一直有浑身疼痛的症状，力伯畏就天天带着一位护士到她家去，为她做按摩，以缓解疼痛。后来，有人给宋庆龄介绍了一位名叫杨青山的按摩大夫。介绍人是曾担任过邓小平、杨尚昆、江青等人保健大夫的王敏清的父亲王世英。王世英 20 世纪 50 年代任山西省省委书记，当时山西的一些高级干部都接受过杨大夫的按摩，觉得疗效不错，都称杨大夫的按摩手法独到，医术高超。

杨青山大夫是山西人，他做治疗很认真，也不惜力气，通常为患者做完按摩时，他自己已是大汗淋漓。因为杨青山是位男大夫，所以给宋庆龄按摩时，总要有位女大夫陪着。

笔者在宋庆龄的书房里，曾看见一只模样有些怪的椅子，腿比较短，椅子背却比较高，椅背顶部是个比较宽厚的像靠枕的东西，就专门为之拍了一张照片。力伯畏看了这张照片后对笔者说："那是我和按摩大夫给宋庆龄设计的按摩椅。"

力伯畏接着说："因为她个子矮，一般的椅子她坐在上面，脚不能平放在地上，

力伯畏为宋庆龄设计的特殊按摩椅，如
今仍放在宋庆龄故居二楼的书房内。

但工作和按摩时，脚要平放在地上才坐得舒服。我们为她设计按摩椅时，先量了她
的腿长，确定了合适的椅腿高度。在椅背腰部有一点拱起，使她靠着舒服。椅子扶
手是活的，她手做按摩活动的时候支起来，手臂可以搭在上面不吃力。椅子背顶部
宽厚，垫了软东西。椅座前面宽后面窄，反身按摩时两腿可以不分得很宽。这个按
摩椅，她用着很满意，后来又做了一只放在上海。后来听说她还做了一只，作为她
打字时的座椅。"

24
宋庆龄非常喜爱的一项运动／周恩来要力伯畏在下
飞机时去搀着宋庆龄，力伯畏想也没想就回答说：
"我不能搀。"／宋庆龄称李燕娥是她"不拿枪的警
卫员"／宋庆龄保姆钟兴宝正在力伯畏的房间里，悄悄地量她的
衣服／

力伯畏和宋庆龄接触的时间久了，她们相互间的关系更亲近了起来，力伯畏也

更多地感受到来自宋庆龄的体贴。

宋庆龄在京期间，力伯畏总在上班的 8 点钟准时到宋庆龄家，宋庆龄也总在 8 点准时下楼等候。她们见面时，宋庆龄常常会关心地询问力伯畏饮食好不好。有时因为保健治疗和做按摩拖的时间比较长，已临近吃中午饭，宋庆龄就一定要大夫护士们留下吃午饭。

在那段时间里，力伯畏几乎每天都在宋庆龄寓所的楼下小餐厅里陪宋庆龄一起进午餐。吃饭时，宋庆龄总是让力伯畏坐紧靠着她左边的那把椅子。

吃完饭后，宋庆龄并不马上休息，而是要打一会儿康乐棋。这主要是为了增加一点体力活动。原来宋庆龄的活动是跳舞，力伯畏说："她原来跳得可好了。她人也长得漂亮极了，体形也好。后来她的身体不太好了，腿又疼，就不跳舞了，活动少了，就胖了起来。为了让她增加点活动，我们就选择了打康乐棋。康乐棋站着打，活动又不剧烈，对她比较适合。"

康乐棋要四个人打，两人一边。力伯畏在的时候，宋庆龄总是要力伯畏和她一边。因为力伯畏打得比较好，她们俩配合常常能获胜。

宋庆龄邀力伯畏共进午餐的一楼餐厅。

宋庆龄的运动之一就是打康乐棋，打棋的时候她总要力伯畏和她一边。这副康乐棋如今也还陈列在宋庆龄故居内。

　　笔者在宋庆龄故居参观时看到了这副康乐棋，还以为是宋庆龄为她身边的工作人员娱乐准备的呢。力伯畏说："她身边的工作人员自己打不打我不清楚，但这是宋庆龄非常喜爱的一项运动，每天午饭后她都要和身边的工作人员打。"打完康乐棋，宋庆龄才上楼休息。这时，大约已是午后一两点钟，力伯畏她们与宋庆龄分手后才回中央保健局。

　　1964年初，宋庆龄应锡兰总理西丽玛沃·班达拉奈克夫人之邀，前往锡兰访问。行前，她主动提出要力伯畏和按摩的杨大夫一起陪她出国。当时力伯畏并不在北京，而是陪着李富春、蔡畅去了广东。接到组织上的通知后，力伯畏把广东的事情安排好，就赶到了上海。在上海逗留了一段时间后，她与宋庆龄一起乘飞机赴昆明。

　　按照预先的约定，她们到达昆明后，就在这里等候此时正在巴基斯坦进行访问的周恩来总理和副总理兼外交部长陈毅。待周恩来和陈毅到昆明后，他们又一同前往锡兰首都科伦坡。力伯畏记得专机的客舱里有一张桌子，途中周恩来坐在桌子的一侧，陪宋庆龄谈话，宋庆龄让力伯畏坐在她的旁边陪着。

　　飞机快要到达科伦坡的时候，周恩来为了安全，要力伯畏在下飞机时去搀着宋庆龄。但力伯畏想也没想就回答说："我不能搀。"因为一进中央保健委员会时就定下的纪律在她的记忆里留下了太深的痕迹，所以她的第一反应就是在公开场合不能挨首长太近，不能被拍上镜头。

　　结果，飞机降落舱门打开后，周恩来就自己搀着宋庆龄走下了飞机。许多年以后，力伯畏回想起来此事时感叹道："吴旭君担任毛主席的护士长，和他老人家在一起的时候，不是也总搀着毛主席吗？可我那时就想着既然领导这样要求你了，你就要一丝不苟地按照去做，执行起来就显得太死板了。"

　　那次出访回国以后，力伯畏第一次陪宋庆龄去了她在上海的寓所，组织上安排他们为宋庆龄继续做治疗。力伯畏就和参与治疗的杨青山大夫住在了锦江饭店。后

那次跟随周恩来、宋庆龄、陈毅到锡兰访问，力伯畏没有听从周恩来的指示，搀扶宋庆龄下飞机，而是躲到了镜头拍摄不到的地方。

力伯畏收到的几张宋庆龄送给她的贺卡。

来力伯畏走的时候，还给宋庆龄留下了一些可能需要的药品。

此前在北京，力伯畏已经和在北京陪伴宋庆龄并料理她生活事务的保姆钟兴宝很熟悉了。此次，她认识了宋庆龄在上海的保姆李燕娥，上海寓所的一切都由她主管打理。

宋庆龄对这两位保姆都十分信任，特别是李燕娥，因为她很早就跟随宋庆龄。在新中国成立前，她曾经是宋庆龄与各方面联络的交通员，在宋庆龄人生处境最艰难的时候，李燕娥始终伴随在她左右，患难与共。李燕娥虽然没什么文化，但爱憎分明，性格直爽。当年国民党特务曾多次用金钱收买她，还以介绍对象来诱惑她，企图借此通过她刺探宋庆龄的情况。可李燕娥对宋庆龄忠心耿耿，丝毫不为所动，宋庆龄称她是"不拿枪的警卫员"。后来，李燕娥身患绝症，宋庆龄专门把她接到北京，请最好的医生为她治疗。

一起出访后回到上海的寓所，已是深秋时节，力伯畏分明地感觉天气转冷了下来。因为她临出国时是从广东赶来的，广东比较热，她从北京到广东的时候就没带厚点的衣服。一天，力伯畏回自己的房间时，发现保姆钟兴宝正在她的房间里，悄悄地量她的衣服。

力伯畏也不知道是什么意思，心里不免犯嘀咕。过了不久，保姆钟兴宝就给力伯畏拿来一件毛衣。毛衣是宋庆龄自己的，钟兴宝说："因为天已经冷了，太太说把这件毛衣送给你。"原来钟兴宝偷偷量尺寸，是宋庆龄要了解自己的毛衣力伯畏穿合身不合身。这反映了宋庆龄对人的关心，是很体贴、很细致的。

25

宋庆龄的卧室外人是绝对进不了的／力伯畏和钟兴宝悄悄地爬进了宋庆龄的卧室，藏在橱柜后面，在地板上躺了一夜／大将陈赓到哪儿都嘻嘻哈哈，但一到宋庆龄那儿就不闹了／"顾承敏是大淋巴球，我是小淋巴球。"／

　　宋庆龄在后海北沿的寓所是栋楼房。她的办公室、卧室和书房都在楼上，会客厅、宴客厅在楼下。没有外人来的情况下，她多数时间都在楼上度过，只有来了客人，她才下楼见面。宋庆龄的楼上，一般人都不能去，她的卧室更是外人绝对进不了的。

　　力伯畏给宋庆龄当保健大夫那么多年，宋庆龄看病从来都是下楼来让大夫看。力伯畏说："我只上过一次楼，还是偷偷摸摸上的，也是唯一的一次。"那次，宋庆龄做手术，术后没有留在医院，而是做完就回家了。力伯畏认为她刚做完手术，怕万一发生点什么情况，医生应该留在她家里进行观察。后经宋庆龄同意留了下来。

　　按通常的惯例，力伯畏在宋庆龄家，只能待在楼下，通过保姆钟兴宝上楼了解宋庆龄的情况。到了晚上，力伯畏想：她在楼上，我在楼下，这样怎么行呢？万一

宋庆龄卧室局部。从图片上可以看到床脚这边有一个小书架和小橱柜，正好能挡住床上躺着的人的视线。

发生点什么问题，我不在跟前根本发现不了，也不能及时处治，这要真出了事，这个责任可承担不起。

于是，力伯畏就跟钟兴宝商量，说为了确保宋庆龄不出问题，我必须得在她身边。她问钟兴宝："你怎么看着宋庆龄？"兴宝说："我平时住在太太卧室旁边的小房间里。太太也不让进她的卧室，所以这次手术后，我想偷偷地爬到太太的卧室里听她的动静。"力伯畏说："那我就和你一起爬进去听着。"

因为宋庆龄的床脚这边，有一个小书架和小橱柜，正好能挡住床上躺着的人的视线。于是在宋庆龄睡下后，力伯畏就和钟兴宝悄悄地爬进了卧室。她们藏在小书架和小橱柜的后面，在地板上躺了一夜。一夜无事，天快亮的时候，她们又悄悄爬出卧室。临离开时，力伯畏叮嘱钟兴宝："你可千万不要跟太太说我夜里进了她卧室啊！"

可是，后来忠实的钟兴宝大概还是把这件事告诉了宋庆龄。一次，力伯畏和宋庆龄单独在一起的时候，宋庆龄突然对力伯畏说："真不好意思，让你那样照顾我……"宋庆龄当时还说了些话，但原话力伯畏记不全也记不清了。

"反正她没有完全挑明，但我马上就反应过来她是指什么，我很庆幸她知道我

林伯渠夫人朱明送给力伯畏的一张照片，是1950年她和宋庆龄等巡视东北，到沈阳时所拍。从左至右：邹韬奋夫人沈粹缜、宋庆龄、朱明、罗叔章。

破了她的严格规矩后，却没有责备我的意思，而是认为我是个负责任的大夫。"力伯畏说道。

做宋庆龄的保健大夫许多年，力伯畏对她还有一些零星却比较深的印象。例如宋庆龄初到北京时的寓所，也是一栋小楼，每逢孙中山的诞辰和忌日，宋庆龄就会在孙中山的像前摆放一个大花篮，并且整天不下楼，以志哀思。

开国元勋大将陈赓，是个天生的乐天派，特别活跃，还特别爱说笑话，到哪儿都嘻嘻哈哈，笑话不断。但他一到宋庆龄那儿，就不闹了，对宋庆龄毕恭毕敬的。这也许是因为 1933 年他被捕入狱，宋庆龄曾千方百计营救过他。宋庆龄还为此专门找到蒋介石，对他说："陈赓在东江之役一直跟着你打仗，谁不知道？你打了败仗，是他救了你一命，不然你也活不到今天。现在你要杀他，你天天讲的礼义廉耻到哪里去了？"

宋庆龄还为释放陈赓找了汪精卫，并带着记者去探望陈赓，致使国民党最终不敢对陈赓下毒手。在宋庆龄面前特别恭敬的中共领导人还有廖承志，这也许是因为廖仲恺是孙中山最为亲密的革命同志，按这种辈分算，廖承志是晚辈。

还有一个让力伯畏记忆深刻的是宋庆龄喜欢孩子。每逢复活节、圣诞节来临的时候，她总要召集孩子们一起过，她会亲手做彩蛋、做圣诞礼物给孩子们，并和孩子们做她童年做过的游戏。

在为宋庆龄做保健大夫期间，力伯畏对工作极为尽心尽职。1962 年，她的第一个孩子出生，是剖腹产，本有 70 天的产假，但她只休了 30 天就开始上班了，还是每天 8 点准时到宋庆龄的寓所。

1966 年，力伯畏第二个孩子的产期快到了，可宋庆龄那里离不开保健大夫，力伯畏就推荐了曾经担任过刘少奇保健大夫的顾承敏来接替她。顾承敏是位很有经验也很敬业的大夫，而且力伯畏觉得她们两个脸形有点相像，性格也非常相近。

力伯畏说："我们都是慢性子，从在大学搞学运时就显现出来了，开会、活动我们总是后到。因此，我们都有一个共同的外号：当人体出现炎症时，白血球就向炎症部位聚集。在这个聚集过程中，最后到达的是淋巴球。于是同学们就管我们叫淋巴球，顾承敏是大淋巴球，我是小淋巴球。顾承敏去了以后，宋庆龄很快就接受了她，宋庆龄喜欢比较沉稳的人。一直到宋庆龄逝世，都是由顾承敏做她的保健大夫。"

26 北京医院总值班室的名称来历／"严慰冰事件"后，力伯畏写了四份诊断报告，史书翰都不满意／被安上了"假诊断真包庇"的罪名／聂荣臻、徐向前、叶剑英、安子文等在自己处境陆续有所好转后，都向有关人员询问过力伯畏的情况／

力伯畏休完第二个孩子的产假，"文化大革命"已经波澜浩荡，她随即被卷入漩涡。当时傅连暲已经受到批斗，作为北京医院总值班室负责人的力伯畏，不论是卫生部还是北京医院开批斗会，她都要陪绑挨斗，家也被抄了。

力伯畏说："总值班室的名字还是我想出来的。当时保健局撤销了，我们这批人都到了北京医院，但是北京医院已经有了一个保健组，负责人是何慧德，我们这个部门的名字要和她们有些区别，当时还要避讳保健的字眼。我想到过去为了保证首长有病情及时发现、及时治疗，一直坚持24小时值班，就提议用'值班室'这个名字，但做的依然是原来我们分担的保健工作。"

当时的"造反派"想通过以往的保健资料，寻找一些能攻击某些所谓"走资派"的炮弹。这些资料过去是由力伯畏负责保管的，她认为这都属于党的秘密，无论如何不能从自己这里泄露出去，就将这些资料及时转交给没有受到批斗的保健大夫。

"但我还是有疏漏的地方，我只想到了我的办公室可能被查抄，所以我把办公室里的东西都清理了，移交了，就准备靠边站了。但我没有料到我的家也会被查抄，结果我家里的桌子、箱子都被造反派撬开，所有文字的东西都被抄走了。"力伯畏说。

"我听周尚珏大夫说，造反派从您这里抄到了陆定一夫人严慰冰的诊断证明，并以此给您定了个假诊断真包庇的罪名？"笔者问。

"严慰冰的事情出来后，中央曾组织专家为她会诊，会诊记录是我做的。根据有关规定，会诊记录整理出来后，要给中央写一个报告，领导责成我写。当时负责保健工作的领导是史书翰，我写了一稿，史书翰不满意；我就在第一稿的基础上改写了第二稿，史书翰还不满意……他这样苛求，我推想大概也是为了这份报告出来后，各方面都能通得过。结果我又开始写第四稿。因为白天工作很忙，没有时间写，只能晚上拿回家写，我就把稿子放在了家里。可不久后，我就因生孩子住了院。生完孩子出院，'文化大革命'已经进入高潮，要出租车时人家还问我，你是红的还是黑的，我老实地说进医院的时候还是红的，就坐上了出租车。此刻我对卫

"文化大革命"中力伯畏受到了冲击，被发配到"五七干校"养猪。

生部、北京医院的情况都不了解，更没想到刚出院我的家就被抄了，这个报告也被造反派给抄走了。我要是能预料到连我的家也会被抄的话，这份诊断报告是绝不会落到造反派手里的。"

由于从一贯勤勤恳恳献身保健工作的力伯畏身上，实在找不出什么骇人听闻的罪证，她遂被剥夺了当中共领导人保健大夫的资格，参加了六期学习班，在北京医院里监督劳动。她的新工作先是在医院院子里整理拆除的砖头，后来是在门诊部叫号，当护士，还一度在供应室洗刷瓶子。

在力伯畏"倒霉"的这段日子，她曾经的保健对象宋庆龄也受到了"文化大革命"浪潮的波及，然而当宋庆龄的处境稍微安稳后，她就尽其所能地关心起被她视为朋友的人。一天，钟兴宝到北京医院取药，偷偷地跑去看力伯畏。她悄声对力伯畏说："太太吩咐我来看你，她问你好，要你多保重。"力伯畏说："这让当时的我很感动，心里暖烘烘的。"

在"逆境"中，力伯畏还得到许多来自她曾经的保健对象的关心，如聂荣臻、徐向前、叶剑英、安子文等人，当他们的处境陆续有所好转后，都在到北京医院看病时，向有关人员询问过力伯畏的情况。这些关心，很快都转传到力伯畏那里，成为她那个时期最大的精神安慰。她说："我们这些在首长身边工作过的人，首长还都记着我们，这让我们感到我们的付出是值得的。"

几经曲折起伏，"文化大革命"终于宣告结束，力伯畏重新回到北京医院。恢复工作后的力伯畏主动提出不再担任行政领导工作，而是要求到病房做住院医生，充实自己的临床实践经验。她的请求被批准了，从此她离开了保健工作岗位。根据她在中央保健局时的有关纪律，她脱离保健工作后，从没有主动同她曾经的保健对象联系过。后来，她又接受委派，创建起北京医院的超声心动室。

如今已经离休多年的力伯畏，在讲述往事时说得最多的一句话就是："我们将我们最宝贵的年华献给了党的事业。我们无怨无悔。"这在笔者听来感到非常亲切，因为这是笔者非常熟悉的那一代共产党人在追溯自己人生时都会说的一句话。而在桑榆之年能发出这样感叹的人，其人生是令人羡慕的。

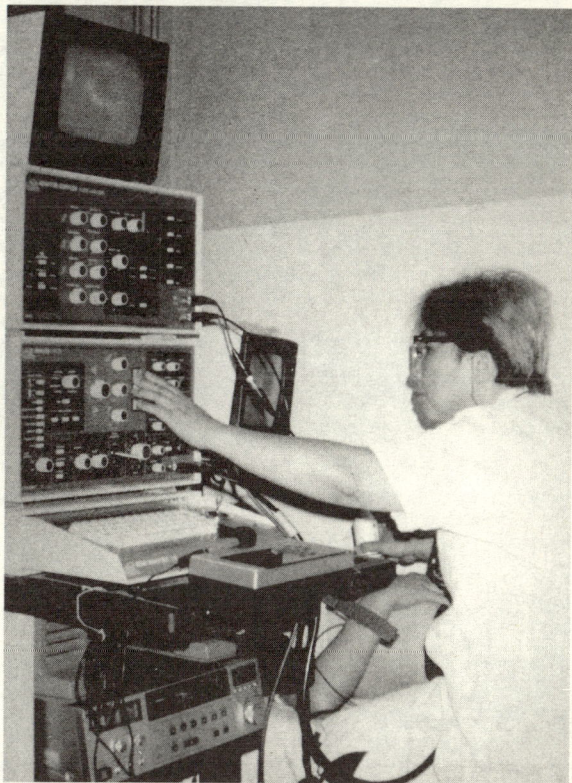

力伯畏在她建立起来的北京医院的超声心动室里工作。

第五章
在党和国家领导人身边的难忘往事
——记曾任董必武等保健大夫的王遹

早就过了退休的年龄，但王遹依然被聘为专家，每周仍要到北京医院上班。

当笔者采访王遹的时候，年逾七旬的她还在做着医疗保健工作，从到中央保健委员会的那一天算起，她已经工作了整整50年。她医术高明，且适应面广，但她没能成为名声响亮的某科权威专家。她开玩笑说："我们就因为都到了傅连暲手下，所以都没有当成专家；如果我们不来中央保健委员会的话，也许现在我们都是专家啦。"

1 出生在一个有爱国传统兴国热忱的人家／从一个文静少语的人，转变得话多了起来／用老舍的文集《不夜集》的书皮包在地下党宣传小册子的外边／解放军站在学生的外围，枪口朝向外边／

王通出身于一个山东世家，据有关资料记载，她的祖父王丕煦曾参与"公车上书"运动。辛亥革命后，他是民国元年的首任山东布政使。

据她的亲属回忆，她父亲王谷辰是清华学堂学生，与原中国民主同盟副主席罗隆基、大学者汤用彤等是同届校友。1919 年，因积极投身五四运动，被迫中断学业，从此以后潜心致力于"实业救国"。

20 世纪 20 年代初，日本人曾做过一个统计，按中国每年进口的蜂蜜、蜂蜡折算，若中国改良养蜂业自产自销，所获利益能和全国的丝、茶、大豆三项产值总和持平，一时间"农之大利在养蜂"的呼声激扬。于是，王谷辰创办了"济南合众养蜂公司"。此外，他还倡议组织养蜂学会，创办《中华蜂业》杂志和养蜂学校……查阅中国现代养蜂业的历史，不难看到有关王谷辰的文字记载。

王通就出生在这样一个有爱国传统兴国热忱的人家。她生于北平，3 岁时回了山东，在济南上的小学、初中，15 岁时又来到北平上了师大女附中。彼时北平公费最好的两所中学，一个是师大女附中，一个是女一中；私立最好的是贝满女中。她的大学同学，后来担任过刘少奇、宋庆龄保健大夫的顾承敏，就是贝满女中的。

那时，王通父亲的养蜂公司因特定的历史环境和种种缘故而破产，家道的中落使她不能上收费昂贵的私立学校，只能上收费便宜的公立学校。王通说，她家当时住在西城，家里的男孩子都是上的师大男附小、男附中。她中学毕业后上了北大医学院，也是因为这是所公立大学，学费便宜。

和她后来的校友、在中央保健部门长期共事的力伯畏一样，王通也是在解放前就参加了地下党，积极参与学生运动。1946 年 12 月 24 日，引起全国反对美军驻华运动浪潮的"沈崇事件"发生，北平学生一万多人上街游行示威，抗议美军暴行。王通积极参与了由此引发的反内战运动，她既是宣传队员又是联络员，负责传递有关指示和消息。她本来是个文静少语的人，就因为搞学生运动当联络员，老得说话，结果跟变了一个人似的，话多了起来。

回想起北平当年的学生运动，王通说有许多蛮有意思的事。在北京大学医学院时，她和力伯畏虽不是同年级，却住在同一宿舍，因为她们在师大女附中时就是同学，因而成为了非常要好的朋友。和她们同住一个房间的还有位女同学，是中共地下党员。她经常在学校外面参加党的活动，每天晚上回宿舍就向力伯畏、王通打听学校发生的情况。

力伯畏、王通两个人常在她回来之前互相回忆当天的情况，以便回答她的询问。后来她们才知道这位女同学是中共地下党员，她在离校去解放区前，把王通发展为中共党员。

那时医学院的学生们组建了长庚剧社，经常排演一些活报剧。一位叫孙衍庆的同学在一个活报剧中饰演国民党的卫生局局长，解放后他成了胸外科的专家，还真当了北京市的卫生局局长。由于剧社人员活动比较公开，结果 1948 年 8 月很多人上了国民党特务的黑名单，于是根据组织决定，剧社随即停止了活动。

对于有可靠消息证实上了黑名单的同学，组织上就安排他们转移去解放区。王通的好朋友力伯畏就走了，而王通上没上黑名单组织上还不能确定。上级党组织对王通等人说："如果你们不害怕，就留下来，因为还有很多工作要做，为北平的解放和接收做准备。"

1948 年北平解放前夕，中共北平高校的地下党所做的一项重要工作，就是尽可能地争取那些知名的学者和专家留下来，不要跟着国民党走。要以各种方式向这些知名学者和专家宣传中国共产党的方针政策。

王通说她们参加的活动，就是把中共城市政策印刷成小册子，向北平医学界的老专家们发送。她就给著名的妇产科专家林巧稚、著名的心脏病专家马万森等人送过小册子。

她还记得到林巧稚家的时候，是她家的保姆出来开的门。王通对她说："我们是给林先生送东西的。"就将宣传小册子交给了她。为了不暴露小册子的内容，她们用老舍的文集《不夜集》的书皮包在了小册子的外边。到马万森家时，是他家的车夫出来开门的，他认得王通，就问道："王通，你怎么来了？"王通说："中华医学会给马先生送东西。"同样把伪装的小册子往他手里一搁，就赶快跑了。

在北平临解放时，王通这些地下党员和进步学生们，天天都盼着自己的队伍进城。一天晚上，听说第二天解放军就要接收北平的消息，一位同学负责一大早就起来到街上看动静，可不久后他回来说："街上还都是国民党的兵。"

终于，解放军进城了。在北平和平解放后的一天，刘伯承来到北京大学，在红楼民主广场给学生们作了一个报告。当他讲话的时候，解放军站在广场的四周，枪口朝外。王通说:"当时我们特别感慨,这真是我们的天下了,解放军是保护学生的。因为搞学运的时候,在同一个民主广场,国民党的兵却把枪口对着我们。"

2 在火车站,他们被送行的群众抛了起来／把解放军的胸章和帽徽换成手术队的胸章／机枪手醒过来大声问:"我的手呢?我的手呢?"／王通第一次知道了长虱子的滋味／

从入党那时起,王通就记住了共产党员是无产阶级先锋队,是由先进分子组成的。她认为所谓先锋先进,就是在各方面都要走在前面,不能落后于人。那时她还是学生,学生的先进应体现在学业上,因此她要求自己非常严格,成绩一向优异。

1950年,她到人民医院的内科实习。就在这年仲秋,抗美援朝战争开始了。她记得当时的北京市委副书记刘仁,在北京市的总工会对全市的各党支部作动员,号召大家积极参加抗美援朝。于是,人民医院的党员都踊跃报名,共有十个人被批准参军,王通是其中之一。

那是北大医学院第一批参军的学生,共有四名。当年的11月25日,他们穿着军装离开了学校。在火车站,他们被送行的群众抛了起来。火车一开动,送行的人

1950年11月,王通(前左二)参加抗美援朝,这是她和同伴们到达三野第一医管局所属第34、36医疗队在长春驻地后的合影。

都哭了，因为不知道这些人被送往哪里。

王通他们乘坐的火车一直开到了东北。但他们没有过江，就把中国人民解放军的胸章和帽徽都摘掉了，换上了手术队的胸章。他们实际上被分配在长春的中国人民解放军第三野战军的第一医管局下属的第34、36卫生队，王通主要是在第36卫生队。

刚到驻地，王通他们就接收了从第一次战役下来的伤员。在这批伤员中，主要都是冻伤，而且冻得非常严重。不少人的手指、脚趾已经无法挽救，只好截肢。王通就做了几个大拇指截肢的手术。

有一个伤员给王通留下了很深的印象。他是个机枪手，他的右臂被炸伤了，也做了截肢手术。手术后他一醒过来，发现右手没有了，就大声问："我的手呢？我的手呢？"医生们告诉他因为伤势严重，所以做了截肢手术。他很伤心，说："那以后我怎么打机关枪打敌人啊？我还要打机关枪呢！"王通说："我们看到这种情形很受感动，第一是感受到战争的残酷；第二是感觉到我们战士的革命英雄主义精神。"

受战士们革命英雄主义精神的感染，王通他们这些没有过江的人，都希望能过江到火线上去。他们也学着战士的榜样，写决心书、写血书，要求上前线。然而王

1947年五六月间，王通（前排右二）在参与"反饥饿、反迫害"斗争中，与北京大学医学院"长庚剧社"的成员们在中南海内的宿舍门前合影。

遍最终也没被批准上前线。

即使是在后方，救死扶伤的工作也还是挺紧张的，除了许多伤员外，还有许多重病号。在第 36 卫生队就有伤病员二百多人，他们中多数人都发着烧，占了80%左右。王遍就从外科退下来，不做手术了，和许迪、黄大有等一起，建了一个实验室。

第 36 卫生队的这个实验室设备很简陋，所有的东西一个挑子就挑走了。王遍说：挑子这头放显微镜；那头是简单的实验器皿等必需品。但这个实验室的建立，对病人来说起了很大的作用。实验室还培养了两位战士，其中一人后来在长春做到了医院免疫科主任。

在抗美援朝战争中，王遍第一次知道了长虱子的滋味。因为环境的缘故，卫生条件也比较差，工作又十分紧张，结果她长了一身虱子。

在濒临鸭绿江的第 36 卫生队，王遍先后参加了接收四次战役的伤病员的工作，一直到 1951 年春天，第四次战役结束后，王遍他们的医疗队才离开长春。当她回到北京的时候，已经是 1951 年的初夏了。

3 在鸭绿江边停留的过程中，拉响了四次防空警报／因为陪同朝鲜客人，失去了留学的机会／和其他工作队员一样，王遍也领到一杆枪、一颗手榴弹／第二次染了一身的虱子／

刚和朝鲜的战事分离了没有几天，王遍就又被派上了与朝鲜有关的事务。那年6 月，中共中央联络部邀请了一批朝鲜人民军的战斗英雄以及部分文艺工作者到中国，安排他们到中国的许多省市转了一圈。

因为当时战争尚未完全结束的朝鲜条件十分艰苦，所以中国方面为每位被邀请来的客人置备了一套衣服，每人还有一身风雨衣。负责接待和陪同朝鲜客人的中联部领导有吴学谦、区棠亮、唐明照等。王遍作为医务人员，带着一个护士，一直陪同朝鲜客人。

朝鲜客人们走到哪里都受到地方政府的热情接待。王遍记得，客人们走到哪里都在火车站上跳舞，可她因为一直不喜欢跳交谊舞，每逢这种场合一直回避，所以朝鲜客人们就感到奇怪，怎么大学生还不会跳舞？

最后，中国方面由唐明照把朝鲜客人们送到了东北鸭绿江边，此时的鸭绿江大桥在战争中被炸断了。王遍和护士也去送了，她们从车上下来，一直把朝鲜客人送到了过鸭绿江的船上。在等待渡船起锚的过程中，拉响了四次空袭警报，还看见朝鲜新义州那边燃着大火，朝鲜的战事仍未完全平静。

等把朝鲜客人送走再回到北京时，王通这一届毕业生的分配工作已经结束了。在这批毕业生中，有去苏联留学的，有到部队和边疆的。高年级一位留卫生部的学长见到王通时说："你早两天来多好啊，就可以去留学了。"

卫生部的鲍处长对王通说：分配工作已经全部结束了，你就回人民医院吧。因为王通就是在人民医院实习期间，从那里参加抗美援朝的。

当时的人民医院，是北京唯一的一个直属中央人民政府卫生部的医院。而当时的北京医院、协和医院，都是由中央军委卫生部接收的医院。王通去了人民医院，做了住院医生。

然而，重返医院没几天，王通又摊上了外派的任务，一度离开了医院。那是1951年冬季，中央和国家机关干部组成了五个土改工作队，到边远地区推进土改工作。这是大陆最后一批地区的土改，这让一直生活在城市的王通对中国边远地区的民情有了见识。

王通所在的土改工作队去的是西北边疆，由政务院秘书厅的副主任周子健带队。王通随工作队来到了甘肃东南部的临夏县，这里的地主都跑了，工作队的主要工作就是访贫问苦、平分土地。这一带原来是马步芳匪帮盘踞的地方，此时依然有没被肃清的马匪出没，偷袭新生政权的干部，因此工作队的队员们每个人都发了一杆枪、一颗手榴弹。王通也被武装了起来。

当时西北地区都比较贫困，临夏县的老百姓的生活也很苦，一家七八口人，就靠一张毡子铺床，一家人只有一条裤子，谁出门谁穿，十七八岁的大姑娘也如此，没衣服，就披一张羊皮裹身。这种穷困的情景，是超出王通的想象的。

在土改工作队的那些日子里，王通他们几乎每天都要到老百姓的家中，坐在铺了毡子的炕头上和老百姓长谈，结果她第二次染了一身的虱子。

大约是在"三反""五反"运动的高峰过去之后，王通才回到人民医院，她被分配到大脑炎病房。此后，她在人民医院工作了两年左右。

让笔者感到非常意外的是，王通说当她在人民医院做了一段时间的医生后，内心生出的居然是悲观和沮丧。因为当时中国的医疗水平很低，在内科她接触到的几乎所有的病，都没有办法彻底医治。例如肝癌，例如慢性肾脏病，甚至连心脏病都无法治愈。能治愈的病只有一些常见的传染病和小儿科的一些病症，她甚至因此萌生了不想再当医生的念头。

尽管王通的内心时而泛起这样的念头，但只要在医院一天，她就从未敷衍过，她总是倾全力照顾诊治自己的病人，以医务工作者的道德准则面对工作，所以她一直是医院的先进工作者，还被评为北京市的劳动模范。

4 王通打趣道："你们怎么把我也给弄来了？" ／一夜之间薄柔斯卡娅大夫的头发就全都白了／王通第一次去青岛疗养院搭的是吴玉章的车／1953 年底疗养院基本成形，交给青岛市接管／

在人民医院，王通担任着医院党支部副书记、卫生部团委委员等职务，并屡屡被评上先进，获得各种荣誉。她回忆说，那个时候评上先进工作者、北京市劳模等，并不发给荣誉证书，而是发一个奖章、一件雨衣、一条床单之类的奖励，或被安排到一些风景幽雅的地方疗养。

1953 年，王通被安排住进颐和园疗养。疗养期间，和她在同一医院的爱人来看她，告诉她说她的工作要调动，有传闻说当时的中央人民政府政务院副总理、政治法律委员会主任董必武需要配一位保健大夫，因此王通的工作调动，很可能是被派去做董必武的保健大夫。

疗养结束后的第二天，王通到卫生部开党委扩大会，正好坐在了卫生部人事处马处长的旁边。马处长见到王通就说："你的工作要调动。"

王通因为早就听到了消息，心里有所准备，就直截了当地问："我什么时候走啊？"马处长回答得也很干脆："明天。你明天就去弓弦胡同 2 号，到傅连暲副部长那儿去报到。"

王通记得很清楚，第二天下雨了，她拎着自己的小铺盖卷、一只小箱子，打了个洋车，就去了弓弦胡同。一进弓弦胡同 2 号院，王通就看见医大的老学长力伯畏。虽然两人已经很久没有来往了，但毕竟是同宿舍老友，见面分外亲热。王通打趣道："你们怎么把我也给弄来了？"

来到弓弦胡同 2 号，王通并没有马上被安排做董必武的保健大夫，而是又得到一项外出的任务。大约是在 1953 年，中共中央根据苏联专家的建议，制定了领导干部休假的制度，并开始兴建比较正规的干部疗养院。王通说她 5 月踏进弓弦胡同 2 号，接受的第一个任务，就是到山东的青岛建疗养院。

中央保健工作的负责人傅连暲，从北京医院调了一位叫刘沈秋的医生和四位也是刚调来的护士，加上王遄，一起作为青岛暑期疗养院的医务人员。与他们一起去青岛的，还有一位苏联的内科大夫薄柔斯卡娅。她是新中国成立后来华的第三批苏联专家，是和华格拉蒂大夫等同一批的。

薄柔斯卡娅大夫白发苍苍，看上去像个老太太。据说在苏联的卫国战争时期，她家所有的人都被德国人侵者炸死了，她的头发在一夜之间全都白了。

除了北京去的医务人员外，山东方面也派出了相关人员，他们由青岛市卫生局的孙局长带领。青岛疗养院的院址选在了市区南端的太平角和汇泉角两处，这里的环境非常好，本来就是高级别墅区，房子也多为接收过来的别墅洋楼，有很好的海湾浴场。

王遄是搭乘吴玉章的车一起去的。当时已经有些党政军的领导人在那里疗养。王遄记得董必武来时，多住在太平路最北头的一栋建筑里。还有张鼎丞、吴玉章、粟裕等来疗养时，都住太平角这边的房子。

在汇泉角那一边住的多是民主党派的领袖，还有一些军队的领导干部，像新中国成立初期的民盟领导人、中华人民共和国司法部部长史良等，都在汇泉角那边住过。

青岛的疗养院初创期间，一直是由中央保健委员会管。到了1953年底，疗养院基本成形，就交给青岛市接管了。北京来的医务人员向青岛方面交接了自己的工作，随即离开了青岛，只留下从北京医院带来的护士贺青，继续在疗养院承担理疗工作。

1954年，新成立的中央保健局又派了一名医生张巨盛去了青岛的疗养院，主要负责汇泉角那边军队干部的疗养事宜，因为在调到中央保健局之前，他就在部队从事医疗工作。

5 傅连暲办公室的来历／除了照顾保健对象外，她们在中央保健局还要照顾傅连暲／最后，傅连暲总要说一句："这位大夫是很可靠的。"／贺龙说："你又带了个政治大夫来了。"／

从青岛回北京后，王遄就比较正常地在弓弦胡同2号院里上班了。她刚来不久，原来在这里上班的顾承敏、徐涛大夫，就调进了中南海。常在2号院里的大夫，就剩下力伯畏、何慧德和王通三个人。

到了1954年，才又从江苏调来了一位邹进大夫，秋后，又有几位军队医科大学的毕业生，被分配来中央保健局。被挑选到中央保健委员会和中央保健局的大夫，最初几年都是北京大学医学院的毕业生，再后来扩展吸收了部队军医大学的毕业生，从中国人民解放军一军大、二军大、三军大、四军大，一个大学要了一名毕业生。像后来成为北京医院领导的智军、陈曼丽等都是部队军医大学的毕业生。

到这一年年底，中央保健局里有了八位医生，他们都在一个大办公室里，摆了八张桌子。此外，还有十位护士。这些护士来自全国各地，有上海的、福建的，还有从解放军部队调来的……他们在原来的单位，都是模范、优秀护士。

说到这里，有必要说一下1954年秋季中央保健局的正式命名。此前，这项工作虽然一直由中央保健委员会和中央军委保健委员会负责，但实际做这项工作的人员，都直接归属中央军委和中央卫生部副部长傅连暲领导。在中央保健局正式成立前，傅连暲领导的这个保健部门，对外一直称"傅连暲办公室"，这不像是个很正规的建制。

在这里工作的医务人员的组织关系，都在中央军委后勤部的卫生部，最早分配到这里工作的人员，像力伯畏、何慧德等因为来时申请参了军，在授衔的时候，都被授予了军衔。王通和在她之后来的医务人员，人事关系属于中央保健委员会。

正式成立的中央保健局归属中央卫生部，这就有了比较正规的建制了，局下面新设置了秘书科、行政科、医疗科、疗养科（因苏联专家提出应该有休假制、建立疗养地，故而有此科）、卫生科、会计科。王通的学长力伯畏此刻被任命为医疗科的副科长。

中央保健局成立初期，负责人还是傅连暲，办公的地点还在老地方，人员也大部分还是原来那些人员。

也是在这一年，王通第一次近距离看见了中国共产党的最高领袖毛泽东。那是在暑期，王通被派到北戴河新建的中央保健局门诊部。当时的门诊部就建在5号浴场对面的一幢小楼里，现在好像已经没有了。

在北戴河中央别墅区的门诊部后头，就是别墅区的俱乐部，在这里工作和休假的领导人们，常在这里看电影、文艺表演和跳舞。一天晚上，王通听说毛主席、朱总司令、周总理都要到俱乐部来跳舞，就跟着其他保健人员跑去了舞场。她看见了毛泽东，但由于自己不会跳舞，不敢往前挤，就站在后面看。

中央保健工作的负责人傅连暲，也是王通等人的保健对象。这是傅连暲（左二）在陪同周恩来、彭真等一起观看演出。

　　笔者在采访力伯畏时，她说那一年她也去了，担任了暑期疗养区内保健工作的负责人。那是毛泽东第一次去北戴河，力伯畏和中央保健委员会的一些医务人员去打前站，先期到了北戴河。她说每次跳舞的时候，领导都要她组织女大夫和护士们去跳舞，她就招呼着女大夫和护士们一起去。但她不怎么会跳舞，所以一进舞场里，就找个旮旯坐在那里看。

　　到弓弦胡同 2 号院工作不久，王通就和负责人傅连暲熟悉了。因为除了照顾保健对象，力伯畏、何慧德、王通她们在中央保健局还要照顾傅连暲的健康，陪傅连暲散步什么的，因为他的身体状况也不是太好，他曾经患过肺结核，还有较严重的肠胃病。王通记得那时傅连暲天天都要散步，她们总是陪着傅连暲从弓弦胡同乘车到中山公园，从公园的后门进去。

　　和所有新到中央保健委员会的医务工作者一样，王通第一次去保健对象家，也是由傅连暲亲自带着去的，王通说："傅连暲带我们去见首长的第一句话就是：'这是我们的大夫。'然后具体介绍一下情况，例如是哪所大学毕业的，大致工作经历等等，最后总要说一句：'这位大夫是很可靠的。'"

王通还记得她和傅连暲第一次到贺龙家的时候，和贺龙一见面，还没等傅连暲开口，贺龙就说："你又带了个政治大夫来了。"一般情况下，第二次再去同一位保健对象家，傅连暲就不跟着去了。

笔者在采访时分明感觉到王通是个性格直率的人，她说："是的。当时我们的直接上级就是傅连暲，我遇到什么问题就向他反映，自己有看法就对他说，结果傅连暲老说我：'你就是意见多，你就是在政府机关待得太久了，在卫生部机关待的。'其实我毕业后，一直在医院治疗的第一线。"

到中央保健局工作以后的王通，又和她的学长力伯畏住在了同一个宿舍。但她们俩实际上更多的是住在办公室里，因为保健工作的需要，必须有人在那里值班，以利于保健对象夜间有什么突发病症能得到及时救治。

在白天工作时间里，办公室总有人员来往，所以力伯畏和王通就把床铺支在办公室里的柜子后面。等晚上人都走光了，她们才能睡觉。睡觉时她们就把电话从办公桌拉到床头，以方便接听。在王通的印象里，那时晚间来电话的情况还是时有发生的，而且在办公室里老睡不踏实，一旦有谁因夜间出诊来办公室，她们就得起来给人开门。

6 "中共五老"中的四位，是王通的保健对象／在很短的时间里王通体重从 112 斤降到了 80 多斤／他突生一股无名之火："你们共产党什么都集中，什么都汇报，连我吃片药也得请示汇报！"／

王通到中央保健局以后，起初并不是只专门负责董必武的保健事务，而是同时负责好几位党和国家领导人的保健事务。她说力伯畏、何慧德等也都是如此，每个人的保健对象都有十几位。例如力伯畏就负责着陈云、邓小平、宋庆龄、张澜等。

有意思的是，在王通负责的十几位保健对象中，包括了有名的"中共五老"中的四位。其中董必武、吴玉章、徐特立是重点保健对象，要定期看视；谢觉哉则是有什么不适，一招呼她就到。

"四老"之外，王通负责的保健对象还有中共几位"大姐"中的陈少敏大姐。她很敬佩陈大姐，因为王通听说陈大姐在战争年代是位了不起的巾帼英雄，她能双

董必武、吴玉章、徐特立这"三老"曾是王逋的重点保健对象。

手使枪，曾坐在担架上指挥作战，在中共"七大"上当选为中央候补委员。解放后陈少敏担任中华全国总工会书记处书记。

陈大姐长年患有风湿性心脏病，身体情况很不好，1953年就发现了心房纤颤，得每天为她打针。陈少敏家住在海淀区的白堆子，当时就算是郊区了，离弓弦胡同有挺远的一段路，王逋都是骑自行车到陈大姐那里。

由于王逋照顾陈少敏的时候比较多，陈少敏和她熟了，有时候外出就提出要她随行。1956年，她就陪陈少敏大姐到青岛疗养院去了一段时间。解放后陈少敏担任了中华全国总工会的书记处书记，因而这次她在青岛，还抽空接见了全国劳动模范郝建秀。

有时候，陈少敏到外地甚至不带秘书，只叫上王逋跟着她，例如1958年她去河南。每当这种时候，王逋就得把许多分外的事都管起来，包括好多秘书做的工作。这样的情况经历了几次以后，王逋知道了，保健大夫光在保健医疗方面过硬还是不够的，还得是个多面手。

当时王逋的保健对象还有几位军队的领导，如罗荣桓、徐向前元帅，粟裕、张云逸大将。罗荣桓长期身体不好，徐向前也是长期偏头痛，因而是重点保健对象。

民主人士则除了宋庆龄以外，几乎都归王通负责，例如郭沫若、李济深、沈钧儒、黄炎培、何香凝、马叙伦、陈叔通等。其中郭沫若、沈钧儒、何香凝是重点保健对象，其余的人是有病招呼即去。所谓重点保健对象，就是一星期必须去看一至二次的人。

因为要照顾这么多人，所以白天很少能在中央保健局院子里见到王通的身影，她总是骑着自行车到处奔波。谁出现病症、处在治疗期间，就天天去看，参加治疗。有一阵子，担任中共中央副秘书长的林枫患心肌梗死，治疗出院后，住在颐和园疗养，王通参与了对他的治疗照顾工作。结果王通白天要在罗荣桓那里照顾，晚上又要赶到颐和园。

就是由于这样来回奔波，加上晚上常常工作到深夜，得不到充分的休息，结果王通的体重在很短的时间里就从112斤降到了80多斤。她说她的床头上安装了电铃，铃一响她就得爬起来往病人家跑，心里老不踏实。

中央保健局成立以后，护士渐渐多了起来，这使得保健大夫的工作量稍微有所减轻，像原来由保健大夫做的打针、看护吃药这些事，就基本免除了，但碰到特殊情况，还是得做。1959年，董必武外出让王通陪同，因为没有带护士，每天打针

1955 年 10 月，王通陪同董必武到青海，在西宁塔尔寺参观。

只好由王通来打。

在一次打针后，董必武说："王通，你打针不如从前了，以前我印象中你打得一点儿也不疼。"王通心想：现在打针都是护士们打了，她们天天都打，实践不断，技术水平理应高于实践机会少的大夫。以前没比较，董必武不觉得有什么，现在和护士一比较，就产生了自己打针不如以前的感觉，今后这方面的问题还得多注意。

在王通的印象里，党的领袖们和保健大夫们的关系非常融洽，甚至像父辈一样关爱体贴。最常听到的话是："我们做的都是革命工作，只是分工不同。"走近这些领导人身边，就立即浸润于温暖、平等的氛围之中。

许多民主党派的领袖，对人也很尊重礼貌，例如何香凝、郭沫若、史良、沈钧儒，他们对医护人员的态度好极了。陈叔通、张澜待人也很和气。他们从来不说什么让人难堪的话，态度很友好。李济深则总是客客气气的。和他们接触，让人体味到儒雅和温良恭俭让。

但是，也有个别民主人士，对医务人员和服务人员就比较冷漠，甚至很不尊重。就像解放前一些达官贵人，自视高人一等，把受党和政府委派到他们那里服务的医生，特别是护士，看做是伺候他们的下人，是低人一等的人。

有一次，一位当时很著名的民主人士感冒了，王通到他家里为他医治。经过诊断，王通给他开了一个药方，但没让他随即服用，而是对他说还要回保健局，和傅连暲部长商量一下。因为这是制度，保健局的大夫们开的药方，都要经过傅连暲审核点头。

那位民主人士一听，便生出一股无名之火："你们共产党什么都得集中，什么都得往上汇报，连我吃片药也得请示汇报！"絮絮叨叨竟发了一个小时的牢骚。王通不好当面与他争辩，强忍着听他把话说完才离开。

在回忆此事时，王通说："我们是在学生运动中加入中国共产党的，我们的经历和受到的教育，使我们对中国共产党有着深厚的感情，我们觉得个人的什么委屈都可以忍受，但你若是对共产党不敬，在我们面前攻击共产党，我们内心就特别受不了。"

于是，王通一回到中央保健局，就去找了傅连暲、黄树则，对他们说："下次你们去吧，我以后再也不到他那里去了！他骂我个人可以，但他骂共产党我就不为他服务！"

后来，笔者在采访的过程中，又遇到了几位与那位民主人士接触过的保健大夫

1956 年中共"八大"期间,王通(后左二)与负责资本主义国家共产党领袖医疗保健工作的医务人员在北京饭店驻地合影。

和护士,他们都对那位民主人士的为人做派有些意见,亦曾向有关领导提出过不愿意到他那里去。然而,为了党的统战事业,他们内心虽有委屈、有意见,但当他需要医疗保健服务时,他们还是忍辱负重地履行职责。

7 傅连暲说:"徐帅送的怎么不能收?"/徐向前说:"快过来看,我们自己的元帅服。"/为了在罗荣桓家吃好饭,王通特意去拔掉了一颗牙/听说罗帅夫人林月琴在饮食方面对罗帅管得很紧/林彪在很长时间里就处于不怎么工作的状态了/

说到这里,大概是勾起了王通对那些和蔼可亲的中共领导人的思念,她想起了更多和他们相处时的往事。

在王通负责保健的几位军队领导人中,重点是徐向前和罗荣桓,因此她和这两位老帅接触比较多。一次,徐向前元帅的夫人黄杰托身边的工作人员给王通送去了一团绿色的毛线。工作人员送去时,告诉她说这是徐帅送给你的。王通不知道如何处理,就拿着毛线去找领导傅连暲,问他:"傅部长,徐帅送的毛线,怎么办?"傅连暲说:"徐帅送的怎么不能收?"王通就留下了毛线,编织了一件绿色的毛衣。

1955 年初秋正式实行军衔制的前夕,新的军礼服就开始往各位被授予军衔的首长家里送。一天,王通到徐向前家去探视,正巧赶上元帅服也刚送到徐向前家,

徐向前（前排左二）身着元帅服在中南海怀仁堂的授衔仪式上。

徐向前正摆在桌子上端详，见王逼进了他家门，徐向前说："王逼，快过来看，我们自己的元帅服。"

王逼说："徐向前元帅对我们医务人员，一直就像他自己的家人一样，有什么高兴的事，都愿意和大家一起分享。我就在那天，在新的军礼服还未公开之前，在近处仔细地看了元帅服，领口、袖口，都是金线绣的边，感到我们制作的军礼服真漂亮。"

后来，中央保健局一度被撤销，王逼被安排到北京医院工作。一次，她和李善荣大夫受北京医院委派，到上海的华东医院参观学习一周。一天，正在上海巡视的徐向前到华东医院看牙，在医院里碰见了王逼。徐向前叫住了王逼，向在场的人介绍说："这位是王逼大夫，我们是老熟人了，她就像我的女儿一样。"

在军队领导中，罗荣桓元帅的身体状况最不好，是第一位去世的元帅。因此，王逼到罗荣桓家看视和参与治疗是比较经常的事。王逼说罗帅长期从事政治工作，因此他对人的关心首先是政治上的关心。他喜欢和大夫、护士们谈心，讲自己走上革命道路的历程，像一位循循善诱的长者。

显然也是由于做政治工作的细致，作为一个病人，罗荣桓却总是为照顾他的大夫和护士们着想。自己能做的事，自己的家人能照顾的事，他就尽可能地不麻烦医务人员。

大约有三个月的时间，王通她们天天都到罗荣桓家中为他做治疗。罗荣桓和夫人林月琴就一定要医生护士们和他们在同一张桌子上吃饭。医生和护士们感觉到罗帅和夫人的热情和恳切，每天治疗后就留在他们家吃饭。

就是为了在罗荣桓家吃好饭，王通特意去拔掉了一颗牙。她有一颗蛀牙，但并不是经常发作，所以一直没顾得上认真对待。可在这次为罗荣桓治病期间，偏偏牙疼起来了，一咀嚼东西就疼得钻心。罗帅请医生和护士吃饭是非常真诚的，当然希望看见一桌子人开开心心吃饭的场景，可如果你老不动筷子，或者在吃饭过程中老流露痛苦状，那怎么行啊。于是王通就赶紧跑到她原来所在的人民医院，找了自己熟悉的牙科大夫张仁德，要他给自己拔牙。

张大夫很负责地先给王通拍了片子，看了片子后他认为那颗牙蛀得并不严重，没有必要拔。可王通想到几天来在罗帅家吃饭时，林月琴老问她怎么吃那么少，一个劲让她多吃点，不拔掉蛀牙这种场面实在对付不过去，就坚决让张大夫把那颗蛀牙拔了。拔了以后，她的牙就不疼了，吃饭也再不为难了。

那时，罗荣桓家住在东交民巷8号院内的一号楼。同住在这个院子里的还有贺龙、陈毅、张鼎丞。他们分别住的是二号楼、四号楼、三号楼。后来陈毅搬走了，罗荣桓就从一号楼搬进了四号楼。

此刻负责罗帅医疗保健的，是1954年从中国人民解放军第二军医大学毕业的陈曼丽，她是从王通手上接过罗帅的保健工作的。她来中央保健局后，东交民巷院子里的几位老帅，就都成为她的保健对象。

王通和陈曼丽，都是新中国成立初期毕业的大学生。以罗荣桓的资历和地位，只要他开口，再有名望的老专家也能请来为他诊断治疗，但他从来不提这样的要求。他很相信这些中央保健局安排的保健大夫，并经常鼓励她们大胆治疗。

在这方面罗帅的夫人林月琴表现得也非常好，她也从没有提出什么过分的要求。她对这些年轻的医生和护士们也特别好，而且主动承担了许多应由医务人员承担的照顾罗荣桓的工作。

笔者曾经走访过几位也负责过军队领导的保健医生，曾从一位医生那里听说罗帅夫人林月琴在饮食方面管罗帅管得很紧，医生说要约束罗帅吃肉，她在场就坚决不让罗帅吃肉，一点儿不能通融，遂向王通证实是不是这样的。

王通说："林月琴大姐还是很通情达理的，她完全是遵照医嘱办事，这一点罗帅也非常理解和配合，因为他也很听大夫的。由于罗帅的身体在军队领导中属于特别不好的，所以有些要求要比别人严一些。他体内有一个瘤子，肾脏功能不好，血压又高，每天早晨都得量血压，都要做细致的观察。医生们把罗帅的病情和要注意的事项都对林月琴大姐说，她就严格按照要求做，这是遵从医嘱，而不是她个人特别严厉。"

说到林月琴的严厉，王逢说她自己没有这种感觉。她说也许有时要说服罗帅注意自己的身体和饮食，需要把话说得重一点。因为罗帅对他负责的军队政治工作十分投入尽心，但对自己的病症和调理却很不在意，另外在外面他从不跟人发火，但在家里偶尔脾气有点暴。

笔者推想，为了让罗帅坚持严格遵照医嘱行事，配合治疗，调养好自己的身体，有时可能要对他软硬兼施，笔者从其他医生那里听到的，也许正是赶上需要硬的时候。

"我们的感觉是：正是因为林月琴大姐对罗帅照顾得非常好，才使得他在新中国成立后，能一直在我军的政治工作领导岗位上坚持工作。而林彪在新中国成立后，在很长时间里就处于不怎么工作的状态了。"王逢继续说道。

8 罗荣桓夫人林月琴提出要再加一个大夫／罗荣桓经常是刚吃进东西，就呕吐出来／他怕自己的家人做不到，所以就此交代了几次／去世那天上午，罗荣桓突然提出要回家看看／林月琴提出另做一套元帅服给罗帅穿着告别和火化／

王逢一生中有几件难忘的事，其中之一就是参加党政军领导人的抢救和后事处理的全过程。这种情况她总共经历过三次：第一次就是罗荣桓元帅；第二次是李富春副总理；第三次是周恩来总理，但后两次发生在后来的"文化大革命"期间。

罗荣桓是 1963 年 12 月去世的，但是实际上从 1962 年开始，他的病情就越来越严重了。虽然中央对他的病情很关心，一再要他注意休养治疗，但他依然总是牵挂着工作。他自己说："我这个病既然是长期的，就应该长期对待。长时间一点事情不做，怎么过得下去呢？"

就这样，罗荣桓始终没有完全地脱离工作，到了 1963 年 9 月，他因病情严重住进了北京医院。罗荣桓住院后，除了当时罗帅的保健大夫顾承敏、曾和王逢一起到青岛创建疗养院的护士唐丽亲照顾罗帅外，还增加了徐涛、刘沈秋两位大夫参与了治疗和轮流照顾。

后来，罗帅的病情加重了，他的夫人林月琴提出要再加一个大夫，并说希望派一个他们比较熟的大夫。于是，负责他此次医疗的黄树则，又把1953年就担任过罗荣桓保健大夫的王通派了过去。

在北京医院，罗荣桓住的是331病房。这是当时北京医院里最好的病房，也是最大的一间病房，邓小平腿摔坏的时候住的就是这里。照顾罗荣桓的医生们，值班休息则在不远处的337房间。

再次来到罗帅身边，王通感到他的身体情况真的是大不如前了。她还记得50年代初罗荣桓在生病期间，仍没有停止工作。王通照顾他时，总是看到一会儿这个人来汇报，一会儿那个人来汇报，老有人来谈工作的事。她记得那时来得最多的是萧华，萧华对罗帅毕恭毕敬的，罗帅说什么，他就应什么。而且罗荣桓对部下，好像比对自己家里人还亲切，因此部下有什么事都愿意找他谈。

可罗荣桓此次住进北京医院后，情况就非常不好了，不仅是过去长期患有的心脏病、高血压、肾功能不好，而且肾衰竭引起了尿毒症，患这种病对病人来说是非常痛苦的。因为尿毒会刺激肠胃，使刚吃进的食物呕吐出来。罗荣桓经常是刚吃进东西，就呕吐出来。大夫和医院方面想了许多办法，但还是没法止住呕吐。

但人不吃饭就无法摄取足够的营养，于是从吃饭这一举动上，罗荣桓身边的医务人员看到了一个革命家显现的惊人毅力。他常常吃进去吐出来，吐完了又继续，有时候一顿饭他竟要吃四五次。而一旦他最后吃完饭，没有再吐，脸上就会浮出胜利的笑容："又打了一个胜仗。"

尿毒症的治疗也给罗荣桓带来巨大的痛苦。当时北京医院没有人工肾设备，只能采取向腹腔注入生理盐水，隔一段时间再抽出来的腹膜透析法。一千毫升的生理盐水注进去，肚子胀得鼓鼓的，别人看着都难受。但罗荣桓都默默地忍受着，不让医务人员有什么心理负担。他从不因为自己的病痛，导致情绪不好而迁怒于他人。这一切，让当时经常守候在罗荣桓身边的王通非常感动。

王通还记得罗荣桓在弥留之际，他感到自己可能不久于人世了，就对家里人作了一个交代，要家属们在他去世以后，把原来住的房子交出去。他怕自己的家属们做不到，所以就此交代了几次。当时参加治疗和护理工作的顾承敏、唐丽亲、王通等都亲耳听到。"因此，罗帅在我们心目中的形象是非常的完美和高大。"王通说道。

身穿元帅服的罗荣桓（左）。罗荣桓逝世时，夫人林月琴也是让他穿着元帅服走的。

在最后的几天里，罗荣桓几度昏迷，因为患尿毒症的人，当非蛋白氮指数处在100的情况下，就会出现昏迷，而罗荣桓的非蛋白氮指数高达110、120。一次，罗荣桓从昏迷中醒来，看见身边站着全家人。他握着夫人林月琴的手，又提起了房子的事："我死以后，分给我的房子不要再住了，搬到一般的房子里去，不要特殊。"他又对孩子们说："我一生选择了革命的道路，这一步是走对了，你们要记住这一点。我没有遗产留给你们，没有什么可以分给你们的。爸爸就留给你们一句话，坚信共产主义这一伟大真理，永远干革命。"

罗荣桓去世那天是 12 月 16 日，王逈清楚地记得在此前一天的上午，罗荣桓突然提出要回家看看。他的家已经搬到了东交民巷 8 号院的四号楼，当时刚改装完毕，这里距离北京医院并不远。医护人员就把用他家的旧靠椅改装的土轮椅推到病床前，本来准备推他回去看看，但发现他的身体状况不好，外边的天气也不太好，终于就没去成。

12 月 16 日那天早上，接王逈班的是徐涛大夫。交班后，王逈就到楼里的 337 号房间去休息了。可过了一会儿，就听到说："罗帅不行了。"王逈闻讯立即赶去病房，和在场的人一起，眼看着罗荣桓心跳越来越弱，直到最后停息。

罗荣桓去世的当天晚上，组织上让王通陪着林月琴回家，并在罗帅家度过那一夜。那天晚上林月琴久久没有入睡，她决定把罗帅生前穿过的那身元帅服留下来，另做一套元帅服给罗帅穿着告别和火化。她提出这一想法后，有关单位连夜赶制了一套元帅服。赶出来以后，就把这身元帅服穿到了罗帅身上。

罗荣桓去世后，北京医院将罗帅的遗体放置在了医院西花园的太平间内，使怀念他的战友和亲人们在此告别吊唁。据当代中国出版社出版的《罗荣桓传》记载，毛泽东得到罗荣桓逝世的消息后，即在当晚召集的会议上提议全体与会者为之默哀。并表扬说："这个同志有一个优点，很有原则性，对敌人狠，对同志有意见，背后少说，当面多说，不背后议论人，一生始终如一。"

在向罗荣桓遗体告别的那些天里，王通天天都陪着林月琴守候在遗体边上。12月17日那一天，毛泽东突然来到了北京医院，向罗荣桓遗体告别。新华社、《人民日报》的记者得到消息也跟了来，他们拍了许多照片。王通因为陪在林月琴边上，不太好躲闪，结果被照上了半个脸。

照片登了出来，王通的妹妹在《人民日报》上看到了，就告诉妈妈说："您瞧，姐姐上报了。"于是，家里人就一个劲问王通那是不是她。因为王通一直没有告诉家人自己的工作单位，但照片上的确是她没法回避，只好承认确是自己。但又不能说自己在首长身边工作，就打马虎眼说："我在北京医院工作，那天听说毛主席来了，就跑去看。"

毛泽东到北京医院的那一天，彭德怀也从他搬出中南海后住的西郊挂甲屯来向罗荣桓致哀。各界民众向罗荣桓的遗体告别活动是在劳动人民文化宫举行的，而公祭大会是在人民大会堂召开的，由邓小平致的悼词。王通说她有印象，公祭那天林彪也来了。

从去北京医院参加对罗荣桓的治疗，到处理完后事，王通前后忙碌了三个月。

9 董必武家吃饭的时候，王通要时不时去看看／为了保护肩部，董必武的棉袄常常反过来穿／吴玉章对这种约束很不习惯，为此天天叨唠／只了解单一病科的医生，是不能适应保健工作的／

在王通的保健工作生涯中，跟随时间最久、陪同外出次数最多的，是新中国建立以来先后任政务院副总理、全国政协副主席、中华人民共和国副主席的董必武，因而有关她在董必武身边的故事也最多。

在党和国家领导人中，董必武的年纪算是比较大的，比毛泽东还年长7岁，所以被尊为"董老"。王通负责他的保健工作时，他已经年近70岁了。年纪大了，身体各方面的机能便逐渐减退，体质较弱，所以方方面面都要注意，衣食住行都要管。

根据董必武的体质和身体情况，医务人员对他的饮食作了一些限定，有些东西不能吃。因此在董必武家吃饭的时候，王通就时不时去看看，看他吃什么，合理不合理。

另外，穿的方面也有许多要注意的事项。皮鞋的帮、底都比较硬，年长者穿着影响血液循环的顺畅，走路也不舒服。因此在一般情况下，尽量让董必武穿软底鞋、布鞋。

冬季，要特别注意保暖，董必武的肩部怕风吹受寒，医务人员就及时提醒他在家工作时，要套上棉袄。针对董必武肩怕受寒的症状，给他套棉袄与普通人不同，要把棉袄反过来穿。就是把棉袄的后面当前面，以便更严实地护住肩膀。

为了保障董必武的健康，防止他得病，他工作和住宿的房间里要保持一定的温度，要通风，可又不能有过堂风，这种过堂风对老人的身体是有侵害的。这些问题，保健大夫都要细心关照，不能疏忽大意。

许多看似不相关的事情，实际上都会对人体健康产生影响。例如王通负责过的中共"五老"之一的徐特立，从原来的家搬入新居后，没几天就皮肤过敏，全身起疹块。查了半天，结果发现是新居里的油漆引起的过敏。因此，细微的变化可能会引发什么问题，都要时时注意、考虑周全。

房间的布置、首长的作息等等，也都属于保健大夫要管的范畴。王通曾照顾的中共另一"老"吴玉章有青光眼，因此对于房间的墙壁、地板或地毯用什么颜色的好，保健大夫都要拿出意见。电灯也不能太晃眼和刺眼，又不能太暗。王通到吴玉章办公室看过后，觉得原来的电灯不太合适，就亲自去领了一个100度的白炽灯泡给换上。

吴玉章每天都要做一些案头的工作，又喜欢看书，如果不加节制，很容易加深眼疾。王通就给他作出规定，每做文案工作或看书45分钟，就要休息15分钟。吴玉章对这种约束很不习惯，既不认真执行，还天天叨唠。王通就非常耐心地劝说，每天督促着他按要求做。为了减轻吴玉章眼睛的疲劳，王通建议他尽量多听广播，吴玉章每天的午夜 12 点都要收听新闻广播。

为哪位首长做保健工作，就必须尽可能全面地了解首长的情况，熟悉首长的某些症状，掌握预防和治疗的方法。王通跟着吴玉章的时间长了，对青光眼的症状及治疗就比较熟悉了。她经常给吴玉章点眼药、打针，提出一些有益的养护建议。

王通到董必武身边后，就发现董必武患有痛风。那个时候，痛风在中国还非常少见，被认为是白种人才有的病，现在发现我国也有相当多的人得这种病。

在发现董必武有痛风后，王通就马上去学习痛风的治疗、看护和需要注意的事项，开始有针对性地治疗和护理。可正是由于当时中国发现患有这种病症的人少，故而了解和擅长治疗这种病的医生不多，王通就主要通过查阅相关的书籍和资料自学。

随着陪伴董必武时间的延续，王通除了发现董必武患有痛风的病症外，又相继发现董必武还患有三叉神经疼等病症。于是在掌握了痛风的治疗护理后，王通又陆续学会了三叉神经疼等病症的治疗和护理。

说到学习，王通自然地说起了几乎所有保健大夫们都同笔者谈到的全科医生的话题。保健大夫，需要更广泛的医学和病理知识，因为你面对的是多个体质、病史和健康情况完全不同的个体，你要预防各种病症对他们的侵害，必须能够及时地发现各种病兆，组织安排检查和治疗。像现在许多科分得过细过专了，这个科的医生不了解那个科的症状，病人要自己判断自己得的病属于什么科，然后去挂号找大夫。有人开玩笑说，如今得病，得得那种给你看病的那个医生看的病。这种状况，是不能适应保健工作的。

而且保障健康，是一个比预防、诊断和治疗疾病更扩展了的范畴，你要防患于未然。因此大夫除了要具备诊断和治疗的医学知识外，还要掌握许多人体保健的知识。王通举了一个很具体的例子：像走路的坡度，15 度的坡与平路没什么太大差别；走 30 度的坡，就要多费一倍的力；45 度的坡就要多费三倍的力。保健大夫有这方面的知识，就可以根据坡度计算出首长步行要消耗的体力，控制首长步行的速度，计算走多远就应休息等等。

虽说要了解和掌握上述那么多方面的知识，保健大夫多数很难成为某单一病种的专家或权威，但他们也有一些有利的条件，就是当一些一流专家权威为自己的保健对象进行诊断治疗时，如果你有求知的欲望，虚心求教，就能得到名师的点拨启迪，把名师的许多专长和丰富经验变为自己的东西。

王通说自从她走上保健工作岗位后，曾获得过多次学习和进修的机会，同时也在和专家权威一起为保健对象进行治疗时，从他们那里学到了许多东西。例如她曾在诊断和医疗过程中，从协和医院的邓家栋大夫那儿，学到了血液学方面的知识；从张孝骞那儿，学到了消化系统病方面的知识；另外还从著名的热带病学奠基人钟惠澜那儿，从中医权威施今墨那儿，从针灸专家朱琏那儿，从心血管专家吴洁那儿，得到了许多指点，长了不少学问。

10 乘坐小轿车，董必武总叫王通和他坐同一辆车／有些秘书的工作，就让随他出行的王通去做／董必武对王通说："这样吧，我说，你整理。"／收拾文件材料时，看见上面画了许多杠杠／不少保健大夫也帮助保健对象做过一些秘书做的事情／

作为国家副主席的董必武，身边有一个由秘书、警卫和医务人员组成的工作班子。他外出时，这个班子的部分人就要随行。而在这个班子中，只有王通一人是女同志，因此每当外出，董必武就特别注意对王通的照顾。

每次外出到了一个地方，董必武首先就问身边的工作人员："你们把王大夫安

1956年，董必武（左一）在陕西省委书记（戴眼镜者）的陪同下游览骊山，在"捉蒋亭"小憩。右一为董必武夫人何莲芝，右二王通。

排在哪儿啦？"随后，他就亲自去看一下给王通安排的房间，看房间好不好，条件怎么样。当然，董必武身边的工作人员对王通也是很照顾的，所以董必武看了总是比较满意。

在其他方面，董必武对王通的照顾也是无微不至。为了让王通休息好，一般不是工作上必须要叫王通的事，董必武都不让他身边的工作人员叫王通。出去乘坐小轿车，董必武也是总叫王通和他坐同一辆车。王通说她和董必武夫妇在一起，感觉就像是和自己的父辈在一起一样。

陪董必武外出的次数多了、时间久了，董必武对王通更了解了，就会让王通做一些本不属于保健大夫做的工作。例如让她做一些秘书工作和文字工作。那个时期，中共领导人的节约意识特别强，凡是能节约的，就尽可能地节约。表现在外出的时候，能少带的人就尽量不带，这样就能节省一些开支。另外，有时候董必武外出，会把秘书留在家里处理家里的事务，通报北京的情况，于是有些秘书的工作，就让跟随他的王通去做了。

1955年，王通陪董必武到武汉。那是在冬季，由于走得比较急促，而且王通事先也没想到南方的冬天也会那么冷，就没有带棉鞋走。结果到了武汉，冻得受不了，她就趁董必武午休的时间，赶紧上街买了双皮靴。

董必武对武汉有着特殊的感情，1920年他就在这里参与了共产主义小组的创建；第一次大革命时期、抗日战争初期他都曾置身武汉，领导这里的革命。因此后来王通又多次陪同董必武来武汉。

就在王通买皮靴那天的下午，董必武在汉口和当地的青年团干部见了面，还作了一个报告。报告主要是围绕青年教育的问题，现场反应非常不错。到了晚上，湖北青年报社突然通过有关方面找董必武，说董老的讲话很好，希望由他们青年报将讲话全文刊登。

然而董必武起初并没有准备正式发表讲话，事先也没有拟写提纲和稿子，完全是一种即兴式的讲话。但既然《湖北青年报》提议发表，董必武觉得对青年人应该多关心支持，就很干脆地答应了他们的请求。

为了搞出一个文字的东西给报社，董必武对王通说："王通，稿子你来写。"王通心说自己根本就没想到会有这种事，听董必武讲话的时候也没有做记录，这怎么写？董必武似乎听到了王通内心的嘀咕，和颜悦色地说："这样吧，我说，你整理。"

就这样，董必武口述，王通整理，他们两人一起，一直干到深夜两点，才形成了一篇文字的东西。第二天一早，报社的人来宾馆取走了稿子。

后来，董必武又多次让王通做了类似的事情。为了在需要时使王通能很快进入角色，帮助自己处理一些事情、做一点文字工作，董必武就特意要王通看一些相关的材料。

当时的中央保健局对大夫们制定了很多相关的制度，例如与保健无关的事务不问，无关的东西不看，所以王通在首长身边做保健工作时，都十分注意不靠近他们的文件资料。但在随同董必武外出时，这样的规矩常常被打破，因为有时董必武外出不带秘书，他每天看的参考呀、材料呀，后来就让随行的王通帮助摆放和收拾。

最初，王通虽然帮助摆放收拾，但还是很谨慎地不去看文件和材料的内容，但文件材料表面上董必武处理过的痕迹，她还是能够看见的。有一次，她收拾文件材料时，看见董必武在上面画了许多杠杠。第二天，董必武见到王通时问道："王通，我画的地方你都看了吗？"王通这才知道，那些是特意画出来让她看的，是要让她了解一下有关医学方面的情况。

许多年以后，王通回忆起这些往事时说："我想董老之所以要我帮他做一些秘书工作，看一些文章，整理一些稿子，实际上是利用各种机会，提高我们这些身边工作人员的政治文化素养，是对我们的关怀。"

后来，笔者在其他的保健大夫那里，也听到过一些保健对象请他们帮助做一些秘书工作的事情。保健大夫都是受过高等教育的人，他们的文字水平都不差，而且作病案、写病历本身就是一种经常性的文字训练。像新中国成立前后做毛泽东保健大夫的王鹤滨，就著述甚丰；朱德的保健大夫翁永庆，后来就长期负责刊物的编辑；贺龙的保健大夫曾昭耆也有医学方面的著述……

11 何莲芝马上拿了一个梨，送到王通的房间／只能说首长不能吃什么，绝不能说首长喜欢吃什么／住地附近有毛泽东住过的地方，董必武总要去参观／全飞机14个乘客，除了董必武都吐了／董必武带病上了主席台，王通一反常态也跟着上了主席台／

那次去湖北，董必武听说王通的未婚夫要从苏联回来了，他们已经在准备结婚，就悄悄地预备了两个被面。一天晚饭后，董必武叫王通到他住的房间去。王通去后，董必武拿出两个被面，一个浅蓝色的，一个粉红色的，让王通看，并好像很随意地问："你看，漂亮不漂亮？"王通说："挺漂亮的。"

董必武又问："你说是蓝色的好看，还是粉色的好看？"王通说："我觉得还是蓝色的漂亮。"第二天，董必武就把蓝色的被面给了王通，对她说："这是送给你的结婚礼物。"王通这才明白董必武昨晚为什么问她哪个被面的颜色好看。

后来，王通结了婚，再后来，又怀了孕。在怀孕的初期，她又随董必武去了一趟四川。王通有一些孕期反应，常常呕吐，不太想吃东西。可身为医生的王通，当时并不知道自己这是怀孕的反应。

董必武夫妇发现王通身体不适，以为她是感冒了。因为前一天，王通陪董老看戏，就坐在董老的边上。看了一会儿，她觉得有些冷，就把自己的外衣脱下来，盖在董老的身上。因此董老夫妇对她更加体贴。

四川的橘子多，可王通吃了几个就产生了排斥感。恰好有人来住地看董必武，给他带了两个梨。董必武的夫人何莲芝，想到王通吃不下橘子，就拿了一个梨，送到王通的房间让她吃。

王通说，长时间和董必武夫妇在一起，从他们的身上看到和学到了许多老一代革命家的优秀品质和高尚情操。

首先，从外观上，这些老一代革命家在穿着上就保持着朴素节俭的优良传统。董必武的皮鞋，还是他1945年出席联合国成立大会时买的，此后凡是讲究礼仪的场合，他就一直穿这双皮鞋。只有在参加外事活动和重大活动时，董必武才穿好一点料子的衣服。活动完了，一回到家里他马上就换下来，穿平时在家穿的旧的普通衣服。

从董必武的俭朴故事，王通又联想到中共"五老"之一吴玉章的俭朴故事。吴玉章有一件丝绵袄，穿了许多年，上面打了补丁，还舍不得换一件新的。在她负责吴玉章保健工作的时候，吴玉章发现他身边工作人员的肥皂用得特别快，一个多月就用一块，而他自己一块肥皂能用三个月。他观察了一段时间后，就把秘书、警卫员、医务人员叫到一起，郑重其事地讲起肥皂的问题。

吴玉章先讲了肥皂应该怎么用。他说每次用完肥皂，要都用干手巾把肥皂擦干放置。而工作人员们用时不注意，肥皂盒里溅进了水，肥皂常浸泡在水里，所以消耗得很快。接着，吴玉章给他们算了笔账：一个人三个月多用一块肥皂，当时全国四亿五千万人口，得多用多少块肥皂？这么多块肥皂，等于多少钱，相当于多少米布匹，多少斤粮食？这么一算，他身边的工作人员再也不敢把用肥皂的事当做小事看待了，都学起了吴玉章的用皂方式。

在学习方面，老一代革命家们也为王通他们做出了榜样。王通到董必武身边时，发现董必武经常利用工作之余学习英文。其实他年轻时曾留学日本，已经精通一门外语了，有什么必要在七十多岁的时候，再学英语呢。当她向董必武提问后，董必武回答说："总理那么忙，也还学外语呢。'外语是人生战斗的一种武器'嘛，不管什么时候，多掌握一门外语，于我们的工作总是有益的。"

此外，老一代革命家们在许多小事上也总是一丝不苟地严格要求自己及身边的人。每次王通他们和董必武一起到外地，住宾馆的时候，董必武都要求所有人自己打扫自己的房间，以减少当地接待人员的负担。他的房间里从不要求增加什么设置和东西，万一临时或特别需要使用什么东西了，走的时候一定要与接待方当面交接。每次离开住地前，他都要仔细检查，看有什么东西损坏了，一定要照价赔偿。

外出的时候，董必武身边的工作人员就组成一个党小组，董必武的夫人也参加党小组的活动。他们在党小组都以普通党员的身份要求自己，党小组的决定都严格执行。那时到外地，有关首长的起居、生活、需要等，都由身边的工作人员与地方接洽。当时有规定，和地方同志接触的时候，首长喜欢什么之类的话，绝对不许提起。在和地方的同志交代首长饮食问题时，只能说首长不能吃什么，绝不能说首长喜欢吃什么。

在执行这些规定方面，董必武的夫人何莲芝做得特别好。董必武喜欢写毛笔

1956年10月，王通（前左三）陪同董必武夫妇到陕西，与董老（前右三）和夫人何莲芝（前右四）、陕西省委书记（前右二）在骊山华清池。

字，对文房用品当然颇有研究和兴致。但在外地的时候，何莲芝和所有董必武身边的工作人员一样，都绝口不提董必武与笔墨的事。因为有些事你稍不注意说漏了嘴，地方的同志就可能送来相关的礼品。

和董必武外出，对王通来说，还是个增长知识的机会。她说跟董必武到西安，去参观大雁塔时，董老会讲玄奘与大雁塔的历史；参观碑亭，董老就给大家讲如何欣赏书法艺术。到杭州，她陪着董老转了许多名胜古迹，也听了一脑子的典故传说。到森林里参观，董必武还能说出许多树的名字，以及相关的科属特征等等。

在王通的记忆里，许多党和国家的领导人都非常尊重毛泽东。她和董必武到外地时，只要住的地方附近有毛泽东住过的地方，董必武总要去参观一下。一次在杭州，王通陪董必武游览苏堤，路过毛泽东到杭州时下榻过的寓所。董必武对王通指点着说："那所房子是毛主席住过的。"随后就带王通进去看了看。到广东的时候，路过毛泽东居住过的寓所，董必武也是一定要去看的。

另外，董必武对一些他曾经工作过、后来成为革命遗址的地方，也非常有感情，有时间的话也会去凭吊。到了重庆，他曾带着身边的人员去红岩村，给大家讲中共代表团在重庆的往事；到了南京，又去梅园，给大家讲中共代表团在南京时的往事。通过这样的参观凭吊，王通对董必武的革命经历也知晓得更详细了。

她常常自忖，像董必武这些领导人，革命资格那么老了，是开国的元勋。可新中国成立后，他们在荣誉地位面前，却总是往后退，依然勤勤恳恳地埋头工作。在这样的榜样跟前，自己还有什么可争的呢？唯有更尽心地为他们服好务。

记得是1955年，王通随董必武去新疆，是乘飞机去的。上了飞机，董必武就要王通坐到前头，王通觉得这样便于照顾董必武，就坐到了董老的身旁。然而那次在飞行到吐鲁番上空时，碰上了强气流，飞机颠簸得厉害，全飞机14个人，除了董必武都吐了。王通也没坐好，拿着装废弃物的纸袋在机舱里跑前跑后，帮助处理大家的呕吐物。董必武关心地说："王通，你别跑了，快坐下，不然一会儿你也吐了。"结果，在飞行时一直没吐的王通，一下飞机，真的顶不住也吐了起来。

那次到新疆乌鲁木齐，是参加新疆维吾尔自治区的成立大会，可董必武一到乌鲁木齐就发起烧来。偏偏在自治区成立大会那天，天上飘起了雪花，病中的董老想到他是代表中央来的，不能不出席大会，因此开大会时他带着病上了主席台。

王通很担心董老的身体状况，他已经是七十多岁的人了，她生怕由感冒引发更大的问题。虽然事先给董必武打了针，但她还是跟着董必武一起上了主席台，以便就近观察，有问题及时发现，而在以往她是绝对不上主席台的。

在王通的精心照看下，董必武的病很快就痊愈了。他们在新疆的事务办完了，就又去了甘肃兰州，继而又去了青海。在途经酒泉、嘉峪关的时候，飞机不能起飞了，只好在那里过夜。那里的气候特别冷，他们就在机场的几间平房里过的夜。王通说在那一夜，董老身边所有的工作人员都紧张得整夜未眠。

在青海，王通发现一个新的情况：青壮年人走路的速度突然比正常的速度慢了，并不一定是出了什么问题，但老年人突然走路的速度很慢的话，就可能有问题了。在青海西宁，董必武住在宾馆的三楼。一天，王通发现董必武上楼好像很吃力，走得比通常缓慢许多。到了楼上，王通粗一观察，并没有发现有过累而喘息的现象，但仔细一看，他的嘴唇紫了，再看他的手，指甲也呈紫色的了。她立即紧张起来，寸步不离地守着董老。再上楼时，她不仅要董老放慢速度，而且走几阶楼梯就要他停下歇歇。

由于观察仔细，及时发现问题，正确应对，董必武的此次西北之行虽然几次出现问题，但都平安渡过。王通说那是她第一次到中国的西北，第一次看见戈壁滩。

12

有人提议要把王通也揪出来当陪斗／许多老专家被调离了领导人住院治疗的三楼西／医院里送来一位病人，已经长时间没有呼吸了／她伤得很重，躺了好久，腰也从此落下了病根／新疆军区的一些领导，也动员她接受做赛福鼎的保健医生的工作／

1966年初夏，"文化大革命"开始了。王通当时已经在北京医院的三楼西，即最高领导人的病房当大夫。但她还是经常被派做一些保健大夫的工作。在那一阶段，她就感觉形势瞬息万变，一个又一个原先她曾照顾过的首长，一夜之间、几天之内就由革命的领导变为革命的对象。

王通记得1966年6月26日，陶铸接见卫生系统的革命群众。在陶铸讲话时，王通还被安排上台给陶铸做速记，帮他整理讲话稿。可也就过了四五个月，这位1966年5月才成为中共中央书记处常务书记兼中共中央宣传部部长的陶铸，就受到了冲击，被称为中国最大的"保皇派"，随之被江青点名打倒了。

后来，归北京医院管的香山疗养所出问题了，王通又被派去当工作组，解决那里的两派之争。再往后，王通又去了北京医院在昌平的医疗队，结果到那里后，碰上开有关医疗队的批判会，有人在会上说，王通在香山期间执行了资产阶级反动路线，此刻又把医疗队员留在彭真的"黑点"昌平云云。

当王通再回到北京医院的时候，北京医院许多原来的领导几乎都被打倒了，许多老专家被调离了领导人住院治疗的三楼西。陶桓乐、钱贻简等老主任都不能管事了，被勒令到急诊室当大夫，还有著名的心血管专家吴洁，也被剥夺了当医生的资格。

原来在领导人病房工作过的医生，此刻就剩下王通和徐永秀可以出诊。她俩四处奔波，分外忙碌。哪位还没有被打倒的领导人病了，来电话一叫，她们就跑去出诊。王通说她记得这段时间，她去过中共"五老"之一的徐特立家，去过在中共八届十二中全会上唯一一个不同意通过刘少奇是叛徒、内奸、工贼《审查报告》的陈少敏大姐的家。

到了 1969 年，中苏边界发生武装冲突，局势顿时紧张起来。由于备战，一些现役军人被安排离开北京。王通的丈夫是中国人民解放军 301 医院的医生，他在解放前参加学运，其所在的华西地区地下党遭到过破坏，出过叛徒，由于当时特殊的历史环境，牵连到他的一些情况一时没能查清，结果他被安排去新疆。

王通作为家属，决定跟着丈夫去新疆。她说当时一下决心，全家都走。她家也没有什么家具，就把从事医务工作后陆续购买的有关医学方面的书籍，装了七个箱子，全都带上了。在火车站上，她和丈夫遇到了当时中国人民解放军 301 医院的院长靳来川，他对王通说："唉，你不是说你不走吗？"王通说："谁说不走啦？"

到了新疆首府乌鲁木齐，王通丈夫的问题还是未能查清，于是有关单位准备把他们放到在南疆的农垦建设兵团某部。正在这时，原先认识王通夫妇的新疆农垦建设兵团农 8 师的政委，向兵团总部介绍了王通夫妇的情况。

新疆农垦建设兵团卫生部的人听说了王通夫妇的情况，认为好容易有从北京来的这么高水平的医生，怎么能放到下边去呢，就把他们留在了农垦建设兵团后勤部的门诊部，还让他们兼管起了后勤部和兵团领导的保健工作。

新疆维吾尔自治区的有关方面听说有位原来负责中央领导保健的大夫在建设兵团后勤部的门诊部工作，逢自治区的领导有病会诊时，也去请王通参加。但平时，王通就在建设兵团后勤部的门诊部工作，而且除了医生的工作外，什么打杂的活她也都跟着干。

在这段工作期间，王通比陪同董必武到新疆时，更深刻地领略了西北的大风。

有一天刮大风，把门诊部平房的铁皮房顶给吹掀起来了。当时门诊部里负点责的人都不在，就王通一个人是党员。她没有犹豫，就带着二十几个小伙子，爬上房顶固定铁皮，结果在房顶与风搏斗的过程中伤了腰椎骨。她伤得很重，躺了好久，腰也从此落下了病根。

此后不久，有关方面决定安排王通去做当时新疆维吾尔自治区革命委员会主任赛福鼎的保健医生，新疆军区的党委下了命令。建设兵团领导接到命令后，找王通谈话，让她去做保健工作，并兼军区内科副主任，穿军装，还给分配了半栋小楼居住。

新疆军区的一些领导，还记得王通当年曾陪董老去过新疆，也动员她接受做赛福鼎的保健医生的工作，但王通这次很坚决地推辞了。她说："我已经多年不做保健医生了，现在不能做了。而且我现在 45 岁了，眼睛也不太好，打针什么的不利索了。前不久我的腰椎伤了，不能跟着首长到处跑了，当保健医生已经不合适了。"

建设兵团的司令员和政委见王通态度如此，就对她说："这样的话，那你自己得给军区政委写封信说明，因为是军区下的命令，我们都挡不住。"

王通写了信后，新疆军区专门派了军区卫生部的部长来看她。部长等人来的那天，王通就是躺在床上和他们见的面。他们一看王通是真的有病，就没有再说什么。后来，当赛福鼎保健医生的事也就不提了。

1970 年后，王通被安排到了当时农垦建设兵团的医院。医院的内科有三个病房，干部病房就由王通一个人负责，她还担任了内科副主任。另外有两个医生，管其他两个病房。因为新来乍到，别的医生对她不了解，总会生出那种想看看北京来的医生究竟有多高明的念头。

一次，有个病人需要做心包穿刺手术。医院里一位比较老的心脏科的医生，就点名要王通随他一起去治疗。他做过许多次心包穿刺，而王通以往的从医历史上从未做过心包穿刺。她对那位医生实话实说："心包穿刺我从未做过，你要我去担责任也可以，但我先声明我以前没做过这种手术。"

当天晚上，王通回到家里，就把从北京带来的书箱打开，把有关的书籍都翻出来看。第二天，王通按时来到病房。做穿刺时，那位医生拿着针说："王大夫，这样穿可以吗？"王通根据书上的讲解，认为可以，手术顺利结束了。

就这样，每遇到类似情况的时候，王通就现翻书，除了她从北京带来的书籍，她还常把兵团医院已经被关闭的图书馆里的相关学科杂志拿回家看。她说："在那些日子里，我被逼着又学了很多东西，参加了较多的临床实践，抢救了许多病人，医术得到了较大的提高，因此那一时期对我来说，还是很有收获的。"

又有一次，医院里送来一位肉毒中毒呼吸肌麻痹的病人，他已经长时间没有呼吸了。当时农垦建设兵团医院里也没有人工呼吸机，在王遹的主持下，就硬是通过人工按压，医院的医护人员和送病人来的矿工一百多人轮流上，结果在13天后，病人恢复了自主呼吸。而且在这么长的时间里，病人竟没有被感染，这是一个医疗上的奇迹。

此外，王遹还主持抢救过一个一年九次心肌梗死的病人。这样的事发生了几次以后，北京来的王遹大夫的名声在当地就传出去了。

到了1973年，中央下了个调令，把王遹从新疆调回了北京。王遹说："据说有关我此次调动的报告还被送到董老那里，董老也作了批示。"

13

蔡畅提出希望由一个她认识、但又不是非常熟悉的医务人员陪伴她／周恩来说："我本来以为我要比富春早走的。"／直到与世长辞董必武都十分清醒／蔡畅说："你们都来尝尝，这是小平同志从法国带回来的面包。"／

王遹回到北京后，并没有马上被安排在她原来工作的三楼西领导人住院治疗的病房，而是被安排在门诊看病。在后来的日子里，她经历了为第二位党和国家领导人办理后事的全过程。

1975年1月8日，李富春逝世。早晨他突然一口气喘不过来，医生尽了最大的努力抢救，依然没能挽回他的生命。那天，王遹刚到门诊上班，突然接到三楼病房主任耿德章大夫打来的电话，说："王遹，你赶紧上三楼一趟。"王遹还不知道发生了什么事，就赶紧跑上楼去了。

在三楼，医院的一位负责人见到王遹后，对她说："李富春同志逝世了，需要有个人陪蔡大姐，你去吧。"并要她马上就到李富春的病房那边去，如果蔡畅回家的话就与她同行。据说当时是蔡畅提出希望由一个她认识、但又不是非常熟悉的医务人员陪伴她，她那几天正患着感冒。医院领导考虑王遹的情况正合适，就叫王遹去了。

"医院里还有和蔡大姐更熟悉的大夫，例如我的学长力伯畏，因为从一进城后李富春和蔡大姐就是她管的。但蔡大姐提出了这样的要求，就定了我。"王通这样说。

王通赶到三楼东李富春的病房时，蔡畅已经在那里了，她的眼圈都红了，却竭力抑制住失去亲人的悲痛。王通看见了李富春的遗体，当时还没有被送到太平间。从此刻起，王通就不离蔡畅左右，她走到哪儿王通就跟到哪儿。

当蔡畅离开北京医院的时候，王通就跟着她去了她的住所万寿路新六所，在那以后的一段时间里，蔡畅一直住在这边。这也许是为了避免在原来的家里，睹物思人更难排减悲伤。当时住在新六所的还有朱德朱老总，另外赛福鼎已从新疆调来北京，也住在新六所。赛福鼎看见王通没说什么，但他的李秘书在碰到王通时，半开玩笑地说起她推托给赛福鼎当保健大夫的事情："看来，你不是不能做保健大夫，你是不愿意上我们那儿去啊。"

紧接着，李富春的遗体被送到八宝山火化，王通像当年陪同罗荣桓夫人一样，陪着蔡畅一同去了。火化之后，王通又跟着其他工作人员，把李富春的骨灰盒送到了劳动人民文化宫。

在李富春逝世后的几天里，一直有人来蔡畅在新六所的住处慰问。从 8 日到 10 日那几天，由周恩来主持的中共中央十届二中全会正在北京召开，讨论四届全国人大的准备工作，一些参加会议的中央委员也抽空来探望。根据以往的纪律，当首长来看望的时候，医生都须回避。因此谁来过了，跟蔡畅说了什么，王通都说不清楚。

1 月 15 日，追悼会在劳动人民文化宫举行，由曾经和李富春、蔡畅同在法国留过学的邓小平致悼词。那天，周恩来也抱病参加了李富春的追悼会。他来到蔡畅的身边，握着蔡畅的手说："我本来以为我要比富春早走的。富春比我小，病得也比我晚，没有想到，他却走在了我的前面。"

当时，王通就站在蔡畅的旁边，李富春、蔡畅的外孙李勇，就站在她的边上。她面对面地看着周恩来，看到他对亲密战友的逝世流露出由衷的哀伤。

在这之前，王通早就听说周恩来病了，住在中国人民解放军 305 医院，但一直不知道周恩来的病情究竟有多严重，因为那时凡不是自己的病人，都不可随便打听其病情。如今看到周恩来的面容，又听他这么一说，才知道周恩来的情况也非常不好了。此时，周恩来已经动过两次手术了。

也是在陪伴蔡畅的那段日子里，王通逐渐知道了周恩来和李富春、蔡畅大姐之间的关系相当密切，有着特殊的友谊。周恩来20世纪20年代初勤工俭学到欧洲，他和赵世炎在巴黎创立了旅欧中国青年的共产主义组织，这个组织后来改称"旅欧共产主义青年团"。彼时在巴黎勤工俭学的李富春、蔡畅夫妇，也加入了这一组织，李富春还成为领导者之一。

他们因为从事革命活动而时常来往，结下了深厚的情谊。那时，蔡畅妈妈葛健豪和李富春、蔡畅夫妇住在一起。一天，周恩来正好来李富春夫妇家，见葛健豪患病很重，周恩来就把她从住所的楼上背了下来，送往医院去救治。

李富春的后事全部结束以后，又过了一段时间，蔡畅从新六所搬回了中南海，王通仍然陪伴着蔡畅。当年罗荣桓逝世时，王通曾被安排陪同罗帅夫人林月琴，但罗帅的后事一处理完，她就离开了。在陪伴蔡畅的日子里，王通就成了她的保健医生，专门照顾她。

就在李富春追悼会举行的前两天，四届全国人大召开了。人大召开的时候，蔡畅也出席了，并在这次大会上当选为人大常委会副委员长。为了照顾蔡畅，当她要上主席台的时候，王通也必须跟着。

会议第一天，准备上主席台的人先集中在大幕的后面。周恩来来到人们中，他提议大家列成两队进入主席台，并亲自调度安排谁走在前，谁走在后，怎么走法。王通回想起当时的情景说，两天后在李富春的追悼会上，她知道了总理的病情，就

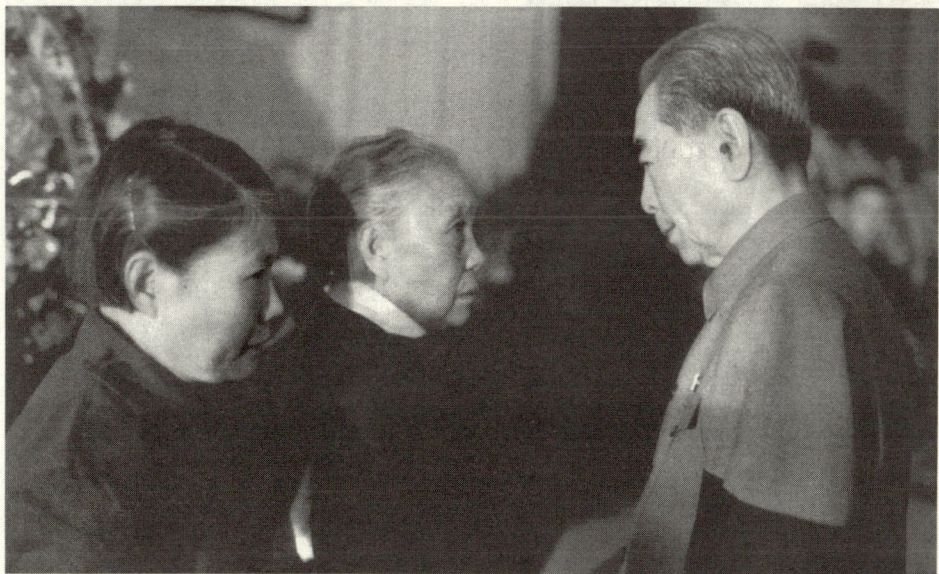

1975年1月15日，在李富春遗体告别仪式上，周恩来向李富春夫人蔡畅致以慰问，搀扶蔡畅的即王通。

想总理身体都这样了，还大事小事都如此操心费神，真让人敬佩，同时又非常担忧他的身体。

在陪伴蔡畅的那段日子里，还发生了一些事情。4月2日早晨7点58分，王通曾经跟随了许多年的保健对象董老逝世了。当时王通还陪着蔡畅住在新六所，当她得知董必武病重的消息后，曾利用星期天休息的时间，到北京医院董必武住的病房去看望。当时董必武还挺清醒，王通还和他说了话。据有关资料记载，直到与世长辞，董必武都十分清醒，临终还说了句让人思忖的话："党中央开了会，中央还有绊脚石……"

这一年5月中旬，邓小平副总理到法国访问，就重大国际问题和发展中法两国关系进行会谈。出访归国后，他到蔡畅家来看望。邓小平与李富春、蔡畅夫妇是20世纪20年代在法国勤工俭学时就相识的战友，曾一起编辑发行过进步刊物《赤光》。1923年春季，李富春、蔡畅结婚，本打算两个人悄悄地到一家咖啡馆庆祝一下，不料邓小平听到了消息，先于他俩藏到了这家咖啡馆。因此，李富春、蔡畅的婚礼，只有邓小平一个人在场，成了唯一的证婚人。50年代后期，李富春和邓小平两家又都住在中南海庆云堂的不同院子里，成为近邻，因此他们两家的关系也非比寻常。

虽然王通到中央保健局后也曾替班管过邓小平的保健，认识邓小平，但当他来看蔡畅的时候，她还是按老规矩躲开了。直到邓小平走了，蔡畅招呼他们，王通才和其他工作人员又来到蔡畅坐着的客厅。蔡畅从一个纸盒子里拿出了面包，掰给每个人一块，说："你们都来尝尝，这是小平同志从法国带回来的面包。我们当年在法国勤工俭学时常吃面包，已经有好多年没有吃了。"

14 傅作义在昏迷中听到周恩来来了，睁开了眼睛／王通告诉周恩来说："我记得郭老是12号住进来的。"／上午11点左右，周恩来的遗体从305医院悄然送到了北京医院／王通和唐丽亲，为周恩来守灵三天三夜／康克清评价刘湘屏说："我感到她对朱老总缺少真诚的关心。"／

李富春之后，王通又参与了一位党和国家领导人的后事处理全过程，这位领导人就是中华人民共和国的第一任总理周恩来。

1973年回到北京后，王通就在北京医院的领导人住院病房里，几次和周恩来相逢，看到日理万机的周恩来仍不忘关怀那些患病在此进行治疗的党和国家领导人。

这一年4月18日夜晚，王逷正在三楼东值班，大约是子夜12点的时候，周恩来突然出现在走廊上。王逷看到，跟随着周恩来的，是医院的两位院长。周恩来是来看傅作义的，傅作义已经报了病危，处于弥留状态，病情已经难以挽救了。

傅作义住在310病房，王逷因为在这里值班，就也跟着周恩来等一起进了傅作义的病房。傅作义在昏迷中听到周恩来来了，用了很大的力气睁开眼睛。周总理握住他的手，深情地说了几句话。王逷记得大致意思是：你对我们中国共产党和我们的祖国是有贡献的。1949年北平的解放，你做了好事，中国共产党和人民不会忘记你的。笔者在另一篇报道中还看到这样的文字，周恩来说："傅作义先生，毛主席说你对和平解放北平立了功。"傅作义似乎听清了周恩来的话，嘴唇颤抖着，眼睛里闪着泪花。第二天，傅作义就逝世了，终年79岁。

从傅作义的病房出来，在往电梯走的楼道中，经过郭沫若的病房。郭沫若当时因病在北京医院治疗，和傅作义同住在三楼东。在快到郭沫若的病房时，周恩来问两位院长："郭老是什么时候住到医院里来的？"两位院长不知道具体日子，就赶快招手让落在后面的王逷过来，意思是让她告诉周恩来。

王逷上前告诉周恩来说："我记得郭老是12号住进来的。"总理听后说："不对，应该是11号。"王逷后来去查了记录，发现郭沫若还真是11号进的医院。由此她更敬佩周恩来，总理的脑子怎么什么东西都记得那么清楚。

当时周恩来问起郭沫若，是想进他的病房去看他一眼。王逷告诉周恩来说："郭老此刻已经睡着了。"因为此刻已经过了12点。周恩来说："那，我就不进去了。"王逷跟郭沫若也是熟人了，她1953年到中央保健委员会初期，就担负着郭沫若的保健工作。

1976年的1月8日9点58分，周恩来的心脏停止了跳动。上午11点左右，周恩来的遗体在其治疗组专家和原身边工作人员的护送下，从中国人民解放军305医院悄然送到了北京医院的太平间内。

周恩来的遗体到达后，王逷和王瑞萍大夫，和在她一到中央保健委员会就共事过的护士长唐丽亲及宋静荣护士一起，被医院领导安排为周恩来守灵，她们一起在那里守了三天三夜。当时的北京医院副院长韩宗琦负责在医院主理周恩来的后事，指挥有关人员在太平间为周恩来完成了理发、穿衣、整容、化装等遗体整理工作。

从1月10日起，党和国家领导人、北京的各界群众代表，纷纷来到北京医院太平间，向周恩来的遗体告别。王通说："我们几个人守在那里，看着总理的遗体，看着来告别的领导和群众代表悲痛万分的神情，我们也是整天眼泪不断地流。我们被哭声和眼泪包围了，一次次地跟着呜咽和抹眼泪。但我们还得工作，得看护好总理的遗体。"

更多的群众听说了周恩来的遗体在北京医院后，自发地来这里悼念的人越来越多。北京医院附近一带，台基厂、东交民巷、东单大华等街道，都挤满了群众，把北京医院的门堵得水泄不通。后来，周恩来遗体送往八宝山火化的时候，为了减轻拥堵，医院要求院里的人都不许出医院。

1月11日，周恩来的遗体被送往八宝山火化，王通又为周恩来送这最后一程。她和新中国成立后周恩来的第一位保健大夫周尚珏、最后一位保健大夫张佐良，坐在同一辆车上。

周恩来的灵车从北京医院拐出去的时候，王通和周尚珏、张佐良从他们坐的车上，看见医院门口还是人山人海，当汽车上了长安街，他们又亲睹了人民群众十里长街送总理那震撼人心的一幕。周尚珏对身边的王通说："这个场面，就和当年'克什米尔公主号'飞机失事后，群众悼念八烈士的场景一样。"

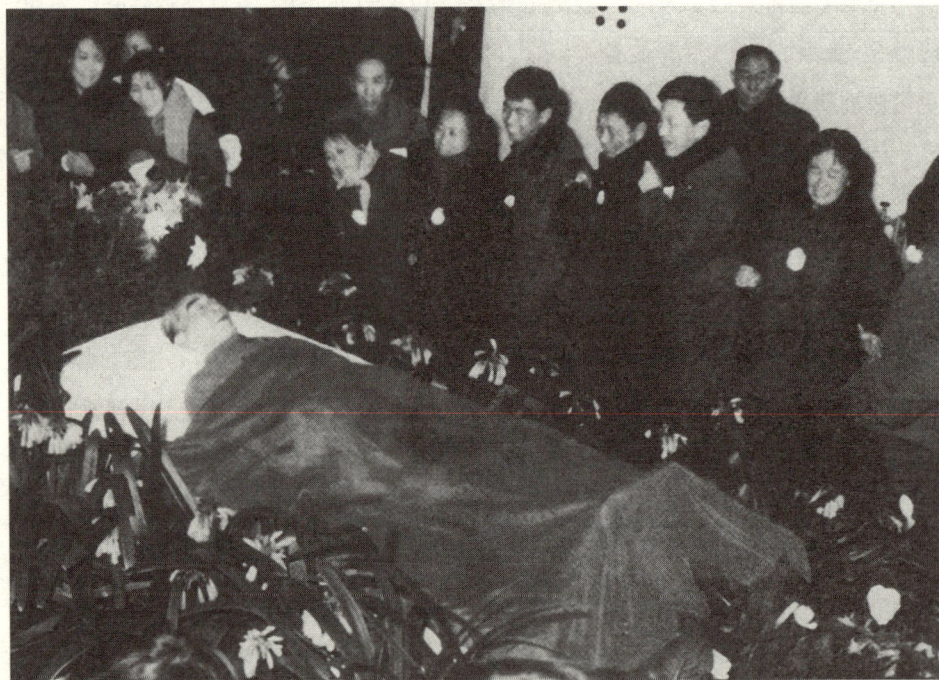

到灵堂吊唁周恩来总理的人民群众络绎不绝。

由于许多人都希望再多看一眼周恩来，遗体火化的时间被一再耽搁。火化后又因筛拣骨灰中像腰带扣、领扣一类东西和装骨灰等工作，整个火化的时间拉得比较长。王通说："我们在八宝山公墓的火化炉边等，等的时间很长了，可等我们出来的时候，人民群众还守在十里长街上，直到装着骨灰的车，把总理的骨灰送到劳动人民文化宫。"

在周总理逝世后六个月，德高望重的朱德朱老总又去世了。朱德在 6 月 21 日接见澳大利亚总理弗雷泽时受凉感冒，6 月底他的病情加重，被送进北京医院治疗。刚到医院来的时候，朱德的症状是腹泻。到医院后就出现肺炎，接着出现心肌梗死，继而又心力衰竭。医院立即组织了专家会诊，王通也参加过一次会诊。

那时的保健程序是，会诊医生讨论提出治疗意见后，由卫生部的部长拍板定案。当时的卫生部部长是刘湘屏，后来朱德的夫人康克清评价她说："我感到她对朱老总缺少真诚的关心。"王通觉得她参加的那次会诊，大夫很多，你说我也说，议论了很久，却没有最后定下一个治疗方案。后来的治疗和后事，她就没有参与了。

因为提到了刘湘屏，王通说在"文化大革命"期间，高层的医疗保健，后来都由刘湘屏负责。这期间还发生过一件与刘湘屏相关的事。

一次，饶漱石原来的夫人陆璀来北京医院看病，是王通接待的她。陆璀在著名的"一二·九"运动中，因勇敢地打开国民党当局为阻止学生抗议集会而关闭的城门而成为当时的风云人物，后来她长期从事对外联络工作。她提出要王通给她开安眠药，而且要的量很多，王通没有给开那么多。

当天下午，刘湘屏的秘书就给北京医院打电话，问："你们那里有个叫王通的大夫吗？她怎么不给病人开药？"医院的人说："王通是个老大夫，她的处置应该没问题。"医院的人接电话后又去找王通，询问是怎么回事，王通说："我看了她的病历，过去没有开很多量的记录，所以我不能一次给她开得太多。"此事后来不了了之。

15 陈云一再说："王通，你多给我打了一针。" ／ 地震发生时，陈云无论如何也不愿意到地下室 ／ 她们刚跑上三层的时候，就赶上了一次余震 ／ 那一夜，陈云和张鼎丞是在小轿车里度过的 ／

在"文化大革命"后期，特别是在邓小平复出以后，一些老干部获得了"解放"，有的即使还没有正式"解放"，处境也得到改善。有的身体不好的，也住进了北京医院，得到了较好的治疗和照顾。

于1972年4月回到北京参加国务院业务组工作，又于1975年1月被选为四届全国人大常委会副委员长的陈云，就在1976年的夏季，住进了北京医院。当时"四人帮"还没有被粉碎，北京医院的新北楼刚竣工不久，陈云就住在新北楼。

王逵当时在新北楼做主管大夫。一次，陈云来拿药。王逵觉得虽然陈云的病情已经有所好转，但还需要再输一次液巩固一下，就又给陈云开了青霉素针剂。陈云说："我的病好得差不多了，不打了，你怎么还给我开针剂？"王逵说："再打今天一天。"

许多年过去了，有一天，陈云专门为王逵写了个条幅，托人送给她。王逵非常感动，对来人说："我都多少年没管过他了，他还记得我。"

后来，王逵发现陈云对她确实记得很清楚，因为她偶尔碰到陈云，陈云一见她面就对她说："王逵，你多给我打了一针。"他还对别的大夫也说起过："王逵多给我打了一针，我说不打了，她还给我打。"

就在陈云住院期间，还赶上了唐山大地震。地震的时候，王逵正住在北京医院的院内，地震的摇动使她惊醒了，她匆忙从家里跑出来。她想到了新北楼的主任、支部书记耿德章不在医院，副主任顾承敏也不在医院，自己是党支部的副书记，得把病房的事情管起来。

王逵马上赶到了新北楼，她叫上了十几个工人，从四层楼搬床垫子，一直搬到地下室内，因为新楼的地下室是抗震的。他们把搬到地下室的床垫子铺好，就把病人安顿到这里。但当她去请陈云也到地下室的时候，陈云无论如何也不愿意到地下室去，他说他就在一层待着。这时，绝大多数住院病人都转移到了地下室。

病人安顿好了，王逵又想到心电图的设备还在老三楼里，她当时脑子里没想别的，就觉得这套设备特别贵重，必须把它拿出来。于是，她就带着护士长孙茜英等，又跑上楼，她还四处检查了一遍，看还有什么重要的设备仪器，也一块儿搬出来。

没想到她们刚跑上三层的时候，就赶上了一次余震，整个楼又晃动了起来。幸亏余震也不算厉害，她们平安无事地下了楼。后来想想，王逵也觉得后怕，因为那栋楼已经比较陈旧了，地震时墙都出了裂缝，她说这么多人跟我上楼，要是被砸在里头就麻烦了。

在这之后，王逵又赶快去安排家属做防御地震的工作，又动员医院的员工在新北楼的楼门口搭防震棚，以便晚上能在里面躲避。王逵记得那一天正下大雨，她和当时的北京医院副院长、中国著名的外科专家吴蔚然打着伞，去看防震棚搭好了没有，防震工作安排得怎么样了。

个别家属见副院长和王通来了，直对他们抱怨，说你们把我们的亲人都派出去了，结果这边也震上了，家里都没人照应了。因为在地震后，北京医院也派了部分医务人员去了唐山，参加那里的抗震救灾。王通说他们当时也没有办法，只好听着家属们发牢骚。

那次大地震过后，就老有传闻说还有余震，但一直也没有准消息。一天，中共中央办公厅警卫处突然通知北京医院，说是当天晚上还有较大的地震，要北京医院做好准备。王通赶紧去医院的新北楼，安排所有的病人如何度过当晚的地震。

她通知说："今天晚上不能在病房里，以防房屋倒塌被压在里面，都得到院子的空旷处过夜。"当时，住在新北楼年纪大、地位高的首长，有陈云和张鼎丞，他俩当时都是全国人大常委会的副委员长。

陈云和张鼎丞，一个六十多，一个快七十了，让他们整晚上在外面，王通和医院方面都感到于心不忍，可从安全的角度出发，辛苦一点总比发生不测好啊！

王通怀着为难的情绪去说服陈云，陈云像上次一样，坚持要留在病房里过夜："这栋新楼不是能抗八级地震呢吗？干吗还非要我们到外面去？"王通说："抗八级也不成，警卫处这样通知我们的，我必须得严格执行。否则，万一出点事，医院方面可担不起这个责任。"

有关方面为预防年岁大的领导人夜间在室外受凉染病（特别是当天白天下了雨，夜间说不定还有雨），就想了一些办法，让陈云和张鼎丞在小轿车里休息。

于是，那一夜，陈云和张鼎丞是在小轿车里度过的。而王通则陪着新北楼里的其他住院病人们，在医院的露天小花园里，坐在椅子上，度过了那个难忘的夜晚。

那一晚，并没有出现所谓的较大的地震。第二天，陈云见到王通时说："王通，我说没事吧，你非要我出来，弄得我一夜没休息好。"王通在讲到这件事的时候说："我知道陈云同志本来睡眠就不好，让他整晚上在外面，就更难以入眠。但我宁愿他在没事的情况下批评我，也不愿在意外发生后让我追悔莫及。"

如今，你还能在北京医院的门诊大楼里看到王通的身影，如果你有幸成为她的医疗对象，你就能感受到有如是经历的那一代医务工作者身上透射出的温暖和关爱。

第六章

五进中南海的医疗保健总管

——记"文革"后第一任中央保健局局长王敏清

王敏清近影。

　　也许是旧史读得多的缘故，说到负责国家政权最高层人物的医疗保健者，笔者便不由得想到已经尘封久远的"御医"一词，同时朦胧地觉得在这个位置上的人，总与从医世家有着千丝万缕的渊源。

　　但在采访"文化大革命"后的第一任中央保健局局长王敏清时，笔者却得知他祖上似乎并无什么行医之人。王敏清的爷爷，是山西南部乡村的一个劳苦农民，他的父亲，是 20 世纪 20 年代初即投身革命的共产党人。

然而，20 世纪初，处于外强凌辱、内政腐朽的旧中国，在一些热血爱国的青年人中，又流行着这样一句口头禅，叫做"大医医国"。如果投身救国革命，即算是对弊政群集的国家加以医治的话，王敏清的家庭，也可谓从父辈起便同"行医"沾上了关系。或许这样联系有些牵强，但这的确对王敏清后来成为党和国家最高层人物的保健医生，乃至人格的塑造和一生的遭际，有着非同一般的影响。

同王敏清交谈愈深，愈能感受到他受父辈风节影响之深。笔者以为，倘若对他的人生的叙述和阐释，没有事关他父辈的章节，那将显得残缺和乏力。正像他所说的："我的人生道路的选择，我这不太寻常的经历，都与我的家庭、我的父亲相关。"

1 他组织了对方志敏的营救／爱国将领吉鸿昌，通过王世英恢复了与党的关系／延安时期，风闻毛泽东要和江青结婚，王世英领衔上书劝谏／

京剧《女起解》中苏三的一个唱段，使天下华人都知晓了山西省有个洪洞县，同时洪洞县也几乎成了冤狱的代名词。王敏清的父亲王世英，就出生在那里的一个非常贫困的庄户人家。为了摆脱受人压榨和盘剥的命运，长辈和亲戚们勒紧裤带，把王世英送进学堂。

1921 年，高小毕业的王世英，考入了太原国民师范学校。同当时多数热血青年一样，在得现代风气吹拂之先的新式学堂，暗中传递的《新青年》、《向导》、《唯物史观浅说》等进步书刊，把王世英带入了一个崭新的境界。"学而优则仕""衣锦还乡"，对他失去了诱惑，代之涌动襟怀的，是"天下兴亡，匹夫有责"。

在中共地下党和进步思想的影响下，王世英积极投入了反对旧军阀统治的学生运动，并因此被学校开除。为逃避军警的搜捕，王世英逃到了河南开封，加入了胡景翼的国民第二军。

胡景翼是因将末代皇帝溥仪赶出皇宫而赢得时誉的冯玉祥的部下，他本人也倾向反封建的革命，故而军中容留了不少中国共产党人。经刘天章、高维翰介绍，王世英加入了中国共产党。

可好景不长，因胡景翼突然病故，第二军中反共势力嚣张，中国共产党人再难栖身军中。王世英被迫南下。在广州，他考入黄埔军校，成为第四期学员。"文化

1928 年，王敏清的父亲王世英（左二）在参加中共领导的皖北暴动前夕。

大革命"期间一度被定为毛泽东接班人的林彪，与他同在一期。

国共分裂后，王世英几度与组织失去了联系，但他又一次次找到了党组织。自 1931 年始，王世英受中共中央委派，打入敌人营垒，在上海、南京一带从事情报工作，并成为杰出的领导者。

1931 年至 1935 年间，他组织了对被捕的赣东北革命根据地和红十军领导人方志敏的营救。当时已经拟订了计划，组织了人员，准备好了从水上劫狱的木划子。可惜还没有来得及付诸实施，方志敏就遭到了杀害。

为了配合中央苏区的反围剿作战，扰乱敌人的后方和运输线，王世英亲自前往江西德安专区，商请同情共产党的国民党专员莫雄相助，并部署了炸毁南浔路途中的德安铁桥和南昌飞机场、油库等一系列行动。一切准备就绪后，行动人员随即到位，可中央红军却由于第五次反围剿失败，开始战略转移，整个行动失去了意义，遂终止了计划的实施。

那是环境极端凶险的白色恐怖时期，可王世英仍千方百计地和国民党内部与蒋介石有矛盾或同情共产党的将领发展关系，通过自己做工作，使他们做一些有益于中共的事情。

王世英还使许多因形势骤变而同中共断了联系的知名人士恢复了与中共组织的关系。例如，著名爱国将领吉鸿昌，就是通过王世英的联系，在 1934 年恢复了党的关系的。也是王世英代表中共的中央局，指派吉鸿昌返回天津，筹组反帝同盟的。

在上海的中央局遭到国民党特务的毁灭性打击之际，王世英领导的中央局军委系统，曾一度代管了临时中央局的工作，坚持白区斗争。直到王明、康生从莫斯科发出指令，指示上海不再保留任何中央机构，他才率中央局人员从上海转移到天津。

1938 年，王世英奉调进入延安后，听到毛泽东将与改名江青的原上海电影演员蓝苹结婚的传闻，感到非常吃惊。四年前，蓝苹在上海沪西的兆丰公园同共青团中央的交通员接头时被捕，王世英曾布置过对她的营救。

1936 年王敏清（前右）
与父母在上海。

在营救过程中，王世英得知蓝苹在看守所的表现并不是太好。此后，上海的报端一再披露有关蓝苹的花边新闻，给他留下了不佳印象。

已经在中国共产党内确立了领袖地位的毛泽东，与蓝苹这样的女人结婚，势必会对党的事业和领袖形象造成负面影响。这个意念缠绕得王世英寝食难安，于是性格耿直的他，起草了一封反映江青历史情况，劝谏毛泽东不要与江青结婚的长信。

信写好后，王世英又动员了一些曾在上海从事地下工作的知情者，在他写的信上签名按手印。王世英的名字排在第一个，接着是陈雷、南汉宸、谢祥荫等。然后，王世英亲自把信交给了当时的中共中央总负责人张闻天。

在许多言及毛泽东与江青婚姻的文章和书籍中，都提到了坚决反对毛泽东和江青结合的代表是张闻天。

叶永烈的《江青传》中写道："最为激烈的反对者是张闻天。他认为，贺子珍是一位优秀的中共党员，有着光荣的斗争历史，又经过长征的艰苦考验，多次负伤，应该受到尊重。"

但他没有写明张闻天持反对态度的另外一些缘由，即江青不甚清白且非议颇多的历史，而当时提供这方面翔实证据的，就是王世英。张闻天所代表的，是包括王世英等一批中共干部的意志。

2 康生将周峻烈已经承认自己是特务的材料，给了王世英／康生质问王世英"有几个脑袋"／毛泽东打牌时的寥寥数语，使王世英免去无妄之灾／

1942年的"整风运动"开始后，王世英又因为上书反对"抢救运动"而再度成为延安的知名人物。他在《关于请求中央纠正抢救失足者运动过左问题的报告》中，指出以逼供信方式抢救失足者，导致了大批好人受到诬陷和迫害的不良后果。

在这份报告中，王世英还以自己的党性，为已经定性为特务的童陆生、余宗彦、魏巍、周峻烈等人，据实进行申诉。

他将报告交给了毛泽东、刘少奇和运动的负责人康生。康生看了报告后，立即写信给王世英，要他把自己的党票收好，不要乱保这个保那个。他还将周峻烈已经承认自己是特务的材料，附在了信后。

王世英翻开康生送来的材料，发现专案组仅仅因为周峻烈是四川安岳县人，与国民党中统特务头子康泽是同乡，就怀疑他是康泽派到延安的特务。周峻烈经不住审讯逼迫，只得承认自己是特务。他还招认说他在 1935 年，出卖了国民党肖之楚军 44 师中已经发展为共产党员的一位旅长和一位团长。

看罢这份材料，王世英更坚信这是个冤案。因为王世英清楚，1935 年出卖 44 师内中共党员的叛徒叫吕渭鳌。此事发生后，就是王世英亲派张庆炎和周峻烈，火速赶往 44 师抢救在该师的中共党员的。令人惋惜的是，他们迟到了一步，几位中共党员已经被捕了。

为此，王世英又专门给康生写了一封信，讲述了事情的来龙去脉，并指出周峻烈在此前根本就不知道 44 师中共党组织的事，他怎么能出卖？周峻烈认罪，纯粹是逼供所致，"照你们那样的办法，什么人也受不了。"

康生对王世英坚持己见非常恼火，他在中央学习委员会上，指着王世英的鼻子大骂他是"大自由主义者，想逞英雄"，"成天保这个、保那个"，"你王世英有几个脑袋？"不久，延安根据地内便传出了王世英和孔原是大特务的流言。

王世英知道这是康生搞的鬼，做好了挨整的准备，但隔了一段时日，并不见有动静。一天，毛泽东突然派人来请他去打麻将。王世英怀着满腹狐疑，走进毛泽东住的窑洞，发现任弼时、康生也在座。

毛泽东一见王世英的面，就打招呼说："我们的大老实人来了。"娱乐间，毛泽东问王世英："听有人说你是特务？"王世英坦然答道："主席，说什么都可以，过十年后再看。"

毛泽东说："你这个态度很好，真金不怕火炼！"后来，还是毛泽东亲自纠正了"抢救运动"过火的状况，并对受迫害的干部甄别平反。

"这就是我那刚正不阿、襟怀坦荡的父亲。我们这些孩子，都受到他的强烈熏染。"王敏清以此暂时结束了关于他父亲的故事。

3 5 岁就参加革命的老资格／"见到特务，不能看这儿，不能摸这儿……"／"你再也不用改名字了，永远叫王敏清了。"／中共中央的领导们看到照片，觉得这些娃娃太苦了／

和父亲相比，王敏清"参加革命"的时候就显得年轻多了。20 世纪 30 年代初，王世英在上海从事地下活动时，为了便于工作和掩护，他和同是中共地下党员的李果毅扮作假夫妻。久而久之，在志同道合、生死患难的战友情谊之间，又增生了一重两情依依的爱恋。后来，他们结成了真正的伴侣。

王敏清对笔者说："每当我看《永不消逝的电波》这部电影时，就会想到我自己的父母，以及我亲身经历的幼年情景。"随着地下斗争环境的日益险恶，王世英觉得以夫妻身份活动，若身边有个孩子的话，更不容易引起怀疑，遂将在故乡一直由家人抚养的王敏清，接到了上海。

刚到上海时，王敏清不过是三人家庭的一分子。但没过多久，他就进入了"革命"的角色。为了安全地传递情报，王世英、李果毅有时外出，就带上王敏清，并把情报藏在他身上，以躲过街头密探、巡捕的搜查。

后来，王世英夫妇还经常把密电码和重要文件缝在王敏清的衣服里面。这样，即使敌特到家里搜查，翻箱倒柜，也会因王敏清在外面玩耍而一无所获。

王敏清（右一）和父母在赴延安途经西安时留影。

时间长了，王敏清也知道了自己身上的分量，他会拍拍缝有密件的地方，对父母说："见到特务，不能看这儿，不能摸这儿，要像平常一样玩。"那时，他才四五岁。父母看着这早熟的孩子，这过早承担起风险的孩子，心头便泛起极为复杂的情愫。

翻看着早年跟随父母在上海、天津拍的照片，王敏清说："那时穿得还挺像样的，可衣服里面，就常夹有秘密文件和情报。每当有同志被捕或发现特务跟踪时，我们就得搬家。而每换一处新地址，我们就要改名换姓。这种事情很经常，我甚至以为搬家就必须改名呢。所以，在后来去延安的路上，妈妈对我说：'我们要回延安，回我们自己真正的家了，你再也不用改名字了，永远叫王敏清了。'我感到一种从未有过的、摆脱了压抑的松弛和激动。"

到延安那年，王敏清9岁，他被送进了延安保育院小学。在延安保小就读的，都是真假烈士的子女。所谓真烈士的子女，就是父亲或母亲已经为革命牺牲了的孩子，如罗亦农的儿子罗西北、刘伯坚的儿子刘虎生等；所谓假烈士的子女，就是像

王敏清珍藏的延安保育院小学的集体合影，由来访的新西兰友人路易·艾黎拍摄。

王敏清这样的孩子，虽然父母在世，但有的在前线作战，有的在白区斗争，都不在身边；而且说不定哪一天，有的假烈士子女，就可能变成真烈士子女。

延安的学习生活，给王敏清留下了很深的印象。他说从入学以后，夏季就再没有穿过袜子；衣服没有不打补丁的。上课没有教室，就在树上挂一块黑板，学生席地而坐。练字就拿个小木棍子在地上练。

讲到此，王敏清又翻出了一张 1939 年他们在延安白家坪拍的照片，是当时到延安的新西兰人路易·艾黎为他们拍的。照片上有百十来个孩子，在教员的带领下，排列在黄土坡上。

王敏清指点着告诉笔者："这是罗西北，这是曾宪林，这是项英的女儿项苏云，这是贺光辉、林汉雄。当时是夏季，我们大都光着脚，只有几个穿草鞋或绑着破布鞋的。你看，白上衣、灰短裤倒还挺像样，那是为了拍照片新发的。"

这张照片后来给中共中央的领导们看到了，觉得这些娃娃太苦了，就设法弄了些营养品给孩子们送去。"我们受到老一辈很好的照顾，延安的成年人，比我们还要艰苦得多。"王敏清说。

保小毕业后，王敏清又上了延安自然科学院附属的延安中学。在延中，17 岁的王敏清入了党。

笔者曾在一部回忆录中，看到一篇他在延安中学时写的作文《他们把时间看得非常宝贵》，这大概是作为范文被保留下来的，可见他当年的学习成绩不错。

在这篇作文里，王敏清记述了一批延安青年，是如何从动辄"明月，映暗了繁星，葵花也用着崇高的微笑放着芬芳的香味，我为这伟大的今天趁着晚间的太阳行走着"，成长为能写流畅报告的革命工作者的过程。

4 "你是今年春季以来考试成绩最好的一个。" / 被分配到了负责党和国家领导人医疗保健的中央保健局 / 康生向医院方面提出了好几个"不见"，但说王大夫可以来 / "要我说，他犯的纯粹是政治病。" /

1947 年春，胡宗南进攻延安时，王敏清随中国人民解放军总部撤到了山西。到潞城时，正逢北方大学医学院（即白求恩医科大学前身）招生，当时的院长是后来出任卫生部长的钱信忠。

王敏清懂事不久，就因常看着体弱多病的妈妈为革命奔波，而萌生过学医的念头。他觉得为人民服务必须掌握一些实际的技能，否则就是空谈。医学院招生时他抱着试试看的心理，前去投考。

刚刚考完，教务处长张润苍就问道："你下午能来吗？""能啊。""那你下午就来报到吧。""不是要等几天才发录取通知吗？""我们已经决定录取你了，你是今年春季以来考试成绩最好的一个。"

王敏清学的是军医科，新生被编排在六区队。但没学几天，校方就通知他跳一级，直接学习专业。一年后，随着战事的发展，前线急需医务工作者，王敏清便和比他高一年级的学员同时毕业，分配到华北军区第一野战医院。

当时的华北军区第一医院，已经全力投入临汾战役的医护工作，王敏清被派往前线医疗所。他说："战地医疗所紧靠着战场，受伤的战士先抬到我们这里做些紧急处置，重伤员被送往后方医院。"

临汾战役结束不久，更炽烈的太原攻坚战又开始了。哪里有战斗，哪里就有野战医院，王敏清又随医院开赴太原前线。一年多解放战争战火的洗礼和磨砺，使他的医术提高了，政治方面也更加成熟。

北平刚解放，他作为军管会的成员，接收原国民党陆军总医院。这时他才20岁，是总医院最年轻的军管会成员，又是最年轻的内科医生。如此发展下去，工作驾轻就熟而且顺当。但王敏清觉得：自己仅在医学院受了一年多正规训练，就匆匆结业从事临床，基础太不扎实，系统学习的课一定要补上。

1950年，王敏清进入山西医学院学习。毕业那一年，他是被医学院挑选出赴卫生部报到的四名优秀生之一。

1954年8月，他由卫生部分配到了负责党和国家领导人医疗保健的中央保健局，又由中央保健局分配到负责党和国家领导人医疗的北京医院。

王敏清对笔者说："一到医院，院长计苏华就和我谈了话，然后安排我到三楼西当住院大夫。"计苏华是医术高超的老资格，后来在"文化大革命"期间被逼疯，死得很惨。

"和我分在一起工作的有沈瑾，负责带我们的有主治大夫赵夷年、内科主任吴洁。吴洁是当时给中央领导人进行内科治疗的最高级专家，他曾任北京医院前身德国医院的院长。那天中午吃饭时，我分明地感到人们都用异样的眼光看我，并窃窃私语。我起初对此不解，后来才知道，三楼是北京医院最高级的病房。到这里的医生，都要经过一定时间的医术和其他方面的考察；而我刚毕业就分配到这儿，因此，引起人们的各种猜测。"

王敏清初到北京医院时，康生恰好也住在医院内的七号楼养病。笔者曾听一些知情者说过，建国后一段时期，康生被毛泽东冷落，中共许多领导大多熟知其整人善变的习性，同他疏远，所以他一直称病韬晦、深居简出，而且患了很重的精神病。

笔者问王敏清："你分配到北京医院是否正逢那段时间？"

"就是那个时候。当时康生的病情好像挺严重，有幻视、幻听的症状，明明窗明几净，可他偏说有壁虎在爬动；还总说书橱里的、写字台上的书在晃动……他还怕有大的动静，怕见人。当时，除了曹轶鸥外，只让护士照顾，谁也不能打扰他。"

王敏清说，当时康生向医院方面提出了好几个"不见"：不见医生、不会客人……但他得知王敏清到北京医院工作后，便又后加了一句：王大夫可以来。

"文化大革命"前，王敏清的父亲从未对他透露过自己同康生的龃龉。因此王敏清只知道康生同他父亲共过事，很熟悉，且多次到他家中看望过他父亲。所以王敏清去七号楼看过康生。康生那时对王敏清挺客气，很关心，还为他写过几幅字。可当年王敏清对书法没什么爱好，结果都遗失了。

"我同他见面时，他的谈吐、举止都很正常，字也写得很好。所以要我说，他犯的纯粹是政治病。"王敏清这样分析当时的康生。

5 用自行车驮着自己的全部家当，进了中南海／最初的保健对象是陈伯达、陆定一、杨尚昆、胡乔木／舞曲终了时，王敏清发现他正好和毛泽东面对面／

就在王敏清到北京医院工作的那年年底，卫生部中央保健局副局长黄树则找王敏清谈话。他对王敏清说："组织上决定调你进中南海保健组工作，这是个很光荣又至关重要的岗位，现在征求一下你个人的意见。"

自幼年不知不觉"加入"革命行列，到上学、做军医，王敏清对面临的一切似乎从未闪现过畏难和犹豫。延安精神的熏陶，父亲人格力量的影响，使他根本就不知道什么叫患得患失。作为一个中共党员，对组织的决定，他向来没说过二话。王敏清没有多加考虑，干脆地答道："我服从组织安排。"

1955年初，王敏清就把自己的全部家当，捆在自行车上进了中南海。初进中南海时，他住在勤政殿的东边，距离毛泽东居住的菊香书屋不远。中南海保健组，

王敏清（站立者左一）和在中南海工作的医务人员。

又称中央办公厅警卫局的保健处，他们在中南海里就归中央办公厅警卫局领导。

王敏清刚到保健组时，保健组里共有六位医生，他们是：刘少奇的保健医生顾承敏。周恩来的保健医生周尚珏。朱德的保健医生翁永庆。毛泽东原来的保健医生王鹤滨刚刚离开保健组，到苏联学习去了，曾任北京医院院长的周泽昭就代管了一段毛泽东的医疗保健事宜，但他不属于中南海保健组成员。还有一位医生徐涛，他主要的任务是照顾身体不好的江青。顾英奇医生没有固定的保健对象，机动，后来他接替了翁永庆。还有一位医生是巫鸿坤，负责公共环境卫生。

王敏清刚去时也是机动。所谓机动，就是不专门负责某一个人，而是哪儿需要就去哪里。主要是重要会议（如中央政治局会议）、重要活动（如五一、十一观礼，还包括看节目）的值班；领导人外出（出巡、出访）期间的医疗保健。同时他还负责杨尚昆、陈伯达、陆定一、胡乔木等人的医疗保健工作。

说到机动的工作，王敏清对笔者说："那时怀仁堂时常演节目，中央领导人观看时，我们要有人跟随值班。我们在怀仁堂里有专座，一旦发生什么事情，领导人的随身警卫和工作人员很容易找到我们。"

王敏清说他对一般的演出兴趣不是很大，但对京剧却可称得上着迷上瘾。他说那是在延安看《打渔杀家》、《三打祝家庄》、《逼上梁山》看上瘾的，当年头脑中甚至闪过到延安平剧院当演员的念头。恰好中南海保健组里的人对京剧都缺乏欣赏热情，甚至觉得看戏是受煎熬，所以每当演京剧时，王敏清就把值班的任务全包揽了。

"听许多前辈讲，延安时期领导和群众间等级观念是最淡薄的，所以见中央领导人，机会比较多，也比较容易。我想您在延安大概就见到过毛泽东，但那种'见'和在毛泽东身边工作的'见'，感受也许不尽相同，而且此时见面，可能会发生对话，印象会特别深。"笔者说。

"的确如你所说。在延安我就见过毛泽东，有时在一起看节目、看戏，相距都不算远。刚到中南海工作时，我首先要做的是熟悉环境、熟悉服务对象的情况。到春耦斋、怀仁堂、游泳池等处转悠，认认各位领导人的门儿，同各位领导人的夫人、秘书、警卫人员建立联系，了解有关情况，以便于开展医疗保健工作，并经安排见领导人。在中南海里走动，总有机会看见毛泽东，但一直没有说过话。"王敏清说。

王敏清说他到中南海后第一次和毛泽东面对面讲话，还是在一次舞会上。当时，春耦斋每周举办一两次舞会，毛泽东、周恩来及其他党和国家领导人，为解除紧张工作的疲劳常常到场。保健处也要派人值班，以防万一。在春耦斋的舞会上，保健人员有时也会上场活动一下。

"有一次跳舞，我和舞伴跳到毛泽东身边时，舞曲骤然终止，我正好和毛泽东面对面。我看着他，也不知是该向他问候呢，还是离开。毛泽东先开口了，问我叫什么名字，在哪个部门工作，从哪儿调来的。我回答说：我叫王敏清，在保健处工作，原先在北京医院，刚刚调来不久。说着话，毛泽东还和我握了握手，当时我十分激动。"

6 1955 年夏季，王敏清经常和毛泽东在游泳池"会面"／哨兵立即冲进屋里，及时把他们三人救了出来／在西湖畔，王敏清受到毛泽东"表扬"／

1955 年夏，王敏清见到毛泽东的机会多了起来。"毛泽东喜欢游泳，在北京时常常去中南海的游泳池，我这个机动医生跟随值班的机会也自然更多些。那时的毛泽东身体好，水性也好，因此没发生过什么意外情况。我们只是做些点点眼药，处置一下耳内的积水，有时观察一下血压、心跳之类的工作。"

夏过秋来，秋去冬至，王敏清接到通知，到杭州毛泽东和江青住地做医疗保健值班。他遂前往杭州，住进了西湖之滨的汪庄。1956年初的杭州，超乎寻常的寒冷。可毛泽东的脑海里，正酝酿着推动中国农村社会主义运动的更新热潮。

这年1月，毛泽东主持编辑、并亲自写了序言和大量按语的《中国农村的社会主义高潮》一书出版。本来，毛泽东认为中国农村合作化的任务相当艰巨，也许需要花费较长的时间，没想到仅用了六年左右就顺利完成了合作化的过程。有着"不断革命"强烈意念的毛泽东，随之萌发了最终招致不良后果、急于"并社升级"的进一步跃进的思想。

在王敏清住进汪庄的那段日子里，毛泽东在杭州召集陈毅、柯庆施、谭震林、廖鲁言及辽宁、山西、陕西、甘肃、四川和华东五省、中南六省的省委书记，对由他起草的《农业十七条》进行补充和修改，形成了《农业四十条》的初稿，并拟出了从1956年至1967年的十二年农业发展纲要草案。

当时的汪庄招待所里还没暖气，气温骤降时，靠燃炭火取暖。一天，寒流袭来，加上南方的湿冷令人难以忍受，晚上王敏清和徐涛把燃着木炭的火盆端进屋里，便匆匆就寝。

护士魏琳在王敏清他们屋里的电话旁，等着罗瑞卿通知她去做治疗的电话。午夜过后，电话铃响了，魏琳刚拿起电话听筒，就因煤气中毒摔倒在地板上。

魏琳倒地时，碰翻了火盆，引起地板着火。摔倒声与满屋烟熏惊醒了王敏清，还没清醒过来的他感觉出了事，迷迷糊糊地去推门，可门被卡住了，只能推开一点小缝。然后，他把昏迷的魏琳抱到另一张床上，就在这时，他也因煤气中毒支持不住昏倒了。

屋外的哨兵听见屋里连响数声，又有烟从门缝里冒出来，感觉情况有异，立即冲进屋里，及时把他们三人救了出来。

清醒之后，王敏清才知道发生了什么事。天亮时，王敏清感到头痛得厉害且浑身无力，但想到早饭后例行的随毛泽东散步，便强忍着疼痛来到西湖边。

毛泽东显然已经知晓夜里发生的事故，见到王敏清走来，便操着浓浓的湖南口音，打趣他说："两个医生煤气中毒，应该表扬。"在场的秘书和警卫人员听了，都呵呵地笑了起来。

保健医生们没有保护好自己，造成了不太好的影响，王敏清内心自责不已。

毛泽东以幽默的口吻，提醒他们对此引起重视，这使王敏清感到一阵温暖。

7 杨尚昆虽然有一些慢性病，但都不是什么严重的病症／杨尚昆的茶杯里有"秘密"／王敏清"轻慢"了陈伯达／陈伯达非要护士小宋照顾他的儿子／

从进中南海，到 1957 年回北京医院参加反右运动，王敏清在中南海保健处除了机动之外，还主要负责杨尚昆的医疗保健工作。

"杨尚昆的身体情况好像一直不错吧，他有什么经常要医治的病吗？"笔者问。"杨尚昆的身体情况应该说是相当好的，他虽有一些慢性病，但都不是大病。他时常犯的病是低血糖、结肠过敏（拉肚子），还有就是因吸烟太厉害导致的慢性气管炎。"

"作为中央办公厅主任，他的工作头绪比较多，也比较忙碌，晚上经常工作到 12 点多钟才能休息；而且时常因为工作过于劳累而打乱饮食规律，如外出活动无法按时吃饭，引起低血糖症状。我有几次见到他心慌、无力、脸色煞白，晕倒了。"

针对杨尚昆的这种病症，王敏清经常提醒他工作生活要有节奏，要注意劳逸结合，避免过度劳累。同时还对他提出饮食方面的注意事项。最初，他还建议杨尚昆

王敏清出任"文化大革命"后的第一任中央保健局局长，又多次亲理过杨尚昆的保健事宜。这是他（右）同杨尚昆（左）在北京玉泉山。

的秘书或警卫随身带上一些糖块，在必要的时候给杨尚昆吃，补充一些糖分。

可后来，王敏清经仔细观察发现，杨尚昆并不怎么吃糖。原来，不能按时吃饭往往是因为谈话或开会，有时和毛泽东等领导人在一起，在这种情况下剥糖吃很不合适。于是王敏清又想了另一种办法，再逢开会或会谈，就自己带一包葡萄糖，必要时就冲一杯葡萄糖水，让秘书或警卫端给杨尚昆。开会和谈话中间，秘书或警卫递杯茶水是很自然的，喝时也不必再有顾虑。如此一来，杨尚昆低血糖症状的发生率就少多了。

回忆自己从事高层领导人医疗保健工作的生涯，王敏清说："我跟随时间最长的，就是杨尚昆。第一次进中南海，主要保健对象中就有他；第三次进中南海，虽说主要对象改为邓小平，但仍兼顾他；1964年，杨尚昆下放陕西一年，我也跟着他去了一年；'文化大革命'以后我五进中南海，还经常参与和过问他的医疗保健工作。"

王敏清说，和杨尚昆长久接触，感受最深的是杨尚昆好相处，待人接物平易随和，没有一点儿架子。在医疗保健方面，他从不主动提什么要求，总是力求从简，尽量不麻烦医务人员。

那时，中央党政领导人每年都要做一次全面体检，还根据每个人的不同情况，每半年进行一次重点项目的检查。杨尚昆的例行检查包括胸部透视、心电图、胆固醇、肝功能、钡餐胃肠造影、糖耐量试验、血糖等等。每次检查前，王敏清都要与杨尚昆讲述检查的项目和作用，并根据他的工作活动情况，具体安排检查的地点和时间。

每到这时，杨尚昆总是说自己的身体不错，不必检查了；或说某项某项检查做过了，这次就免了吧。经王敏清再次阐述一遍检查的必要性，他才遵从医嘱。

同杨尚昆的不太关注自己相反，陈伯达在医疗保健的事上显得有些斤斤计较。陈伯达那时的身体状况也不错，例行检查一直没有发现有什么病症，但他却经常要保健医生去看望他；提出各种各样的要求。

有一年例行检查期间，王敏清将他负责的陈伯达等领导人的检查时间都作了安排。可不久，杨尚昆的秘书通知王敏清，说杨尚昆下个星期要出国访问。一般来说，访问前需要体检。由于医院床位紧张，王敏清就安排杨尚昆提前住院检查，而将原先安排陈伯达住院检查的时间推迟了几天，因为当时陈伯达也没有什么紧急情况。

不料，此事被陈伯达知道后，大发雷霆，质问王敏清为什么把他的检查挪到后头，而让杨尚昆加在他前面，言下露出对他有轻慢之意。王敏清向他解释后，他依旧耿耿于怀。

后来，杨尚昆听闻了此事。他对王敏清说："我身体挺好的，你何必让他生气呢。"王敏清说："我这是从需要出发，问心无愧。"在对待体检一事上，两人的态度反差竟如此之大，使王敏清感触颇深。

还有一次，陈伯达的孩子患麻疹，因为麻疹的治疗重点是护理和防止并发症，于是，王敏清决定调一个护士每天去料理一下。

而陈伯达非要将平日跟随王敏清、同时还负责其他领导同志保健的护士小宋留住他家，天天守护他的儿子。在陈伯达的一再坚持下，王敏清只好让小宋去照顾他的孩子。

8 卫生部副部长傅连暲对王敏清说，为江青找保健医生很不容易／王敏清觉得父亲好像有难言之隐／江青心血来潮提议和身边工作人员共同进餐／为了陪江青吃一日三餐，她身边的工作人员不得不一日七餐／

1957 年春，"反右"斗争日益高涨，中南海保健处的医生全部被调回北京医院参加运动。但王敏清等人仍在医院的保健办公室，从事领导同志的保健工作。

到了 1959 年冬季，中央一些老同志陆续前往温暖如春的南方休养。北京医院保健办公室副主任力伯畏通知王敏清，要他护送廖承志的母亲何香凝去广州。

到了广州，王敏清同广东省卫生厅负责保健的人员交接完工作，正准备返京，当时一方面在广州休养，一方面又坐镇广州，主持保健工作的卫生部副部长傅连暲，要王敏清去见他。

一见面，傅连暲就对他说："徐涛大夫要调离江青同志处，而江青同志的身边仍需要保健医生，组织上经过反复考虑，认为你去比较合适，江青同志也同意，希望你能承担起这项工作。江青同志现在广州，你就不要返回北京了。"

"我听后内心十分矛盾。那个时候，在我们看来，在江青身边工作，几乎等于直接为毛泽东工作。而在毛泽东身边工作，是要经过反复筛选和一定时期考验的，这是很高的荣誉和极大的信任。在那个时代得到这样的荣誉和信任，内心没有几分激动那是谎话。但我毕竟在中南海保健组工作过两年，和徐涛也很熟，知道江青不好伺候。徐涛曾几度被江青斥责、赶走，只是因无人替代又几度返回。我想徐涛比我年长，资格比我老，经验比我丰富，连他都难以胜任的话，我更不能轻松了。"

当即，王敏清婉转地谈了对担任江青保健医生有些为难的想法，傅连暲说："你也知道，找一个适合这工作的人多不容易。你在保健处工作过，业务上胜任，人又都熟悉，还是把工作接下来吧。"王敏清仍然犹豫不决。

从傅连暲处出来，王敏清就找到也在广州休养的父亲王世英征求意见，没想到在中央苏区就当过毛泽东保健医生的傅连暲，同自己的父亲是老相识，他早已同王世英谈过了此事。

王世英的心情，比儿子的更复杂。他从内心讲是不赞成儿子做江青的保健医生的，可又不便在毫不知情的儿子面前，翻江青的老账，使党主席夫人的形象受损。他只是让王敏清慎重掂量，如果接过工作，就要全力以赴地做好。

王敏清隐约感到父亲讲这些话的时候，好像有什么难言之隐，但他实在想不到父亲当年曾上书党中央劝阻毛泽东和江青结婚。最后，王敏清接受了组织的决定。他预想到工作可能较艰难，可能会受些委屈，但一切看在毛主席的份儿上，为让毛主席减轻些生活方面的负担和搅扰，自己就尽量克制吧！他抱着遇事忍三分的态度，接受了此项任务。

王敏清确定当保健医生后和江青的第一次见面，是在广东省委东山招待所小岛二号楼。初次见面，江青对王敏清很客气，她坐在沙发上，让他坐在她旁边的沙发上，并吩咐服务员给他沏茶。后来，王敏清了解到，在江青身边工作的人员，能享受在江青住所中同她平坐在沙发上的待遇的人极少。

1948年11月攻打太原时，王世英与王世杰（左一）及王敏清（左二）、董宝云（王敏清之未婚妻）摄于山西榆次。

"我刚接手工作时，江青身边的服务人员有七八个：殷曼丽、程美英、李强华三位护士，负责医疗护理方面的工作；李连成担任警卫，还要负责江青的生活，以及同广东省有关部门的联络；广东省委警卫处干部张荣，也整日跟着我们；还有两位服务员韩芷芬和张淑兰。"

王敏清被安排在二号楼的楼上，和李连成住在一起。楼下是江青白天通常活动的地方。这里的人一再提醒他江青怕声响。他们在室内、在地毯上走也要脱了鞋；同江青说话，声音要轻得只能对话的两个人听见；江青活动范围内的门缝，都垫了纱布或海绵。

一天，江青心血来潮，突然提议以后要和身边的工作人员同桌进餐，说这是为了和群众打成一片。

所有的人都知道江青怕声响，所以和她在一起吃饭的时候，都尽量不发出声音，甚至吃青菜也不敢出声。为了把饭吃得悄无声息，王敏清他们只好顿顿与豆腐相伴。有的护士因为怕嚼出声响，硬把一碗米饭直接吞进腹中，结果导致肠胃患病。

不久，江青也发现，同桌人的菜总是豆腐，还问王敏清："你们怎么总吃豆腐？"王敏清被问得啼笑皆非，只得说，我们喜欢吃豆腐。

和江青同桌不仅没有甘只有苦，而且她一放筷子，大家也得"住口"。长此以往是要影响身体和工作的，于是王敏清他们在陪江青吃完饭送她走后，还得再回到餐厅补吃一顿"自由饭"。这样一来，加上晚间的夜宵，王敏清他们每天要吃七顿饭。外界人还以为他们多享福，而他们的感觉却是受洋罪。

"难道江青自己吃饭时一点儿响声都没有吗？"笔者问。

"江青吃饭的确很斯文，她自己吃饭时确实不发出什么声响。"王敏清说，"我们当时也觉得奇怪，她对许多细小的声音反应敏感，特别挑剔，可是当她听音乐、跳舞、看戏、看电影的时候，那么大动静，她倒不怕了。"

"江青喜欢听什么音乐，都看些什么电影呢？"笔者问。"她听的多是西洋音乐，轻音乐、交响乐；她那时看的影片也多是外国的，是从香港过来的。"

9 专家们上街了，江青突然要王敏清通知下午查体／乍暖还寒的初春，江青寓所周围的园工却光着脚干活／

1960年元旦过后，中央保健局根据江青本人的要求，由局长史书翰带着北京医学院精神科主任教授伍正谊、上海华东医院院长薛邦祺、上海精神病防治院院长粟宗华，聚集到广州，为江青会诊，还临时请来了内科、妇科专家为她检查身体。

毛泽东为了表示对江青的关心，到广州时，让负责自己保健的医生和护士长吴旭君也来协助体检。

"据某医生回忆录，专家聚集的检查是在1961年春。您能肯定是1960年吗？"笔者问。"肯定是1960年，否则我就不会在场了，而且有照片为证。"说着王敏清翻出了几幅1960年他在广州和几位给江青体检的专家合影的照片。"当然那位医生也在场，但他的叙述显然错了。"王敏清补充道。

他们迅速做好了检查的准备，可江青却编织出各种理由，今天有安排，明天不舒服，迟迟不能做检查，让几位重任在身、医务繁忙的权威专家，坐等了一个多月。

春节过后的一天，几位专家说，来了这么久了，成天坐守，也没看看广州，估计今天也检查不成了，便结伴上街去了。可偏偏在这天午饭时，江青突然要王敏清通知专家们，下午可以体检。

王敏清一听就急了，若告诉江青专家上街了，要她变更检查时间，她肯定会大发雷霆，不依不饶；若隐瞒真相，等她午休后不见医生，也没法交代；马上寻找吧，偌大一个广州城，谁知几位专家上哪儿啦？

吃罢饭送江青休息后，王敏清立即同广东省委有关方面商议联系，派人开车在广州城内寻找几位教授。结果出动了不少人，总算在江青起床前，把几位专家给找回来了，王敏清那悬在半空的心这才落了地。

体检中，有几个查血的项目。一般的护士都能胜任抽血，但给江青抽血却让所有的人却步。王敏清对在场的毛泽东的保健医生说："李大夫，你经验丰富，你来吧？"李大夫推托了。王敏清又请毛泽东的护士长来抽，护士长也有些犹豫。王敏清感到只能由他来完成这一"艰巨"的任务了。

江青的血管很细，而且没有暴露在表层，很不好找。给她抽血绝对不能反复进针，或用针头在皮内探寻。王敏清凭借自己干军医的老底子和临床的经验，一针就扎中了血管，快速而顺利地抽完血，在场的人都松了一口气。

乍暖还寒的初春，不时有飘零的落叶洒落在院子里。但由于江青怕声响，负责打扫的园工不能用扫帚扫落叶，只能用手一片片地捡拾起来。有一天，王敏清清晨即起，当他推开窗户，远远望见江青住的一号楼台阶上，一位园工正光着脚，在一片片地捡拾落叶，心里很不是滋味。

　　王敏清到江青身边已经两月有余。最初他以为江青有病，植物神经失调，神经系统紊乱，导致脾气暴躁，心绪烦闷，产生一些乖僻的念头。后来，他渐渐感到这并非仅仅是出于病态，而是她心态扭曲和极端的个人至上的意念在作祟。

10 中央保健局的郑学文处长，突然来到杭州毛泽东的住地／飞机已经发动，江青突然责怪起王敏清、张仙鹏，并把他们赶下飞机／

　　1960 年 3 月至 6 月，毛泽东几度来到杭州。他这几次在杭州，都是在日理万机中匆忙度过的。

　　在杭州，毛泽东召集了华东地区省委书记的会议；主持了有刘少奇、周恩来、陈云、邓小平、陆定一、杨尚昆、柯庆施等参加的中央政治局常委会议；并在此接见了来华签订中国、尼泊尔《两国边界问题协定》的尼泊尔王国首相柯伊拉腊、朝鲜劳动党总书记金日成、阿尔巴尼亚人民议会主席团主席列希。

　　也是在这期间，江青经上海来到了杭州。因为 3 月后的广州，天气开始热了，而且阴雨连绵。王敏清刚随江青到杭州不久，中央保健局的郑学文处长也来到了杭州。她一到就找王敏清了解工作情况。

　　原来，江青向中央保健局告了几次状，说她身边的护士不好好服务，经常惹她生气。郑学文这次是专程来杭州，准备开会批评护士的。王敏清如实地向郑学文汇

1960 年元旦过后，中央保健局局长史书翰带着北京、上海的医学权威专家到广州，为江青会诊。这是史书翰（右一）和专家们与时为江青保健大夫的王敏清（后排右一）在江青的住所合影。

报了工作情况，他解释说，不是护士们不好好工作，而是江青故意刁难人，太难伺候，护士们很辛苦。

因为两边的说辞不同，郑学文一时难下判断，就悄悄地观察了两天，看护士们如何工作。当她也耳闻目睹了江青的无理要求和对护士们有辱人格的责骂后，对王敏清说："护士们太辛苦了，我不忍心批评她们。"最后她一句批评的话也没说，就返回了北京。

在杭州，江青对护士们的态度似乎更恶劣了，特别是对殷曼丽，屡屡斥责。王敏清了解到，殷曼丽已在江青身边工作多年，都二十七八岁了。她同新中国成立后就到毛泽东身边的男护士朱宝贵，恋爱谈了四五年，可平时见面的机会很少，而且几次因江青不放她，耽误了约会，以致朱宝贵怀疑她变心了，还是王敏清和其他医护人员出面证明，才消弭了他们之间的误会。他很同情小殷，在工作中尽量安慰她。

有一天，王敏清又见小殷以泪洗面，而且听到江青对她高喊了一声："你给我滚！"这使王敏清灵机一动。他对殷曼丽说："你明天就回北京吧。""那你如何向江青交代呢？"殷曼丽心中很高兴，可又为王敏清担忧。"医疗保健上的事我负责，这是我职权范围内的事，你放心走吧。"

王敏清立即与浙江省公安厅厅长王芳联系订票，第二天殷曼丽就登车北上了。从此她脱离"苦海"，与朱宝贵结了婚，还读完了医科大学。多少年后，她每每回

曾担任江青护士的殷曼丽和她的丈夫、新中国成立初期担任毛泽东护士的朱宝贵。

忆起那段往事，总是对王敏清感激不尽。

江青得知王敏清竟然无视她的存在，不打招呼就让她身边的护士离开时，非常气愤。她质问王敏清："为什么不和我商量就让殷曼丽走？"

王敏清说："小殷最近总惹你生气，这影响你身体的恢复和治疗，所以我觉得她现在在你身边不合适，先把她调开一段时间。什么时候你想让她回来，再调她回来就是了。"

虽然江青心里依旧忿忿，但一时找不到什么反驳的理由，只得暂时咽下这口气。王敏清知道江青对此绝不会善罢甘休，自己今后的麻烦肯定少不了。

夏季又来临了，毛泽东已经前往北戴河，他让他的卫士张仙鹏到杭州来接江青去北戴河。

飞机从杭州起飞，到济南时停了一夜。一行人在山东省委交际处安排的住所歇息。张仙鹏和王敏清是老相识，很久不见了，便海阔天空地谈笑起来。

第二天登机时，江青面带愠色地对他俩说："你们真有本事，吵吵一夜，我觉都没睡成！"王敏清和张仙鹏认为她是故意找茬儿，因为他们的房间和江青住的房间隔得挺远，而且王敏清在江青身边多时，已被训练出小声说话的习惯，两人都没有搭理她。

飞机已经发动，就要起飞了。江青突然说："你们打搅了我的休息，我不要你们送了。"王敏清考虑作为保健医生，他有责任把江青送到目的地，就说："我们的任务是把你送到北戴河，到那儿见了主席我再走。"

"不要你们送了，你们给我下去！"江青摆出了一副绝不妥协的架势。王敏清、张仙鹏只好走下了飞机。

11 邓小平给王敏清的感觉是不多说话，很稳重／卓琳告诉王敏清，鸡蛋倒是每天煮了，但是邓小平不吃／在朝鲜访问时，康生总和团长邓小平拉开一段距离／

王敏清从济南直接回了北京。离开江青身边，他感到难得的放松。但此事最后如何了结，还悬而未决。他在保健组等了几天，没有什么动静。突然，他接到保健局局长史书翰要他前往北戴河的通知。

毕竟是被江青赶下飞机的，而且王敏清对她善于恶人先告状已经领教，不知保健局领导如何看待此事，他估计也许还要费番口舌，向有关领导作解释。不料，他到北戴河后，史书翰什么也没向他询问，只是每天约他下海游泳、晒太阳、看电影或打扑克。王敏清几次询问史书翰："叫我到北戴河来，是不是有什么任务？"

史书翰总是含笑告诉他："没什么事。"如此这般度过了一个多月。原来，慈祥、心善的史书翰局长是让王敏清来北戴河休息和散心的。老领导对他的情况很清楚、很理解，这使他感到十分欣慰。

从北戴河回到北京后，领导安排王敏清到阜外医院进修心脏和心血管方面的业务。两年后，已是中央保健局办公室副主任的力伯畏找王敏清谈话，告诉他组织决定要他再次进中南海保健组，主要负责邓小平的医疗保健工作。

1962年春季，王敏清第三次进入中南海。他先和邓小平的秘书王瑞林、内勤卫士张宝忠见了面。在这之后，他又经邓小平夫人卓琳引见，去探望了邓小平。

邓小平给王敏清的感觉是不多说话，很稳重，但也不是总绷着面孔，他对周围的工作人员以及医务人员都很和蔼、亲切，生活朴实，特别豁达大度，待人处事宽容，这都给王敏清留下极深的印象。

由于工作的关系，王敏清与邓小平及其家人有了较多的接触，脑海里留下了一些难以忘怀的记忆。在他的记忆中，邓小平一家的生活十分简朴。当年深秋的一天，王敏清向卓琳问及邓小平的起居情况。

卓琳在讲述了一些关于邓小平的近况后，告诉王敏清说，邓小平此刻还是盖一床薄薄的棉被，她边说着边拉开了那床已褪了色的旧被子。卓琳拎起被子，对着窗外亮光看了看，王敏清发现这床棉被不仅很薄，而且还厚薄不均，有的地方都透亮了，可见是床盖了很久的旧棉被。

20世纪60年代的邓小平，身体状况还相当不错，只不过有时出现轻度的低血糖、中耳炎和轻度听力障碍。

王敏清说："偶尔患病时，邓小平很尊重和服从医生的诊断和治疗，嘱咐他吃什么药，就吃什么药；说打针，就趴下打。不像有的病人，你让他打针、吃药，要费很多口舌，要对为什么服药、服哪些药，有哪些作用、副作用等等，作一系列解释，要排除他的重重疑虑。可邓小平从不多问，对治疗很配合。"

有一次，邓小平中耳炎犯了，王敏清在给他滴药时，不留神滴到了耳朵外边。当时王敏清很过意不去，但邓小平却说没关系。"他从不因这些事而责备医务人员。"王敏清对笔者说。

时间久了,王敏清同邓家的大人、小孩都相处得十分融洽。他渐渐感觉到,在他接触的许多人家里,邓小平一家人相互间特别和睦,家庭气氛很浓。邓小平特别爱孩子,孩子们也跟他特别亲近。他的休假时间总安排在孩子们的假期里,以便带着孩子们一起去度假。

因为当时我国经济处于三年自然灾害后的恢复期,整个国家的生活水平都还很低,王敏清考虑到邓小平有时犯低血糖,就建议卓琳多注意邓小平的营养,每天早晨给邓小平吃一个鸡蛋。

过了些日子,王敏清到邓家探视,询问起吃鸡蛋的事。卓琳告诉他,鸡蛋倒是每天早上都煮了一个,但邓小平没有吃,都给小儿子吃了。"他说他看着小儿子吃,比他自己吃还要舒服。"卓琳也无可奈何。

"根据邓小平爱孩子的特点,有些我们不大容易办到的事情,就通过孩子来做。当时邓小平是中共中央的总书记,主持中央的日常工作,非常繁忙。他每天有很长的时间都是在办公室里度过的,而他的业余爱好是打桥牌,和办公一样,也是坐着,所以他的体力活动很少。我们也劝,卓琳也说,让他多活动活动,可效果不大。后来,每当该休息的时候,我们就让邓小平的小儿子连拉带拖地把邓小平拉出室外散步,结果这一招还比较灵。"

由于邓小平的内脏没有病,所以王敏清在负责邓小平医疗保健期间,主要是组织好邓的定期体检,外出时跟随他出差,算是医疗保驾吧!除了国内出差外,他还随邓小平出访过几次,到了朝鲜和越南。

"据我看到的一些资料,为抗美援越作战之事,叶剑英、总参作战部部长王尚荣等曾秘密访越。你们那次访越是否也与此有关?"笔者问道。

"那我就不知道了。我们保健医生只管医疗保健方面的事情,别的事情从不过问,人家也不会跟我们说。我们跟随领导人时,总是隔着一段距离跟着,他们谈话时,没有医疗方面的事情,我们向来不往前凑。"

"翻看相册时,我看到好几张您和邓小平在朝鲜拍的照片,您能谈谈那次出访的情况吗?"笔者问道。

"那次是1961年9月,中国共产党的代表团访问朝鲜,团长邓小平,副团长是康生。康生对邓小平当团长、他当副团长内心可能有点不服气,老没个笑脸。而且代表团集体参观、活动时,他不是紧随团长,而总是一个人在后面,有时捡石头、看字画,有时东张西望。团长、副团长老相隔那么远,是不太正常的,在外事场合

"那次访问朝鲜，康生对邓小平当团长、他当副团长内心可能有点不服气，老没个笑脸。"后排右四为王敏清。

更不妥当。一次，邓小平曾对朝鲜同志笑着说：'康老啊，就是喜欢古董，爱考古，看见石头、字画就走不动啦！'"

12 据毛泽东的一系列批示，保健局撤销了／史书翰、郑学文要王敏清四进中南海／父亲感到可能永远失去揭示真相的时机之际，才把一些真情告诉给王敏清／王敏清给周恩来写了一封揭发康生的长信，可信却落到了康生手中／

1964 年，毛泽东就党政高级领导人的保健工作，作了一系列的批示，其中包括撤销卫生部的保健局，取消中南海保健组。他还批评专门负责高级干部医疗保健工作的北京医院，应该"改名老爷医院"，要北京医院对外开放。

"根据毛泽东的这些批示，中南海里的保健组也撤销了，我们也回到北京医院。我们全体保健人员撤离时，在保健组办公的院前合影留念，毕竟在此工作多年。"

正在这时，中央办公厅主任杨尚昆要到陕西省咸阳的牛角村"四清"，除了他的警卫员赵雨田、中央办公厅机要室的干部刘吉顺跟随外，组织上决定派王敏清随杨尚昆一起去"四清"。

在陕西乡村的"四清"生活，使王敏清重新回忆起自己青少年时在延安度过的艰苦岁月。解放 15 年了，中国老百姓在政治上翻了身，但在物质生活方面，还远未达到理想境界。

王敏清他们所在的牛角村是个十分贫困的村庄。这里有的老百姓甚至买不起食盐和点灯的油。王敏清他们最初每天只能吃两顿棒子面糊糊，后来陕西省委看到他们工作组又苦又累，决定让工作组另起炉灶，这才喝上了面汤。这也就算是很大的改善了。

当他们结束"四清"回到西安市时，中共中央西北局第一书记刘澜涛曾在西安大厦款待他们吃炸馒头片。结果盘子一端上来，就被风卷残云一扫而光。因为厨房已经下班了，做不了其他花样，只得再炸馒头片。

第二盘、第三盘均很快被扫光，直到大师傅炸完第四锅，他们才打住。"那时肚子里缺油呀！不仅是我们终生难忘，在场的人都留下了深刻记忆。"王敏清说。

1965 年秋，卫生部副部长史书翰和负责保健工作的郑学文处长相继找王敏清谈话，要他第四次进入中南海，担任中南海门诊部的主任。

自从撤销中南海保健组后，中南海内领导人的保健和小病的治疗，都得临时叫人来或出中南海去看病，很不方便。而原中南海门诊部并不担负领导人的保健医疗工作。史书翰、郑学文找王敏清，是希望他去后能兼管一些原保健组的工作。

已经三进三出中南海的王敏清，一再推托不愿当官，他说当医生，治病救人足矣，从未想过担任什么职务。他推荐原保健组别的几位资格更老的医生，说他们更合适就任。可史书翰、郑学文一再找他谈，认为他曾为多位领导人服务过，相互熟悉融洽……王敏清最后答应，先由他顶着，希望领导继续物色人选，一旦物色到合适人选，他就退出来。

王敏清就任中南海门诊部主任半年多，就遇着了狂飙疾雨。1966年初，于1965年年底调到广东工作的原中央办公厅主任杨尚昆已经处于被批判的状态。5月，中共中央政治局扩大会议通过的"五一六"通知中，明确地将杨尚昆列为反党集团头面人物。而王敏清长期担负杨尚昆的保健医疗，并随杨到陕西"四清"，被视为同杨尚昆关系很不寻常，所以当批彭、罗、陆、杨进入高潮之际，王敏清也随之受到波及，开始受到种种诬陷。

不久，王敏清的父亲王世英因为很清楚康生、江青的历史污点，也受到了残酷的迫害。王敏清对为革命舍生忘死的父亲也遭批判百思不得其解，他刨根问底，可父亲就是不讲。直到父亲感到可能永远失去揭示真相的时机之际，才把康生的劣迹和他同康生几度交锋的真情告诉给王敏清。

原来，康生曾诬陷王超北、刘雅洁等长期从事地下斗争的老党员是特务、内奸，王世英为他们和康生进行了长期的斗争。父亲还给王敏清看了1962年他刻画康生嘴脸的诗："阿谀逢迎，蚁附蜂拥。自为得计，终将败行。无耻之徒，众目难容。踏尸进阶，爬高跌重。历史自造，无法改正。"

王敏清听呆了，他感到问题严重，同时也才明白：为什么康生经常来看望父亲，表示亲近；为什么对自己客气有加，并向江青推荐自己做保健医生……实际上是想通过这些手段封住父亲的口，不揭他们的短。当他们发现这一套对刚直不阿的父亲不起作用后，便萌生祸心，乘"文化大革命"之乱置父亲于死地，杀人灭口。

与父亲禀性相近的王敏清，随即给周恩来总理写了一封长信，揭露康生的问题及其迫害王世英的阴谋。不料，这封信竟辗转落到了康生的手中。结果父亲未能幸免于难，他自己也被打成了攻击康生及无产阶级司令部的"现行反革命"。

王敏清自己的家多次被抄，他被关、被斗，后来又下放西北劳改……他的父亲王世英则于1968年春被康生、江青陷害而惨死。

粉碎"四人帮"后，大批受陷害的好干部陆续平反，但由于康生尚未被还以本来面目，直到1979年1月，党中央才突破了重重阻力，为王世英昭雪平反，邓小平主持了王世英等人的追悼大会。

中共中央为王世英昭雪平反，邓小平主持了追悼大会。这是邓小平在追悼大会上与王世英的儿子、曾是自己保健大夫的王敏清握手。

这年 9 月，蒙冤 13 年的王敏清也得到平反。但坚强的王敏清在自己没获平反、康生的问题未被揭发之际，就在当年 2 月冒着政治风险，写下了七千余言的长文《爸爸的眼睛——记我父亲王世英持续三十年的一场斗争》，向党和人民揭露康生的累累罪恶。

当时的《人民日报》社副总编李庄，一直为不能将康生劣迹抖落于天下，致使许多是非难以辨清，民愤难以平抑而耿耿于怀，收到这篇来稿，不禁大喜过望。当时还没有一篇如此翔实而有力度的揭露鞭挞康生、能言人所未言的文章。

可在当时，中央尚未对康生定性，发表这篇文章要冒一定的风险，但同时也必将引起好的轰动效应。因此李庄决定独自承担责任，未与报社其他负责人商议，便拍板发稿。

文章于 1979 年 9 月 24 日刊出，虽然康生的名字被变通为"那个理论权威"，但明眼人一看就明白矛头所向，反应很好。而且文中直言"那个'理论权威'和叛徒江青一伙将永远被钉在历史的耻辱柱上"，比中央 1980 年 10 月 16 日在报上正式公布康生反党罪行并开除其党籍的消息，整整提前了一年。

13 有人跟王敏清开玩笑："你这是'五进宫'啊！"／叶剑英肺炎复发／王敏清对杨尚昆立下军令状／此次抢救为医疗保健史上的"淮海战役"／人民大会堂已经接到通知，准备布置追悼会／

1983 年初，卫生部副部长黄树则通知王敏清，组织决定要他出任中央保健委员会办公室副主任。当时，他呕心沥血创办的《中华老年医学》杂志刚刚走上正轨，马上离开有点舍不得。他推荐了几位同志，但组织上已经决定，他只得服从。

王敏清再次拿到了中南海的出入证。这是他第五次进中南海。有人跟他开玩笑说："你这是'五进宫'啊！"

时隔 17 年，王敏清又回到他熟悉的工作岗位，但工作却与以前不尽相同了，他担负起了重大的责任。

这一年，已是 86 岁高龄的叶剑英身体一直不好，而且还患有神经系统病症。11 月下旬至 12 月中旬，叶剑英的心肺又出现病症，而且病情复杂，医疗任务很重。为了及时向中央报告病情，王敏清每天参加医疗组专家们的会诊。

"负责叶剑英医疗的大夫都是一流的教授与专家。如邓家栋、方圻、陶寿淇、牟善初、王新德、朱玉珏、胡懋华、李家泰等。经过专家们夜以继日的会诊、治疗，半个多月后，叶帅的病情稳定了。"

1984 年 1 月 10 日，叶剑英肺炎复发，病情较重。次日，邓家栋教授、中国人民解放军 301 医院副院长汪石坚和军委办公厅的肖洪达，向主持中央军委常务工作的中共中央军委副主席杨尚昆汇报了叶剑英的病情。中央保健委员会主任杨德中在场，杨尚昆让王敏清也到场听取情况汇报。

汇报完后，杨尚昆希望医疗组尽全力做好叶剑英的医疗抢救工作，并指派王敏清参加叶剑英的医疗组工作。王敏清受此重托，感到任务非同一般。

"作为中保办的副主任，对任何一位患病的中央领导人的诊治都必须尽职尽责，全力以赴。但对叶帅的关切，除了医生的责任感外，我还有一重特殊的关系。抗战刚刚胜利时，毛泽东同我父亲谈了一次话，要他担任八路军总部副参谋长兼中央军委敌工工作部部长，不久即接到了正式任命。当时的参谋长，就是叶剑英。因此，我父亲和叶剑英关系密切。而我在延安读书时，又曾和叶帅的孩子是同学。再就是我对叶帅由衷敬仰，因为他在我党历次重要历史关口，都站在正确路线一边，而且起着举足轻重的作用。所以我向杨副主席立了军令状，表示一定要努力做好工作。"

王敏清（左三）和叶剑英的女儿叶楚梅（右三）、女婿邹家华（右四）是延安中学时的同学。

　　杨尚昆见王敏清充满自信，又吩咐说：在医治抢救过程中，要依靠专家，要尊重专家们的意见，互相协调，通力配合。王敏清心里也清楚：叶剑英是党内、军内、全国人民乃至海外侨胞心目中非常有威望的老帅，他的生命能延续一天，对稳定时局、祖国统一都具有不可估量的意义。

　　会后，王敏清即随邓家栋、汪副院长一起住进叶剑英在西山的家，同医疗组的专家们携手紧张地工作。王敏清告诉我：具体的诊断和治疗，当然主要是依靠专家们来进行，他主要是了解病情及负责医务方面的联系与协调。一星期后，叶剑英的病情被控制住。

　　然而进入7月中旬以后，叶剑英的病情再度恶化，除心肺疾病加重外，并发多种病症，病情极其复杂，且呈恶化趋势，以致不得不将气管切开。王敏清再次进驻西山。

　　据王敏清回忆：年迈的叶剑英几乎各个系统都出现了病症，治疗非常困难。"这种复杂的情况，是我生平第一次遇到，我们当时称此次抢救为医疗保健史上的'淮海战役'。"

当时的医务人员都集中在一个大厅里，对叶剑英实行昼夜监护抢救治疗。不论白天黑夜，随时根据病情的变化，及时会诊与治疗。在最紧张的几天内，24小时不离开大厅，大家在极其疲惫的情况下坚持着。实在太困倦了，就找个角落一靠，眯一会儿。

中共中央对叶剑英的抢救治疗工作非常重视，中共中央总书记胡耀邦亲自作指示：要尽一切力量进行抢救，各个方面都要全力以赴地支持抢救工作。

当时医疗组各方面的条件都是一流的，只要病情需要，即能得到有关方面的支援。

有一天晚饭前，大约6点左右，专家们在会诊时认为，目前叶剑英的呼吸方面还存在问题，需要请广州的著名呼吸系统专家钟南山前来参加治疗。有关部门随即与各方面联络，部署安排飞机和车辆；王敏清同时马上给广东省卫生厅打电话，请他们迅速找到钟南山，并送他到相应的机场。当晚9点半，王敏清见到钟南山医生

20世纪60年代，王敏清（左三）作为中国代表团医生随同叶剑英（右三）、李富春（右二）访问越南。

已经奇迹般地出现在西山叶剑英的抢救室里。

叶剑英的生命依然处在危急之中，眼看"八一"临近，根据他的病情，中国政府已经开始通知各国驻华使馆，今年的"八一"，不举行例行的建军节庆祝活动。

人民大会堂也接到通知，近期不在此安排其他活动，并准备布置追悼会会场，预备花圈。王敏清也在此期间随时同毛泽东纪念堂管理局局长徐静保持着电话联系，要他们提前准备遗体保护工作，以防万一。

尽管已经作了最坏的打算，但参加抢救的全体医务人员仍竭尽全力地为挽救叶剑英的生命而努力。终于，在紧张的气氛中，平稳地度过了"八一"建军节。

到 8 月 10 日，奇迹出现了：叶剑英的病情再次趋于稳定。医务人员终于舒了一口气，一位护士说："今晚可以看看电视了。"王敏清这才想起，自己竟有一个月左右没听广播和看电视了。

两个月后，叶剑英的病情保持稳定，中央对抢救叶剑英的工作很满意。胡耀邦来西山探望，他对医疗组说："你们创造了医疗史上的奇迹。"1984 年 12 月 27 日，杨尚昆、习仲勋、胡启立和田纪云等党和国家领导人在人民大会堂东大厅举行招待会，招待参加抢救叶剑英的全体有功的医务人员。

这次抢救之后，叶剑英的生命又延续了两年多。

14 兼任中央保健局恢复后的第一任局长／温家宝果断地说："不行，直飞拉萨，要强行降落。"／医生们运用一切可能奏效的方法，竭尽全力／在班禅遗体告别仪式上，中央抢救小组的医生均未出席／

从 1984 年年底，卫生部就在酝酿恢复保健局。1985 年 5 月，中央保健局正式恢复，身任中保委办公室主任的王敏清兼任局长。

31 年前，他成为保健领域的新兵时，还那样年轻。如今他成为这个领域的领导，已经两鬓飞霜了。他的压力和责任更重了。

作为保健局的局长，他有一项例行的公事，就是在每个星期六的上午 9 点，到北京医院北楼，听取有关住院的高层领导人病情的汇报。1989 年 1 月 28 日是个星期六，他像往常一样，在 8 点 50 分走进听取汇报的办公室。

刚进办公室，就有电话找王敏清局长。他拿起电话才知是从西藏日喀则打来的，打电话的人叫张建纪，是全国人大陪同班禅赴西藏日喀则参加班禅东陵扎什南

作为中央保健局局长的王敏清到西花厅看望邓颖超。

捷开光典礼活动的干部。

张建纪告诉王敏清：班禅今晨4点多发生心肌梗死，我们在当地立即组织了抢救，现在班禅的呼吸已经停止，抢救仍在进行中。王敏清听后感到事出意外，因为班禅在离京前没有任何会突发心血管疾病的征兆。尽管如此，北京医院还是派了内科医生和护士陪班禅赴藏。

了解了基本情况后，王敏清立即打电话通知了中央保健委员会主任杨德中。很快，中央统战部部长阎明复办公室、中央办公厅主任温家宝都打回了电话，内容都是要尽快组织抢救组。

温家宝在电话里说得更具体一些："要组织最好的班子、带上最好的抢救医疗器械、以最快的速度赶赴西藏抢救。"

王敏清和北京医院院长蒋葆生、副院长陈曼丽经紧急商议，十分钟后便决定，王敏清亲自带队，内科心脏病专家沈瑾、北京医院副院长心脏病专家刘元恕，以及有急诊抢救经验的护士李秋红、魏东组成抢救小组。与此同时，迅速准备好抢救药品与器械。

王敏清给杨德中打电话，告诉他准备的情况及参与抢救的人员。杨德中关心地问："你亲自去身体行吗？"王敏清这才想到自己已经年届花甲，但他毫不犹豫地说："没问题。"因为他的身体一向很好，四年前还曾陪同当时是副总理的李鹏去过西藏；特别是作为领导，关键时刻，自己应该带头上。

当他们准备得差不多时，中央办公厅派来接他们去飞机场的车也到了。他们直奔北京南苑机场。王敏清下车时发现，中央办公厅主任、这次赴藏抢救班禅任务的总领导温家宝身穿军大衣，已经在那里等候了。他们鱼贯登机，同行的还有中央统战部副部长武连元、全国人大副秘书长许孔让以及班禅的亲属等十余人。在这些人中，王敏清是年纪最大的。

王敏清上了飞机才得知，他们乘坐的大飞机不能在日喀则降落，必须在拉萨换乘直升机。当飞机快到成都时，飞行员报告说接到拉萨机场的消息，拉萨气候不好，机场不能降落。他向温家宝请示，是否在成都降落。

温家宝听后果断地说："不行，直飞拉萨，要强行降落。"王敏清回忆说，他当时非常赞赏温家宝的这一决断，因为他们是去救人的，如果在成都等候天气变化，延误了时间，他们还去西藏干什么呢？

下午5点20分，飞机在拉萨迫降时，果然是狂风呼啸。机场上有两架直升机已经发动起来了，王敏清和抢救组人员急忙登上了第一架直升机，温家宝也上了这架飞机。

飞机沿着雅鲁藏布江峡谷飞行，两岸峭壁似乎伸手就能触摸到，在狂风中匍匐在地的野草清晰在目。由于气候恶劣，飞机颠簸得厉害，飞机里没有座位，所有人都坐着小马扎，机上的人像摇煤球一样被颠过来倒过去。几乎所有的人都在呕吐不止，连一名机组人员也吐了。

6点20分，飞机降落在日喀则的班禅行宫附近。王敏清提着手包，跳下飞机便朝抢救现场奔去。可他走了几步发现居然没人跟上，他边嘟囔边回头望了一眼，发现刘元恕大夫正被两个人搀扶着，踉跄而行；沈瑾大夫则由《民族画报》社的一位记者背着。

王敏清这才意识到：他们毫无过渡地一下从海拔几十米的北京，直达海拔4000米以上的日喀则，氧气稀薄导致了严重缺氧。他看了看自己的手指甲，发现已经呈现紫色，这是高山反应。

王敏清还清晰地记得，他们进入抢救现场是6点30分，当时屋子里已有五十多人。有西藏自治区人民医院、中国人民解放军西藏军区总医院、日喀则地区人民医院、中国人民解放军第八医院的专家和医护人员，正在进行着紧张的抢救工作。有的在操纵人工呼吸机，有的在轮流做心脏按压，班禅的病榻边竖着输液的吊瓶。

在听了抢救情况的简单说明后，为了及时了解班禅的真实病情，王敏清果断地下令：一切抢救工作暂停五至六秒。因为当时无法判断班禅的呼吸和心跳究竟是自主的，还是人工呼吸机和按摩在起作用。

经过短暂的观察，王敏清和在场的专家们确认，此刻班禅的呼吸已完全停止，全靠人工呼吸；但他的心室有极微弱的、不规则的蠕动。这就是说仍可能有一线转机，他遂下令恢复抢救。

沈瑾大夫一面吸着氧气，一面和刘元恕大夫商议，决定实施心脏直接穿刺心内起搏。沈瑾大夫监视着心电图，进行指挥；刘元恕大夫亲自操作；护士们配合。第一次穿刺，做得非常准确、到位。但班禅的心脏没有被带动起搏。

考虑到可能是机器故障，他们决定换第二台起搏机，进行第二次穿刺。操作依然准确、到位，可班禅的心脏依然没有被带动起搏。起搏机都是事前经过检查的，显然，可以排除是机器有故障。

抢救在继续着，王敏清、沈瑾、刘元恕，运用一切可能奏效的方法，竭尽全力……一切该做的都做了，班禅始终没有恢复呼吸，心脏的蠕动也越来越弱了。晚8点16分，心电图呈现水平线状态。这说明班禅的心脏已经完全停止跳动。

从班禅病发实施抢救，至此已近16个小时，他的呼吸始终没有恢复。最可能奏效的心脏两次直接穿刺心内起搏，依然无能为力，起死回生的最后一线希望也已黯然。王敏清向温家宝报告：班禅的心脏于8点16分停止跳动，他病逝了。

此后，王敏清吩咐抢救停止，收拾抢救现场。没有人对抢救组所采取的措施提出异议；也没有人认为王敏清的指挥有丝毫不当之处。他紧张而疲惫的身心，顿感慰藉。

快到晚间10点时，当地安排医疗组去吃晚饭。王敏清这才记起从早晨离家到现在，他还没吃饭呢！可他此刻只感到撑持不住的困倦，吃饭时嘴里究竟嚼了些什么，根本不知道。

饭后，温家宝对他说："我已经向北京作汇报，中央认为抢救组尽了最大的努力，决定新华社发报道，你们的名字要见报。"王敏清说："这是很高的荣誉，可我当时听了却一点反应都没有，当时的意识大概都停止了，唯一的欲望就是躺倒睡觉！当时不仅是劳累，更主要的是缺氧。"

王敏清回到休息的房间里，还没有来得及脱衣服和鞋子，就已经酣然入梦。第二天，向班禅遗体告别的仪式上，人们发现抢救组的医生一个也没有到场。他们全都病倒了。

王敏清（右二）陪同当时的副总理李鹏（右三）到西藏。

当王敏清他们离开西藏返京时，西藏自治区党委副书记热地代表藏族同胞，对中央派遣的抢救组的工作表示感谢，并赠献了哈达。班禅的家属们也再三表示感谢，并说：抢救组所付出的极大努力，他们都看在眼里，感动在心里。

1989 年 1 月 30 日，全国各大报均刊登了新华社关于班禅抢救情况的通稿，其中《人民日报》头版头条新闻有如下文字："由中央保健局局长王敏清、北京医院副院长心血管专家刘元恕、心血管专家主任医师沈瑾等组成的专家组到达后，先后两次做心内起搏，持续抢救……"这种由新华社发稿，报道在执行医疗任务中医生姓名的情况，是罕见而不寻常的，说明党给予了他们充分的肯定和很高的荣誉。

王敏清回首此事，感慨尤长："西藏是少数民族地区，由于特殊的历史原因，成为受到世界关注的敏感地区。所以我们抢救过程中的一举一动，每一细节，都不能有丝毫差错。不光是实际工作的差错，就连可能引起旁观者感觉的差错也不行。任何一点差错，都可能引发事端，被别有用心的人利用，挑起民族纠纷，给党和政府造成极大的政治麻烦。仅就班禅大师逝世没有引发什么波澜而言，就足以让我们感到欣慰。"

15 胡耀邦突然昏倒在怀仁堂／胡耀邦对王敏清说：我不是心脏病，我是胃部疼痛／在海南，王敏清从广播中听到令他惊异的噩耗／王敏清赶回北京，立即去北京医院了解胡耀邦逝世的情况／

　　1989 年，实在是个不寻常的多事之秋，而且几件事都出乎意料。班禅副委员长辞世没过多久，又一位精力充沛、身体一直很好的中央领导人骤发病变，他就是原中共中央总书记胡耀邦，而王敏清则又一次成为现场抢救的组织指挥者。

　　笔者恰在前不久刚刚看到一篇发表于 2005 年 9 月、题为《胡耀邦最后的瞬间》（以下简称《最后》）的文章，也记述了胡耀邦那次发病和抢救的过程，而且还写得相当生动和详细。因那篇文章与王敏清的叙述有很大差异，很有必要对当时真实的情况加以辨析澄清，故笔者将《最后》的相关部分先摘录如下：

　　"会议于 9 点钟开始。主持会议的赵紫阳告诉委员们，这个文件草案（即《中共中央关于教育发展和改革若干问题的决定（草案)》）已经是第四次修改稿了，今天政治局讨论后，拟将这个决定草案在党内外更大范围内征求意见，适当时候，召开十三届四中全会予以审议。

　　"赵紫阳讲话后，工作人员开始宣读决定草案，共念了 40 分钟。接着，李铁映发言，向大家介绍这个决定草案的起草修改经过。

　　"这时，胡耀邦站起来说：'我胸闷，难受。'他边说边想迈步离开会场。同志们见他脸色苍白，额头渗出汗珠，知道他生病了。时值 9 时 48 分。

　　"赵紫阳问：'是不是心脏病啊？千万不要动，赶快坐下。'这时胡耀邦旁边的秦基伟扶他在原位坐下。

　　"'快叫医生！'周围的同志们说。

　　"怀仁堂的多部电话机同时拨通，三部警卫车同时开动，以最快的速度去接医生。

　　"这时，胡耀邦双眼紧闭，已经不能说话。大家万分着急，慌乱中有人问了一句：'谁带了保险盒？'恰好江泽民随身带了，就给胡耀邦口服了硝酸甘油片，嗅了亚硝酸异戊酯。后来，医生认为这一措施对舒张血管、争取时间起了很好的作用。

　　"不到 10 分钟，中南海保健处的医护人员赶到。又过了 5 分钟，北京医院的医

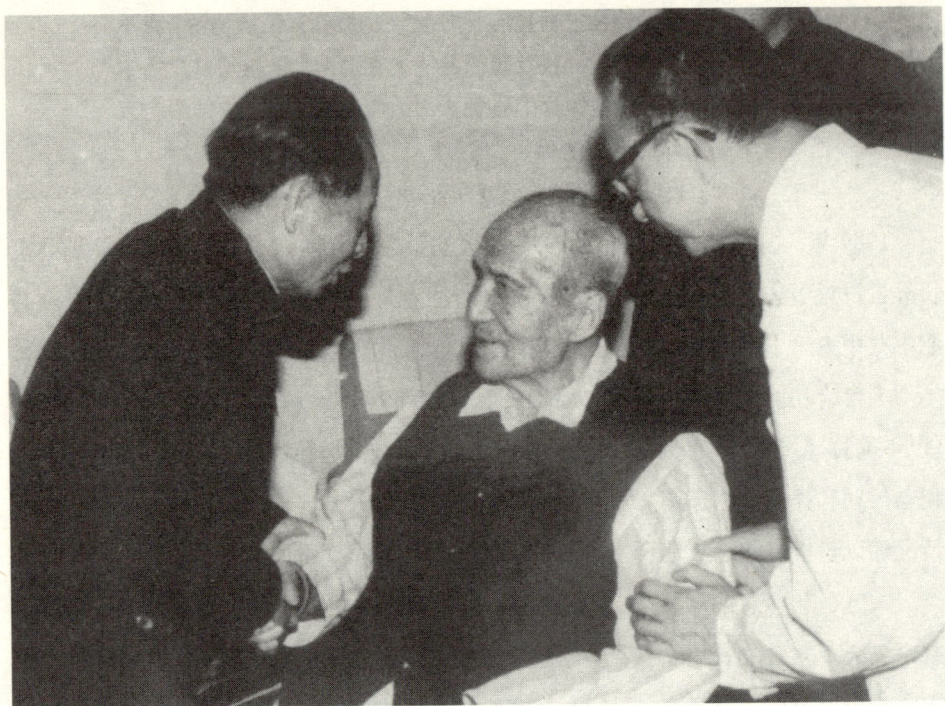

王敏清和胡耀邦一道看望中国共产党人的老朋友百岁老人庄希泉。

生带着全套急救设备赶来，临时抬来一张床，就地开始了对胡耀邦的抢救工作。

"根据医生的意见，胡耀邦的身体不允许移动。因此，政治局会议挪到其他会议室开，赵紫阳嘱咐温家宝和中办副主任杨德中留在怀仁堂现场照料。怀仁堂成了抢救胡耀邦的临时病房。

"为了抢救胡耀邦，北京医院的主任医师、主治医师，北京阜外医院、协和医院的心血管病专家们也很快被接来了。专家们经过会诊，确定胡耀邦患的是大面积急性心肌梗死、合并心源性休克及心率失常、阵发性心房扑动、房室传导障碍。经他们全力抢救，胡耀邦的病情稍有稳定。

"下午4点20分，专家们认为胡耀邦病情初步稳定下来，可以上救护车。经同家属商量，将胡耀邦送入北京医院。"

据王敏清回忆，4月8日中午大约12点15分左右，他正在卫生部保健局办公室吃中饭，突然接到电话，说胡耀邦在怀仁堂开会时病倒，要他立即赶到现场。按正常情况，如果保健局局长在北京，当胡耀邦出现危急病状，应该在第一时间通知中央保健局局长，由保健局局长亲自部署抢救，他不应该在抢救了几个小时之后才得到通报。《最后》一文说胡耀邦是"9点48分"发病，为何直到12点15分才通知保健局？为什么会这样，此事谁能解释？这在保健局工作史上是从未有过的。因此，王敏清一直以为他是最早到现场人之一。

他放下电话，立即丢下碗筷，乘中央保健局的车就直奔中南海。当时中央保健局的轿车装有车载电话，就是供这种紧急情况时使用的。王敏清在车上给北京医院打电话，要他们派医生紧急赶往中南海怀仁堂。北京医院方面告诉王敏清，救护车和医生已经从医院出发。

当王敏清下车走进怀仁堂时，北京医院内科主任、原来也曾在中南海当过保健大夫的钱贻简，已经在他之前赶到这里。胡耀邦此刻在怀仁堂后面的一个小厅，他躺在担架床上，一面输着液，一面做心电图等检查。

当时情况紧急，胡耀邦面色苍白，闭着眼睛，显得非常痛苦。钱贻简见到王敏清过来，指着心电图的显示悄声对王敏清说，胡耀邦的心脏有问题。按照通常的惯例，当患者患的是相当严重的病症或绝症时，例如心肌梗死、癌症等，不把病情直接告诉病人，只能悄悄地告知患者的家属。因为考虑到他和王敏清说话胡耀邦可能听到，所以他才指着心电图含混地说胡耀邦"心脏有问题"。

谁知胡耀邦听到了钱贻简的话，马上睁开眼睛说："不对，我不是心脏病，我的胃痛，是胃病。"显然，胡耀邦此刻处于清醒的状态，他说这话时，流露出对医生判断的不信服，情绪也有些躁动。

此刻王敏清通过观看心电图，已经注意到分明地显示着急性心肌梗死的图像。他用很严肃、很郑重的口吻对胡耀邦说："您确实是心脏病，是心肌梗死，而且很重，需要住院治疗。"

王敏清说他和胡耀邦有着非同一般的关系，父亲和胡耀邦在延安时期就相识，自己在担任中央保健局局长后以及在自己父亲的平反问题上与胡耀邦有多次接触，相互间已经很熟悉。他知道胡耀邦的脾气跟自己父亲差不多，耿直爽快、忘我奉公，同时也了解胡耀邦一向自以为身体不错，平时不太注意休息，经常违背医嘱连续紧张工作。

正是鉴于对胡耀邦性格脾气的了解，王敏清感到倘若不把问题的严重性向他挑明，就不可能引起他的重视，遵照医嘱配合治疗。因此，王敏清一变通常不向患者透露病情严重信息的做法，反常态地向胡耀邦挑明了实情。

听王敏清出语很重，又见他神态严峻，胡耀邦大概感觉到了问题的严重，遂安静了下来，轻声问道："住哪个医院？"

王敏清想，北京医院一直是负责中央党政领导人医疗诊治的医院；且今来现场急救的也是北京医院的专家钱贻简，他已经进行了检查和治疗，不宜再换医院、换人。否则，辗转交接，再反复检查介绍病情将会延误治疗，就说："要住院就住北京医院。"

胡耀邦听罢，又闭上眼睛，未再做声，显然是认可了。王敏清又对他说："您现在需要安静，待到血压好转后，再送您去医院。"就这样一边诊治，一边观察，直到下午4点左右，血压好转，病情稍显稳定，才将胡耀邦抬上车，送往北京医院。

我们的话题又说到《最后》一文的描述上，王敏清说当时胡耀邦坚信自己是胃病，连医生的判断都怀疑否定，那他怎么可能像"最后"一文中写的那样，听从赵紫阳等关于"心脏病"的推测，并吃下江泽民随身带的硝酸甘油片，并嗅亚硝酸异戊酯？

他继续分析道：在中央领导人开会的场合，这些领导人会在不待医生出现、诊断就自己掏药给患者吃吗，这种情景应该不太可能。所以，他认为依照常理，这样描写更像是一种主观臆想。

另外，《最后》一文还写道："医生认为这一措施对舒张血管，争取时间起了很好的作用。"王敏清说他在现场组织抢救时，根本就没人提到曾经给胡耀邦吃了硝酸甘油片，嗅了亚硝酸异戊酯一事，因此他实在想不出究竟是哪一位医生做出"起了很好的作用"的结论，又是根据什么得出的如是结论？

对《最后》一文中有关"经同家属商量，将胡耀邦送入北京医院"的文字，王敏清非常肯定地说："急症抢救现场，完全由医生根据病情做决断，而且当时胡耀邦的家属根本不在现场，他的孩子们更不在北京，谁在现场看见胡耀邦的家属了，谁看见和家属商量的过程了？写文章的人能不能详细说清楚？"

王敏清又回忆了一下说道："我清楚地记得，那天在抢救现场的医生，只有北京医院的、中南海保健处的和我中央保健局的，再没别的单位的专家、教授。对此，除了我之外，当时在场的钱贻简大夫也可以作证。如果真如＜最后＞一文所说，'北京阜外医院、协和医院的心血管病专家们也很快被接来了'，那他们应该看到我，我也应该看到他们，可我在当天下午根本就没有在抢救现场看到他们。"

王敏清跟着胡耀邦乘的救护车，一起到了北京医院。他亲自把胡耀邦送进了病房，并和医院方面共同做了安顿医护的部署。把一切都安排妥当后，他又在胡耀邦的病房逗留到临近晚上 7 点，才离开医院。

在此后的 4 月 9 日、10 日，王敏清都到北京医院去看望胡耀邦，了解病情。他说通常情况下，病人在医院安顿好了，是不需要保健局长一再地到病房去看的，但他和胡耀邦的关系不同一般，况且胡耀邦的孩子当时不在北京，所以他一定要再亲自到病房看望胡耀邦。

胡耀邦心肌梗死经抢救后，连续三天病情较稳定。三天后，王敏清因有公务，离开了北京前往广东、海南出差。然而就在 4 月 16 日晚，正在海南的王敏清，从广播中收听到胡耀邦于 15 日不幸逝世的噩耗。

听着广播，王敏清感到非常震惊和突然。在他的印象里，胡耀邦是那样的精力

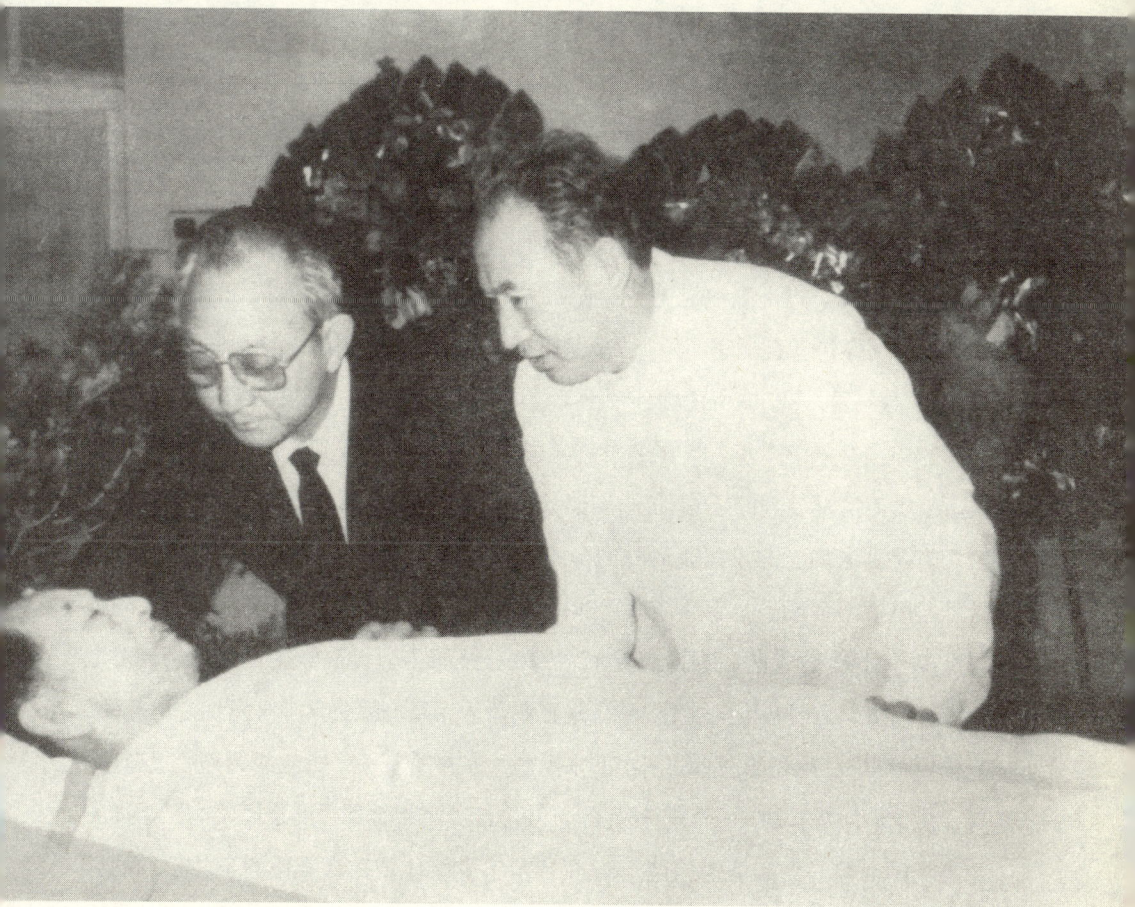

在北京医院太平间，王敏清和化妆师一起向胡耀邦告别。

充沛、富有活力。在此次抢救之前，王敏清就从未听说他住院治疗过什么病症。特别是在王敏清离京时，他的病情似乎比较稳定，怎么突然就去世了呢？

王敏清怀着极度不安的心情立刻购买机票，赶回了北京。到京后，他随即去北京医院了解胡耀邦逝世的情况，医生们告诉他其中的原因之一，是他没能绝对地卧床静养。这和胡耀邦的性情习惯有关，他不容易静下来。心肌梗死患者，下床走动、大便用力，甚至在床上翻身用力，都可能发生意外。所以，医生们要求他大、小便不要下床。但胡耀邦在床上解手极不习惯，总要上卫生间大小便，结果不幸的事情发生了。

4月21日，王敏清在人民大会堂参加了研究胡耀邦治丧活动问题的会议。在那些日子里，王敏清的心情十分沉重：对自己熟悉和敬重的父执胡耀邦，本应替代他不在北京的孩子们更多地在他身边守候，可自己偏偏因事外出了。王敏清后悔得无以复加。

当胡耀邦遗体化妆完毕，进行火化之前，王敏清专门来到北京医院的太平间，久久伫立在胡耀邦遗体旁，阵阵哀思涌过心头。在他的家中，笔者看到那张他和化妆师俯身在胡耀邦身边致哀的照片。

2010年3月，笔者在看望王敏清时，他又一次谈到参与抢救胡耀邦的过程。在讲述之后，他一板一眼地对笔者说道："我对你的两次讲述，都是那天中午我从接到通知赶到怀仁堂直至送胡耀邦去医院期间的确实经过。在这个时间段内，我没有见到如〈最后〉一文中所说的种种细节，因此对〈最后〉一文所述细节提出了质疑。我的根据有以下六点：1.至今没有人告诉我那天中午我到之前所发生的一切。依照历来类似情况处理的正常程序，我始终认为我是最早到现场的人；我在现场也确实没有见到家属、北京医院以外的专家教授和国家领导人。2.在胡耀邦自己不承认是心脏病的情况下，怎么能服用非医务人员给的心脏病急救药？3.如果胡耀邦是上午9时48分发病，为何直到12点15分才报告保健局？这是中央保健史上从未有过的事。4.〈最后〉一文所谈"合并心源性休克及心率失常、阵发性心房扑动、房室传导障碍"，我在现场心动图中并未见到。5.在所有关于抢救胡耀邦的报道中，均对"是谁向胡耀邦讲明是心肌梗死的，又是谁决定胡耀邦住北京医院的"这样关键、重大的问题，均未能讲清楚。6.在目前不少媒体传播真真假假不实信息的情况下，我根据自己所了解的情况，对有关报道提出质疑是顺理成章的。为了'以正视听’，我还在 2010 年第 2 期《炎黄春秋》杂志上发表了《我参与了抢救胡耀邦》一文。”

1990 年春，61 岁的王敏清从保健局长的位置上离休。回溯走过的历程，胸襟恬静而坦然。他一字一板地对笔者说：“我很明白，在这个特殊的位置上，并不是我有多么了不起。我仅仅是个内科大夫，能力有限。做保健工作数十年，主要靠组织上的支持与信任，靠专家、教授以及同事们的帮助与配合。而我自己则是始终堂堂正正地做人，实实在在地做事。无论顺境、逆境之途，荣辱、压力加身，我从不做愧疚之事。所以我做事让人放心，自己也甚感欣慰。”

几十年过去了，经历了坎坷、经历了动荡、经历了荣誉，他的心境依旧平静如水，无怨无悔。“这是不是好人一生平安？”王敏清如是说。

一些熟悉王敏清的人对他说：“你从 25 岁开始，就为党和国家领导人做医疗保健工作，这一辈子净为大官们服务了。现在下来了，也该为老百姓服务服务吧！”于是，人们经常可以在有益于社会保健事业的各项活动中，看见王敏清那依然充满活力的身影。

第七章

红墙内的护士长

——记"文革"期间中南海保健组成员马晓先

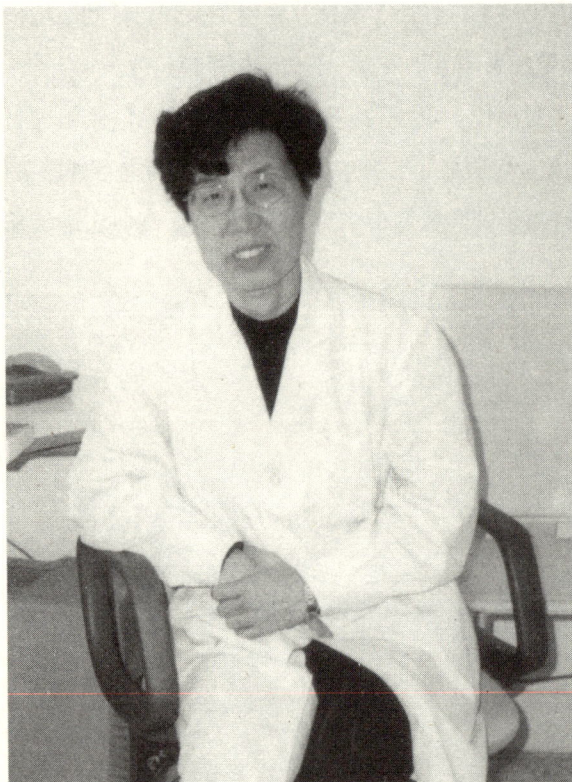

"我们这些当保健医生和护士的，几乎没有是胖的……"

为了撰写新中国党和国家领导人医疗保健群体的回忆一书，我走访了许多长年跟随党和国家领导人的医务工作者，但在和马晓先交谈之前，我接触的都是受过医学本科以上教育的大夫。与在领导人身边担任护士工作的人对坐长谈，马晓先是第一个。

马晓先对笔者讲了许许多多曲折而有意思的往事，让人听之难忘。她说这是因为她是通过一些她很敬重的老同志介绍认识我的，而且这些老同志都认可了我所撰写的有关他们生平的回忆。

然而，在这第一次和一位护士出身的保健工作者的交谈中，她轻描淡写地说的一句话，却久久地在我脑海里盘桓，使我在此后和每一位老保健见面之际，她那句话就不由地浮现。她说："你看我们这些当保健医生和护士的，几乎没有一个是胖的，都是精瘦精瘦的，因为我们的精神压力很大，我们的工作时间很长……"

的确，不需要再用什么语言诠释，马晓先自己的身材就足以说明一切。

1 她被安排在北京医院三楼，那是中国党政最高领导住的病房／汪东兴胃大出血，血管瘪了，针头很难扎进去／后来碰到这种情况，她们就招呼说："'马司令'，你快上！"／

若不是出于家庭经济状况的困窘，马晓先说她的理想是当一名医生，而且以她的勤奋和意志，她完全可以成为一名优秀的医生。但一个人的出身是无法自己选择的，她出生在天津一个先是农民后来成为工人的平常人家。

也许是受中国传统的影响，一个家庭如果没有生养一个儿子的话，就被视为"断了香火"。所以马家为了有一个儿子，在老大马晓先出生之后，连续又有了六个妹妹。母亲直生到第八胎，马晓先才终于有了个弟弟。可是作为普通工人的父亲，一个月工资只有七十多元钱，要养活有十口人的大家庭，度日之拮据惨淡不难推想。

1949 年初，天津解放了，这使在生死线边缘挣扎的马家，不再为温饱而焦灼。因此，马晓先深深记住了父亲常常对她念叨的几句话："幸亏共产党毛主席领导穷人翻身了，要不在解放前，我们这样的家庭，这么多孩子，是活不下来的。"她对中国共产党和新中国领袖的敬爱和感情，就是这么从幼年培植起来的。

在小学、中学，马晓先的学习成绩一直是拔尖的，所以她很想上普通高中，继而读大学。但家里出于生活困顿考虑，要她读中专，给她报了护士学校，以使她能早日参加工作，挣钱贴补家用。过早地担负起为家计分忧的责任，这是多数经济拮据而子女众多的家庭中身为老大、又有孝悌之心者难以规避的命运。

护士学校的录取通知书来了，马晓先一直拖着不去报到，直到新学期开始了，再拖将面临没有书读的现实，她才极不情愿地迈进了护士学校的校门。因以前学习底子打得好，用功成了习惯，所以她在护校的成绩依然保持了昔日的优异。

马晓先的那个年级共有 12 个班，其中有部分男护士学员。1962 年毕业分配时，每个班挑了一两个最好的学生去北京，到中央卫生部报到，马晓先是其中之一。报到后，她被分配去了北京医院，15 个人中只有两个人被安排在三楼，即中国党政最高领导来此医疗时住的病房。

到三楼的病房当护士，要比在普通病房多一年的实习期，开始的时候不直接接触病人，而是扫地、擦桌子……总之是在病房打杂。当然，同时要进行护理的各项基本技术训练，但不是直接为住院的首长服务。

尽管如此，马晓先并不觉得这对她有什么损失，反而觉得受益匪浅。因为身边的医生都是各科著名的专家，跟着他们工作能得到更好的指点，掌握更多的知识。她本来就爱学习，喜欢寻找与工作相关的医学书籍阅读，加上良师的身教和熏染，她的业务水平提高得很快。

"我感觉在北京医院的这一段，对我后来的护理、医疗工作，打了一个很好的基础。"马晓先回忆说。像肌肉注射、静脉注射等最基本的技能，她已经掌握得非常扎实，并在日后的工作中显现了出来。

例如她后来在中南海工作期间，碰上中央办公厅警卫局局长汪东兴胃大出血，住进了北京医院，组织上派马晓先随同参与护理。因为大量流血，汪东兴的血管都瘪了，针头很难扎进去。技术不过关的人遇到这种情况，可能几针都扎不进血管。但马晓先给汪东兴注射，次次保证一针成功。

面对汪东兴当时的情况，别的人、包括一些老护士都对给他注射感到为难，所以每次碰到需要静脉注射的时候，北京医院的老护士吴桂清、刘敏她们，就会招呼马晓先说："'马司令'，你快上！"在汪东兴的治疗过程中，共打了一百多针的静脉注射，都是由马晓先给他做的。

马晓先也不记得这个"马司令"的绰号是怎么叫出来的了，事后分析，大概就是因为人家看她下针果断利索，像战场上说一不二的司令员的缘故吧。

在做了近四十年的保健工作后，马晓先深有感触地说："回顾以往的工作，我的体会是：你做保健护理工作，技术过硬是第一位的。你光服务态度好，工作有热情，可技术不过关，业务内的问题你解决不了，那人家还能认为你是个好护士吗？"

2 进中南海时，他们这个新班子没有什么正规的名目／警卫就一个一个地对名字认人，的确是四男三女／周恩来原来的秘书顾明、毛泽东的老卫士贺清华等都曾住在那里／

就在"文化大革命"初期急风暴雨最为猛烈的时候，马晓先和北京医院的部分医生、护士突然被指派进驻中南海。据说是周恩来亲自给北京医院的院长打电话，提出组织医务小组进中南海。她记得那一天是 1968 年 2 月 17 日下午。

周恩来的指示随即被迅速落实，马晓先他们被挑选出来后，要求收拾准备一下，5 点钟就动身。马晓先说她当时还是单身，也没什么个人的行李"细软"，床铺上的东西一拾掇就完了。

坐上了军用大卡车后，马晓先才知道同行的还有六位医生，分别是卞志强、张林、牛福康、董长城、杨虎生、顾英奇。除了她之外还有两位护士，姚军（龙妹）和许奉生，但她俩作为周恩来的护士已经在中南海里了。过了一段时间，又来了一个化验员——决定要她来的时候她本人还在阿尔巴尼亚，回来后才到中南海。

在马晓先他们进中南海之前，中南海里曾经有一个负责中共领导人医疗保健的工作班子，叫中南海保健办公室，但早在 1965 年，这个办公室就由于毛泽东的批示而撤离了中南海。马晓先他们进中南海时，他们这个新班子没有什么正规的名

一进中南海，几位女医务人员就在中南海门诊部的后面集体合了个影（左二马晓先）。

目，因为就在原来的中南海门诊部那里工作，就还叫中南海门诊部。新任命的门诊部主任是卞志强、副主任是张林、顾英奇。后来卞志强调走了，顾英奇任主任，张佐良、牛福康任副主任。

军用卡车是从中南海北门进入的，有关方面已经打好了招呼，说是四位男同志、三位女同志。可马晓先他们到门口递过名单，警卫一看，说不是说有几位女同志吗？怎么名单上写的都是男同志？"这大概是因为我们几个女同志的名字不够女性化。于是警卫就一个一个地对名字认人，的确是四男三女，这才放我们进去。"马晓先说。

进中南海以后，马晓先他们就到了国务院办公区东边的原中南海门诊部。从这以后，他们就在一层医疗门诊，在楼上住宿。门诊部对面是座工字形的楼房，周恩来原来的秘书顾明、毛泽东的老卫士贺清华、周恩来的卫士长成元功等都曾住在那里，后来他们都搬走了，马晓先他们就住进了工字楼。

在马晓先他们进中南海之前，中南海门诊部还在工作，但在马晓先他们进入时，原先门诊部的人就不知道搬到哪里去了。马晓先记得她进去的时候，门诊部里只有一个夏大夫，她是担任过陈毅元帅保健大夫的钱贻简的妻子。马晓先他们进楼没多久，她就再也不来了。

刚住进中南海的时候，马晓先说她的感觉特别好。因为还是单身的她就住在门诊部里，几乎不出中南海的大门，一道红墙阻隔了外面的喧腾，里面就显得分外的清静。工作就绪不久，北方的春天就来到了。门诊部的南面是一片桃树林，桃花开了，绿叶衬着桃红，空气中沁着丝丝清馨的芬芳。

门诊部的东面靠着中海，从门诊部的楼房到海边，中间有一块空地，门诊部的医务人员就在这片空地上，种了许多的蔬菜，有萝卜、西红柿、土豆、花生。每天早晨起床后，大家就到这片地里劳动，所有的人都一起动手，关系十分融洽。自己种的蔬菜自己吃，特别新鲜。夏天的西红柿，摘下来洗洗就能吃。冬天来了，他们就挖地窖，把自己种的心里美萝卜贮存到地窖里，隔一段时间拿几个出来，切丝拌着吃。

门诊部里的卫生，也是大家一起动手搞，没有什么领导和群众之分。门诊部里的洁净度要求比较高，所以打扫很频繁，墙壁都要用抹布擦得亮光光的。由于棉签的消耗量比较大，捻棉签也是一项经常性的工作，当医生护士们坐在会议室的长条桌边捻棉签的时候，作为领导的卞志强、张林等也总是坐到大家中间，一起动手捻，没有丝毫的差别。

刚进中南海的时候，门诊部就九个人，后来陆续又来了一些人，最多时有十几个人。这个小集体内部特别团结，彼此之间你了解我就像我了解你一样，仿佛一家人。因为时不时会有出差的任务，当某个人出差，其家里有什么事的话，大家都会主动帮助照颐。例如有一次牛福康大夫出差，他的儿子得了肾炎，住在 301 医院治疗，门诊部的其他同志就轮流去看他。

"虽然当时'文化大革命'已处于高潮，社会上一片混乱，但我们刚进中南海时，因为门诊部内部不搞运动，真有点世外桃源的感觉。每当追忆起我们小集体那段时期的生活，就觉得特别美好。"马晓先这样说。

1970 年在庐山参加中共九届二中全会医务工作的全体人员。左一是当时带队的顾英奇，左五为马晓先，后右一即"文化大革命"后任北京医院院长的吴蔚然。

3 没过多久，邓小平、董必武家搬出了中南海／周恩来疲惫得在批文件时，把字都写到文件外的玻璃板上了／中南海内的公共卫生都包括些什么／"文化大革命"发动以后，朱德多数时间住在中南海里边／常常因用劲大了把尿喷到了嘴里／

马晓先说她这一进中南海，就再没有出来，直至她退休。当时进去的护士只有三人，却把中南海里所有领导的医疗保健护理工作全管起来了。因为当时周恩来总理的工作最为忙碌，所以姚军、许奉生就固定在周恩来那里，一人一天倒班照顾。而其余在中南海内的领导人的护理工作，就全由马晓先一人包了。

当时还在中南海内的领导人主要有刘少奇、朱德、董必武、陶铸、陈毅、李富春、李先念。没过多久，邓小平、董必武的家就搬出了中南海，虽说不在中南海了，但涉及他们治疗护理的事，也都还是由马晓先承担。

在这段时间，马晓先还管过住到了钓鱼台的康生、陈伯达等的医疗护理工作。她觉得康生、曹轶鸥两个人都有些神秘兮兮的。但康生的字的确写得很好，马晓先说几次看到康生在家写篆书，他还把他的司机也训练得书法篆刻都颇有功底，还让他的司机为他刻图章。

马晓先还记得，在"文化大革命"期间，康生曾写了一幅"风华正茂"的大字，送给江青。马晓先说："我不太懂得书法欣赏，就觉得康生那几个字写得苍劲有力。江青对这幅字挺喜欢，把它挂在她住的钓鱼台 11 号楼的办公室墙上。"

那一段，马晓先还听到了一些关于周恩来总理的情况，她当时听后的感觉就是周恩来总理在"文化大革命"中真是太辛苦、太疲劳了。有一次，在周恩来身边工作的许奉生告诉她说：周总理处于非常疲惫的状态中仍在坚持工作，结果在批文件时，把字都写到文件外的玻璃板上了。

马晓先还听说在第三次庐山会议期间，周恩来感觉到自己的身体有些支撑不住了，当毛泽东那边来电话，叫周恩来到庐林一号那边去的时候，周恩来叫上了保健大夫随行。这是周恩来生平第一次叫保健大夫跟随他到毛泽东那里去，而在以往他从没有这样过。

中央领导人日理万机宵衣旰食，从事保健的工作人员们也是忙碌得不克分身起早贪黑，因为门诊部就这么几个护士，治疗的准备、后勤、消毒等杂七杂八的事务，都得他们自己动手。打针用的注射器、针头的高压消毒，都是护士自己做，这

1984年，马晓先（左一）随彭真（左七）到天津宾馆看望邓颖超（右六）。

样也更安全可靠一些。在当时那种大环境下，阶级斗争观念还是比较强的，不自己做还真有点不放心。马晓先觉得这对医务人员也是一种锻炼，什么都参与，什么都自己动手做，知识和技能就比较全面。不像现在的大医院，各项工作分工都特别细，干这个的就不管那个，互相之间也不了解，比较单一，一个环节的人不在，整个工作都得停顿下来。

除了门诊部里的杂事外，马晓先还接手了一些诊治护理以外的事。比如，原来负责中南海内公共卫生的宫克大夫走了，他的那摊工作就由马晓先管了一段时间。

中南海内的公共卫生都包括些什么呢？马晓先说内容挺多的：中南海里的各个食堂都要去检查，看那里的厨具、碗筷、桌子、板凳等符合不符合卫生标准；看看首长家庭院落里的卫生情况怎么样；还要看中南海里几处堆放垃圾的地方，搞没搞卫生防疫处理，符不符合要求等等。各个首长家的孩子的卫生防疫注射，也都由马晓先管。譬如打"百百破"疫苗什么的，都是她和西城区卫生局联系，并带他们去注射。

管这么多人，这么多事，马晓先说："我当时也不知是怎么的就全干下来了，现在回想起来，就工作量而言，还真是干了不少事。可能是因为我当时还年轻，身体也好，大概也和小时候吃过苦，在家里是老大有点关系。我们门诊部的人都说：'小马是铁打的。'"

刚进中南海，马晓先的第一位护理对象是朱德元帅。她每天早晨起来洗漱后，就骑着自行车到西楼区域里的乙楼朱德家。朱老总喜爱山，所以原来不怎么住在中南海的家里，而是经常住在玉泉山的寓所，但"文化大革命"发动以后，他多数时间就都住在中南海里边了。有人分析大概是运动初期有些动荡不安，中南海里比较安全；另外在中南海里也便于了解运动的情况吧。

按正常的情况，马晓先到朱老总那里，应该有个交接班，在她之前的护理人员要和她有个交代。但马晓先去朱德那里的时候，正常的秩序已经被打乱了。在马晓先之前的护士是郭琴英，在郭琴英之前是个姓魏的护士，她们之间是有交接的，可马晓先接朱老总护理工作时，就根本没见到郭琴英，她早就被调离了。马晓先接手时，等于对朱老总的情况一点儿都不了解，要做哪些最经常性的工作她一点儿都不知道。因此她接手工作后，就马上翻阅以往的工作记录，从中了解情况；另外，曾经担任过朱德保健大夫的顾英奇，也向她简单地介绍了一些有关情况，使她大体知道了在朱老总那里要做些什么日常工作。

朱德年纪大了，而且长期患有糖尿病，因此他的护理工作有好几项是天天都要做的，像注射胰岛素、点眼药、做治疗等。他的尿也要天天化验。马晓先每天都要采集好尿标本，带回门诊部，烧尿糖，看有几个加号，有没有酮体。

尿糖的化验，马晓先过去从没有做过。由于没有人同她交接班，所以这项化验怎么进行，没有人教给她。另外，化验室里有些什么东西，各种器皿是干什么用的，怎么使用，许多马晓先都不知道，只好打电话找她认为是明白的人询问，但有些事在电话里是说不清楚的。

马晓先说，她当时特别渴望能突击学习一下，可进入中南海后工作就分外繁忙，不可能有脱产学习的机会，她只好找相关的书来阅读，现学现用，好在门诊部的二楼有个图书馆。

进行尿糖化验，要用吸管来把尿从标本瓶里吸出来，注入烧瓶里。但马晓先不知道吸管的另一头有个橡皮头，就用自己的嘴当橡皮头嘬吸管，结果有时候用劲大了，就把尿嘬到了嘴里。把尿注入烧瓶后，要放在火上烧。但她最初很不熟练，总是一下就烧干了，就再嘬出一些尿来重烧。后来，她才知道吸管有一个橡皮头，就不再用嘴来喵尿样了，也逐渐掌握了烧尿糖的要领，烧一下就离开火，晃一晃，烧一下，再离开火，晃一晃……

天天和总司令接触，马晓先印象比较深的，是老总始终保持着军人的做派。他的休息、起床、锻炼都特别规律。每天早晨都按时起床，冲一个澡，吃饭。吃完饭，他就出房间到院子里做操。他做的操是他自己编排的，从头活动到脚的一套动作。做的时候摇头摆身，看着特别有意思。笔者记得当年在西楼工作的一些年轻工作人员回忆过，说他们都被朱老总这套动作别致的操吸引，跟他学着一起做。

做完操，朱德就让警卫员徐建柱跟着，从西楼走到乜字廊、静谷那边转一圈散步。散步回来是看报时间，家里有十几种报纸，还有杂志。朱德看报刊的时候，坐得笔直，几乎一动不动，从第一次看到这种坐姿，马晓先就对什么是真正的军人风度有了深刻领悟。

那个时候，朱老总的处境已经不那么好了，中南海里有了朱老总的大字报，此事传到毛泽东那里，毛泽东在中央军委的碰头会上说："朱德在国际国内是有威望的，朱德还是要保的。"但毛泽东的话并没能制止住社会上冲击朱德的浪潮，中南海里也有人策划开批判朱老总的会，后来周恩来得知这一情况，立即通报了毛泽东，在征得毛泽东同意后，亲自出面制止了这次批判会。后来，毛泽东还讲过几次保朱德的话，传得最广的就是那段关于"朱毛"的话，他还说总司令不能斗，要斗他他也陪着去。

由于这个缘故，朱德总算没有在中南海里遭受像刘少奇、邓小平那样的批斗，但有关方面对朱老总的照顾，显然不像往常那样细致周到热情了。"文化大革命"以前，朱德身边的工作人员是相当多的，有五位秘书、六位警卫，还有保健大夫、护士、厨师、服务员等。但到马晓先接手朱德的护理工作时，朱老总身边的工作人员已经大大减少，她刚去时还见过卫士长郭仁，但没多久郭仁就被通知去了中央办公厅的"'文化大革命'学习班"。在朱德家做了多年大厨师的邓林师傅还在，马晓先觉得他人挺好的。常伴随在老总身边的，好像就剩下徐建柱、小陈两个警卫了，秘书也都没有了，拿报纸、接电话都由警卫管了。因此马晓先每到朱德家，就协助康克清一起照顾朱老总。

再后来，因为中苏边界发生武装冲突，为准备打仗，原住北京的许多老帅都被疏散到外地，朱德被疏散到了广东的从化。大约过了八个月，朱德又回到北京后，就住进了京西万寿路一带的新六所。

重回北京后，照顾朱老总的人才多了一些，有了一个班子，有了医生和护士。但马晓先还是要过去，做注射、滴药、测尿糖的例行工作。她每次都是骑自行车去，从中南海到新六所，路上要骑近一个小时。其他季节还好，最苦是冬天，如果下了大雪，马路结冰，一旦骑得急了点，到路口碰上突然变红灯，一急刹车，往往是连人带自行车摔倒一片。

就是在冬季的一天，马晓先到新六所做护理和例行检查、烧尿糖。那天下了大雪，做完各项工作后，朱老总就对马晓先说："天气不好，你就先别走了，在我家吃饭。"那天中午吃的是烤鸭，席间朱老总、康克清一次次往她碗里搛菜，吃得马晓先心里热乎乎的，苦累皆消。

4 处于软禁中的刘少奇，不断地出现各种病症／杨德中说：你们要尽职地做好刘少奇的医疗保健工作／刘少奇有些言不由衷地说："是小好。"／卞志强大夫说：不管是"红"的还是"黑"的，我们只管做好我们的业务工作／

进入中南海半年多以后，马晓先参与护理的另一个重要人物，就是中共中央副主席、中华人民共和国主席刘少奇。在马晓先他们进中南海以前，刘少奇的夫人王光美就已经被拘捕，继而被关进秦城监狱，他的孩子也被强行迁出中南海。刘少奇本人还住在中南海福禄居自家院子里，但已处于被软禁的状态。

处于软禁中的刘少奇，开始不断地出现各种病症，这断断续续的病有肺炎、糖尿病、高血压、植物神经紊乱等。据当时中央办公厅警卫局的报告记载，到了1968年4月，刘少奇一度出现神志不清、表情呆滞、动作反常、站立不稳、脚步移动吃力、走路迈不开步子等症状。

进入夏天，刘少奇的病情更加恶化，由气管炎急性发作转为支气管肺炎。在7月11日到14日这几天，他的病情已发展到非常严重的地步，经过抢救才脱离了危险。但此后的病情一直不稳定，多次反复，从7月到10月之间，仅大的反复就出现过五次。

马晓先说，她被派到刘少奇身边参加护理工作，是在10月初。此前，她对刘少奇的病一度很严重的情况并不是很清楚，也不知道曾对刘少奇进行过怎样的救治。有关刘少奇的病情，她是到刘少奇身边后，通过以往的病历记载了解的。

在接受这项特殊任务的时候，中央办公厅警卫局副局长、中央警卫团政委杨德

马晓先（中）和中南海门诊部的同事们在中南海。

中，和即将被派到刘少奇身边从事医疗护理工作的卞志强大夫谈了话。杨德中交代说：你们要尽职地做好刘少奇的医疗保健工作，这是中央的精神。

和马晓先同时被派到刘少奇身边的，除了中南海门诊部主任卞志强大夫外，还有中央警卫团团部的一个叫李留壮的医生，算上马晓先共三个人。马晓先还记得第一次进福禄居时留下的印象，院子里有一个大草坪，特别漂亮。

然而过了草坪，走近刘少奇的住处，就是另一番情景了。小院里贴满了大字报，走廊里也挂着大字报，窗户的玻璃上也写了标语和质问的文字，让人分明地感到"文化大革命"的浓浓气氛。

进入福禄居工作，马晓先认识了刘少奇的厨师刘泰和师傅。她觉得刘师傅人挺好的，尽量想办法给刘少奇做些合口的饭菜，但刘少奇已经完全没有了胃口，几乎吃不下什么饭菜。为了保证刘少奇的营养，后来不得不采取鼻饲的方式灌注流质。

虽然由于病患和进食量少，刘少奇的身体十分虚弱，但在马晓先他们刚去时和几度抢救之后，刘少奇还能拄着拐杖在院子里散散步。每当他散步时，医护人员和刘泰和都陪着他，跟在他后面一起走。院子里并不总是安宁的，有时有些中南海里的机关人员也会来到院子里。

刘少奇经常是走走，就不动了；再走走，又不动了。有时，他就站在那里，看贴在院子里的大字报。马晓先记得一次，刘少奇看见走廊的玻璃上写了一句口号："无产阶级文化大革命形势大好。"刘少奇用拐杖指着那行字，小声嘀咕了一句说："我不认为是这样。"有人立即就追问他："你认为不是大好，那你说现在的形势是怎样的？"刘少奇有些言不由衷地说："是小好。"

那时，连刘少奇的房间里，也有"打倒叛徒、内奸、工贼刘少奇"这样的标语了，有的标语甚至把刘少奇的名字倒过来写，并打上了叉子。刘少奇有时就会对着这样的文字，驻步凝视良久，然后轻轻地、无奈地摇摇头。

自从进了中南海，作为门诊部主任的卞志强大夫就一直告诫门诊部的其他医务人员："组织上让我们到中南海来，就是搞医疗保健工作，没有别的任务。关于上层的斗争，我们也许会听说一些，但并不很清楚。我们的具体服务对象，可能是'红'的领导，也可能把你派到'黑'的领导那里，但不管是'红'的还是'黑'的，我们到那里，就只管做好我们的业务工作。"

马晓先到朱德家做护理工作时，朱德的处境就不是很好了，因为在中南海里，也能看到批判朱德的大字报。属于马晓先护理对象中的有些人，例如陶铸等，已经被划入了"黑"的范畴，即使是董必武等领导人，在当时也都不怎么"红"了。所以对被派到"黑"了的领导人身边工作，她还是有一定思想准备的。

然而刘少奇的情况与其他"黑"了的领导人还是有些区别的。刘少奇已经在中南海里遭受到面对面的批斗，《人民日报》也已经陆续发表了一些一看就知道是针对刘少奇的批判文章，只不过没有点名而已，刘少奇基本上已经被划到毛主席的对立面去了，就差一个以中共中央的名义的公开确认了，因此马晓先他们对负责刘少奇的护理工作，也不可能没有情绪上的不安，不可能不引发一些负面的联想，好在她逐渐地适应了。

5 刘少奇在中南海的最后期间，医务人员对他的治疗和护理是积极、认真和负责的／卞志强、马晓先感到两个人照顾刘少奇人手有些不够／疲惫的黄宛大夫把果酱都抹到拿面包那只手的袖子上了／刘少奇病情尚未稳定，从北京赴河南的医生、护士即奉命全部返回／

马晓先记得，她参与对刘少奇的护理工作的初期，刘少奇的身体状态已经非常不好了。在 10 月 14 日的《刘少奇病情报告》上，已经有了大致如下的文字：心脏有冠状动脉疾病，脑血管有硬化及脑软化，加上糖尿病，病情有可能突然恶化，今后如再发生严重反复，即可能无法救治。这就是说，他已经濒临危险的边缘。

当时常出现反复的是刘少奇的支气管肺炎，一旦发作就处于高烧状态。每逢出现这种情况，马晓先他们就分外的忙碌和紧张。因为倘若控制不住，刘少奇的病情将更加恶化。在马晓先的记忆里，还有过从北京医院等医院请专家到福禄居里会诊抢救的印象。

马晓先说在给刘少奇进行救治的过程中，医务人员还是竭尽全力的。他们遵循了医务工作者的道德准则，遵循了人道主义精神，对刘少奇的治疗和护理是积极、认真和负责的。当时为刘少奇成立了最好的抢救组，还从空军总院、陆军总院请来了呼吸科的专家会诊。

马晓先参与的护理工作，包括给刘少奇打针和喂药等。她清晰地记得当时医生给刘少奇开的药，都是最好的。针剂和服用的药，都是进口的。抗生素药片一片十好几块钱，相当于那时一个中等收入水平的人一个月的生活费，所用的针剂也是十分昂贵的。这些药用下去以后，能够比较快地把支气管肺炎和高烧控制下来。

过了一段时间以后，中央警卫团的李留壮医生就被调走了，卞志强和马晓先感到仅由两个人照顾刘少奇人手有些不够，有关方面就又从中国人民解放军 301 医院调来了黄宛大夫。黄宛大夫是国内著名的心内科专家，他在医术上是很有经验的，而且曾经多次参加过党和国家领导人的会诊。只不过他没长期跟在某位领导人身边，做专职的保健大夫。

也许是因为黄宛大夫年纪比较大，经历的政治斗争也比较多，又是在"文化大革命"初期那种极为不正常的环境背景下承担起被视为"中国赫鲁晓夫"的刘少奇的医疗工作，因此马晓先说，在与黄宛大夫的接触中，能感觉到他显得心事很重。

虽然，那个时候领导上一再说："不管怎样，不管是'红'的'黑'的，我们只做好我们的工作。"但真把你派到所谓的"黑"的那里，你的思想就不可能不感觉到压力重重，许多事如何处置，要特别谨慎小心、如履薄冰。

而且当时刘少奇的生命也处于比较脆弱的状态，病情反复，抢救起来又不分白天黑夜，所以黄宛大夫常常睡不好觉，要靠安眠药才能入睡。有时候，工作得比较晚，他就先吃了安眠药再去吃饭，吃完饭正好药效上来，可以更充分地休息一下。

有一次，可能是太疲惫了，黄宛大夫一手拿着面包，一手往上面抹果酱，抹着

马晓先（前左二·）和黄宛大夫（前左一）等在外出途中。

抹着就迷糊了，把果酱都抹到拿面包那只手的袖子上了。还有的时候，饭还没吃完，他就坐在椅子上呼呼地睡着了。

马晓先说："我们当时特别能理解他们那种在巨大精神压力下工作的心理，其实我们当初何尝不是如此，我们也没经历过"文化大革命"初期那种激烈斗争的情况啊！实际上在整个"文化大革命"中，我们的心理始终处在很大的压力下，老是心情紧张。即使是在'红'的身边，也不是那么舒畅。像后来的护士小周在江青身边，江青老找麻烦，使她受到迫害，我们看在眼里能不紧张吗？而且在十年的过程中，又有多少个由'红'变'黑'，又由'黑'变'红'的？在那种动荡的历史环境中，老处于那种不安的心绪下，人的各种生理状态就不可能正常，所以你看我们这些搞保健的，不管是医生还是护士，没有一个胖的，主要原因就在这儿。"

黄宛大夫来的时候，带了两个护士，他们来实际上就是接替卞志强、马晓先，负责此后刘少奇的医疗保健工作的。经过短期交接，马晓先他们就离开了。那两位护士，后来一直护理到把刘少奇送到河南开封。从开封回北京后，她们就去了中国人民解放军305医院。

马晓先回忆说："在和黄宛大夫他们交接时，刘少奇的病情有所好转，面色好看了，甚至有些头发也渐渐变黑了。"当时到刘少奇身边工作过的大夫，像卞志强、顾英奇等，都是长期从事领袖保健工作的。他们非常有经验，也知道如何进行自我保护。

因此，在他们担负刘少奇的医疗工作期间，每天是如何进行医疗护理的，都做了详细记录。例如每天的情况怎样，有什么异常，是怎样诊断、怎样处治的，用的什么药，病人用药后的反应，都一一做了文字记录。当治疗显示了一定的效果，病情有所好转了，他们就马上给刘少奇拍照片，实际上这也是出于谨慎的考虑，留下一个直观的证明。马晓先推测说，他们当年记录下来的这份文字东西，应该保存下来了。"这份文字记载可以说明我们当时在刘少奇身边，是遵循了医务工作者的道德准则，遵循了人道主义精神，对患者进行了积极认真负责的治疗的。"

马晓先虽然不知道刘少奇离开北京去开封时的病情，以及在路途中发生了怎样的情况，但她相信北京的这些大夫和护士，都是会全力以赴地对刘少奇进行诊治和护理的。她推测，刘少奇到河南后突然病情恶化，不久就去世，大概和他的心情有关。离开北京，离开中南海，预示着一位政治家最重要的政治生命从此完结了；加之又和家人彻底隔绝，从北京跟去的医生、护士，到河南后工作一交接也走了。他身边一个熟悉的人都没有，又圈在一个很小的院子里，封闭的两层楼使院子更显得狭促，这可能导致他的心情急剧恶化。

根据有关资料的记载，马晓先对医生、护士们的理解和推想，是比较准确的。处于重病中的刘少奇，由于从北京到开封的"途中颠簸受凉，到达开封后病情进一步加重。10月24日、31日，刘少奇的支气管肺炎等症状两次发作，经随同前来的医护人员救治后脱险……"

但就在"刘少奇病情尚未稳定的情况下，从北京来的人包括医生、护士在11月6日全部奉命返回。刘少奇的监护、医疗工作移交给当地驻军负责"。11月10日，当刘少奇的病再次发作时，进行抢救的只剩下当地的医务人员，他们也采取了相应的救治措施，但刘少奇的心脏还是于11月12日早晨6时45分停止了跳动。

6 当时警卫战士们的医疗费每个月只有四毛钱 / "文化大革命"期间，针灸疗法被宣传得神乎其神 / 凌晨两三点钟，周恩来的老司机杨金铭突然肚子疼 / "它们认识我，我不认识它们。" /

进入中南海以后，马晓先他们除了负责住在那里的中共中央和国务院领导人的医疗保健工作外，还要管中南海里面的警卫人员的医疗工作。"文化大革命"以前，中南海的警卫工作都是由少尉以上的干部担任的，但到了"文化大革命"以后，大量的普通战士也被调来参加中南海的警卫工作。

因此，有关领导向马晓先他们布置任务时就说明：进中南海以后，不光是要负责首长的保健医疗，还要管战士的医疗。当时战士们的医疗费很少，每个月只有四毛钱。因此给他们诊治病痛，得想尽办法节省，否则就不够用。

为了以比较少的钱解决战士们的医疗问题，马晓先动了不少脑筋。考虑到战士们的医疗费主要消耗于打针吃药，因此可以尽可能地通过针灸、拔火罐、理疗等治疗方式，达到打针吃药的治疗效果。

马晓先在护士学校的时候，就学了些针灸的知识。但当时学的是很基础的知识，可不知为什么她从那时就对针灸特别有兴趣，自己看了一些有关的书籍。此刻，自己学到的一些东西，可以用来为战士解除病痛了，她更有了兴致。

她运用自己掌握的一些针灸穴位，针对战士们的一些症状，试着通过针灸给战士们治病。她十分注意观察针灸在战士各个穴位的疗效。今天给战士扎了这个穴位，第二天病情有好转，就说明有效果，她就记住；如果这个穴位没什么效果，就换一些穴位试试，进行调整。

为了治疗更多的病症，马晓先就寻找相关的书籍，边看边摸索。她还经常在自己的身上试验各种穴位，使进针的准度和深度都恰到好处。如今，她回想起最初给战士们治疗的情形，还会情不自禁地笑起来："有的时候，扎了几个穴位都不见疗效，我一时没招了，就叫人家坐在诊室里等一会儿，自己去现翻书，找还可能会有效的穴位。"

经过一段时间的医疗实践，马晓先的针灸水平大大提高，在中南海里都有了名气。而且在"文化大革命"期间，有一阵子针灸疗法被宣传得神乎其神，好像什么打针吃药都治不好的病，针灸都能治愈。于是同属中共中央办公厅系统的玉泉山的工作人员、39局的接线员等等，有些什么毛病，也都来找马晓先给他们针灸，像痔疮、关节炎、肠胃病等各种常见的症状，马晓先都治疗过，获得了大量实践的机会。在这个过程中，马晓先和许多战士、工作人员建立了良好的关系。

马晓先还记得，有一次周恩来总理在怀仁堂开会，到了凌晨两三点钟的时候，他的老司机杨金铭突然肚子疼，就跑到门诊部来治疗。这种病症打针吃药都很难立即见效，马晓先就用针灸的方法给他治疗，很快就见效了，没有耽误

马晓先（中）和周恩来的保健大夫张佐良（左）、牛复康大夫（右）在中南海丰泽园内的颐年堂前。

周恩来的用车。

看到自己掌握的医疗方法能为周围的同志们解决实际问题、解除病痛，马晓先的心里十分高兴，对针灸的兴趣也更浓了。她把她医治的案例都记录下来，进行总结，上升到理性认识，逐渐形成自己独到的东西。

一直到了快退休的年龄，马晓先依然对针灸保持着热衷，她利用业余时间，坚持到东直门中医院的夜校学习，每天下班后，就骑着自行车去上课，最后拿到了正规的针灸医师资格证书。

在中南海门诊部，还有一些在当时来说是比较先进的理疗设备，但这些设备都放在那里，没有人教如何使用。如果谁想利用这些设备，都要靠自己学习、摸索、掌握。马晓先说陆续增添的设备有高频的大超短波、小超短波，有光疗仪，有红外线、紫外线治疗仪等等。

"开始，我对这些仪器设备一点儿都不懂，它们认识我，我不认识它们。但领导把这些仪器设备交给我了，而且购买这些仪器设备就是为了用它们给人治病的，我就得想办法掌握操作运用它们的技术。"马晓先说。

她找来相关的资料和书籍，自己边看书边学习。但光看书还是不行，一点儿操作的经历都没有，她对着陌生的仪器设备难免有些畏惧感。于是，她就去找使用这些仪器设备的医院去请教，观摩人家各种理疗设备的使用情况，看人家具体操作的程序，进而有了一点直观、感性的认识。

因为她事先看了有关的资料和书籍，对于需要解决些什么问题，脑子里已经有了准备，所以学习的针对性很强，学习的效率也就比较高。她很快就把这些仪器设备的原理、构造、治疗范围、使用方法包括简单的修理都掌握了。震荡管、启燃的高频管、线路等，她都清楚了。简单的维护，她自己也可以解决了。

在这些仪器设备中，紫外线在光疗里是最难掌握的，在剂量的使用上，稍有不慎，就可能给治疗对象造成很大的伤害，灼伤皮肤。因此在使用时，她始终如一地按照操作要求，小心翼翼。

经过一段时间的探索和实践，马晓先不仅掌握了这些仪器设备的使用方法，掌握了各种医疗手段，而且自己制定出一系列仪器设备使用的医疗制度和规范。这些本来都是没有的。许多工作在中南海里是开创性的，都得靠自己在实践中逐步认识，通过总结，形成条理性的规范。

管那么多的人、那么多的事，马晓先自己都不知是怎么就全干下来了，还学到了许多以往不曾掌握的技术和医疗手段。几十年后回忆起来，马晓先说："以前没想过这些，现在和你一唠叨，才发现我还真是挺能干的。可能是因为那时我年轻，身体好，这也和小时候吃过苦，是家里的老大，什么事都得主动去承担有关。怪不得当时他们老跟我说：'小马是铁打的。'"

其实，支撑着马晓先这么忘我工作的，除了受教育培植起来的觉悟以外，还有一种发自内心的朴素感情。从最初分配到北京医院，继而进中南海，在党和国家领导人身边工作，她感到非常幸福，感到这是组织的信任，也更感到共产党给予她以及她家庭的恩情，因此她脑子里经常想的就是把自己的工作做好，做出成绩来，回报党。在工作上、学习上，也就总是感到有一股用不完的劲，再怎么投入，也不觉得什么。

就这样，一直到了1972年，才又调来一位叫张玉萍的护士，参与马晓先原来管的这一摊工作。此前的抽血、做理疗治疗等她一个人干的事，终于有了个分担的人。

7李讷从江西回来，菊香书屋才又有了生气／以江青的阅历和她对人的观察，一下子就看出了女儿和女婿之间隐藏着的差异／江青找了中央警卫团团长张耀祠，提出送他上大学／毛泽东对谢静宜说：你和李讷交个朋友吧／

1971 年入冬以后，马晓先照顾过一个和她年纪相近的人，这个人就是毛泽东的女儿李讷。

李讷在 1970 年至 1971 年期间，去了江西。先是在中共中央办公厅"五七"学校参加农业生产劳动，后来又根据她自己提出的要求，到井冈山地区插队锻炼，和农民一起生活劳动。再后来，她又回中央办公厅"五七"学校，同在那里劳动的一位中央办公厅普通工作人员结了婚，随即离开江西回到了北京。

马晓先去照顾李讷的时候，李讷住在中南海南部丰泽园内的菊香书屋，也就是毛泽东原来的住所。早在 20 世纪 50 年代后期，毛泽东就时不常住在他喜欢的中南海北部的游泳池。"文化大革命"以后，更是以游泳池为家了。江青则在"文化大革命"以后，搬到钓鱼台常住。丰泽园内一度空了起来，直到李讷从江西回来，菊香书屋才又有了生气。

和李讷结婚的这位工作人员的生长环境和所受的教育，和李讷存在着很大的差距。李讷是北京大学历史系出来的，特别是她的文史底子又受到父亲毛泽东的熏陶，即便是受过文史高等教育的人，都和她存在着一定差距，更不用说在这方面没有受过正规教育的人了。在"五七"学校那样逼仄单调的环境限制下面，他们可能有一些农业生产劳动方面的共同话题，但他们并没有经历真正意义上的恋爱过程，没有太多的心灵沟通……因此随着时间的延续，环境的变易，他们之间的深层隔阂就可能凸显。

据说新婚的李讷和丈夫从江西到北京后，江青曾到菊香书屋来看了他们。以江青的阅历和她对人的观察，只说了几句话，她就一下子看出了女儿和女婿之间隐藏着很大的差异。作为一个母亲，她从内心深处不满意这样的结合，也属人之常情。

因为李讷的丈夫婚后被安排进了中央警卫团，后来江青便找了中央警卫团团长张耀祠，提出送他上大学深造。实际上就是借读书的名义，把他和李讷分开，先造成事实上的分离，继而促使他们分手。结果，他被送到西安上大学。

马晓先因为照顾李讷，和这位中央办公厅的工作人员有一些接触，还曾为他安排过一次小小的手术。在短暂的接触中，她隐约感觉到他们长期共同生活好像还欠缺一些使之日趋牢固的维系因素。

马晓先被派去照顾李讷时，她患的也不是什么大病，只是发了一阵高烧。她的病痊愈后，就和谢静宜一起到东北搞了一段时间的调查研究。那是隆冬时节，出了关以后更是天寒地冻。马晓先也跟着她们去了，她由此对东北的寒冷有了深刻的体会。"我们每个人都穿着军大衣，跑了大庆、长春、大连、营口等几个地方。"

回北京后，李讷向父亲毛泽东汇报了她们这次调查研究的情况。毛泽东历来希望听到直接从基层调查来的情况，他兴致勃勃地和李讷谈了两个多小时，女儿的这次调查研究显然是令他非常满意的。

李讷对此更是特别高兴，她回到菊香书屋就跟马晓先说："哎呀，主席跟我谈得特别好。这种汇报他跟别人从没有谈过这么长时间。"实际上毛泽东在很长时间里，都没有和什么人单独谈这么长时间的话了。

在照顾李讷的日子里，马晓先还发现李讷和谢静宜的关系特别好。李讷曾亲口对马晓先说，谢静宜是她爸爸介绍给她的好朋友。笔者从谢静宜的回忆文章中也看到，早在1961年12月26日毛泽东过68岁生日时，就曾当着李敏、李讷的面，要谢静宜和她俩交朋友。1970年夏季里的一天，毛泽东又一次向谢静宜交代："小谢，你和李讷交个朋友吧。"于是，谢静宜前往江西，到中共中央办公厅"五七"学校看望李讷，还在她所在的连队一起生活了一段时间。

为照顾李讷，马晓先走进毛泽东住了很长时间的中南海丰泽园。

8 李讷怀的孩子，是毛主席家的后代，要精心护理／她要
找书的时候，别人就没法让她和书架分离／她对李讷说：
"我觉得你随主席。"／"我连头发一边多一边少都随我
爸爸。"／李讷连封都不开，就一下一下地把江青的来信给撕了／

从东北回北京后，马晓先就离开了李讷那里，因为中南海门诊部这边的事比较多，领导认为马晓先始终能让那里的工作井井有条。马晓先离开李讷的那段时间，有关方面从中国人民解放军 305 医院找了两个护士，去菊香书屋照顾李讷。

然而，过了一段时间后，中央办公厅警卫局改制为警卫处后的副处长、中央警卫团团长张耀祠亲自找马晓先谈话，说是她走后派去的两个护士承担不了李讷那里的工作，还是得让马晓先回去照顾李讷。

原来，不久前李讷尿检呈妊娠阳性，她被确认怀孕了。张耀祠郑重其事地向马晓先交代说：李讷怀的孩子，是毛主席家的后代，是重点保护对象，一定要一个负责任的、护理水平高的护士去精心护理。组织上认为你以往的护理工作是优秀的，所以把这个任务交给你，这是组织上对你的信任。

从这以后，马晓先和李讷一起生活了相当长一段时间。正是因为长时间照顾李讷，马晓先才得知，李讷这里的事，都是由张耀祠亲自管，亲自过问的。

也是在那段日子里，马晓先对李讷有了更多的了解。她对李讷印象深刻的记忆之一，就是李讷对读书有着浓厚的兴趣。在毛泽东的卧室里，三面都是书架子，上面的书籍摆得满满的，都是从地上一直堆到顶棚。李讷常常为了找到她要看的书，在书架前爬高下低的，甚至趴在地上找放在书架底层的书，那种忘我的劲头，谁看到了就再不能从记忆中抹去。

那时李讷的睡眠也很不好，要靠吃安眠药。有时候，她吃了安眠药，可在入睡前突然动了要看书的念头，就跑到书架前寻找。这个时候，别人就没法让她和书架分离，直到她把想要找的书找到。

有一次，李讷在吃了安眠药后，抽出了一本《唐诗三百首》交给马晓先，对她说："小马，你看着书，我背。"马晓先心想她已经吃了好几片安眠药了，过一会儿就该迷迷糊糊了，可没想到李讷居然按照《唐诗三百首》的顺序，一首接一首，一字不差地背了出来。她说："就这一下子，我对她真是很佩服。"

当时李讷躺在床上，马晓先就坐在她旁边，她问李讷："李讷，你怎么能记得这么清楚？背得这么流利？一本书你都能背下来？"

中央警卫团团长张耀祠和毛泽东。在"文化大革命"中，李讷这边的事，都由他亲自过问。

李讷说："这些书我从小就开始看了，看的次数太多了。我看书的速度也特别快，这些书我都看过。后来，我能一目十行地看书，而且把要记的内容记住。"要是没有和李讷有较长时间的接触，没有亲眼看着李讷背唐诗，马晓先可能会对李讷的这句话将信将疑，但此时此刻听李讷这么说，马晓先说："我真的是一点儿都不怀疑，我相信她真是具有这种超常的本领。"

在加入中国共产党以后的政治学习中，马晓先记得斯大林曾经说过"共产党人是特殊材料制成的"这么一句话。此时此刻，马晓先觉得李讷就是特殊材料制成的人，她对李讷说："我觉得你随主席。"

李讷睡意全无，她对马晓先说："没错，我是我们家最随我爸爸的。我连头发一边多一边少都随我爸爸，而且哪边多哪边少也都和我爸爸一样。我跟我爸爸感情特别深。如果韩师傅做好了饭，给我送来的红烧肉里肥肉多，我就特别高兴。"

马晓先听她这么说，还以为李讷这话的意思是她和毛泽东一样喜欢吃红烧肉，可不明白为什么给她的肥肉多了就高兴？

李讷听她这样问就回答说："因为肥的给我多了，爸爸那里就瘦肉多了。肥肉我吃没关系，但是我爸爸不能多吃肥肉，这是保健大夫们说的。"马晓先本人也是干保健工作的，曾经不止一次地要求年纪大的首长们要严格控制吃肥肉，以防胆固醇增高。从这一点上，她感到李讷真的是非常爱她的父亲。

相比之下，李讷对母亲江青就不像对父亲那样爱慕和敬重，有时甚至都让马晓先分明地感到她对江青有些敌视。一次，江青托人从钓鱼台给李讷送来一封信，马晓先恰巧在她身边。她接过信就交给马晓先，说："你看这是谁来的信？"马晓先一看信封中间写着"李讷女儿收"，下面写着"江青"，就对李讷说："是你妈妈来的。"

接下来的一幕，让马晓先感到震惊，只见李讷连封都不开，就一下一下地把信撕得粉碎，扔进了字纸篓里。马晓先忙说："咦，你怎么给撕了？"李讷说："嗨，就她那点事儿我还不知道，我不用看就知道，不就是说她那几个样板戏，她如何如何（呕心沥血之类）吗？"当然，李讷也不总是这个样子，那一阵子恰逢李讷的情绪不太好。

马晓先还说，李讷的脑子非常聪明，特别是她的记忆力，一般人真是比不上她。对此，不光是马晓先印象深刻，其他和李讷接触过的人，也都有如是感觉。

"文化大革命"结束后，李讷曾在中央办公厅秘书局工作了一段时间。马晓先有位好朋友，和李讷在一起工作。这位朋友来门诊部看病时，就对马晓先说过："李讷的脑子是真好！我们文件放哪儿怕忘了，都和李讷打招呼，请她帮我们记着点。一旦文件真找不到的时候，就问李讷，她马上就能找出来。后来有电脑了，我们大家都说李讷的脑子就像一部电脑。"

9 医生护士对此都非常紧张，严格控制李讷服用安眠药／自己亲自到市场购买日用品，都会让李讷感到畏难／为李讷接生的，是我国著名的妇产科大夫林巧稚／中办方面又找了一位南方的老太太，住进了菊香书屋／

马晓先再次到李讷身边，主要是为了照顾她的孕期。所以在这期间里，马晓先就经常给她讲解孕期的保健，教她妊娠分娩的相关知识，还要指导她做一些护胎、正位等的训练。

然而偏偏在这个时候，李讷生了病，精神状态也非常不好。她睡不着觉，要靠安眠药入眠，但她又不太控制自己，后来吃安眠药的量很大，一般的安眠药都不起作用了。医生护士对此都非常紧张，为了李讷的身体，严格控制给她的安眠药。

在人与人的接触中，总免不了有些磕磕碰碰。李讷有时候有点脾气，会让人感到不太好相处，但马晓先觉得李讷为人正直，有什么就说什么，当然有时不太考虑别人的情绪和能否接受。她生活朴素，人也很朴实，对事、对人都有她自己独立的见解。

说到朴素，马晓先记起一件事情。那次她陪李讷去东北，因为是在冬季，马晓先考虑到东北的寒冷，就买了一双棉皮靴。当她和李讷一起出发时，李讷看到了马晓先脚上的靴子，就说："哟，小马穿得真高级呀！"因为李讷自己穿的还是普通的棉鞋。

李讷对别人也并不是很生硬，跟某个人相处的时间久了，也很有感情，只是她不怎么善于表达和经常流露这种感情而已。马晓先和李讷很接近地生活了大约两年，她觉得自己对李讷是比较了解和理解的，因此能够和她相处得不错。

由于从小生活环境的缘故，李讷的生活自理能力比起生长在寻常人家的人，就显得要差一些，比如，她就没有自己到商场购物的经历，要让她自己给自己买点日用品，都会让她感到畏难，因此有时候李讷想买些生活用品，就要请马晓先帮忙。

有一次，李讷想买双新鞋，就让马晓先替她去买。李讷的生活很朴素，她穿的鞋就是普通的布鞋。马晓先估计李讷穿的鞋应该和自己的鞋差不多大，就按自己脚的尺码给李讷买了一双。

不想，李讷的脚比马晓先的大一点。鞋子买回来一试，李讷觉得有一点儿挤脚。马晓先觉得此事没办好，就说："这鞋我穿差不多，就我穿吧，我再替你买一双。"李讷说算了："不买了。"马晓先就把买鞋的钱还给了李讷，李讷说："哎哟，你还把钱给我。"李讷觉得马晓先这个人很正派，又没有占人家便宜的念头，渐渐地对她有了好感。

李讷是在北京协和医院生产的，为她接生的，是我国著名的妇产科大夫林巧稚。孩子生出来后，李讷回到中南海的家里，孩子的护理工作也是由马晓先来做。后来，为了更好地照顾李讷母子，中办方面又找了一位南方的老太太，住进了菊香书屋。这位老太太叫什么马晓先后来忘记了，只记得她个子矮矮的，但很能干。

后来，她们俩相处久了，相互间关系已经非常好了。大概是出于对马晓先的感谢之情吧，李讷有时就会提出送些东西给马晓先，但马晓先一直不要。马晓先觉得照顾李讷是组织上交给的工作，理应尽职尽责，被照顾的对象对自己的服务感到满意，流露出由衷的感谢，她自己的内心也就感到很满足了。

然而有一次，李讷显示出了她那超人的执著，非要把自己的一件短袖衬衫送给马晓先。那是一件的确良格子衬衣，在马晓先当时看来是很高级的东西了，她还是像以往一样坚持不要，但这一次李讷无论如何一定要马晓先收下，马晓先只好收下了。她把这件衬衣好好地保存了起来，一直到现在还收藏着。

10 她不太会以常人家那种母爱亲情，施爱于自己的孩子／
工作人员问："妈妈那么喜欢你，怎么不好？" ／在对孩
子心理心情的体贴上，李讷有时考虑得相当周密／

李讷的孩子叫李效之，是毛泽东亲自给取的名字，李讷对父亲给自己的孩子取名字特别高兴。孩子刚刚生下来，李讷非常喜欢和想念，因为母子最初是分开的，所以隔了一会儿，她就对看护她的人说："快把我的孩子抱来，我要看看。"

在孩子渐渐长大后的一段时间里，李讷的身体又出了问题，状况非常不好，血色素比正常值低很多，只有五克多一点，还不到六克，她因此住到了部队的262医院。住院期间李讷是由医院的医务人员照顾的，但是马晓先也时常会去看她。经过一段时间的治疗，李讷身体好多了，血色素也上去了，精神状态也恢复得很好，又回到了中南海。

大概是由于生在中国共产党的最高领袖的家庭，父亲忙于党务政务，母亲江青也一直在中央机关担任一定的职务，特别是江青始终期盼自己在政治上有所作为，在这方面的确没少用心思，因此就不可能在女儿的成长过程中，像普通人家那样，给孩子较多的母爱和温存体惜。刚刚由女儿转变为母亲的李讷，因为小时候没有体验到太多那种常人家的母爱亲情，所以她也不太会以常人家的那种母爱亲情，来体贴和施爱于自己的孩子。

从内心来讲，李讷是关爱自己的孩子的，但最初的时候，她却不知道孩子需要怎样的爱。比如李讷比较喜欢吃糖，她看到孩子对花花绿绿的糖纸有兴趣，就攒着糖纸给孩子玩，殊不知孩子固然会受花花绿绿糖纸的吸引，而更吸引孩子的是糖纸里包裹的糖。

有一次，孩子从幼儿园回家，马晓先等工作人员问孩子说："效之，你妈妈好不好？"童言无忌的孩子随口就说："妈妈不好！"工作人员赶紧追问："妈妈那么喜

欢你，怎么不好？"孩子说："妈妈自己吃糖，不给我吃，只给我糖纸。"

工作人员随即将这个情况告诉了李讷，李讷这才知道孩子更渴望什么。从那以后，每到星期六，孩子要回家了，李讷就会买些巧克力、牛奶糖等，给孩子准备着。她从此知道了孩子爱吃糖，就用给孩子买糖来表示对孩子的爱和亲近，但她仍然会遗漏一些对孩子来说很需要关注的问题，因为在这方面，她也不像普通人家那样，会得到来自上一辈人的指点。

李效之两岁以后上的是北海幼儿园，来去幼儿园，都是警卫战士们骑自行车接送。战士们也喜欢孩子，有时也给孩子买糖吃。结果有一次，孩子对接他的警卫战士说："叔叔，你们别给我买糖了，给我买一顶帽子吧。"

原来，已经是深秋时节了，别的家长都给自己的孩子买了帽子，而李效之还没有。听孩子这么一说，马晓先他们都觉得，诞生在最高领袖家的孩子，也有挺可怜的一面。虽然孩子的生长环境和条件是很好的，但有时却会少一些普通人家长辈对孩子的那种无微不至的呵护体贴。

尽管李讷在关心爱护自己的孩子方面，存在一些由于没人指点和缺乏经验而出现的疏漏，但她内心的确挺惦记孩子，有时在孩子的心理心情方面，考虑得还相当周密。对这一点，马晓先因和李讷有一段比较密切的接触而深有感触。

后来，李讷身体的情况好了，孩子也有人带了，马晓先又再次离开了李讷那里，回到中南海门诊部。有一天，马晓先正在门诊部工作，警卫处办公室的一个干部突然来到她面前对她说："马护士长，李讷来看你来啦。"马晓先一看，真的是李讷来了。她来门诊部没有别的事情，就是专门来看望马晓先的，她和马晓先在一起闲聊了一阵子才走。

马晓先说："李讷对她熟悉的、她通过自己的观察认为是不错的人，是很有感情的。"

11

汪东兴口气缓和了下来说："我并不要你想得通，只要你服从就行了。"／毛泽东曾将邓颖超写的一篇与疾病作斗争的体会推荐给江青看／江青外出时，总要带一些穿过一段时间而比较柔软的内衣／宋庆龄对吴阶平特别信任／

1974年3月，马晓先的工作又出现了一个比较大的变化，她被调到江青身边工作。当时的要求是科班出身，最好是有孩子的，因为做了母亲的人细心、耐心。

这样就选到了马晓先的头上。

江青之难伺候，是所有在江青身边工作过的人员都深有体会的。从继徐涛之后担任江青保健大夫的王敏清始，笔者后来又陆续采访过一些曾在江青身边工作过的医务人员、厨师，以及后来在她的政治地位急遽上升后，被派到她身边的秘书和警卫人员，没有一个人不是在和她相处一段时间后，就迫不及待地盼望能调离，只是看在毛主席的情分上和受组织纪律的约束，才继续留在江青的身边。

从事了一段时间中共中央领导医疗保健工作的马晓先，对江青的性情为人自然早有耳闻，因此她也不太愿意被派到江青身边工作。当时马晓先刚生女儿不久，丈夫得了急性黄疸肝炎，她遂以首长有可能因此被传染疾病这个非常正当的理由加以推辞。

汪东兴听说这一情况，起初也同意另找他人。谁知十几天后，他又把马晓先叫到他办公室去，还是谈这事。马晓先依然婉转拒绝，但见推托不掉，就说："我去朱老总那儿，去那些老帅那儿，都可以，就是不想去江青那儿。"

由于为江青找护士长是件很为难的事，汪东兴为此颇费心思，而且感到除了马晓先真的再难找出能胜任的人选了，他因此有些急，以致拍了桌子："你是不是共产党员？""是。"马晓先答道。

"你是共产党员，你不服从党的分配？"马晓先说："如果非得这样，那我只能服从组织，但我思想上还是想不通。"这时汪东兴口气缓和了下来说："我不要你想得通，只要服从就行了。"

自参加工作起，马晓先就从来没有因为自己工作安排上的事和领导讲过什么价钱，保健对象也从不是由自己选择的，况且领导都把话说到这个份儿上了，自己还能再三再四地推托吗？她服从了组织的安排。

事情定下后，汪东兴又向她交代了一些相关的事情，例如有事情可以直接向他请示报告等。到江青身边工作的事，必须严格保密，因此连她的丈夫也不知道这一情况。

此刻的江青，已经是中共中央政治局委员了。作为党的高层领导人的保健人员，必须认真负责、细致周到，一点都不能敷衍，这是工作的本分，也是职业要求。担任江青的护士长后，马晓先对她的照顾和以往对任何一位领导人一样，倾其全力、勤勉尽职，虽然内心别有一番滋味。

笔者记得在采访曾经担任过江青保健大夫的王敏清时，他回忆说给江青静脉注

"文化大革命"期间的中央办公厅主任、警卫处处长汪东兴和毛泽东。

射,必须一针见血,不能再扎第二针。因此他做江青保健大夫的时候,别人不敢给江青做静脉注射,碰到这种情况只有找他做。

"您也练就了一手好针法,还得了'马司令'的美称,但第一次给江青做静脉注射时,您紧张吗?"笔者问道。不想马晓先回答说:"我到江青身边以后,她一针都没有打过,也没住过医院。"

谁都知道,江青在新中国成立前夕,就开始给人体弱多病的印象,又是出国治疗,又是请专家会诊,又是长期疗养……毛泽东还曾专门将邓颖超写的一篇与疾病作斗争的体会推荐给江青看,鼓励她战胜自身的疾病。

然而,在马晓先担任江青的护士长期间,江青不仅没有因病住过院,甚至连针都没打过,可见这一段时间她的身体状况相当不错。政治上得势,情绪好,身体也好了,这似乎可以说明她以往的病和精神状态不好有很大的关系。

当然，江青的身体还是有一些问题，她老说自己怕风、怕惊吓，一紧张就会突然出一身汗，这是因为她有植物神经功能失调的毛病。所以江青平时喜欢穿宽松的、吸水性比较好的内衣；外出总要多带一些由于穿过一段时间而比较柔软的内衣，以备在出了大汗之后更换。

在马晓先担任她的护士长之前，护士们就为她想了个钉小毛巾的办法，帮她在每件汗衫上都钉两个子母按扣，另外找一些小方毛巾，也钉上按扣，一按就贴在了汗衫上。这样汗湿了后可以经常更换，免得汗渍得不舒服。

这些小方毛巾几乎都是从人民大会堂里找来的，都是用过的，有的都很旧了、起了毛被淘汰了的。护士们拿来后经过高温消毒，再给江青用。这种旧的小方巾非常软，江青用着觉得很舒服。

有时候，江青也会有点不舒服，或生些小毛小病。遇到这种情况，她常常主动提出请吴阶平大夫来给她诊治。

听马晓先说到这里，不由让笔者想起在以往的采访中，多次听到好几位党和国家领导人，都对吴阶平有着非常好的印象，而且在生病的时候，提出希望请吴阶平来为自己诊治。例如原中华人民共和国副主席宋庆龄，就对吴阶平特别信任，当然这其中有她本人更习惯讲英语，而吴阶平讲英语也很流利，可以用英语向她讲解病情的因素。

"是的，的确许多首长都对吴大夫特别满意，愿意让他看病，不光是江青。我通过自己的观察，感觉吴大夫的风度和为人，确实不同寻常。他诊断、看片子，别人不好描述、难以解释的问题，他随口就很贴切地叙述出来了。尤其是不论什么人，他的说法和表达都能让对方很容易接受，措辞特别得当。内行、外行都能理解，既到位，又让你听着舒服。这是一种很高的艺术。这里面也有一个修养问题。"马晓先对笔者说。

"文化大革命"结束以后，彭真的夫人张浩清也让吴阶平做过手术。那次手术的时候，马晓先因为在彭真身边工作就陪在了张浩清旁边。手术中吴阶平说："小马你来看一下。"让马晓先通过显微镜了解镜下的解剖结构，以便对张洁清的病症有更清晰的了解。马晓先说："就经他这么点拨几句，一下子就让你得到很大的提高。"

由于说到了吴阶平，自然就联系到了他的弟弟吴蔚然。马晓先对吴蔚然的印象也很好。"不论是对首长还是对普通工作人员，他都一视同仁。有一次我有了点小毛病，向他询问。他诊断后对我说需要做一个小手术，随即就说他来给我做。我觉得他是大专家，我这个小手术不好麻烦他。他却说这有什么，我给你诊断的，就由我做了不就完了吗？还麻烦别人干什么？"

12 江青特别容不得身边的工作人员和不是她身边的人员接触／在照顾江青期间，马晓先的生物钟都改变了／毛泽东固然是对江青的申斥，但还是含有一种爱护的口吻／"要说江青根本不关心毛主席的病情，对毛主席一点儿感情也没有，也不太符合事实。"／

由于马晓先在江青身边工作的那段时间，江青的身体状况不错，所以当她在北京的时候，马晓先的工作和护理事务，反而比来此之前更松闲了一些。然而，马晓先是个忙碌惯了的人，当江青这里没有什么事了，她发现钓鱼台这边的其他工作人员需要做些诊治的工作，就会主动帮助做一些。

"文化大革命"以后即负责整个钓鱼台这边警卫工作的原中央办公厅警卫局（此刻的中央办公厅警卫处）副局长邬吉成告诉笔者说："马晓先到江青身边后，常在工作空余时间，给我们看看病，做些治疗。"

马晓先有一手拔火罐的绝活。有一阵子邬吉成的腰老是痛，马晓先就在空闲时间到他的办公处来，给他拔火罐。有一次，马晓先正给邬吉成拔着罐子，江青突然散步走到了邬吉成他们办公的 15 号楼这边来了。马晓先眼睛尖，隔着窗户一下就看到了江青，有点惊慌，说让江青看见她就糟了。邬吉成赶紧让她蹲到窗户底下，直等得江青走过去了，才叫她站起身来。

邬吉成解释说："江青这个人疑心很重，她身边的好几个工作人员，就被她污蔑为是某某人派来的特务，是来监视她的，都遭受到迫害，有的被关进监狱好多年。因此江青特别容不得她身边的工作人员和不是她身边的人来往，更何况在毛主席逝世前后那一段，江青好几次说我是个坏人，甚至要汪东兴处置我。马晓先到我这里来，要是被江青看见了，她肯定会生出许多是非来。"

做了江青的护士长以后，有一点和以往大不相同，这就是习惯的作息时间被彻底地打破了。也许是长期跟随毛泽东的缘故，江青也习惯晚上工作，而且是越到夜晚、深夜，她越来精神。那时候的会也特别多，也通常在夜晚才开，一般的情况下，总要熬到凌晨两三点钟，会才散，江青才睡觉。

马晓先到江青身边时，她住在钓鱼台的 11 号楼。

马晓先刚到江青身边的时候，对这一点特别不习惯、不适应。最初那一段，每逢会开到深夜，马晓先困得真是顶不住，眼皮打架，头怎么也抬不起来。可还是不能睡，因为江青还没休息，在值班室一听见打铃，马晓先就得赶紧到江青那边去。

怎么应付这种情况呢？马晓先试了种种办法都不管用。最后，她只好用一种土办法，抓一大把茶叶，泡半杯水，靠喝这种极酽极酽的茶水来提神。她说："那茶水喝起来苦极了。"

当时江青住在钓鱼台的 11 号楼，值班的时候，马晓先就守在 11 号楼里。经历了一段时间以后，马晓先也总结出了规律，什么时候看到钓鱼台东边露出了熹微，会就差不多该结束了，江青也就该休息了。马晓先她们也就熬到头了。

然而，等江青就寝以后，马晓先回到自己的住所洗漱完毕，也就到了凌晨 4 点左右。此时人最困的时段已经挨过去，又不困了，又精神起来了，根本睡不着。可为了继续工作，还必须得睡觉休息。无奈之中也只有一种选择，那就是靠安眠药使自己入睡。久而久之，马晓先养成了对安眠药的依赖。

马晓先回忆说，在"文化大革命"期间，特别是刚到江青身边的那一段，人被工作弄得真是昏头涨脑的，全仗着年轻和吃苦耐劳顶了过来，而且人的生物钟都变了。精神上的紧张，倒被疲劳冲淡了一些。

因为工作的缘故，马晓先天天都守着江青，对江青有了比较多的观察。她觉得江青对政治的确是比较敏感的，她很关注政治形势和各方面的情况，天天看内参，而且把她认为重要的内容都圈上，然后送到毛泽东那里。她不管这些东西毛泽东究竟看不看，她反正是天天画圈，天天送。

江青对此事是很认真的，可以看出她是希望自己做的事情能被毛泽东认可，她的建议能受到毛泽东的重视。马晓先因此看到江青批文件的铅笔字非常漂亮，很有力度，而且她学毛泽东的签字也非常像。江青的毛笔字也能写出与毛泽东十分相似的笔体。

毛泽东毕竟和江青夫妻三十多年，他对江青有不满、有批评，但也有感情、有爱护。有一次，在毛泽东那里开会，江青参加了，所以马晓先也跟着去了游泳池。那次会一直开到凌晨，毛泽东在那次会上又批评了江青。

马晓先虽然不在会场内，但她从对会情了解的人的议论中，听到了毛泽东批评江青说："你要注意呢，你得罪人太多，我死了看你怎么办。"当时有人议论说毛泽东的这些话，固然是对江青的申斥，但仔细体味，里面还是含有一种爱护的口吻。马晓先听着，感觉也是如此。

说到毛泽东和江青的感情，笔者记得在"文化大革命"期间负责过江青警卫工作的原中央办公厅警卫局副局长邬吉成讲过一件事情。

那是江青在1976年最后一次去大寨，一行人离京的时候，毛泽东的情况就非常不好了。结果他们到大寨不久，就接到北京来的电话，说毛泽东病情恶化，要江青立即返京。邬吉成回忆说：因为大家并不了解电话的具体内容，但电话之后马上通知要立即返回，就预感到是毛主席的情况不好了，很快就收拾停当了行装，准备出发。但只有江青不知怎么搞的，在她的房间里磨磨蹭蹭，大家等了她好长时间。

笔者问马晓先，当时究竟是怎么一回事？这能不能说是江青对毛泽东没有感情，不把毛泽东的安危挂在心上？

马晓先说：她那次并没有觉得江青的行为有什么特别的，也没觉得在得到返回北京的消息后，等了江青很多时间。她推测可能是当时大家的心情急迫，相对大家的动作快，感觉江青的动作慢。在日常行止上，江青一直就是这样比较慢条斯理，而的确不是风风火火、干脆利落的。

另外，马晓先说了一个情况，即江青长期患有便秘的毛病。她时不时会坐在马

马晓先陪江青到大寨时，江青给她拍了几张留影。

桶上很长时间解不下来大便，甚至坐几个小时的情况都有过，这时候其实她自己也很痛苦。这情况别人不太清楚，但她身边的护理人员则司空见惯、习以为常，不觉得是什么特殊情况。因此她也记不清，那天是不是又赶上了江青便秘，如果真赶上了，那肯定是要让大家等很久的。

"要说江青把毛主席的病情特别挂在心上，确实不是那么回事；但要说江青根本不关心毛主席的病情，对毛主席一点儿感情也没有，这大概也不太符合事实。她临离开北京之前，就去看过几次毛主席。但江青对毛主席的感情和关心，确实没法和另外几位中共领袖的妻子对丈夫的感情和关爱相比，像邓大姐对总理，像张洁清对彭真……江青确实和那些老大姐不一样，她不太会关心人，而是总要人去关心她。"马晓先用这段话，结束了对江青最后一次大寨之行的追溯。

13 江青特别喜欢两部外国的影片／江青不能看有蛇的镜头，晚上不能看欢快热闹或紧张刺激的影片／江青非说被风吹着了："你们这是软刀子杀人啊！"／如果看到信封上写着"毛泽东夫人收"的信，江青就特别生气／

因为笔者曾采访过多位在江青身边工作过的人员，所以知道江青有几怕：她怕人很快地靠近她，对此她会立即做出反应："你让我紧张了。"她怕吵，说话的声音稍大一点，她就会说："你吓着我了。"甚至走路的脚步重了，她都会给予斥责。"可江青又喜欢听音乐、听戏、看电影，难道这就不怕吵了吗？"笔者问。

"你说的这种情况的确存在。我在她身边的时候，常有听戏、看电影的情况。戏剧和电影发出的声音要比走路、说话的声音大，可此刻的她倒不觉得吵了。这种奇怪现象我过去还真没细寻思过。"

马晓先还说江青非常喜欢看电影，几乎天天要看。在马晓先印象中，江青特别喜欢的电影有两部，一部是美国电影《红菱艳》，一部是墨西哥电影《网》。特别是《网》，整个电影没有几句话，她几次调这部电影欣赏。

"江青的电影欣赏能力和水平是比较高的，她的脑子还特别好，也因为反复欣赏，一些电影的最精彩部分她都记在脑子里了，她常常一坐下来就说她要看哪部电影的第几盘，看哪几个镜头。"

比如看《网》这部电影，江青就说："我不用从头看，就从中间窗户边上有绿藤萝，有一朵小红花那儿看。"她的这种看法，要求放映员的技术很高，一下就把她要看的那个镜头调出来，否则就会引起江青的不满。马晓先说："我们的放映员的技术特过硬，江青说要看哪儿，马上就放出来了，根本不用放出来倒带子找。"

马晓先（前右三）和在钓鱼台的工作人员们在钓鱼台院内。

　　江青看电影，爱看那种静静的、舒缓的抒情画面。她不能看有蛇的镜头，晚上不能看那种欢快热闹或紧张刺激的影片，引得她太兴奋了，就要睡不着觉了。江青身边的警卫员、秘书、护士都曾奉命帮她选片子，但如果选的片子不对她口味，或看后影响她睡眠了，就难免挨她一通批。

　　马晓先到江青身边的时候，是江青将主要精力都投入到政治斗争中去了的时候。因此她没有江青沉湎于音乐欣赏中的印象。听样板戏的情况倒有几次，而且江青毕竟是搞文艺的，在一起研究样板戏的时候，她有时会表现得盛气凌人、颐指气使，但并非她所说的一切都毫无见地。

　　前面说到江青的两怕，她还有很突出的怕，就是怕风。她每次出屋之前，都要身边的人员先看好风向，不能让风正吹着她。从保健的角度说，被风吹着，体弱的人便容易着凉。但风向不是那么容易看的，有时风从这边刮过来，但在楼里拐个弯风向就变换了。

　　江青发脾气，多与吹风有关，当然有时她是借题发挥。因为江青有这些毛病，她是不太愿意参加有外宾在场、约束讲究比较多的活动的。比如那年"五一"国际劳动节，安排她去劳动人民文化宫参加西哈努克也到场的联欢活动，她的内心就很不情愿。

　　那天临走时，江青就有点别扭，穿衣服系扣子时，手也有点不听使唤，汗随即就下来了，她的情绪也随之坏了起来。出屋时她非说被风吹着了："我不能去了，你们怎么看的这个风向啊？你们这是软刀子杀人啊！"本应有江青出席的场合而她没有到，这在当时是很严重的事情。

　　马晓先说其实那天并没有报错风向，因为钓鱼台内的一座楼顶上专门有面旗子，随风飘摆显示风向，马晓先就是据此报的。但江青坚持那么说，结果马晓先被停职反省。当时江青身边就两个护士，马晓先一停职，另一个护士就辛苦死了。

　　有关领导遂找马晓先谈，让她向江青当面承认错误，以便赶紧恢复工作。但马晓先觉得如果自己真的错了，可以检讨，但此事纯粹是江青借故生事，自己一点儿错误都没有，如何检讨？就坚持不认错。

　　僵持了几天，大家都很敬重的支部书记老程也来劝马晓先："你要是不去认错，那小江（另外一个护士）就累死了！"他同时也去做江青的工作，说不能两边都拗着。江青也感到还是需要马晓先，才没有非逼着她作检讨，就恢复了她的工作。

　　讲到此事，不免让人想起江青挑剔难为身边工作人员的事，曾经有好几位护士，被江青折腾得苦不堪言。马晓先说她们在江青身边时，的确遇到过一些她挑剔、发脾气的情况。

但此刻江青毕竟已经是中共中央政治局委员了，不可能像政治地位攀升以前那样，经常为一些鸡毛蒜皮的事情纠缠不休，或毫无顾忌地大吵大闹了。加之马晓先、江慰琴都经过非常正规系统的学习训练，工作乃至举止都很专业和到位，江青也挑不出太多的毛病。

此时的江青，把更多的精力都集中在对政治地位和更高权力的强烈追逐上了。这一点，马晓先她们是通过一些细小的事情观察感觉出来的。例如江青收到信函，信封上写的是"毛泽东夫人收"，她看了就特生气；写"江青同志收"就好一点；要是写着"政治局委员江青收"，她就很高兴地拆开看。

在江青身边工作比较辛苦，感觉难伺候，更主要的是在于她有许多习惯和讲究。比如她用惯了的东西，到哪里都要带着；她习惯了的方式和规矩，到哪里都要保持。因此她的出差就像大搬家，什么常用的东西都得带上，包括夜间用的马桶。因此随江青出行是极其累人的。

在诸多讲究中，可以称最的是江青的卧室。她的讲究并不是要求多么豪华奢侈，比如到大寨，住的是窑洞，房间内的用具也很普通，她也照样住。但她对所到之处卧室内的陈设布置却一丝不苟，必须和她在北京的卧室一样。

比如，桌子、床铺与房间窗户、门所对应的位置，床头的朝向，她上床时的走向等等，都要和她在北京时一样。她经常用的小物件摆放的位置，什么东西放左手边，什么东西放右手边，都要保证她能和往常一样，按习惯顺手就能拿到。因此每到一个新地方，她身边的工作人员，尤其是护士们就特别忙碌，要搞一番大挪移和调整。

14 201寓所竣工后，江青重新搬回了中南海／匆匆被张耀祠叫走，马晓先分明感到有些异样／江青坐在沙发里一动不动，表面上没有显出慌乱／马晓先把东西收拾好了之后，江青还没从卫生间里出来，张耀祠要她进去看看／

马晓先一生中有一个非常特别的日子，这在她心中是难以磨灭的，也是所有经历过"文化大革命"的人都不会忘怀的。每当叙述20世纪70年代中国的历史时必

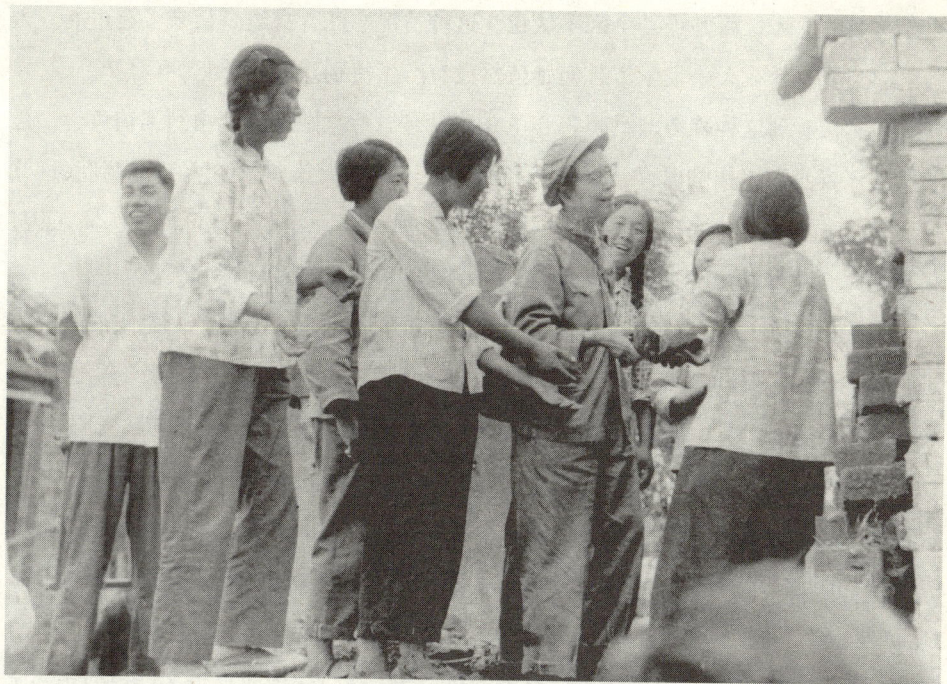

毛泽东逝世后，马晓先等跟江青再次去天津小靳庄，赶上那里的抗震救灾劳动。

定会提及这个日子，那就是 1976 年的 10 月 6 日。

"文化大革命"后期，中南海里搞了一些建筑工程。在一座代号为 201 的寓所竣工后，江青搬出了自"文化大革命"以来就一直住着的钓鱼台，重新回到了中南海，住进了这座寓所。平时在她身边工作的几位工作人员，包括护士长马晓先在内，也和她一同住进了中南海。

马晓先记得 10 月 6 日是个星期四，那天不是她值班。大约是下午 5 点钟，临近黄昏的时候（按张耀祠的说法则是约 8 点钟的时候），马晓先正在宿舍里洗衣服，脚上只穿了一双拖鞋。忽然中央警卫团团长张耀祠来到她的身后。

"哟，张团长怎么来啦？"马晓先看到了张耀祠。张耀祠对她说："有点儿事，你跟我来一下。"马晓先以为是工作上的事情，就说："今天不是我的班啊。"张耀祠说："现在就是要你去一趟。衣服就别洗啦，快去换换衣服，换换鞋。"

马晓先后来回忆说：她当时不知是怎么的，这么匆匆地被张耀祠叫走，分明地感到有些异样，但她内心却一点儿也没有感到突然和惊异。

她换好鞋子就向江青办公室走去，张耀祠跟在她的后面。从马晓先的宿舍到江青的办公室，要经过 201 前门边上的停车处。马晓先发现此刻停车处的两边站满了全副武装的军人，而她连一个都不认识。这种情况在江青身边是从来没有过的。她随之感到要有什么大事发生了，但她依然没有产生特别意外的感觉。

当然，看到这种阵势，马晓先心里并非没有思考。她记得她刚刚到钓鱼台，被安排到江青身边工作的时候，江青曾经对她说过意思大致如下的话：你们到我这儿来工作，要有思想准备。我要不就上去，干一番大事业；要不就可能成为阶下囚。马晓先此刻就下意识地感到，江青当初所预计的那第二种情形降临了。

张耀祠从这些全副武装的军人面前走过时，一句话也没有说，而是跟着马晓先进了201前门。据知情者透露，跟随张耀祠到江青处执行这次特殊任务的警卫干部还有高云江、黄介元、马盼秋，但他们没有随张耀祠、马晓先进入江青办公室。就在这时，马晓先才想起当天晚上在江青这里值班的护士是江慰琴。

首先进入江青办公室的是马晓先，江青正迎着她的面坐在沙发里。通常江青在办公室的时候，就习惯这样坐在沙发里，把脚跷在跷脚墩上。马晓先让开身子后，张耀祠走到江青面前，他拿着一张纸条，向江青宣读道："江青，我接到华国锋总理电话指示，党中央决定将你实行隔离审查，马上执行。……你把文件柜的钥匙交出来。"

马晓先回忆说：张耀祠宣读的那段话非常简短，江青听着的时候坐在沙发里一动不动，表面上没有显出慌乱，但看得出她的内心绝不可能是平静的。她等张耀祠把话说完，轻轻地说："我没听清楚，你能不能再说一遍。"张耀祠就把刚说的话又重复了一遍。

江青听完张耀祠第二次宣布了中央的决定后，才站起身来。她从裤子口袋里掏出钥匙，放入一只牛皮纸信封里，折好口，拿钉书器钉好，用铅笔写上"华国锋同志亲启"，然后交给了张耀祠。

这一连串的动作，江青做得不紧不慢，看似镇定自若。在这之后，江青提出要上一下卫生间。卫生间就在办公室的边上，张耀祠同意了，江青走了进去。张耀祠立即要马晓先把江青的日常生活用品收拾一下，准备离开这里。

因为1976年的江青曾频繁地离京外出，去天津、小靳庄、大寨、昌平等地，所以马晓先他们为她准备好了一个箱子，放好了出行常用的必备用品。每次出发，工作人员只要把她身边的东西稍稍一敛，十分钟之内肯定能够动身。每次从外地回到北京，工作人员也是先把箱子里的东西准备好，这样哪怕是第二天再度出发，也能拿起东西就走。所以马晓先没用多少时间，就把江青的东西都收拾好了。

然而，当马晓先把东西收拾好了之后，江青还没有从卫生间里出来。张耀祠也觉得时间长了点，就让马晓先进去看一看。马晓先进卫生间一看，江青正坐在那里愣神，显然她在思考着什么。马晓先没说什么就出来了，江青随后也出了卫生间。

他们一起离开了江青的办公室，在整个过程中，办公室内只有张耀祠、马晓先、江青三个人。他们坐上了停在前门外的一辆大红旗轿车。马晓先记得轿车好像在地上走了一段，就驶入了一条地下通道，最后到了一个安置江青的预定地点。

在许多叙说10月6日有关粉碎"四人帮"行动的文章和书籍中，都说江青被拘禁的当天晚上，是在中南海某处的地下室里度过的，而且有的文章还言之凿凿地说，江青只在中南海某处的地下室里度过了一个晚上，第二天就被押解到了秦城监狱。实际上这些说法都是叙述者猜测的，都是没有事实根据的，真实的情况根本不是如此。

15 毛远新不主动交钥匙和手枪／如果武健华参加了拘禁江青的行动，就没有必要让邬吉成给张耀祠打电话／按说应该是张耀祠掌握的情况更全面，他说的似乎更权威一些／武健华披露还是由他本人向姚文元宣布的中央有关审查"四人帮"的决定／

笔者在帮助原中央办公厅警卫局副局长邬吉成撰写回忆录时，因为也涉及10月6日的逮捕"四人帮"一事，曾参考了张耀祠写的《中央警卫团团长张耀祠回忆毛泽东》一书。

在张耀祠的回忆录中，他说对江青实施拘禁审查的任务时，是他和当时的中央警卫团副政委武健华一起去的。因为有关这段史实，几个人的追溯有些差异，故而有加以廓清的必要，我们暂且将张耀祠回忆的原文摘录如下：

"时间到了，我同武健华和一中队指导员李连庆等十几个干部出发了。江青当时住在中南海201号楼，这个地方我过去经常去，每个角落我都很熟悉。晚上8时，我们先到毛远新住所，进到他的办公室，他们正在看电视。毛远新见到我们这些'不速之客'，立即站起来，关了电视机。

"我宣布：'毛远新，我接华国锋总理电话指示，党中央决定将你保护审查，为了你的安全，还住这里（中南海），但要换一个房间。现在你把文件柜钥匙和手枪交出来。文件和材料由中央办公厅派人来接收。你的生活、安全由李连庆指导员负责。不准向外打电话，要遵守纪律。你写的材料，交李连庆同志转送中央。

"我宣布完后，毛远新骄横地说：'主席尸骨未寒，你们就……'没有再说了。他不主动交钥匙和手枪，我们一位干部上去缴了他的手枪钥匙。

"江青离毛远新住地很近，我和武健华同志在 20 点 30 分来到她的住所……"

然而，邬吉成在回忆对"四人帮"采取拘捕行动时，却告诉笔者，武健华是在怀仁堂这边参加对王洪文、张春桥、姚文元三人的拘捕行动的。因为邬吉成当时就在怀仁堂外面，负责王洪文、张春桥、姚文元等随行人员的安置。一方面，他亲眼看见武健华进了怀仁堂；另一方面，当怀仁堂内的行动结束后，武健华从怀仁堂出来，还要邬吉成给张耀祠打电话，问江青那边的行动结束了没有，接着他两一同到王、张、姚等随行人员的休息处，向他们宣布了有关情况。

在张耀祠的回忆中，只说是武健华和他一起执行了对江青的拘禁审查任务，但在行动中武健华说了什么，做了什么，都没有细节的交代。而在邬吉成的回忆中，则许多细节都有叙述，而且一些事情是他和武健华两人一起做的，在做的过程中还有对话交谈。

笔者在看了张耀祠的回忆录又听了邬吉成的叙述后，最初的推测是：如果张耀祠、邬吉成两人追忆的主要事实都比较准确的话，那只有一种可能，就是武健华参加了两边的行动，因此两边的行动应该不是在同一时间发生的。但这其中又有一个

马晓先和中央办公厅警卫处副处长同时兼任中央警卫团副团长的邬吉成在一起。

矛盾之处，即如果武健华参加了拘禁江青的行动，就没有必要让邬吉成给张耀祠打电话，询问江青那边的行动是否结束。而在怀仁堂这边行动之后，武健华要邬吉成打电话问张耀祠那边行动是否结束，又恰恰说明两边的行动是在同一时间进行的。

那么，他们两个人的回忆，必有一人出现了偏差。但究竟是谁的记忆错了呢？就当时张耀祠、邬吉成两人的地位而言，张耀祠是中央办公厅副主任、中央警卫团团长、中央办公厅警卫处副处长；邬吉成是中央办公厅警卫处副处长，同时兼任中央警卫团副团长。张耀祠应该是拘禁"四人帮"具体行动的领导者之一，邬吉成则只是整个行动某局部的负责人。按说应该是张耀祠掌握的情况更全面，他说的似乎更权威一些，故而笔者当时对他俩的说法究竟该采信哪一种，曾经很费斟酌。最后，只是在邬吉成的回忆录中，采用了邬吉成自己的说法，而未对两种说法作如何取舍的分析判断。

大约是 2003 年初夏，《中华儿女》杂志发表了武健华亲身经历粉碎"四人帮"行动的回忆文章。他本人的回忆，证实了他参加的是在怀仁堂这边的行动，并披露还是由他本人向姚文元宣布的中央有关决定。而且他还追忆了在怀仁堂内的行动完毕后，他出来和邬吉成一起向王、张、姚等随行人员传达有关事项的情节。

可是在武健华的回忆文章里，虽然他没有讲自己参加了拘禁江青的行动，却也用了和张耀祠差不多的笔墨，叙述了拘禁江青的过程。因此又让人感觉他对江青这边的行动也相当知情。

因此，当笔者在听了马晓先对那天晚上的行动追溯后，随即向她求证：武健华究竟有没有参加江青这边的拘禁行动？马晓先说："我清楚地记得，武健华当时并没有到江青这儿来，当时在现场的领导只有张耀祠。"

"那怎么我在不久前看到武健华的回忆文章，其中还比较详细地叙述了拘禁江青这边的行动？他怎么会了解得那么清楚呢？"笔者问道。"哦，在武健华写回忆文章期间，曾向有关人员询问过我们这边行动的情况，他还向我询问了相关的问题，如果他当时在场的话，就没有必要向我询问这些了。"马晓先回答。

通过邬吉成、武健华、马晓先几个人回忆的相互印证，我们已经可以断定武健华只参加了怀仁堂那边的拘禁行动，而没有参与拘禁江青的行动，武健华有关拘禁江青情况的叙述，是他向相关人员了解后转述的，而不是他自己的亲历。张耀祠撰写的《中央警卫团团长张耀祠回忆毛泽东》一书中，有关武健华参与拘禁江青行动的说法，大概是由于相隔了较长时间，回忆出现错误所致。

补记:

2006 年本书由作家出版社首次出版,大约半年后,原中央警卫团政委武健华曾和笔者通过电话,长时间地讲述了他参与对"四人帮"实施隔离审查的拘禁行动过程。2009 年 11 月,笔者应约到武健华家中,在半天的时间里,武健华对 1976 年 10 月 6 日黄昏后的行动作了更为详尽的讲述。对此,笔者将另外著文予以记载。

在此之前,笔者一直以为 1976 年 10 月 6 日分别在中南海怀仁堂和"201"寓所、毛远新住所两个不同方位的行动是在同一时间进行的。笔者看到的相关文字资料中,所有的表述给人的感觉也都是这样的。直到听了武健华的这次详细追溯,笔者才第一次知道,两个方位的行动是一前一后错开的。"201"寓所、毛远新住所这边的行动在前,怀仁堂那边的行动在后。

在所有参加行动的人员中,唯有武健华是在两个方位的行动现场都出现过的人。然而,笔者囿于此前对行动时间的错觉,曾认定所有参与行动的人员都只能出现在两个不同方位中的一个现场,而绝不可能在两个现场显身。因此笔者在听了邬吉成关于武健华在怀仁堂参与对王洪文、张春桥、姚文元的拘禁行动的叙说后,曾对武健华能否参与在"201"寓所发生的拘禁江青行动提出疑问。

在本书采访阶段,当马晓先讲述有关"201"寓所对江青采取拘禁行动的经过时,笔者特别询问了武健华是否在场的问题。马晓先说她实在没有一点武健华在场的印象。故而笔者在本书写作中,再次将张耀祠和邬吉成两人的回忆进行了比照,同时参考马晓先的追溯,进而提出张耀祠的记忆可能有误,并做出武健华没有参与对江青的拘禁行动的推断。

武健华 2009 年 11 月的详细叙述,说明了两个方位的行动之间有时间差,因此他可能先后置身于两个不同的现场。他还说出了另外几位可以为他作证的人员,要我通过他们进一步核实情况,因为除了张耀祠、马晓先以外,还有 4 名卫士参加了对江青的拘禁行动。笔者经过和参与拘禁江青行动的其他卫士通电话,证实了武健华当时的确在"201"寓所的行动现场。

邬吉成的回忆并没有错，因为武健华在"201"寓所的行动之后又赶到了怀仁堂，所以他看到了武健华进出怀仁堂。在怀仁堂内的行动结束后，武健华和邬吉成一道向王洪文、张春桥、姚文元身边工作人员传达有关事项，并要邬吉成给张耀祠打电话，询问那边的事情是否结束。武健华此时所说的"事情"是另有所指的，他指的是江青被带走后相关后续事情的处理，但邬吉成当时并不知道其中的特定含义。

马晓先为什么会一点武健华在"201"寓所行动现场的印象都没有，而且对笔者说得比较肯定呢？笔者推测原因大致有三：第一、"201"寓所的拘禁行动，马晓先是在毫不知情、毫无准备的情况下突然受命进入现场的，虽说行动进展波澜不惊，但那毕竟是关系重大的历史一瞬，置身其中的人的神经会绷得很紧。当时现场的主角是张耀祠和江青，所以马晓先注意力都集中在主要角色身上了，没有把整个现场的情况都深留在记忆中。第二、当时在现场的都是认识和熟悉的人。如果有一个陌生人的话，倒可能会特别予以注意；恰恰都是熟人，反而让人对有谁没谁印象模糊。第三、事情过去许多年后，武健华向马晓先询问拘禁江青时的一些现场细节，使她强化了武健华不在现场的印象。

在追溯重大事件时受到错觉干扰，或由于身处某一局部，而不掌握全面情况，导致叙述与真实出现偏差，是很正常的。然而笔者在已知还有其他卫士也参与了拘禁江青行动后，却没有在更大的范围进行核实，匆忙做出推测，这才是铸成错误的根本所在。本书的这一节，如实地反映了错误判断的推导过程。此次再版，笔者未对本节的原文作改动，而以补记的方式加以说明。这样做，既留下一个自己认识过程的原始标记，还可作为今后求证唯谨的长久提示。

16 对毛泽东遗体进行长期保存处理时，马晓先来过这里／江青好像也发现了这个地方似曾相识／吃饭、喝水，都由警卫人员送到房间里来／她们每天就通过太阳灯来感受阳光的照射／马晓先的兴奋只在内心停留了一瞬间，她没有感受到其他人的那种解脱／

马晓先对 1976 年 10 月 6 日记得如此清晰，还有一个缘故，就是那一天使她的工作出现了一个急转弯，这个急转弯来得太突然了，一个从来没有想象到的任务降临到她的头上，她以往还从来没有遇到过类似的情形，因此要适应这种新的情形，她经历了一次前所未有的思想煎熬。

在向江青宣布了隔离审查的决定后，江青被送到了一个预先安排好的隔离地点。让马晓先没有想到的是，组织上在她毫无思想准备的情况下，即安排她继续留在江青身边。因此她陪着江青，乘坐同一部车来到隔离地点。

轿车走的是地下通道，马晓先开始也不知道这是去往何处。然而，当她们下车，在经过过道走入到房间里面后，马晓先渐渐地感觉到这过道、这房间，并不是一个她全然陌生的地方。

她此刻是在一个地下建筑中，这里的走廊和房子里墙的下半截，有用水曲柳的材料装饰的护板，在当时是很高级的。马晓先想起来了，在毛泽东逝世后，遗体被送到一个地下建筑中，进行了一系列长期保存的处理。她曾跟随有关的人员来看过，对那个地下建筑内的环境、装饰还有些印象。她又仔细环顾了一下周围，再次确认这里的环境和装饰，和处理毛泽东遗体的地方是一样的。

在马晓先估计到自己此刻所在的地点时，她感觉到江青好像也发现了这个地方似曾相识。因为在对毛泽东的遗体进行处理时，江青也到场观看过。一天，她问马晓先："这是什么地方？"马晓先说："我也不知道。"

她见马晓先这样回答，便不再问了，眼睛使劲盯着四壁看，凝思苦想。她想了一阵子，若有所悟地点点头，继而对马晓先说了一句："这是我预料之中的。"在和江青的接触中，马晓先对江青的精明早有领教，因此她推测江青对自己所处的地点已经心中有数了。

有些文章中说，在粉碎"四人帮"行动的那天夜晚，"四人帮"的几位成员都被隔离在中南海某处的地下室建筑中，只是他们住在不同的房间里。但马晓先的追溯说明江青在行动之后，随即就出了中南海。另外，在她和江青所在的地下建筑中，她也没有看见和听说"四人帮"的其他成员也被隔离在此处。

就这样，马晓先从她熟悉和经常相处的领导和同志们身边悄然消失了，在她曾经到过的这个地下建筑中，和江青一起生活了好几个月。为了保密，马晓先在这几个月里，和外界彻底断了联系，和所有的亲人都通不了音讯，对外面发生的一切也全然不知。

马晓先和江青的所有活动、全部生活，都在地下建筑中进行。吃饭、喝水，都是由警卫人员送到房间里来。由于始终见不到阳光，马晓先提出需要一盏太阳灯，从此以后她们每天就通过太阳灯来感受阳光的照射。

回不了家，见不到亲人，和一切熟悉的人隔绝了联系，却和一个她极不情愿面对的人天天拘在同一个地下室内，长时间地见不到阳光，失去了往日的正常生活……但这对马晓先来说，都算不上是什么难以忍受的，她回顾说当时最折磨人的，是如何对突然变化的自我心理进行调整。

作为马晓先护理对象的江青，虽说她对自己今后的处境可能有一定的心理准备，但从至高无上跌落到深渊的变化总需要一定的适应期。被拘禁于地下室的她，当内心的敌对、不满、焦躁和怨恨泛起时，却没有其他发泄对象，就都辗转间接地迁怒于马晓先一人。这不仅给马晓先的工作增添了许多麻烦，也常常搅得马晓先心绪欠佳。

但是组织上已经把在地下建筑中护理江青的任务交给马晓先了，她必须把这项工作做好，因此就必须一而再、再而三地自己说服解答自己的困惑疑虑；自己安抚自己内心的不安情绪；还要照顾好江青的生活，并帮助她尽快地实现从倚赖他人服侍到自己料理自己生活的转变。

马晓先回忆说：开始的时候，在如何对待江青这个问题上，就让她苦思和苦恼了很久，心情特别复杂。对粉碎"四人帮"，拘禁江青，马晓先的感想和当时郭沫若《满江红》词中表达的一样，是"大快人心事"。而且作为江青身边的工作人员，比普通人更多地看到了"四人帮"的倒行逆施，为了攫取党和国家的最高权力，兴风作浪，与广大正直的老干部为敌，一步步走向渴望安定的全国人民的对立面。他们由此预感到"四人帮"总有一天要垮台，否则天下大乱，江山变色。

那个时候，许多被安排到江青身边的工作人员，和她接触没多久，就都盼着能早点调离。但当时的江青是中央政治局委员，又是毛泽东的夫人，她享有这样的待遇，因此她身边的工作人员，在这里一天，就必须尽职尽责地做好一天的工作，但每一个人都承受着巨大的精神压力，成天提心吊胆，担心不知道什么时候，反革命的帽子会扣到自己头上。

如今，"四人帮"被打倒了，江青受到拘禁审查，用当时的语言说，就是她已经从无产阶级司令部的领导成员，变为无产阶级专政的对象，被划到反革命的范畴里了。原有的待遇被剥夺了，原来在她身边工作的人员，既为这顺应党心民意的好事欢欣，又为自己从此得到解脱庆幸。

因为拘禁"四人帮"是极为秘密的,一般的人都不知道,所以马晓先说:"行动一结束,我当时最想做的一件事情,就是把江青被拘禁的消息,告诉以往在她身边受了许多委屈并遭到迫害的护士小周和小赵,她们知道了会高兴死了。"

可是马晓先的兴奋只在内心停留了一瞬间,她不仅没有得到解脱,而且还要在更多的时间里看护难以相处的江青。从常人的角度看,此时的看护工作,交给一个和江青根本不相识、没有任何渊源关系的人来做,或许还好一些,可免除看护者过多的思想负担和顾虑。

但是从更深远、更周密的角度细究,派马晓先也许更合适稳妥。一来她已经从事了多年的护理工作,积累了相当丰富的经验;二来她毕竟在江青身边工作了近三年,对江青的身体情况、习性脾气已经有所了解,一旦出现稍微复杂的情况,能够比较好地应对。而一个陌生人的到来,可能会引起江青的激烈排斥,同时若在出现复杂情况时处置失当,就可能酿出无可挽救的非常事件。

17 此前,她也曾受命护理一些濒临和处于被打倒状态的党和国家领导人/一向乐观爽快单纯的马晓先,在那些日子里变得沉默寡言了/每天只能睡一个小时的马晓先,几次向有关人员提出要安眠药/俞师傅一个劲地叮嘱说你可无论如何也不能说/

让马晓先承担此刻看护江青的任务,可以说是组织上对她的极大信任,但对马晓先本人而言,则是内心经历的一段极不平静的旅途。

虽然,在"文化大革命"初期,她也曾受命护理一些濒临和处于被打倒状态的党和国家领导人,像朱德、刘少奇等。但一来这些人以往在人们心目中都是功勋卓著、德高望重的;二来在接触中,感觉他们平易近人、和蔼可亲;三来当她到他们身边工作时,他们的情况基本已经定了,她没有在他们身边经历从领袖到"走资派"的转变,也不需要做从笑脸到冷眼的调整。护理他们,马晓先没有太大的思想障碍,基本能够心情平静地做好工作。

但对江青却有着很大的不同。10月6日前后,仅仅一夜之隔,江青就从革命的领导核心,成为革命最危险的敌人。此前,工作性质是为首长服务;之后,则有了看管的性质。两个人的角色都出现了一个极大的转换,内心也都发生了极大的变化,却还要如影随形地待在一起。

马晓先和著名的口腔科专家韩宗琦在一起。

毕竟，在新中国成立后的几十年里，江青过惯了由人照顾的生活。在她被隔离审查的初期，一下子把她身边所有的人都撤掉不行。要改变以前的状况，也得让她有个慢慢适应的过程。因此对江青不光是看管、掌握情况，还得照顾好她，保证她的健康，实行革命的人道主义。这其间的分寸如何把握？

过去，江青身边有一个工作班子，包括秘书、警卫、医护人员、厨师。出了什么事情、受到什么委屈，大家都互相理解，可以在一起说说，商议排解。就照顾江青的生活而言，也是由几个人分担，偶尔出现纠纷，还有规避回旋的余地。

而此刻，一切都只由马晓先一个人全盘接下，所有的问题，也只能由她一个人来应对。没有人来具体指点，也没有丝毫经验和参照，在新的环境下如何与江青相处，她只能自己谨慎地摸索，一向乐观爽快单纯的马晓先，在那些日子里变得沉默寡言了。

就是因为陷于这种从未有过的经历和煎熬之中，在最初的大约一个星期的时间里，马晓先的精神绷得非常紧，饭也吃不下，觉也睡不着，每天在看护江青睡下后，她顶多能睡上一个小时。马晓先非常担心由于睡眠不足，导致白天工作出纰漏。于是她就跟领导提出要一些安眠药，但领导没有同意。

　　她又向其他能见到的人要，但有些人虽然能拿到安眠药，却不敢自作主张，谁也不敢给她安眠药。许多年后，马晓先说："我后来是很能体谅他们的，因为我当时是和江青在一起。给我安眠药没什么大不了的，可我身边的江青出了问题，追究起责任来怎么办？而谁又敢断定是我要安眠药而不是江青要呢？但在当时我内心是有怨言的：你们又要我完成好党交给的任务，又不帮我睡好觉，我不几天就趴下啦，出了问题谁担待得起？"身心极度疲惫，又严重睡眠不足，马晓先说她几乎到了崩溃的边缘。

　　好在有一天，马晓先碰到了比较熟悉的司机俞师傅。她对俞师傅说："帮我弄点药来吧。"俞师傅问："治什么病的药啊？"马晓先说："是治老毛病的药。"结果第二天俞师傅就给马晓先送来了治妇科的药。

　　马晓先接过一看，说："你怎么给我送这个药啊？"俞师傅说："你不是说治老毛病的药吗？"马晓先说："我是说治睡不着觉的老毛病，我要睡觉的药。"又过了两天，俞师傅给马晓先送来了六片速可眠。

　　"哎哟，当时我拿到这六片药如获至宝。俞师傅一个劲地叮嘱我说，你可无论如何也不能说我给你送安眠药了啊！要是我给你安眠药的事被别人知道了，我可就犯大错误了！我说你放心吧，我感谢你还来不及呢！回到自己的房间，我马上吃了两颗，就去睡觉，终于沉沉地睡了一觉。"三十多年过去了，马晓先说起这事还是有些激动。

　　如今，生活中已经远离"以阶级斗争为纲"那种历史环境的人们，根本无法理解处在那种状态下的马晓先所面临的苦恼。她内心必须恪守敌我界限，但又不能把爱憎流露于外表。如果由于她的刺激或照顾不周，导致江青的生活和身体出现什么问题，这个责任她负担不起，但如果她尺度把握不好，又可能受到丧失政治立场的质疑，谁又愿意与"四人帮"牵上瓜葛呢？

18 江青把洗衣粉直接倒在衣服上揉搓／江青并不总能控制自己的心绪，有时挑起事端发泄不满／有时候，江青在默默地写日记一类的东西／此刻江青能接触到的人员中，只有马晓先一人是她认识的／那几个月，对马晓先的亲人来说，也不啻一场心灵的折磨／

　　马晓先以她以往对待困难的那种坚韧毅力，以她对医务工作崇高宗旨和人道准则的理解，以一个共产党员对组织的忠诚，支撑着自己，承受住了常人难以承受的各种压力，很好地完成了拘禁审查初期对江青的看护工作。

那一时期，马晓先不光要像以往那样，照顾好江青的吃、喝，保证她的身体健康、她的日常生活，还要教江青逐渐地能够自己料理自己的生活，因为以后她不可能再继续昔日那种事事靠他人照顾的生活了。

她教江青自己洗衣服。长期没有自己洗过衣服的江青，不知道先要把洗衣粉放在水里溶解，再把衣服放在水里洗，而是直接把洗衣粉倒在衣服上揉搓，马晓先就手把手地教她。马晓先还要教她自己擦桌子，自己整理床铺，自己搞房间里的卫生，自己刷洗自己用的浴缸等等。

江青心里显然也明白，自己不动手，一切皆由他人伺候的日子不会永久延续，所以有时能平静地跟马晓先学习生活自理能力。但她并不是总能控制自己的心绪，有时还会挑起事端，发泄她内心淤积的愤懑和不满。

最经常的是挑剔饭菜，不是嫌饭硬，就是说菜咸了或淡了；说房间里有风，影响她的健康。有时候，她会拒绝自己打扫室内卫生。江青虽然很清楚她目前这种处境是中共中央的决策，但她却对马晓先嘟囔："主席尸骨未寒，你们就对我这样！"

每当这种时候，马晓先就觉得又见到了隔离前的江青，偶尔也会让她想起原来在江青身边的工作班子。工作班子的党支部书记，是江青的厨师程汝明。那时谁都怕江青发脾气，只有程师傅能治江青。江青也经常挑剔饭菜，让退回去重做，可程师傅不理她，搁一会儿就原封不动地又让给端回去了，弄得江青也没了脾气。因为只有程师傅做的饭菜最对江青的胃口，江青离不开他。所以即使她真的对某次饭菜不满意，也不对程汝明发火，而只能拿别人撒气。

此刻，江青已经被隔离，成为历史的罪人，她不仅不能再颐指气使了，而且普通的工作人员也可以对她进行管束。在后来的日子里，中央办公厅曾组织过对江青面对面的批判，有人还因为她态度恶劣出手打人而对她还了手。但马晓先并没有因为两者的角色和处境变了，就对江青言语生硬或加以诘责，而是等她情绪好了，再要求和督促她习惯自理生活。

住在地下室的那几个月里，马晓先看见江青有时在默默地写日记一类的东西。这些文字的东西，后来被有关方面收存，因此马晓先也被告知了部分和自己有关的内容。她告诉笔者，其中也有个别像"连小马对我的态度也不好了"之类的话。

笔者以为那只是江青在特定环境下的感觉，如果马晓先对她不是心平气和、仁至义尽的话，以江青的性情，是绝不可能与马晓先在那么狭小的空间里共处那么久的。

马晓先说，"我当时也理解她的心情，说实在的，护理她是组织上交给我的任务，如果我的护理对象出了问题，那就是我的失职，而绝不是什么值得夸耀的事情，我也绝不可能通过亏待江青捞取什么。"

当时负责监管江青的几乎都是中央警卫团的人员，而且都是男同志，能接触到江青的有一位值班的警卫，还有中央警卫团警卫科的两个科长，中央办公厅警卫处的高云江，还有其他一些战士。这些监管人员是轮流倒班，可以替换着休息，而且能到地面上活动。

在近距离照顾江青的，只有马晓先一人，她则只能在地下建筑中活动，既见不到太阳，休息时间又少，睡眠的质量也差。马晓先说时间久了，人老是处于晕晕乎乎的状态，完全靠自己硬撑着。从工作和责任心出发，马晓先向上级提出这样下去不行，总得再有个人替换才行。但当时出于多方面考虑，也许是组织上觉得一时难觅合适人选，所以一直没有安排加人。

过了很长一段时间，组织上才从中央办公厅服务处调来一个江青不认识的叫陈世冠的服务员，和马晓先替换着照顾江青，她终于有了稍微多一些的休息时间。

直到从地下室离开，江青在这里能接触到的人员中，只有马晓先一人是她认识的，是曾在她身边工作过的老人，其他的人员她都不认识。因此在她所写文字中，涉及她身边的人员，只有马晓先的名字她能写出来。于是，当她要用文字表达她对待遇和服务的不满时，也就只有向这个她唯一知道的名字来发泄。

在"四人帮"隔离审查期间，他们的伙食标准是由上级规定的，每人每天的伙食标准比机关工作人员的水平还要高一些。早餐有稀饭、馒头、牛奶、小菜。中晚饭多是一荤、一素、一汤，主食是米饭、馒头。饭菜会时不时有所调剂，面食也有水饺、面条、大饼、油条等花样。

在地下室后来的一段时期，江青的起居、饮食和情绪就比较稳定正常了。马晓先说江青甚至比她适应得还早，因为江青有一定的心理准备，而且处于没有事情的状态，她反倒没什么精神压力，想睡觉就可以睡觉。

过去，江青一直是靠安眠药入睡的，此刻一粒安眠药也不给她了，却并没因此而影响睡眠。"她最初是否提出过要安眠药？"笔者问。"没有，她来到这里就没有提出过这种要求，显然，她对她将受到怎样的对待心里很清楚，所以她适应得很快，没有安眠药也睡着了。"

因为江青有便秘的老毛病，所以她比较喜欢吃洋葱头，喜欢吃苹果，这些基本都能满足她。过了一些时候，江青还自己主动提出要吃点粗粮，吃点长纤维的蔬菜。这都是很对她的病症的，多年来她对自我保健还是相当注意和精通的。

白天，江青有时还看上去很认真地在翻阅《毛泽东选集》，但躺着的时间更多一些，有时她睡熟了，有时则处于似睡非睡状态。江青有时也会提出像"是不是邓小平上台了"、"你们这样，是不是邓小平叫你们干的"一类挑衅性的问题。马晓先对这些还是有些心理准备的，总能以无懈可击的言辞来回应她。

笔者曾经采访过原中央纪律检查委员会四任委员汪文风，他曾是中央两案审理领导小组的审讯组组长，多次到秦城监狱和江青谈话。他告诉笔者，当时的江青给他一个比较深的印象，就是她很注意自己的仪表。江青在每次和他们见面前，都要平整一下自己的衣服，用手抚一抚头发，弄得一丝不乱。于是笔者问马晓先："隔离到地下室以后，江青的情况骤然地出现了巨大的变异，长时间也没有什么人来看她，她还注意自己的仪表吗？"

马晓先说，江青历来很注意自己的仪表。这一点在她刚到江青身边不久就注意到了。在江青身边工作过的多数人都觉得，江青在衣着、装束上是比较有品位的。江青的衣着和她的年龄、肤色的搭配等等，在审美上确实让人感到很适度合体，也很大方。她对自己仪表的注重有时达到了过分的地步，甚至表现为在接见外宾前，连马晓先她们都分明地看出江青的紧张，她很怕自己有什么地方不得体。

笔者曾看到一篇叙述江青在隔离期间情况的短文，作者是位挺权威的人士。他的文章中说隔离中的江青，每天都要在室内打一两次太极拳。笔者问马晓先："江青的房间里能打太极拳吗？她是一直坚持打吗？"

"江青每天打太极拳？我没有这个印象。她醒着的时候我都在她身边，如果她打太极拳的话，我不该看不见啊。"马晓先这样回答。

没有阳光的日子，到了1977年春季终于结束了。4月7日晚，中共中央政治局委员、中共中央办公厅主任汪东兴，约请公安部部长赵苍璧、副部长于桑、北京卫戍区第一政委吴德、司令员吴忠等，在人民大会堂新疆厅开会，议定将一直由中央警卫团拘禁的"四人帮"移交给公安部看押。

4月10日，江青被从那座地下建筑解往秦城监狱，马晓先担任途中看护的任务。她说那天是她几个月以来，第一次置身和吐纳于大自然之间，随后又得以沐浴

341

在将江青送往秦城监狱的第二天，当时的中共中央领导人接见了参加粉碎"四人帮"行动的人员。二排右三为马晓先。

真正的阳光。

回到久别的家中，见到久别的亲人，马晓先说她当时真有一种说不出的悲凄和心酸。她没想到数月之间，她的丈夫竟然成了这种样子，脸色蜡黄，身子整个瘦了一圈。原来，拘禁"四人帮"的行动是极为秘密的，马晓先当晚就和江青走了，连和她一起工作的人，同她经常有接触的人，都不知道她怎么突然就消失得无影无踪，而且一连几个月音讯杳然。

应该是为了绝对保密，所以她承担了特殊任务一事，组织上也没有和她丈夫打招呼。她的丈夫肯定会千方百计地去打探，但多数人是根本不知道，极少数人是知道也不能说。马晓先怎么了，在什么地方，情况怎样，甚至是生是死，连一丝推演的线索都没有。而在那特定的历史当口，一般人的思维定式只能是往坏处归纳，于是有了"马晓先可能上了贼船"的议论。

作为马晓先的丈夫，作为马晓先的亲人，作为马晓先的一些老同事和好友，他们了解马晓先的一贯为人，绝不相信马晓先会上"四人帮"的贼船。可一个月过去了，没有消息；两个月过去了，没有消息；三个月过去了，还是没有消息……

有些当时被怀疑有问题的人，被送进学习班学习，不管怎么说，也还有个着落，可马晓先就像从人间蒸发了一般。再坚定的人，拖了这么久，也无法找到一个能说服自己的解释了。那几个月，对马晓先来说是一场心灵的苦练；对她的亲人们，又何尝不是一场心灵的折磨。

回溯那段日子，马晓先感慨万千。她思考了许多在忙忙碌碌工作的日子里、在正常的生活状态下不会去思考的问题，她感到了人的命运的莫测，人的一生会在瞬间发生天渊般的巨大变异。其中有些宿命不可知的成分，但更多还是取决于自身的追求与操守。人，必须自己把握好自己。

19 彭真特别精干，因此也要求身边的人精干／"每想起这个，内心就有点酸楚和悲哀。"／中办警卫局局长杨德中和她一起乘坐直升机赶往山东／"我们这些搞保健的，也是脑袋别在裤腰带上。"／

1979 年，组织上安排马晓先去了中共领导人在北京的另一个工作休憩地——玉泉山。当时已经重新工作的原中央政治局委员、书记处书记彭真，刚从外地回到北京。此后不久，他又被补选为中央政治局委员。他曾在玉泉山居住了一段时间。

当时彭真的身体不太好，马晓先到他身边负责他的专职保健工作。从那时起到 1991 年，马晓先在彭真身边整整工作了 11 年。这 11 年里，彭真的每次外出，几乎都是马晓先随行。20 世纪 80 年代初，担任全国人大常委会委员长的叶剑英年事已高，中央安排比叶剑英小 5 岁的彭真分管人大工作，虽然他并没有在人大任什么职务，但实际上已经接手了由委员长处理的事务。

到了 1983 年，第六届全国人大召开，彭真当选为全国人大常委会委员长。那一时期，是马晓先负责彭真保健工作以后彭真最为忙碌的时候。马晓先说："彭真这个人特别精干，因此他要求身边的人也必须十分精干。他一切都要求少而精，要一个人担几个人的事。当他到全国各地巡视考察工作的时候，从不要保健大夫跟着，总是说只要一个护士长跟着就行了。"于是，彭真外出的时候，都是马晓先一个人跟着。这就使得马晓先工作分外忙碌，在家的时间也特别少。

说到家，马晓先自然而然地想到了她的孩子。她说："我干的是领导的保健工作，这个工作的性质决定了你根本就顾不了家。因为我必须经常跟在首长身边，而

马晓先（右三）随彭真夫妇外出视察。

且是说走就走了，走多长时间也没个准。外出的地点最初是不能跟家里说，后来能说还不能把情况说得太详细。结果我的孩子跟我形同路人，只跟父亲的感情深。因为我在孩子身上没有像大多数母亲那样有很多的付出，现在也难得亲情的回报。每想起这个，内心就有点酸楚和悲哀。我不是不爱自己的孩子，我实在是因为工作，没有时间，责任又重，你也不敢分心呐。"

孩子从两岁到上中学，是一生成长非常重要的时期，这期间马晓先一直在彭真身边工作。那一年孩子考中学，恰在最要劲儿的时候，马晓先跟随彭真去了南方。中考对孩子的学业和未来至关重要，因此她特别希望在此关键的时刻，能守在孩子身边，为孩子多做些事情，让孩子感到她的爱和深情。

于是，从来没为私事请过假的马晓先，鼓足勇气向上级请了假。彭真及其家人很体谅马晓先，说那么多年了，为了我们这边的工作，一直没能照顾自己的孩子，现在赶上考试的重要时刻，你就安心地回北京照顾孩子吧。

当时马晓先已经随彭真离开北京好长一段时间了，他们去了广东，去了湖北，继而又到了浙江杭州，并准备在杭州停留几天后，还要在北回的途中看一些地方。在她孩子的考试期临近的时候，中南海门诊部另外派了一位医务人员，到杭州来替换马晓先。

然而，让人无法预料的是，彭真一行刚到山东，彭真就突然病倒了，而且病情十分严重。马晓先刚到北京没两天，就又被召回单位。一架飞机紧急起飞，载着中央办公厅副主任、中央办公厅警卫局局长杨德中和马晓先等，赶往山东。

他们到山东一看，彭真的病情很严重，就立即把彭真抬上飞机返回北京。飞机在北京着陆后，马晓先就直接跟着把彭真送进了北京医院的病房。接下来是紧张的专家会诊、治疗，她都必须在场。当病情好转了，她又要制订康复方案，亲理康复工作。这一干就是四十多天。等彭真病愈了，马晓先孩子的考试也告结束了。她想为孩子尽一份力，让孩子感受母爱的愿望，终化为泡影。

跟党和国家领导人外出，在现今的一些人看来是很风光的事，像是公费旅游，还享受着最盛情的款待。但在马晓先以及她之前的那一代医疗保健工作者心目中，全部心思都放在保健对象身上了，再负盛名的景观，再旖旎的山水，哪怕就近在咫尺，也难得有心有暇去观赏。

像浙江的杭州，马晓先随彭真去了四次，可著名景点岳王庙在哪里，她都不知道。其实，岳飞是马晓先心中仰慕已久的民族英雄，也早就听说岳王庙就在苏堤边上，还是很想去看一看的。但跟随的首长没有去，自己也不能提要到哪里去逛逛，因此杭州西湖的许多景点，她都没去过。

马晓先（左一）随彭真到南方视察工作，这是他们在杭州游西湖的船上。

马晓先说:"有时到外地,首先想的不是那里的风景名胜,倒是先想到那里的名医。有一次到杭州,因为老听说那里有一位老中医,医术高明,对医治某些病症疗效显著,就想方设法安排这位老中医给首长看了一次病。"

像没能照顾孩子、过风景名胜而无暇观赏这种遗憾事,在马晓先的保健工作生涯中,可以数出来的太多了。但马晓先说她之所以每当遇到这种情况,总能把个人的事推后而以工作为第一,也是受比她更早的老保健工作者言传身教的结果。

她"文化大革命"初期进中南海,当时曾经做了周恩来总理多年保健大夫的卞志强,是她的领导,许多问题向他请教,许多事情跟他学着做,因此她对卞志强的许多言行记忆犹新。她记得为了应对"文化大革命"初的狂躁混乱局势,周恩来总理像救火队员一样,一件接一件地处理突发事件和问题,忙碌得身心疲惫。但许多造反学生却很不体谅周恩来,情绪冲动、反复纠缠。

卞志强就对马晓先说:"我们这些搞保健的,也是脑袋别在裤腰带上,碰到这种时候就得挺身而出。总理身体不好,心脏情况不好,学生缠着总理的时候,你保健医生就得出来为总理挡驾。"从这些老保健的身上,马晓先看到了榜样,记住了作为保健工作者的品行和操守。

20

蔡畅说:"我看你就是一个很好的中医大夫。"／彭真就把马晓先介绍给聂荣臻、杨成武／彭真对马晓先说:"那我介绍你去学中医吧?"／医生建议做手术,彭真要马晓先说说她的看法。／张洁清说:"我同意小马的意见。"／

新中国成立以来的保健工作者,从他们以前的老保健那里,接过了一条不成文的法则,这就是当你负责某位首长的保健时,那么这位首长家人的一些保健问题,你也得照顾起来。因此,当马晓先负责起彭真的保健工作后,除了彭真的健康保健事务外,他夫人的健康问题,和彭真夫妇住在一起的孩子、包括孙子辈的健康问题,马晓先也兼顾了起来。

有一年的夏季,马晓先随彭真到北戴河休假和工作。有一天,彭真工作到凌晨一两点才睡下。马晓先正准备休息,忽然听说彭真的孙子病了,发高烧,呕吐,需要打点滴。她马上从床上爬起来,就去照看彭真的孙子,一直盯到输完液,高烧退下来。

马晓先说:"为了首长,你就得关心他的家人和孩子。因为家人和孩子有问题,

1983年9月，彭真（前右五）率中国代表团访问朝鲜，马晓先（彭真左第四人）随同前往，这是代表团在万景台合影。

首长肯定也是要牵挂的，一担心分心，就会影响工作。有我们在旁边照顾，首长就可以放心了。"那天夜间安顿好孩子的治疗后，马晓先本想睡一会儿，可一看表，彭真起床的时间又快到了，她只休息了一个多小时。

虽然，马晓先由于家庭的经济状况，未能实现读大学本科的愿望，早早地在护士技校毕业，参加了工作。但走上医务工作岗位后，她对中国的一些传统医疗方式产生了浓厚的兴趣，她通过观察、拜师、阅读相关书籍、实践和摸索，对针灸、艾灸、拔火罐等疗法都有了自己的心得，并渐渐达到了较高的水平。

开始，马晓先用她掌握的这些医术，给周围的同志、普通的干部进行治疗，当她的治疗一次次被证实有良好的效果后，她便开始尝试运用这些疗法，为自己的保健对象解除病痛。她就曾给蔡畅进行过针灸、拔火罐等治疗，蔡畅对她的治疗很满意，对她说："我看你就是一个很好的中医大夫。"

在负责彭真的保健工作期间，她也曾用艾灸给彭真做过治疗。因疗效显著，彭真就把马晓先介绍给聂荣臻元帅，后来又向杨成武推荐马晓先。马晓先说："因为

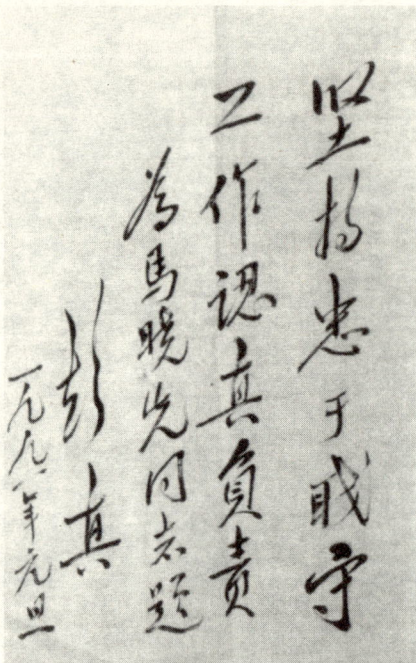

彭真为马晓先题的字。

您不介意，我才敢给您做，您感觉有效就行了，别老把我介绍给别人。我还不是这方面的专门医生，只是个护士，这样做大概不太合适，别人也会有看法的。"

彭真说："因为你给我做得好、有效，我才把你介绍给别人，解除他们的病痛。护士怎么啦？护士做得高明就是高明啊。我觉得你能成为一个好医生。你自己注意到没有，你划火柴，刷地一下就点着了，动作多利索。"

后来有一天，彭真突然问马晓先："小马，你想不想当大夫？"马晓先说："当然想啊。"彭真说："那我介绍你去学中医吧？"马晓先说："咳，您怎么不早说呀？我现在四十多岁了，年纪大了，学不了了。"彭真说："你才四十多岁就说大了？我都八十多岁了，我还要学习呢。你跟我比差远了。"

马晓先很希望能有一个深造的机会，但是因为工作的缘故，马晓先最终没能到中医大学学习。她对笔者说："我一生唯一的遗憾是没有上大学。其实我不是没有机会，纯粹是因为工作需要。"

笔者采访了多位从事领袖医疗保健的大夫和护士，他们被挑选到首长身边时，都是专业学习最拔尖的。以他们的聪慧，以他们的刻苦和敬业精神，如果他们不担任保健工作，而是不间断地临床实践，相信都会成为某一方面的医疗专家，在医学界占有一席地位。但担任保健工作后，他们从此失去了大量的问诊和临床的机会，他们还要放弃进修的机会，又担负许多事务性的工作，这对他们而言又可说是一种很大的牺牲。因此要做一个好的保健工作者，他们的思想和情操是要升华到某种常人难以企及的境界的。

彭真在他的一生中，几乎没有给在他身边的工作人员题过词，只给跟了他多年的李秘书题写过一幅。就是马晓先随彭真去杭州提前返京那次，彭真突然主动提出给马晓先题个词。他先写了"坚持忠于职守，工作认真负责"几个大字，然后问马晓先："你的'xiǎo'是哪个'xiǎo'啊？是大小的小还是拂晓的晓啊？"

马晓先说："是拂晓的晓。"彭真遂在旁边添了一行小字"为马晓先同志题"。都写完后，他又问马晓先："这样题符合不符合你的情况啊？"在一旁的张秘书说："符合符合。"马晓先说："谢谢您的夸奖。"11年的服务工作，能得到首长这样的评价，马晓先觉得很荣幸。

后来，马晓先离开了彭真身边，回到中南海门诊部。但因为她在彭真身边工作期间，对彭真及其家人的照顾细致入微，给彭真及其家人留下了非常好的印象，所以在她走后，彭真及其家人有什么与医疗保健有关的事，还是找她去，或向她征询意见。

有一次，彭真家给马晓先打电话，又派车接她去了他们家。原来新发现彭真有倒睫的问题，当时有的医生建议做手术。马晓先到他们家后，彭真对她说："请你说说你的看法。"马晓先说："您身边那么多医生护士，您问他们就行了，您还找我？"

彭真说："我就想听听你的意见。"马晓先说："您要是真信我的话，我就直说我的意见。我觉得最好不做手术。您年纪这么大了，身边又有这么多护理人员，就因为几根倒睫动刀子，没有必要。叫护士拔一下就行了，我可以教她们。"

1982年7月3日，马晓先（后右六）随彭真访问南斯拉夫回国经新疆时，在乌鲁木齐留影。

于是，马晓先当场就教护士练习如何拔倒睫。她借着太阳光，在自己的手臂上拔汗毛做示范。她告诉护士，拔倒睫主要是要掌握好捏镊子的力度，不能太使劲。汗毛拔好了，拔倒睫就没问题了。彭真的夫人张洁清在听了马晓先的意见，看了她教护士拔倒睫后，说："我同意小马的意见。"结果，彭真就没有做手术。

回到中南海门诊部，马晓先又做了许多工作，她依然保持着原先的那种学习钻研精神，又掌握了许多种新型医疗仪器的使用。例如门诊部里进口了一台当时最先进的心电图设备，花了五万美元，交给马晓先负责。她觉得这是领导对她的信任，一定要掌握好。她自己找材料书籍看，看各种各样的心电图图谱，观察每一点点波形、曲线的变化。波形高一点、低一点都可能预示着什么，不能掉以轻心，任何一点点差别对病情的掌握都有着很大的意义。后来她就能熟练地操作仪器，并根据不同的波形曲线作出准确的判断了。

当最先进的心脏检查仪器"豪特"被引进中国时，马晓先是最早接触这一仪器的人之一。北京 120 急救中心的"豪特"，最早是由马晓先做的。后来中国人民解放军 305 医院病房引进"豪特"时，也是由马晓先给医院出的报告。

当马晓先到了退休的年龄，许多医疗单位都希望她去工作。她之所以这么受欢迎，就是因为她除了在医疗保健方面有着丰富的经验外，还掌握了多种医疗器械设备的使用方法，有多种医疗护理技能，在某些传统中医治疗方面还具有独到的专长。

如今，早过了耳顺之龄的她还分外的忙碌，运用她的一技之长，为更多人的健康生活参谋顾问。从和她的交谈中，可以感觉到她眼下的生活依然很充实。

后　记

　　在开列了一个二十余人的名单后，我们开始了共和国第一代领袖保健群体纪实的采访写作。我们真的没有想到，让他们回顾自己亲历的往事，竟然是那样的困难。"那是组织上交给的工作，我们尽心尽力去完成了，那个时代的共产党人都是如此。我们亲眼看到了年纪如同父辈的首长们，为了党的事业、国家命运宵衣旰食殚精竭虑，我们做的那点工作又算得了什么呢？"我们几乎在每一位采访对象那里都听到了类似的话。这些朴素的言语，使他们在我们心目中的形象更巍峨。

　　我们一遍又一遍地向他们陈述，许多最初从事领袖保健工作的人相继老去或身体渐衰，却没有留下一部有关这方面工作历程和制度健全的比较翔实的记载，没有留下一部反映新中国成立以来领袖保健工作者这一特殊群体勤恳敬业的奉献与情怀的信史；特别是只有他们，最贴近地直观了中国共产党和国家的领导者们以怎样的精神和毅力在疾病和衰老加身的情况下忘我工作、冷静而理智地面对死亡这些构成高尚人格却又鲜为人知的部分；如果他们这些正直的、真正的知情者不对之加以追溯，将造成历史永远无法弥补的缺失，并使那些心怀叵测、道德卑下者得以虚构歪曲；我们这些年所致力的就是通过对知情者陈述的记录，留下尽可能真实的历史痕迹，同时也给失真杜撰设道屏障；如今我们记录的新中国领袖保健工作群体追溯，已经得到了许多老保健的支持和认可，他们才勉强答应我们，谈一些他们认为可以说了的有关情况。由此我们益发景仰这一代老保健工作者的情操和境界。

在采访和写作开始以后，我们才感觉我们初定的名单太少了，第一代领袖的保健人员是一个更大的群体。但仅就完成这二十多人的全部采写任务，我们已感觉很艰巨、时间还要拖得较为漫长……故而我们目前先将已写就的这七位人物纪实辑集成书，作为这一选题第一阶段的成果。

作者

2005 年春夏之交